한비자

정
독

일러두기

원전 원문은 대체로 다음의 네 가지 큰 원칙에 의해 표점 작업을 하였다.

1 원문에 대한 구두 및 표점은 어절과 어절 사이에는 쉼표[,]로, 한 문장이 끝났을 때
  는 문장의 종류에 따라 마침표[.], 물음표[?], 느낌표[!]로, 몇 개의 병렬어가 계속
  될 때에는 가운뎃점[·]으로 처리하였다.
2 구·절·문장을 인용한 경우는 따옴표[" "], [' ']로 표시하였다.
3 서명은 『 』로 표시하고, 편명은 「 」로 표시하였다.
4 人名·地名·年代[年度]·諡號 등 고유명사는 원전에서 옅은 색으로 달리 표시하였다.
5 독자들이 본서의 내용이 원전의 어느 부분에 해당하는지를 손쉽게 파악할 수 있도
  록 글이 시작되는 각 문단의 앞에 편명과 숫자(예컨대 「남면」 18—1, 「이병」 7—1 등)를 표
  시하였다.
6 역주 작업은 중국의 陳奇猷, 『韓非子集釋』, 河洛圖書出版社(民國63年), 張覺의 『韓非子全
  譯』, 貴州人民出版社(1992), 梁啓雄의 『韓子淺解』, 陳啓天의 『韓非子校釋』, 臺灣商務印書
  館(1969), 王先愼의 『韓非子集解』, 中華書局(1998), 吳汝綸의 『点勘韓非子讀本』, 衍星社
  (1910), 尹棟陽, 『韓子新釋』, 武昌(1919), 周勛初 等 校注, 『韓非子校注』, 江蘇人民出版社
  (1982), 道藏本에 근거한 顧廣圻 識誤, 姜俊俊 標校의 『韓非子』, 上海古籍出版社(1996),
  일본의 太田方, 『韓非子翼毳』, 富山房(昭和48年), 小野澤精一, 『韓非子(上·下)』, 集英社(昭
  和50年) 등을 위주로, 吳鼒의 『乾道本韓非子廿卷』 이래로 乾道本으로 불리는 南宋시대
  판 『韓非子』, 物雙松 讀, 浦阪圓 增의 『增讀韓非子』, 津田鳳卿의 『韓非子解詁』 등과 이상
  의 문헌에서 인용한 張榜, 趙用賢, 容肇祖, 盧文弨, 王念孫, 孫詒讓, 陶鴻慶, 劉師培, 物
  茂卿 本 등의 주석을 참고하였다.

고전의 향기 ❶

한비자 정독

韓非子

김예호 역주

(주)삼양미디어

한비자, 정치에 덧씌워진
윤리의 가면을 벗긴 사상가

　동서양을 막론하고 도덕적으로 완성된 인물에 의해 이상적 정치가 실현되길 바라는 것은 인간의 정치사적 역정에서 끊임없이 추구해온 명제이다. 서양의 플라톤이나 동양의 공자 이래로 도덕 정치론은 줄곧 정치의 핵심을 도덕으로 오인시키는 작용을 하였다. 정치이론이란 사회에서 실제적으로 냉혹하게 전개되는 권력 게임과 그것에서 승리한 자가 그 전리품을 지키고, 패배한 자가 그것을 획득하기 위해 벌이는 치열한 삶의 현실을 논리로 포장한 지식체계이다. 서양에서는 마키아벨리가 오랜 시간 서양사회를 지배한 도덕정치론과의 이별을 고하며 정치와 권력의 궁극적인 목적을 직시하였다. 즉 16세기를 맞이하며 마키아벨리는 『군주론』을 통해 전통적 도덕정치론에 덧씌워진 가면을 벗겨냈다. 그러나 오래도록 서양 정치론의 골격을 형성했던 도덕정치의 전통은 마키아벨리의 『군주론』을 쉽게 허용하지 않았고 위험한 정치서로 취급하였다. 오늘날에도 『군주론』에 대해 많은 정치학자들이 여전히 긴장과 경계의 시선을 늦추지 않지만, 다른 한편으로는 정치에 입문하려는 정치학도들에게 권장되는 필수 도서이기도 하다.

『한비자』는 고대 동양사회에서 학술문화가 최고 절정기에 달했던 춘추전국시대의 제자백가 이론을 논리적으로 검증하고 분석한 고전이다. 천하 경영을 목표로 다양한 학파의 정치이론에 대한 치열한 논리적 검증을 통해 형성된 『한비자』는, 어떤 점에서 피렌체라는 소도시 국가를 유지하려는 통치공학서인 마키아벨리의 『군주론』과는 차원을 달리하는 정치철학서이다. 그럼에도 불구하고 유교이념에 오랫동안 젖어 있던 동양사회에서 『한비자』의 통치철학을 바라보는 시선은 서양에서 『군주론』을 대하는 냉혹한 시선이 오히려 무색할 정도였다. 『한비자』는 중국 통일이라는 대업을 이루는 실제적인 성과를 거둔 정치이론서이자 실천서로서 그 실질적인 수혜자는 진秦나라였다. 그러나 진나라의 통치 역사는 길지 않았다. 한漢나라 때부터 중국사회에 확고하게 자리한 독존유술獨尊儒術의 통치이념과 전통이 20여 세기 동안 다양한 모습으로 동양사회에 길게 드리워지면서, 그 사상적 대척점에 있던 한비자의 통치철학은 오랜 시간 사상계의 이면에 자리하게 되었다. 그러나 중국에서는 명·청대를 전환점으로 사상가들 사이에서 『한비자』에 대한 접근이 조심스레 시도되었고 연구 성과 또한 상당한 진전이 있었다.

유가의 시조인 공자는 '옛것을 익혀 새로운 것을 알면 다른 사람의 스승이 될 수 있다.'고 하였다. 그런데 이러한 유교의 문화적 전통을 오랜 시간 간직해 왔다고 자부한 우리나라 사상계의 과거와 현재를 돌아보았을 때 그 쌓아온 내용이란 척박하기 이를 데 없다. 단편적인 예로 조선시대 유가경전 이외에 그나마 있던 『노자』와 『장자』에 대한 서적이 불완전한 주석서를 합쳐도 7권에 지나지 않으니 무슨 말을 하겠는가? 다양한 사상문화의 공존과 연구는 그 사회의 제반 영역에서 균형감각을 배양하고 미래사회에 대한 기대와 욕구를 낳게 한다. 그러나 한국은 유교문화권 중에서도 동방예의지국이라고 어릴 적부터 귀에 못이 박히게 들어 왔는데도 OECD 국가 중 투명하고 깨끗하지 못한 국가로 상위권을 차지한다. 이 점을 어떻게 해석해야 할까?

역설적이게도 한국사회가 과거로부터 바라는 유교적 인치주의나 도덕정치에 대한 지나친 갈망이 오히려 법의식과 법질서를 무감각하게 느끼는 인간을 양산한 것이 아닌지 의심이 든다. 한국이 법치주의 국가의 옷을 입은 지 꽤 오랜 시간이 지났고, 필자가 이곳저곳으로 철학 관련 강좌를 하며 돌아다닌 지 20년이 되어가지만 『한비자』를 강의할 때면 항상 수강생들의 낯선 시선을 느낀다. 이럴 때면 불행하게도 한국사회 일반이 유가 고전에 대한 편식증에 걸린 것은 아닌지, 과거 계급사회의 인치주의나 정치문화를 동경하는 것은 아닌지 걱정마저 앞선다. 한번쯤 고전을 다양하게 접하며 과거 동양사회의 전통문화에 대한 균형감각을 유지하는 것도 이러한 고질병을 극복하는 좋은 방법이 아닐까 싶다.

이 책은 〈전통문화연구회〉로부터 『한비자』 강독을 의뢰받고 강의하던 중 출판사로부터 출판 제의가 들어와 강의자료에 내용을 덧붙여 구성한 것이다. 글은 동양의 사상문화에 대해 알고자 처음 발을 들인 입문자부터 동양철학 전공자에 이르기까지 모두를 대상으로 작성하였다. 입문자들이 천자문을 몰라도 원전을 이해할 수 있도록 최대한 많은 주석서를 참고하여 역주 작업을 하였다. 또 전공자들에게는 너무 많은 시간을 뺏지 않으면서 『한비자』에 대한 전반적 이해를 할 수 있도록 기존에 발표한 내용을 정리 요약한 개요를 싣고, 빠른 속도로 원전을 독해할 수 있도록 원전자료를 선별한 후 표점 작업을 병행하였다. 그리고 번역할 때는 직역을 원칙으로 하여 의역을 최대한 자제했다. 마지막으로 그동안 중국학자들이 중요하지 않게 생각한 부분, 예컨대 「초현진」과 「존한」의 경우 완역을 하였다. 왜냐하면 한비자가 살았던 시대상황을 굳이 부연 설명하지 않으면서도 치열하게 전개된 당대의 상황을 원전을 통해 자연스럽게 느끼게 해 줄 수 있을 뿐만 아니라, 자료에 근거한 한비자의 논리적 화법이나 정치에 실제로 참여한 그의 전략적 판단을 대비시켜 보여주고 싶었기 때문이다. 이것이 아마도 헛된 작업은 아니었을 것이라고 스스로를 위로해 본다.

역주자 김예호 씀

【 차례 】

🐟 춘추시대 春秋時代, 기원전 770년~기원전 476년

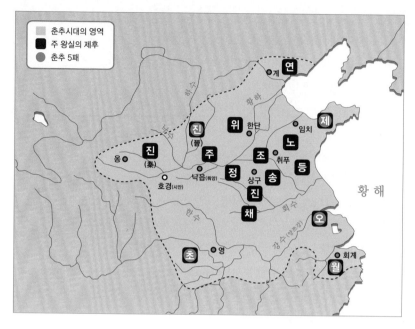

춘추시대의 영역
주 왕실의 제후
춘추 5패

기원전 770년, 주周나라 평왕平王이 낙읍洛邑으로 천도하면서 동주東周時代시대가 시작되었는데, 대체로 동주시대의 전기를 춘추시대, 후기를 전국시대戰國時代라 한다. 주周나라는 약소 제후국으로 전락한 끝에 기원전 256년 난왕赧王이 진秦에 항복함으로써 멸망했다.

춘추시대는 왕실이 쇠약했던 시기로 제후들 간의 겸병을 금지시킬 수 없었는데, 그 중 진秦·초楚·제齊·진晉·오吳·월越의 6개 나라가 강대국으로 부상한다. 초기에는 제齊의 환공桓公과 진晉의 문공文公이 힘을 겨루면서 주변국과 남쪽의 초楚를 공격하여 패업을 이루었고, 중기를 지나면서 진晉과 진秦, 다시 진秦과 초楚, 이후 오吳와 월越이 패권을 다투게 되었다.

🟠 전국시대 戰國時代, 기원전 475년~기원전 221년

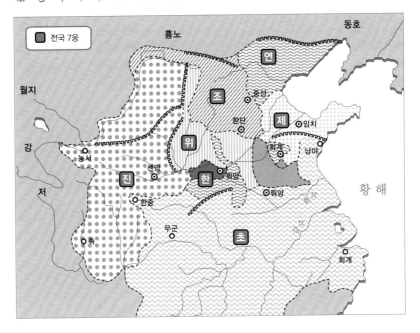

　전국시대의 시작 연도에 대해서는 학자들마다 의견이 분분하다. 육국연표六國年表에서는 기원전 475년으로, 송宋나라 여조겸呂祖謙의 대사기大事記에서는 춘추가 끝나는 기원전 481년으로, 허탁운許倬雲은 좌전左傳이 끝난 다음 해인 기원전 463년으로 본다. 오늘날에는 대체로 진晉의 세 대부인 한韓·위魏·조趙가 지백知伯을 멸망시키고 사실상 3국이 분립한 기원전 453년 설과 사마광司馬光이 자치통감資治通鑑에서 주장한 주周 왕실로부터 정식적으로 한·위·조 3가문이 제후로 공인받은 기원전 403년에 시작되어 진秦이 중국을 통일한 기원전 221년까지로 보는 설이 있다.

　동주東周시대를 춘추전국시대春秋戰國時代라고도 하는데, 춘추시대는 공자가 편찬한 역사책 『춘추春秋』에서 따온 말이고, 전국시대는 전한前漢시대의 유향劉向이 전국시대의 수많은 제후국 전략가들의 정치군사외교 등의 자료를 집록하고 편집하여 편찬한 『전국책戰國策』에서 따온 말이다. 전국시대의 시작 연도에 대해 여러 설이 있듯이 실제 역사 구분과 정확하게 일치하지 않지만, 대체로 춘추시대는 『춘추春秋』에, 전국시대는 『전국책戰國策』에 나오는 시대로 보면 무리가 없다.

　춘추시대에는 많은 소제후국들이 전쟁을 겪으면서 대제후국들에 병합된 까닭에 전국시대가 시작될 즈음에는 제후국의 수가 많이 줄어 있었다. 그 중에서 가장 강력한 국가인 제齊·초楚·연燕·한韓·조趙·위魏·진秦의 일곱 나라를 전국칠웅戰國七雄이라 부른다. 사회 경제의 발전에 따라 대내적으로 신·구세력 간의 치열한 투쟁이 전개되던 전국시대에 각 제후국들은 변법개혁으로 부국강병을 도모했는데, 그 중에서 진秦나라는 상앙이 주도한 변법운동의 성공으로 강성해져서 중국을 통일하기에 이른다.

◉ 중국 역사연대표 中國歷史年代表

왕조 구분			연대
하(夏)			기원전 2070~기원전 1600
상(商)			기원전 1600~기원전 1046
주(周)	서주(西周)		기원전 1046~기원전 771
	동주(東周)		기원전 770~기원전 256
	춘추시대(春秋時代)		기원전 770~기원전 476
	전국시대(戰國時代)		기원전 475~기원전 221
진(秦)			기원전 221~기원전 206
한(漢)	서한(西漢)		기원전 206~23
	동한(東漢)		25~220
삼국 (三國)	위(魏)		220~265
	촉(蜀)		221~263
	오(吳)		222~280
서진(西晉)			265~316
동진십육국 (東晉十六國)	동진(東晉)		317~420
	십육국(十六國)		304~439
남북조 (南北朝)	남조 (南朝)	송(宋)	420~479
		제(齊)	479~502
		양(梁)	502~557
		진(隋)	557~589
	북조 (北朝)	북위(北魏)	386~534
		동위(東魏)	534~550
		북제(北齊)	550~577
		서위(西魏)	535~556
		북조(北朝)	557~581

왕조 구분		연대
수(隋)		581~618
당(唐)		618~907
오대십국 (五代十國)	후량(后梁)	907~923
	후당(后唐)	923~936
	후진(后晋)	936~947
	후한(后漢)	947~950
	후주(后周)	951~960
	십국(十國)	902~979
송(宋)	북송(北宋)	960~1127
	남송(南宋)	1127~1279
료(遼)		916~1125
서하(西夏)		1038~1227
금(金)		1115~1234
원(元)		1271~1368
명(明)		1368~1644
청(淸)		1644~1911
중화민국(中華民國)		1912~1949
중화인민공화국(中華人民共和國)		1949.10.1~현재

韓非子

제1부

한비자와 『한비자』

1. 한비자의 생애

한비자(기원전 ?~234)는 이름이 비非이고 전국시대 말기 한韓나라 공자公子의 신분으로 출생하여 중국 고대 법가사상을 집대성한 인물이다. 그가 출생한 연도에 대해 학자들마다 이견이 많은데 대략 한韓나라 양왕襄王 14년인 기원전 298년부터 리왕釐王 55년인 기원전 281년까지로 보는 점에서 약 17년의 차이가 존재한다. 그가 사망한 연도는 한나라의 사신으로 진秦나라에 갔으나 재상 이사李斯와 환관 요가姚賈에 의해 간첩으로 모함을 받고 옥중에서 독살당한 기원전 234년이다.

현재 『한비자』로 불리는 그의 저작은 원래 『한자韓子』로 불렸다. 후한後漢시대 사람인 반고班固가 지은 『한서漢書』 「예문지藝文志」(제자략諸子略)에서는 그의 저술을 『한자韓子』 55편으로 기록한다. 『한자』가 이후 『한비자』로 불리게 된 까닭은 한漢나라를 기점으로 중국의 통치이념으로 확고하게 자리매김한 유교의 문화적 영향력에 기인한다. 1천여 년이 지나 태어난 당唐나라의 유학자 한유韓愈를 한자韓子로 높이면서 사상적 대척점에 있던 먼 조상 한비韓非는 한비자韓非子로 불리게 된 것이다. 이후 많은 세월이 흘러 중국 근대화 시기에 반유가 조류의 문화운동에 힘입어 한때 한비자를 다시 한자로 부르기도 하였다.

서한西漢시대 사마천司馬遷은 『사기史記』에서 한비자韓非子를 노자老子, 장자莊子, 신불해申不害와 한데 묶어 「노장신한열전老莊申韓列傳」이라 하였는데, 그가 기록한 내용을 간략히 살펴보면 다음과 같다.

한비韓非는 한韓나라의 여러 공자公子 중 한 사람이다. 형명법술刑名法術의 학문을 좋아하였고 그 귀착하는 근본은 황로학黃老學이었다. 한비는 사람됨이 말더듬이여서 입으로 자신의 학설을 잘 말하지 못하였지만 저술에는 뛰어났다. 이사李斯와 함께 순경荀卿을 스승으로 섬겼는데 이사는 스스로가 한비만 못하다고 여겼다. 한비는 그의 조국인 한나라가 땅이 깎이고 국력이 쇠약해지는 것을 보고 수차례 글로써 한나라 왕에게 간언하였으나 한나라 왕은 그의 의견을 채택하지 않았다. 이에 한비는, 한나라 왕이 나라를 다스리는 데 법제를 닦아서 밝히고, 세勢를 잡아서 그 신하를 통솔하고, 나라를 부유하게 하고, 군대를 강하게 양성하고, 인재를 구하여 현명한 사람을 구하는데 힘쓰지 않고, 도리어 경박하고 음흉한 좀벌레와 같은 인물들을 기용하여 공이 있고 실적이 있는 인재들 위에 두는 것을 미워하였다. 유학자는 글文로써 법法을 어지럽히고, 협객은 무력武으로써 금령禁을 위반한다. 나라가 편안할 때는 명예를 중시하는 문사들을 총애하고, 나라가 위급할 때는 갑옷과 투구로 무장한 무사들을 기용한다. 지금 양성하는 자들은 나라가 위급할 때 쓸모 있는 자들이 아니며, 위급할 때 쓸모 있는 자들은 평소에 양성하는 자들이 아니다. 청렴하고 정직한 사람들이 사악하고 바르지 않은 사람들에게 용납되지 않는 상황을 슬퍼하고, 과거에 지나간 득실得失의 변천을 살펴보며, 「고분孤憤」, 「오두五蠹」, 「내외저內外儲」, 「설림說林」, 「세난說難」 등 10여 만 언의 글을 지었다. 그러나 한비는 유세의 어려움을 알아 「세난」편을 매우 상세하게 서술하였지만 결국 진秦나라에서 죽게 되어 스스로가 벗어날 수 없었다.

이상 사마천이 전하는 기록에 의하면, 한비자가 혐오한 대상은 유학자, 협객의 무리, 정치력을 장악하고 있는 권신임을 알 수 있다. 위에서 사마천이 말한 글文이란 유가들이 학습하는 고전문헌을, 무력武은 협객들이 휘두르는 사사로운 검을 가리킨다. 이는 곧 변법이론가인 한비자가 현재 발생하는 문제의 해답을 과거 곧 고전에서 찾는 유가의 수구守舊적 태도와, 법치주의자인 한비자가 검을 앞세워 공적 질서인 법을 무력화하는 협객들의 사적인 의리관념을 비판한 것이다. 한비자는 유가와 협객을 고전으로 나라의 법도를 어지럽히고 무력으로 나라의 금령을 어기는 무리로, 사악한 권신들은 청렴하고 강직한 인재들을 배척하는 무리로 규정하고 이들이 한나라의 정치무대에서 활보하는 현실을 개탄하며 슬픔과 울분에 잠긴다. 평소에 녹을 주어 기르는 자들은 나라가 위급할 때 쓰이질 않고 위급할 때면 평소에 녹을 주어 기르지 않던 자가 쓰이는 모순된 정치현실을 밝히고자 글을 남긴다.

후일 진시황秦始皇이 되는 진秦나라 왕 정政은 어떤 이가 가져온 한비의 글 「고분」과 「오두」 2편을 보고 "한비와 더불어 한다면 죽어도 여한이 없다."고 하였다. 진秦나라가 한韓나라를 공격하자 한나라 왕인 안安은 다급한 나머지 등용하지 않았던 한비를 불러 진나라에 사신으로 파견한다. 진나라 왕은 한비를 좋아하였으나 한나라의 사신으로 온 그를 믿지 못하였고, 기회를 엿보던 이사와 요가의 모함을 듣고 한비를 옥리에게 넘긴다. 이사는 옥중의 한비에게 사약을 내려 자살하게 한다. 진나라 왕은 한비를 믿지 못한 것을 후회하고 사신을 보내 한비를 사면하려 했지만 이미 죽은 뒤였다. 결국 『사기』에서 전하는 내용에 의하면, 한비는 생전에 자신의 정치적 염원을 이루지 못하고 독살되는 운명을 맞는다. 앞선 법가들이 변법운동을 일으켜 국가를 부강하게 하였으나 기득권 세력에 의해 처참하게 죽게 된 것처럼 한비 또한 한나라에서 배척당하다가 바람 앞의 등불 같은 한나라의 운명을 구하려다 독살당하는 최후를 맞는다.

한비자가 활동하던 전국시대의 급박한 대내외적 사회정치적 상황은 「초현진」, 「존한」, 「난언」 등에 잘 나타나 있는데, 한韓나라는 인접한 강대국 진秦나라가 견지한 원교근공遠交近攻 정책으로 항상 전쟁의 위협에 놓여 있었다. 이와 같이 한나라는 진나라에 항복할 것인가 아니면 다른 제후국들과 합종하여 진나라 침략을 막을 것인가에 대한 오랜 숙제를 안고 있었음에도 불구하고 대내적으로 권문세족들의 정치적 전횡으로 부국강병을 도모하는 변법운동가의 등용을 막았다. 즉, 전국시대에 이르러 여타의 제후국들은 정치 및 경제제도 등을 본격적으로 개혁하는 변법운동을 전개하여 자신들의 존립을 도모하였지만, 『한비자』에 의하면 한때 강국이었던 한나라는 당시 외세에 의존하는 처지로 전락하였는데도 정치적 개혁을 단행하지 못하고 여전히 권문세족이 득세하는 상태에 놓여 있었다. 한비자는 선행 법가인 상앙의 법치法治사상, 신불해의 술치術治사상, 신도의 도법론道法論과 세치론勢治論 등의 이론을 종합하여 기존 통치이념인 종법예치宗法禮治 사상을 대체하고자 하였지만 결국 등용되지 못했다. 한비자가 등용되지 않았다는 『사기』의 내용을 볼 때 한나라에서 변법세력의 정치적 영향력이 미미했음을 알 수 있다.

전국시대 제후국 사이에서 진행된 변법과 반反 변법의 사상적 논쟁의 핵심은 예치禮治와 법치法治의 대립이었다. 예치제도는 서주西周시대의 종법제宗法制에 기초하여 발전한 통치 형식으로 종법원칙에 의한 가부장제의 유지, 계급원칙에 의한 군주제의 유지를 기본 골격으로 한다. 그러나 전국시대에 이르러 예치를 보조하던 법치가 제후국들 사이에서 하나의 통치이념으로 부각됨으로써 대내적으로 기득권 세력과 신흥정치 세력들 간에 갈등이 고조되었고, 대외적으로 부국강병을 목표로 진행된 변법운동의 성공 여부는 곧 제후국들 간의 흥망의 열쇠가 되었다. 기원전 685년 제齊나라 환공桓公을 도와 부국강병을 달성한 관중管仲의 옛 법을 고치는 수구법修舊法의 변법운동, 기원전 536년 정鄭나라 자산子産의 성문법 공포 등 춘추시대로부터 전개된 변법운동은 전국시대에 이르러 진한秦漢 이래 입법의 기원이 되는 위魏나라 이회李悝의 성문법 운동, 초楚나라 오기吳起의 변법운동으로 이어졌는데, 궁극적으로 진秦나라 효공孝公에서 시작된 상앙商鞅의 1, 2차 변법운동의 성공은 진나라가 산동의 여섯 제후국들을 제압하고 중국을 통일하는 초석이 된다.

2. 한비자에 앞선 법가의 사상가들

상앙商鞅의 변법의식과 일상壹賞, 일형壹刑, 일교壹敎의 법치론

법치주의자 상앙(商鞅, 기원전 390?~338?)은 중국 역사에서 변법운동의 가장 성공한 사례로 일컫는 진秦나라의 개혁을 주도한 인물이다. 그는 전국戰國시대에 활동한 인물로, 성은 공손公孫, 이름은 앙鞅이다. 위衛나라 왕실의 후예로서 위앙衛鞅으로 불리기도 하고, 변법운동을 성공적으로 이끈 공로를 인정받아 진秦나라 효공孝公으로부터 상商 지방에 봉읍을 얻어 상군商君 또는 상앙商鞅으로도 불린다. 상앙은 위衛나라의 재상 공숙좌公叔座의 가신으로 있으면서 이회(李悝, 기원전 455?~395?)와 오기(吳起, 기원전440?~381)의 변법이론과 실천방법을 익혔다고 한다.

우선 상앙의 법치론이 형성된 배경에 대한 이해를 구하기 위해 이회李悝와 오기吳起가 주도한 변법운동이 무엇인지 살펴보자. 이회는 전국시대 초기에 가장 먼저 개혁을 진행한 위魏나라의 변법운동가로 중국 최초의 체계적인 법전인 『법경法經』을 남겼다고 하는데 실전되었다. 『법경』은 『진서晉書』 「형법지刑法志」에 그 편목篇目이 전해지고, 『당률소의唐律疏義』에서도 도법(盜法, 공공재산·개인재산의 침범에 관한 법률), 적법(賊法, 정치상의 범죄와 인신상 침범, 살상에 관한 법률), 수법(囚法, 옥사 집행에 관한 법률), 포법(捕法, 체포와 관련한 법률), 잡법(雜法, 통치 질서를 옹호하는 법률), 구법(具法, 형벌의 경중을 판단하는 법률)의 6가지 구체적인 조목을 열거하였는데 형刑이 중심이 된 형법刑法임을 알 수 있다. 이후 상앙商鞅이 이회의 『법경』을 수정 보완한 『진율秦律』을 공포하여 법치를 시행했다는 점에서 『법경』은 진秦나라 입법의 기원이 된다. 이회가 펼친 변법운동의 내용은 '농업생산의 발전'과 '상벌제도의 운영'에 있었다. 그의 '중농억상重農抑商정책의 시행', '종법세습제宗法世襲制와 세경세록제世卿世祿制의 폐지'는 이후 상앙과 한비자에게 계승된다.

오기吳起는 위衛나라 좌씨左氏 사람으로 노魯나라에서 위魏나라로 건너가 문후文侯의 변법운동을 도왔지만 문후가 죽자 권문세족들의 모함을 받게 되었고, 초楚나라로 건너가 도왕悼王의 재상으로 발탁되어 법치를 확립함으로써 남으로 백월百越, 북으로 진陳과 채蔡나라를 병합하고 삼진三晉을 물리쳤다.

상앙이 공숙좌公叔座에 의탁하여 지내면서 이회와 오기의 변법과 법치이론을 익히던 중 공숙좌가 중병을 얻자 혜왕惠王이 문병을 오고 공숙좌는 혜왕에게 상앙을 천거한다. 이때 공숙좌는 혜왕에게 만약 상앙을 쓰지 않으려면 제거하라는 말을 했고, 얼마 뒤에 죽었다. 그런데 혜왕은 상앙을 마음에 들어 하지 않았고, 상앙은 기원전 361년 진秦나라 효공孝公이 인재를 구한다는 소식을 듣고 이회의 『법경法經』을 품고 진나라로 도망갔다.

상앙은 진나라에 건너가 두 차례의 변법을 주도한다. 기원전 359년(일설에는 356년)에 시행된 제1차 변법의 내용은, 『진율秦律』에 의한 법치의 시행', '군공軍功의 장려와 귀족들의 특권 박탈', '중농억상重農抑商의 경제정책 시행'이다. 기원전 350년에 시행된 제2차 변법의 내용은 '정전제井田制의 폐지', '도량형의 통일', '현제縣制의 설치와 권력의 중앙집권화'이다. 『사기』「상군열전商君列傳」에 의하면 "새로운 상앙의 법이 시행된 지 10년이 되자 진나라 백성들은 모두 기뻐하였다. 길에 떨어진 물건을 몰래 줍지 않았고, 산에는 도적이 없어졌으며, 생활이 풍족해졌다. 백성들은 전쟁에 나가서는 용감했고, 사사로운 싸움에는 부끄러워했으며, 향읍이 모두 잘 다스려졌다."고 변법의 업적을 기록하고 있다. 그러나 상앙의 변법으로 특권을 상실한 귀족세력은 효공이 죽고 태자가 즉위하자 그에게 모반의 죄목을 씌우고 수레에 사지가 찢기는 형벌車裂刑을 내린다. 결국 그는 죽임을 당하지만 진나라는 부국강병을 위해 그의 정책을 계승하여 중국 통일의 토대를 마련했는데, 이는 곧 그의 변법이론이 중국 통일의 초석이었음을 보여준다.

상앙 변법운동의 이론적 핵심은 '변법론'과 '법치론'이다. 『사기』「진본기秦本紀」에 의하면, 기원전 359년 효공 3년에 효공이 변법에 대한 결단을 내리지 못하자 상앙은 다른 두 명의 대부大夫인 감룡甘龍과 두지杜摯에 맞서 변법의 정당성을 역설하면서 효공의 결단을 이끌어냈다. 『상군서商君書』에서는 이 장면을 생생하게 묘사하고 있는데 잠시 살펴보자.

두지가 말하길, "신이 듣기로 이익이 백 배가 되지 않으면 법法을 바꾸지 않고, 공功이 열 배가 되지 않으면 도구를 바꾸지 않는다고 했습니다. 신이 또한 듣기로 옛 것(법제)을 본받으면 허물이 없고, (옛날의) 예禮를 따르면 오류가 없다고 했습니다. 군주께서는 이러한 것들을 충분히 생각하십시오."라고 하였다.

상앙이 말하길, "고대의 정치방법이 달랐는데, 우리는 과거 어떤 시대의 법法을 본받아야 하는가? 과거 제왕들이 (이전의 정치방법을) 그대로 답습하여 계승하며 내려온 것이 아닌데, 우리는 누구의 예제禮制를 따라야 하는가? 복희와 신농은 백성을 교화시켰지 사형을 시행하지 않았고, 황제와 요와 순은 사형을 집행하였으나 도를 넘지 않았다. 문왕과 무왕에 이르러서는 저마다 당시의 형세에 맞추어 법法을 세우고, 일의 정황에 근거하여 예제禮制를 제정하였으며, 예제와 법은 시대 상황에 맞게 제정하고, 제도와 명령은 각각 일의 실제와 부합하도록 하였으며, 병기·갑옷·기구·시설은 각각 그것들의 사용을 편리하게 하였다. 그러므로 신은 세상을 다스리는 데는 한 가지 길만이 있는 것이 아니며, 나라를 위하여 이익을 도모하는 데는 고대를 본받을 필요가 없다고 말씀드립니다. 탕과 무가 왕이 된 것은 옛 제도를 따르지 않아서 흥성했기 때문이고, 하와 은이 멸망한 것은 옛 예제를 바꾸지 않았기 때문입니다. 이와 같이 볼 때 옛 제도에 반대하는 사람이라고 반드시 비난받을 필요가 없으며, 옛 예제를 따르는 사람이라고 옳다고 칭찬받기에는 부족합니다. 군주께서는 의혹치 마십시오."라고 하였다.

효공이 말하길, "그 말이 옳다! 나는 다음과 같은 말을 들었다. 궁벽한 마을에는 이상한 일이 많고, 정도正道에서 벗어난 학문에는 항상 쟁론이 분분하다. 어리석은 사람에게는 웃을 일이고, 지혜로운 사람에게는 슬픈 일이며, 미친 사람에게는 즐거운 일이고, 현명한 사람에게는 상심할 일일 것이다. 세속의 편견에 얽매여 이러쿵저러쿵 하는 말(감룡과 두지의 말)에 과인은 의혹되지 않겠다."고 하였다. 마침내 황무지를 개간하라는 명령을 반포하였다.[1]

---

1 『商君書』「更法」: 杜摯曰, "臣聞之, '利不百, 不變法, 功不十, 不易器.' 臣聞, '法古無過, 循禮無邪.' 君其圖之." 公孫鞅 曰, "前世不同教, 何故之法? 帝王不相復, 何禮之循? 伏羲·神農教而不誅, 黃帝·堯·舜誅而不怒. 及至文·武, 各當時而立法, 因事而制禮, 禮法以時而定, 制令各順其宜, 兵甲器備各便其用. 臣故曰, '治世不一道, 便國不必法古.' 湯·武之王也, 不脩古而興, 夏·殷之滅也, 不易禮而亡. 然則反古者未必非, 循禮者未足多是也. 君無疑矣. 孝公曰, "善! 吾聞窮巷多怪, 曲學多辨. 愚者笑之, 知者哀焉, 狂夫之樂, 賢者喪焉. 拘世以議, 寡人不之疑矣." 於是遂出墾草令.

즉, 감룡과 두지가 구제도를 답습하여 백성을 다스리는 것이 수월하고 오류가 없다며 변법을 반대하는 이론적 근거로 삼고 있는 데 반해, 상앙은 사회적 요구란 시대가 변함에 따라 달라지는 것이므로 사회제도 또한 시대적 요구에 적응해야 한다며 변법의 당위성을 역설하였다.

다음으로, 상앙의 법치사상의 요지는 '법法이 곧 백성에 대한 사랑法者, 所以愛民也'이라는 데 있다. 그의 일상壹賞, 일형壹刑, 일교壹敎 정책은 법의 공정무사公正無私함을 사회정치의 객관적 기준으로 삼아야 한다고 했다.

> 어진 자는 다른 사람에게 어질 수 있으나 다른 사람들로 하여금 어
> 지도록 할 수 없으며, 의로운 자는 다른 사람을 사랑할 수 있으나 다
> 른 사람으로 하여금 서로 사랑하게 할 수 없으므로 인人·의義를 아
> 는 것으로는 천하를 다스리기에 부족하다. 성인은 반드시 백성들이
> 믿을 수 있는 품성性을 지녀야 하며, 천하의 사람들이 믿을 수밖에 없
> 는 법法이 있어야 한다. 이른바 의義라는 것은 신하가 충성하고 자식
> 이 효도하며, 아이와 어른 사이에 예禮가 있으며 남녀가 유별한 것이
> 다. 만약 의義가 아니면 굶게 돼도 구차하게 먹을 걸 바라지 않고, 죽
> 게 돼도 구차하게 살길 바라지 않는데, 이것이 바로 법法이 있는 사회
> 의 평상적 현상이다. 성인은 의義를 귀하게 여기지 않고 법法을 귀하
> 게 여기며, 법이 반드시 밝혀지고 명령이 반드시 실행되는 것으로 충
> 분하였다.[2]

---

2 『商君書』「畵策」: 仁者能仁於人, 而不能使人仁, 義者能愛於人, 而不能使人愛, 是
   以知仁義之不足以治天下也. 聖人有必信之性, 又有使天下不得不信之法. 所謂義者,
   爲人臣忠, 爲人子孝, 少長有禮, 男女有別. 非其義也, 餓不苟食, 死不苟生, 此乃有
   法之常也. 聖王者不貴義而貴法, 法必明, 令必行, 則已矣.

이른바 상을 통일시킨다는 것壹賞은 이익·녹봉·관직·작위를 오로지 전공戰功에 근거하여 수여하고 그 외에 다르게 시행하지 않는다. … 이른바 형벌을 통일시킨다는 것壹刑은 계급의 등급에 관계없이 재상卿相·장군將軍으로부터 대부大夫·서인庶人에 이르기까지 왕의 명령王令에 따르지 않거나 나라의 금령禁令을 어기거나 군주의 제도上制를 어지럽히는 자가 있으면 사형死刑에 처하고 사면하지 않는다. … 이른바 가르침을 통일시킨다는 것壹教은 '지식을 앞세우는 자博聞', '변론에 능통한 자辯慧', '믿음과 청렴만을 내세우는 자信廉', '예악에 정통한 자禮樂', '도덕수행을 강조하는 자修行', '붕당을 조직 결성하는 자羣黨', '변호를 일삼는 자任譽', '청탁을 일삼는 자淸濁' 등이 부귀해질 수 없고, 형벌을 평판할 수 없으며, 독자적으로 사사로운 논의를 세워 그 군주에게 진언할 수 없게 하는 것이다.[3]

즉, 일상壹賞은 농전農戰의 정책에 공功이 있는 사람에게 상賞을 주는 것으로 주로 군공軍功을 장려하는 정책이고, 일형壹刑은 계급의 등급等級에 관계없이 형刑을 실행하는 정책이고, 일교壹教는 생산 활동에 종사하지 않으면서도 먹고, 전쟁에 나아가지 않으면서도 영예롭고, 작위가 없으면서도 존귀하고, 봉록이 없으면서도 부유하고, 관직이 없으면서도 위세를 떨치는, 간민姦民의 출현을 방지하는 정책이다. 이와 같은 상앙의 변법의식과 법치사상은 한비자에게 그대로 계승된다.

---

3 『商君書』「賞刑」: 所謂壹賞者, 利祿官爵摶出於兵, 無有異施也. … 所謂壹刑者, 刑無等級, 自卿·相將軍以至大夫·庶人, 有不從王令犯國禁亂上制者, 罪死不赦. … 所謂壹教者, 博聞·辯慧·信廉·禮樂·修行·羣黨·任譽·淸濁, 不可以富貴, 不可以評刑, 不可獨立私議以陳其上.

신도愼到의 도법론道法論과 세치론勢治論

신도(愼到, 기원전 390?~315?)는 조趙나라 출신으로 오랜 기간 제齊나라의 직하稷下 학궁에서 강학을 하며 법가사상을 전파하는 데 중요한 역할을 하였다. 『사기』에서는 그가 『십이론十二論』을, 『한서』「예문지藝文志」에서는 법가류 문헌으로 『신자愼子』 42편을 남겼다는 기록이 있지만, 현재 「위덕威德」·「인순因循」·「민잡民雜」·「덕립德立」·「군인君人」·「지충知忠」·「군신君臣」 등의 7편과 일련의 일문佚文들만 전해온다. 그는 선진先秦 사상사에서 처음으로 도道와 법法의 관계를 논하고 세계관적 차원에서 법치의 합리성을 논증한 인물, 즉 노자(老子, 기원전 ?~?)의 도론道論과 법가의 법치法治를 철학적으로 접목한 도법론道法論의 맹아이자 세치가勢治家로서 법리학에도 조예가 깊었다.

우선 신도의 도법론에 대한 이해를 위해 잠시 노자老子에 대해 살펴보자. 사마천司馬遷의 『사기』「노자한비열전老子韓非列傳」에서 노자는 주周나라 장서고의 기록관史官이었다. 공자가 일찍이 그에게 예禮에 관한 질문을 던졌는데, 공자孔子는 노자를 만난 후 제자들에게 "마치 용과 같은 인물"이라 평가하였다고 한다. 현재 많은 학자들은 노자는 곧 노담老聃으로 이름은 이이李耳이며 초楚나라 사람으로 주나라가 쇠미해지는 것을 안타깝게 생각하여 은사隱士된 인물로 추정한다. 1993년 중국 호북湖北성 형문荊門시 곽점촌郭店村에서 전국시대 중기에서 후기 사이에 조영造營된 분묘(墳墓, 郭店1號楚墓)가 발굴되었는데, 그 분묘 속에서 출토된 전국시대 초楚나라 문자로 쓰인 800여 매의 죽간(竹簡, 郭店楚簡) 속에서 그가 지었다고 추정되는 『노자』(甲乙丙)이 발굴됨으로써, 『노자』는 최소한 기원전 4세기 이전에 형성된 문헌으로 밝혀진다. 『노자』에 대한 전문적인 주석을 한 『한비자』의 「해로解老」와 「유로喩老」편

뿐만 아니라 『한비자』의 여러 편이 노자와 사상적 연관성을 맺고 있는데, 이에 앞서 신도는 노자 도론道論에 내재된 철학적 원리를 수용하고, 그 원리를 토대로 법치의 당위성과 필연성을 논증하였다.

노자철학에서 가장 핵심적인 범주는 자연의 원리道法自然를 의미하는 도道인데, 도는 '천지天地보다 앞서 생긴' 만물의 근본일 뿐만 아니라 천天·지地·인人에 보편적으로 존재하는 당위 규범이자 모든 만물의 변화와 생성 법칙의 의미를 지닌다. 도론에 내재한 이러한 내용은 차별적 질서나 관습禮을 보편적 원리를 통해 극복하고자 하는 법가에 의해 수용되어 신자의 도법론道法論이 제기된다. 즉, 신자의 도법론을 통해 도道의 무차별적인 보편성은 불편부당不偏不黨한 법치주의를 설명하는 세계관적 토대가 되었다.

신도 정치철학의 핵심은 도법론道法論과 세치론勢治論이다. 그는 도道에서 말미암으면 장대하고 이것이 사회에서 변하여 미세한 것에까지 미치는데, 이것이 곧 사람의 실질情에 따르는 것이라고 말한다.4

정해진 법法을 지키고 자연의 도道를 따른다. 화禍와 복福은 도道와 법法에서 생겨나는 것이지 (군주의) 사랑과 미움에서 나오는 것은 아니다.5

그러므로 오르는 뱀은 안개가 있어야 노닐 수 있고, 나는 용은 구름이 있어야 탈 수 있으며, 구름이 걷히고 안개가 사라진다면 지렁이와 다를 게 없는데 이것은 그 탈 것을 잃었기 때문이다. 그러므로 현명

---

4 『愼子』「因循」: 天道因則大, 化則細. 因也者, 因人之情也.
5 『愼子』「逸文」: 守成理, 因自然. 禍福生乎道法, 而不出乎愛惡.

한 자가 불초不肖한 자에게 굴복하는 것은 권세權勢가 가볍기 때문이고, 불초不肖한 자가 현명한 자에게 복종하는 것은 지위가 존귀하기 때문이다. … 그러므로 명성이 없으면서도 일을 결단할 수 있는 것은 권세權勢가 무겁기 때문이다. 활이 약하지만 화살이 높이 나는 것은 바람을 타기 때문이다. 자신이 어리석지만 명령이 실행될 수 있는 것은 많은 사람들에게 도움을 받기 때문이다.[6]

신도는 자연과 사회의 실질情을 공통적으로 따르는 것因은 법法이기 때문에 법치法治가 통치행위의 최고 원칙이라고 주장하며, 군주는 자신의 타고난 지위에서 나오는 권세勢를 운용하여 법제로 세상을 다스리는 것을 주장한다. 한비자는 이러한 신도의 도법론道法論과 세치론勢治論을 수용하였을 뿐만 아니라 특히 「난세」에서는 신도의 세치론勢治論을 소개하며 신도에 비해 더욱 발전된 내용의 세치勢治 이론을 제시한다.

---

6 『愼子』「威德」: 故騰蛇遊霧, 飛龍乘雲, 雲罷霧霽, 與蚯蚓同, 則失其所乘也. 故賢而屈於不肖者, 權輕也, 不肖而服於賢者, 位尊也. …故無名而斷者, 權重也. 弩弱而高者, 乘於風也. 身不肖而令行者, 得助於衆也.

신불해申不害의 군인남면지술君人南面之術과 무위無爲의 통치론

신불해(申不害, 기원전 385?~337)는 정鄭나라 출신으로 한韓나라 소후昭侯가 정나라를 멸망시킨 후 그를 재상으로 기용하여 개혁을 단행하였다. 사마천은 「노장신한열전」에서 그를 "황로黃老에 근본을 두고 형명刑名을 주로 했다."고 기록한다. 『사기』에서는 『신자申子』가 본래 2편이라 하고 『한서』「예문지」에서는 6편이라 하지만 이른 시기에 실전되었고, 현재 『군서치요群書治要』 36권에 「대체大體」와 약간의 일문佚文 자료만이 전한다. 신불해 사상의 핵심은 '군인남면지술(君人南面之術, 인위적으로 하는 일 없이 모든 정치가 저절로 이루어지게 함으로써 군주는 하는 일 없게 되어 단지 남쪽만을 바라보고 있게 된다는 정치술)'과 '작위하지 않지만 하지 않는 게 없는無爲而無不爲' 무위이치無爲而治 술치術治의 정치방법론이다.

그는 군주는 자신과 신하 사이에 존재하는 이해의 모순을 간파하고 신하의 권력을 통제하는 술치術治의 정치방법을 운용해야 한다고 주장한다.

뛰어난 군주는 몸과 같고 신하는 손과 같기 때문에, 군주가 부르면 신하는 회답을 한다. 군주가 그 근본을 세우면 신하는 그 말단을 조절한다. 군주는 그 요체를 다스리고, 신하는 그 구체적인 것을 실행하고, 군주는 그 근본을 잡고, 신하는 그 일상의 사무를 처리한다.[7]

---

7 『群書治要』卷36, 『申子』「大體」: 明君如身, 臣如手, 君若號, 臣如響. 君設其本, 臣操其末, 君治其要, 臣行其詳. H.G.Creel, Shen Pu-hai : A Chinese Political of the Fouth Century, The University of Chicago Press, 1974. Shen Pu-hai : Fragments 1(4), 347쪽.

군주의 일을 잘하는 사람은 어리석은 데 의지하고, 가득 차지 않은 데 서고, 감히 하지 않는 데 위치하면서 무사無事한 데에 숨는다. 실마리를 드러내지 않고 자취를 감추며 천하에 무위無爲를 보인다. 그러므로 가까이 있는 자들은 그를 친숙하게 여기고, 멀리 있는 자들은 그를 흠모한다. 남에게 여유가 있음을 보이면 남이 그것을 빼앗고, 남에게 부족함을 보이면 남이 그것(도움)을 준다. … 거울이 밝게 비치면 하는 일이 없어도 아름다움과 추함이 저절로 갖추어지고, 저울이 바르게 설치되면 하는 일이 없어도 가벼움과 무거움이 저절로 드러난다. 무릇 인순因循의 도道는 자신이 공정하면서 작위하지 않으며, 작위하지 않으면, 천하가 저절로 극치에 이른다.[8]

군주는 단지 정치의 요체를 장악하고 고요한 자세靜로 임하고, 신하들은 정치의 구체적이고 실질적인 직무를 수행하며 통치 질서의 안정성을 꾀한다. 신불해의 무위無爲는, 군주와 신하 사이에 존재하는 이해의 모순을 부각시키는 가운데, 군주에게 신하의 권력 통제를 위해 정치의 요체를 장악해야 함을 강조한다. 신불해의 '군인남면지술君人南面之術'에 의하면, 군주는 술치術治를 통해 국가의 안위와 관계되는 정치의 요체를 확실히 자기 수중에 넣고, 신하들로 하여금 월권하지 말고 자신들이 맡은 일상의 직분을 충실히 수행하게 한다. 현재 잔존하는 자료를 통해 볼 때 신불해 사상의 중점은 '術'에 있고 법령의

---

8 『群書治要』卷36, 『申子』「大體」: (故)善爲主者, 倚於愚, 立於不盈, 設於不敢, 藏於無事. 竆端匿疎, 示天下無爲, 是以近者親之, 遠者懷之. 示人有餘者人奪之, 示人不足者人與之. … 鏡設精, 無爲而美惡自備. 衡設平, 無爲而輕重自得. 凡因之道, 身與公無事, 無事而天下自極也.
Creel의 Shen Pu-hai Fragments 1(5)~1(9), 348~352쪽.

통일, 법제의 확립, 법치의 실행 방법 등에 관한 전문적인 논의는 보이지 않는다. 이러한 사실은 한비자가 「정법定法」에서 한나라의 법령이 통일되지 못한 상황을 비판하는 기록을 통해 확인할 수 있다.

> 한비자는 '법法'만 있고 '술術'이 없는 상상의 법치론과 '술術만 있고 법法이 없는' 신불해의 술치론術治論의 문제점을 지적하는 가운데, 법法과 술術은 어느 하나라도 빠질 수 없는 치국의 방책이라고 말한다. 한비자는 "신불해申不害와 공손앙公孫鞅이 두 학파의 말 중에 누가 나라에 긴요한가?라는 질문에 대하여 "이는 가늠할 수 없다. 사람이 먹지 않고 열흘이 되면 죽고, 큰 추위가 왕성할 때 입지 않아도 역시 죽는다. 그것은 입고 먹는 것 중 사람에게 무엇이 긴요한가에 대해 말한다면 하나도 없어서는 안 되는 것으로, 모두가 생명을 유지하는養生 도구다. 지금 신불해는 술術을 말하고 공손앙은 법法을 말한다. 술術이란, 담당할 수 있는 능력에 따라서 관직을 주고, 명분에 따라서 실질을 따지며, 죽고 살리는殺生 권한을 장악하여 여러 신하의 능력을 심사하는 것인데, 이것은 군주가 장악해야 하는 것이다. 법法이란, 고시된 법령은 관청官府에 명시되고 형벌刑罰은 민심에 관철되어, 상賞이 법령을 준수한 사람에게 내리고 벌罰이 법령을 어긴 사람에게 가해지는 것인데, 이것은 신하가 반드시 준수해야 하는 것이다. 군주가 술術이 없다면 위에서 가려지고 신하가 법을 준수하지 않는다면 아래에서 어지러워지므로, 이것(法 · 術)은 하나라도 없으면 안 되는 모두가 제왕의 도구다."라고 대답한다. —「정법」[9]

---

9 본서 제2부 『한비자』 원전 인용의 경우에 한해 원문은 소개하지 않고 편명만을 표시함. 이하 같음.

3. 한비자를 향한 후대 사상가들의 비판과 격려

법가사상으로 무장한 진秦나라가 중국 역사를 통치하는 기간은 길지 않았다. 한漢나라 무제武帝에 이르러 채택된 독존유술獨尊儒術의 통치이념은 20세기 동안 동양사회에 지배적인 영향력을 행사하면서 사상적 대척점에 있던 『한비자』에 대한 평가 또한 후대 사상가들에 의해 냉혹하게 비판받았다. 비판의 초점은 『한비자』가 군주와 권력을 도덕적 속성으로 이해하지 않는 위험한 정치서라는 데 맞추어진다. 중국사회가 근대 전환기에 이르러 『한비자』를 다시 평가하려는 노력이 있었지만, 현재 사회주의 정권의 실질적인 계급적 속성과 자본주의 진영의 불평등한 사회경제적 구조의 실질을 자본주의적 윤리나 사회주의적 윤리로 가리려는 현재의 사회정치적 분위기 속에서 『한비자』에 대한 온전한 평가를 기대할 수 있을지 의문이다. 한漢나라 이후부터역대 사상가들이 내린 『한비자』에 대한 평가를 살펴보자.[10]

한漢나라 초기의 황로학자 유안劉安은 『회남자淮南子』 「태족훈泰族訓」에서 "사람이 통치하는 데 어찌 처음과 끝始終이 없겠는가?"라고 반문하면서, 인의仁義만이 다스림의 근본이라고 말한다. 그는 "지금 그 근본을 섬겨 수양할 줄 모르고 그 말단을 힘써 다스린다면 이것은 그 근본을 제쳐두고 그 가지에 물을 주는 것과 같다. 또한 법法이 생겨남은 인의仁義를 보좌하기 위한 것이다. 지금 법을 중시하고 인의를 버린다면 이것은 관冠과 신발을 귀히 여기고 머리와 발을 잊는 것과 같은 것

---

10 陳啓天, 『增訂-韓非子校釋』, 臺灣商務印書館, 1969, 1016~1031쪽에 한漢나라 유안劉安부터 20세기 초 장병린章炳麟의 평가에 이르기까지 한비자에 대한 역대 사상가들의 평가가 간략히 실려 있음.

이다."고 말한다. 그는 또한 오제五帝와 삼왕三王의 도는 천하의 기강紀綱이고 정치의 의표儀表라 규정하고 "지금 상앙商鞅의 「계색啟塞」, 신자申子의 「삼부三符」, 한비韓非의 「고분孤憤」, 장의張儀와 소진蘇秦의 「종횡縱橫」 등은 모두 권력을 취하기 위한 일시적인 술수이므로, 다스림의 큰 근본大本이나 일함의 항상적인 기준恒常이라고 널리 듣고 후세에 전할 것이 못된다."고 평가한다.

전한前漢 말기에 이르러 황로학과 유학을 공부한 궁정문인 양웅揚雄은 한비자를 가리켜 "어질지 못함의 지극함이여, 어찌 소와 말처럼 사람을 쓰는가?"라고 비판한다.

또한, 후한後漢시대의 대유학자인 왕충王充은 『논형論衡』「비한非韓」에서 한비자가 유학자를 비난의 대상으로 삼은 것에 대하여 격렬하게 비판한다. 왕충은 한자(한비자)가 법을 밝히고 공을 숭상해야 한다는明法尙功 태도를 견지하며 현명해도 나라에 이익이 없으면 상을 주지 않고, 현명하지 못해도 다스림에 해를 끼치지 않으면 벌을 주어야 한다는 입장에 대해 반론한다. "한자는 유학자를 '농사를 짓지는 않고 먹기만 하는 좀벌레'에 비유하면서, '사슴과 비슷하게 생긴 말은 천금이 나가는데, 천하에 천금이 나가는 말은 있어도 천금짜리 사슴은 없으니, 사슴은 무익하고 말은 쓸모가 있기 때문이라고 하면서 유학자는 마치 사슴과 같고 유용한 관리는 마치 말과 같다.'고 했다. 한자가 사슴과 말로써 비유할 줄은 알았지만 관冠과 신으로 비유할 줄은 모른 것으로, 한자가 관을 쓰지 않고 신만 신고 조정에 나간다면 나는 장차 그의 말을 인정할 것이다."라고 말했다.

왕충은 또한 신체에 유익한 측면에서 말하자면 예의는 음식만 못하지만 "한자에게 군주와 부모 면전에서 하사한 음식을 먹도록 한다면, 절하지 않고 먹는 게 가능하겠는가?"라고 반문하면서 "무릇 유생儒生은 예의이고 농사와 전쟁은 음식"이라고 말한다. 왕충의 입장에서 보기에 한비자가 농사와 전쟁을 귀하게 여기고 유생을 천시하는 것은 '예의를 버리고 음식을 구하는 것'과 같다고 비판했다. 그는 또한 한비자가 유자를 비판하며 무익하고 해만 끼친다고 주장하는 것에 대해, "나라에서 보존해야 하는 것은 예의이고, 백성에게 예의가 없다면 나라는 기울고 군주가 위태롭게 된다. 지금 유자의 절조는 예를 중시하고 의리를 사랑하니, 예의가 없는 선비를 인도하고 의리가 없는 사람을 격려하며 백성들이 선을 행하고 자기들의 윗사람을 사랑하게 하는 데 이 역시 유익한 것이다."라고 하면서 철저하게 유학을 변호한다.

송宋대에 이르러 성리학자들에게 한비자의 정치론은 '감히 할 수 없는 것', '깊은 슬픔에 잠기게 하는 것', '잔인한 것' 등으로 인식되어 비판의 대상이 되었다. 주희朱熹의 경우는 선배 유학자들이 그러했듯이 『한비자』에 대한 거리를 두며 이理를 밝힌 후에 『신불해』·『한비자』를 읽을 것을 권하며 경계의 눈초리를 거두지 않는다.

명明나라 때 시문詩文에 능해 왕도행王道行과 함께 속오자續五子로, 호응린胡應麟과 함께 말오자末五子로 불린 조용현趙用賢은 「한비자서서韓非子書序」에서 '수단을 잡고 정치를 하지만 항상 그 자취를 은폐하려는 군주들이 많았다'고 하면서 『한비자』는 정치하는 자의 필독서임을 강조한다. 또한 조용현趙用賢 바로 뒤에 나온 인물로 명나라의 학정學政을 담당해 많은 치적을 쌓은 주공교周孔敎는 「중각한비자서重刻韓非子序」를 통해 '삼대三代를 내려오면서 그 수단을 잡고 다스리는 자가 열에 아홉'이었다고 말하는데, 이는 유능한 군주라면 형명刑名을 말하고 법도를 밝히며 마음을 이용하는 방법을 연구할 수밖에 없다는 점에서 유능한 군주에게 『한비자』가 필독서임을 강조한다.

청나라에 이르러 정부에서 주공교周孔敎 본을 저본으로 삼고 조용현趙用賢 본을 보완하여 『사고전서四庫全書』에 『한비자』를 정리해서 수록하였을 뿐만 아니라 많은 학자들 또한 개인적으로 『한비자』 교감과 주석을 하는 등 청대의 실증주의 학풍 속에서 『한비자』 연구는 전례 없는 성과를 거두면서 『한비자』를 바라보는 시선 또한 과거 한漢대의 유학자나 송宋대의 성리학자들과는 다른 양상을 보인다. 진조범陳祖范은 「독한비자讀韓非子」에서 "군주가 오직 어리석고 나약한 자는 그렇지 않을 뿐이며, 진실로 영명하고 과단성이 있다고 불릴 만한 자는 사사로운 마음을 다스리고 책략을 지니고 술수에 임하므로 분명 한비자의 말과 우연히 일치하는 것이 아니다."라고 말하며, 중요한 정치 이론서임을 강조한다. 왕선겸王先謙은 "한비자의 몸은 나라와 일체가 되고 또한 폐단을 분명히 살피는 것이 절실했으나 그것을 드러내어 밝힐 방법이 없어서 책을 지어 밝힌 것"이라며 한비자에 대해 운을 뗀 뒤 "지금 그가 남긴 문장으로 보아 당시 국가의 정세를 미루어 본다면 진실로 한비자의 말을 먼저 쓰지 않는다면 아마도 다스릴 수 있는 방법이 없었을 것이다."고 평가하며 한비자를 적극적으로 대변한다.

이후 중국 근현대 전환기에 이르러 중국의 변화를 바라는 중국 지식인들 사이에서 한비자의 모습은 상반된 모습으로 비추어졌다. 중국의 유교문화 전통을 옹호하는 가운데 변화를 추구한 유교지식인 중 한 사람인 장태염章太炎은 "나라만 보이고 사람은 보이질 않고, 집단만 보이고 개체는 보이질 않는다."고 하면서 한비자 사상에 대한 경계를 늦추지 않았다. 그러나 중국사회가 현대사회로 진행하면서 한비자에 대한 평가는 과거와는 다른 양상을 보이는데, 이는 『중국철학사』를 발표한 학자들의 입장을 통해 확인할 수 있다. 우선 풍우란馮友蘭의 경우 한비자가 살았던 시기에 국가는 날로 확대되고 조직이 날로 복잡해져 옛날 사회를 다스리는 도는 이미 적용되지 않았고 새로운 것이 필요하게 되었고, 한비자의 무리가 새롭게 '인간 사회를 다스릴 도'를 고취하였는데, 이 역시 '구세의 선비救世之士였다'라고 평가한다. 또한 후외로侯外盧는 한비자를, 당시 귀족을 유지하려는 반동사상을 제거하기 위해 미묘하고 황홀한 언어수식에 대한 비판을 가하고, 귀족전제정치를 청산시키려는 투쟁에서 '신·구의 세력이 양립 불가능함을 논리의 모순율로 끌어올려 논증한 인물'이라고 평가한다. 그리고 임계유任繼愈는 한비자를 '노자를 계승하면서도 노자를 뛰어넘고' 당시 부상하던 신흥지주계급의 사상가적 면모를 드러내고 있는 인물로 평가한다. 장국화張國華가 엮은 『중국법률사상사』에서 한비자의 법치사상은 당시의 역사조건에서 기본적으로는 시대의 요구에 부합하는 진보적인 것이었지만, 잔혹한 착취와 압박을 주장한 것은 반인민적이고 사회생산에 불합리한 것이라고 판단하고, 한비자가 주장한 통치사상과 통치방법론을 분리해서 평가했다.

4. 한비자 철학의 주요 특징

법치론의 철학적 특징

한비자의 법치론을 구성하는 주요 내용은 다음과 같다. 첫째, 법은 보편성을 확보한 나라의 통치원칙이고, 둘째, 사회구성원인 군주와 신하와 백성은 사회의 보편적 규범인 법에 의한 계약관계이며, 셋째, 형명形名 일치에 근거한 상벌제도를 운영하는 것이 부국강병에 이르는 정치방법이다.

첫째, 법은 보편성을 확보한 나라의 통치원칙이다.

옛날에 나라를 다스리는 대강大綱을 온전하게 터득한 자는 하늘과 땅을 살피고, 강과 바다를 관찰하고, 산과 골짜기에 말미암고, 해와 달이 비추듯이 하고, 네 계절이 운행하듯이 하고, 구름이 펼쳐지고 바람이 불듯이 하며, 지혜로써 마음을 괴롭히지 않고, 사심으로써 몸을 괴롭히는 일이 없고, 다스려지고 어지럽혀지는 일은 법法과 술術에 의거하고, 옳고 그름은 상과 벌에 의탁하며, 가볍고 무거움은 저울에 맡기며, 자연의 이치를 거스르지 않고, 타고난 감정과 본성을 상하게 하지 않는다. 털을 불어서 작은 흠을 찾아내려 하지 않고, 때를 씻어서 알기 어려운 것을 살피려 하지 않으며, 먹줄선 밖으로 끌어내지 않고 먹줄선 안으로 밀어넣으려 하지도 않으며, 법 이상으로 엄격하게 다루지 않고 법 이하로 너그럽게 다루지도 않으며, 정해진 이치를 지키고 자연에 말미암는데, 화와 복은 도道와 법法에서 생기고 사랑과 미움에서 나오지 않으며, 영예와 치욕의 책임은 자신에게 있지 다른 사람에게 있지 않다. 그러므로 지극히 태평한 시대에 법은 아침 이슬같이 순박해서 섞임이 없고, 마음에는 원한이 맺힘이 없고, 입에서는 번거로운 말이 없다. 그러므로 전차와 군마가 먼 길을 가느라 피폐하지 않고, 군대의 깃발들이 큰 못에서 어지러이 나부끼지 않고, 만백성이 적의 군대에 목숨을 잃지 않고, 뛰어난 군사가 전쟁의 깃발 아래 수명을 해치지 않으며, 그림과 책에 호걸의 이름이 기재되지 않고 그릇에 공적을 새기지 않고, 연대기를 기록하는 수첩은 텅 비어 있다. 그러므로 '이익은 간략함보다 더 나은 것이 없고, 복은 평안함보다 더 오래 가는 것이 없다.'고 말한다. —「대체」

위의 내용은 한비자가 도가의 도道와 법가의 법法을 결합한 신자愼子의 도법 이론을 그대로 수용한 내용이다. 노자의 도道는 자연의 법칙을 의미하여 모든 사물에 보편적이고 객관적으로 적용되는 무차별적인 개념인데, 한비자는 이러한 내용을 법치의 세계관적 근거로 삼아서 법만이 귀천貴賤에 관계없이 평등하고, 보편적으로 나라를 운영할 수 있는 통치원칙이자 방법임을 주장한다.

그는 "추운 겨울에 논밭을 갈아 농사를 짓는다면 농경의 신神인 후직后稷이라도 풍작을 거둘 수 없고, 풍년이 들어 벼가 충실하게 여물면 노비에게 맡겨 놓아도 수확을 망치지 않는다. 이렇듯 한 사람의 힘에만 의지한다면 후직이라도 부족하고, 자연에 따른다면 노비라도 많은 수확을 할 수 있다."[11]고 하면서 모든 만물이 보편적이고 객관적인 자연의 법칙인 도에 의거해 실행될 때 성공을 거둘 수 있듯이, "법은

---

11 「喻老」: 故冬耕之稼, 后稷不能羨(美)也, 豐年大禾, 臧獲不能惡也. 以一人力, 則后稷不足, 隨自然, 則臧獲有餘.

어떠한 귀함에도 치우치지 않고, 승묵繩은 나무가 굽었다 하여 굽혀 사용하지 않는다. 법을 적용하는 데에 지자智者라 해서 논쟁할 수 없고 용자勇者라 해서 감히 다툴 수 없다. 그 지은 죄를 벌하는 데에 대신이라 해서 피할 수 없고, 선행을 상 주는 데에 필부라 해서 빠뜨릴 수 없다. 그러므로 위의 잘못을 바로잡고, 아래의 사악함을 꾸짖으며, 어지러운 것을 다스리고, 얽힌 것을 풀며, 어그러진 것을 끊고, 넘치는 것을 물리치고, 바르지 못한 것을 가지런하게 하여 백성을 하나로 하는 규범으로 법과 같은 것이 없다."[12]고 하면서 도의 내용이 사회적으로 발현한 것이 법이고, 군주 또한 이러한 법으로 통치할 때 성공할 수 있다고 보았다. 곧 사회에서 법은 바로 도와 같은 역할을 하는 법칙이 된다.

한비자가 법치를 주장하는 것은 시대에 따라 정치의 방법도 달라져야 한다는 변법의식의 발로이다. 당시 이른바 권문세족은 서주西周 시대의 세경세록제世卿世祿制와 종법宗法의 원리에 기초한 예치禮治제도라는 통치방법에 지배를 받았지만 피지배계층인 일반 서민들은 형벌로 다스려졌다. 예치禮治란 바로 이러한 종법宗法에 의해 다스리는 정치방법이다. 공功을 세워 분봉分封을 받은 성씨가 다른 이성제후異姓諸侯를 제외하면 지배층은 혈연간의 질서에 기초한 가문의 법인 종법宗法의 지배를 받았다. 대종大宗인 천자와 혈연적으로 가까운 친속이 소종小宗인 제후가 되고 모든 권한은 종자宗子인 적장자에 의하여 세습되었는데, 제후국 내에서 다시 대종大宗이 되는 제후와 소종小宗이 되는

---

12 「有度」: 法不阿貴, 繩不撓曲. 法之所加, 智者弗能辭, 勇者弗敢爭. 刑過不避大臣, 賞善不遺匹夫. 故矯上之失, 詰下之邪, 治亂決繆, 絀羨齊非, 一民之軌, 莫如法.

제후의 여러 형제·경卿·대부大夫 중에 경卿 이상의 계급은 정치, 경제, 군사, 행정 등 모든 권력을 세습할 수 있었다. 이것이 세경세록제世卿世祿制이고, 이러한 정치제도와 방법은 궁극적으로 사회전반의 권력을 이들이 장악하는 결과를 낳는다. 따라서 한비자는 이러한 특권세력들의 힘을 제거하기 위하여 '예'와 '형벌'이라는 두 가지 통치방식으로 다스리던 기존의 정치방법을 대신해 '법'에 의한 보편적인 지배를 주장한다. 즉, 그는 노자의 도 개념을 수용해서 법의 보편성과 객관성을 논증하며, 특권세력과 서민에게 각각 적용되던 차별적 통치방식을 부정하고 통치방법을 법으로 일원화할 것을 주장한다. 그것은 바로 특권세력들에게만 적용되던 예치의 통치제도를 법치의 통치제도로 대체하여 권문세족의 권력을 약화시킴으로써 국가의 부강을 도모하기 위한 것이다.

둘째, 군주와 신하와 백성은 사회의 보편적 규범인 법에 의한 계약관계이다.

지금 학자들이 군주에 대해 말하는 것이 모두 이익을 추구하는 마음을 버리고 서로 사랑하는 길로 나아가야 한다고 하는데, 이것은 군주가 부모의 친함보다 더하다는 걸 요구하는 것이며, 이것은 은애를 논하기에 충분하지 않고 속이고 거짓된 것으로 현명한 군주는 받아들이지 않는다. 성인의 다스림이란 법이 금하는 것을 살피는 것이며, 법이 금하는 것을 분명하게 밝히면 관직이 다스려진다. 반드시 상벌로써 하고, 상벌에 어떠한 치우침이 없으면 백성들은 힘써 일한다. 관직이 다스려지면 나라가 부유하게 되고, 나라가 부유하게 되면 군

대가 강해져서 패왕의 일이 이루어진다. 패왕이란 군주의 큰 이득이
다. 군주는 큰 이득을 품고서 정사를 살피므로 관직에 임명된 자는
능력에 맞고 상벌에는 사사로움이 없다. 백성들에게 그것을 분명하
게 이해시킴으로써 힘을 다하길 죽음에 이를 정도로까지 한다면 공
적을 세울 수 있고 작록을 얻을 수 있게 되며, 작록을 얻으면 부귀를
얻는 일이 이루어진다. 부귀란 신하의 큰 이득이다. 신하는 큰 이익
을 품고 일에 종사하므로 위험을 무릅쓰고 행동하며, 죽음에 이를지
라도 힘을 다하되 원망하지 않는다. 이를 일러 '군주가 인자하지 않고
신하가 충성스럽지 않다는 원리를 깨닫는다면 천하의 패왕이 될 수
있다.'고 한다. ―「육반」

한비자는 일체의 사회관계를 이해利害와 계약契約의 관점에서 바라
본다. 그는 인간의 본성에 대해 편안하고 이익이 되는 것을 취하고 위
태롭고 해가 되는 것은 멀리하는 '이익의 추구'에 있다고 규정한다. 그
는 군주와 신하, 부모와 자식, 남편과 아내 등 일체의 인간관계는 '이
기주의'를 토대로 형성된 것이며, 이기주의는 도덕적 판단의 문제가
아니라고 인식한다. 그는 인간본성을 '선' 내지 '악'으로 규정하여 자연
적 본성을 개조해야 한다는 주장에 대하여 의미를 부여하지 않고 오
히려 사회에서 이익을 추구하려는 인간의 본성에 내재한 욕망을 더욱
발휘하고 장려할 수 있는 제도를 마련해야 한다고 주장한다. 즉, 그는
"정직한 방법으로 이익을 얻을 수 있다면 신하는 있는 힘을 다해서 군
주를 섬기며, 정직한 방법으로도 편안함을 얻을 수 없다면 신하는 사
사로움을 행함으로써 군주를 범하게 된다. 현명한 군주는 이것을 알
고 있으므로 이득이 되고 해가 되는 방법을 마련하여 천하에 제시할

뿐이다."라고 말한다.(「간겁시신」)

　한비자는 상호의 이해관계를 무시하고 도덕적 의리관념에 입각해서 군주와 신하의 결속관계를 강조하는 유가의 정치주장을 위선적이라고 비판한다. 그에게 도덕적 선과 악이란 상호간의 이익을 위해 계약한 내용을 충실하게 이해하는가의 여부에 달려 있다. 계약 곧 법은 인간의 이기적인 본성을 도덕적으로 발현하는 제도이기 때문에, "성인이 나라를 다스리는데 진실로 남들이 나를 사랑하지 않을 수 없는 방법을 가지고 있어서 남들이 애정으로 나를 위할 것이라고 기대하지 않듯이"(「간겁시신」) 남들이 애정으로 나를 위할 것이라고 기대하지 말고, 하지 않을 수 없게 하는 것이다. 군주는 적극적으로 사회경제적 상황으로부터 발생하는 이利·해害의 상호 대립 상태에 개입해서 제도적 차원의 법을 통해 합리적으로 해결할 것을 주장하며, "무릇 성인이 나라를 다스리는 데에는 사람들이 나를 위해 선할 것을 바라지 않고 잘못될 수 없는 수단을 쓴다. 사람들이 나를 위하여 선하기를 바란다면 나라 안에 열 사람도 세지 못하지만 잘못될 수 없는 수단을 쓴다면 온 나라가 가지런할 수 있게 한다. 정치를 하는 사람들은 많은 사람을 상대로 하는 수단을 쓰고 소수를 상대로 하는 수단을 버리기 때문에 덕화德化에 힘쓰지 않고 법치法治에 힘쓴다."고 말한다(「현학」).

　초楚나라에 직궁直躬이란 인물이 있었는데, 그 아버지가 양을 훔치자 관리에게 그 사실을 고발하였다. 법을 집행하는 관리令尹가 '그를 죽이라!'고 하였다. 군주에 대해서는 충직하지만 아버지에 대해서는 도리어 옳지 않다고 판결문을 작성하여 벌을 주었다. 이로써 보건대 무릇 군주의 정직한 신하는 아버지의 포악한 자식이다. 노魯나라 사람이 군주를 따라 전쟁에 나갔는데 세 번 참전해서 세 번 모두 도망쳤다. 중니仲尼가 그 까닭을 물으니, '나에게는 연로하신 아버지가 있는데 내가 죽으면 봉양하지 못한다.'고 대답하였다. 중니는 효성스럽다고 하여 그를 군주에게 천거해서 윗자리로 올렸다. 이것으로써 보건대 대저 아버지에 대한 효자는 군주에 대한 역신이다. 그러므로 법을 집행하는 관리士尹가 처벌하자 초나라에서 간악한 일이 위에 들리지 않게 되었고, 중니가 상을 주자 노나라의 백성은 쉽게 항복하고 달아나게 되었다. 위와 아래의 이익이 마치 이와 같이 다른데도 군주는 필부의 행동까지 함께 들어서 사직社稷의 복을 구하여 이루려고 한다면 반드시 기약할 수 없다. ─「오두」

한비자는 법치론을 통해 유가의 사적인 혈연관념과 의리관념이 공公과 사私, 충忠과 효孝의 관계에서 발생하는 이해利害의 모순을 은폐하는 문제점을 비판하는 가운데, 법에 의해 상호간의 이익을 존중하는 것이 인간의 이기적인 본성을 도덕적으로 발현시키는 정치방법임을 밝히고 있다. 한비자는 패왕覇王의 공적이란 "엄형중벌을 놓아두고 사랑과 은애를 행하는 것"으로는 기약할 수 없는 것으로 "훌륭한 군주는 상을 분명히 해서 이익을 베풀고 그것을 장려함으로써 백성들이 공적을 이루어 상을 받도록 장려하고, 인의仁義로써 베풀지 않고 엄한 형벌과 무거운 벌로써 나쁜 짓을 금지하며, 백성이 죄를 지으면 벌하도록 하며 사랑과 은애로써 죄를 벗어나지 못하게 한다. 그러므로 공적이 없는 자가 상을 바라보지 않고 죄가 있는 자가 요행을 바라지 않게 하는 것"이라 주장한다.(「간겁시신」)13

---

13 「姦劫弑臣」: 今世主皆輕釋重罰嚴誅, 行愛惠, 而欲覇王之功, 亦不可幾也. 故善爲主

셋째, 나라의 부강은 형명名實 일치의 방법에 근거한 상벌제도의 운영에 있다.

> 군주가 사람을 부릴 때는 반드시 법도로써 규범화하고 형명形名參同의 방법으로써 살피며, 일을 시킬 때는 법法에 맞으면 시행하고 법에 맞지 않으면 그만두며, 공적이 그 말에 부합하면 상을 주고 부합하지 않으면 벌을 주며, 형명刑名으로써 신하를 거두고 법도로써 아래를 규범화하는 일은 소홀히 할 수 없는데, 군주가 어찌 이것을 안일하게 할 수 있는가? ─「난이」14

앞에 나오는 '형形'은 '실實'을 의미하여 명실과 형명은 같은 의미이다. '명'과 '실'은 대체로 개념과 그것이 지시하는 대상, 주관과 객관, 명분과 실제 사회상황 등을 가리키는데, 이 외에도 다양한 범주에서 사용되는 개념이다. 한비자 또한 명·실 또는 형·명을 개념, 판단, 추리 등의 논리학적 범주 이외에도 세계관, 정치방법, 윤리와 사상 등의 범주에 사용하는데, 여기서는 그가 법치의 방법론으로 제시한 '형명참동形名參同' 위주로 살펴본다. '형명참동'이란 사물과 일에 대한 최종 인식과 판단은 형과 명이 일치한 상태에서 확정된다는 것으로, 신하는 스스로가 정치적 의견을 견지하고 그에 의거한 성과를 거두었는지의 여부를 검증하여 그에 상응한 상과 벌이 반드시 따르도록 하는

者, 明賞設利以勸之. 使民以功賞, 而不以仁義賜, 嚴刑重罰以禁之, 使民以罪誅而不以愛惠免. 是以無功者不望, 而有罪者不幸矣.

14 「難二」: 人主雖使人必以度量準之, 以刑名參之, 以事遇於法則行, 不遇於法則止, 功當其言則賞, 不當則誅, 以刑名收臣, 以度量準下, 此不可釋也, 君人者焉佚哉.

것이다.

> 군주가 자신을 드러내 보이지 않으면 신하는 본바탕대로 올바르게
> 된다. 본바탕의 자질에 따라 임명하여 스스로 일이 되도록 하고, 본
> 바탕의 자질에 따라 일을 부여하여 그들 스스로 성과를 내도록 하고,
> (이처럼) 올바름으로써 대처하여 모두가 스스로 확정되도록 한다. 군
> 주는 신하의 명분으로써 그들을 기용하고, 그 명분(명칭)을 알지 못하
> 면 다시 그 드러난 성과(실질)를 살핀다. 드러난 성과(실질)와 명분(명
> 칭)이 같은가를 살펴서 그 드러난 결과를 (상벌의 근거로) 사용한다. 두
> 가지가 진실로 믿음이 있으면 신하는 군주에게 진심을 다 드러낸다.
> —「양권」

곧, 군주가 사물의 이치를 실현하는 방법은 "신하가 개진한 의견
을 바꾸지 않고 형과 명과 더불어 (상벌을) 함께 실행하는 것"을 그치
지 않는 데 있다. 또한 상벌제도의 정확한 실행을 위해 군주는 "자연
의 법칙을 따르고 사물의 이치를 돌이켜 보며, 이를 고찰하고 검토하
고 규명하는 것이 끝나면 또다시 시작한다. 마음을 비움으로써 고요
한 태도로 물러나 있으며 일찍이 자신의 사사로운 지혜나 재능을 쓰
지 않아야 하는데"(「양권」), 왜냐하면 "군주가 자신을 드러내 보이지 않
으면 신하는 본바탕의 올바름 그대로 충실하게 된다. 본바탕의 자질
에 따라서 임명하여 스스로 일이 되도록 하고, 본바탕의 자질에 따라
서 일을 부여하여 그들 스스로 성과를 내도록 하고, (이처럼) 올바르게
대처하여(본바탕의 자질에 맞는 명분을 부여하여) 모두가 스스로 확정되도록
해야 하기"(「양권」) 때문이다. 이것은 군주와 신하 상하가 법칙을 준수

하며 각자 적합한 위치에 있으면서 각자 그 능력을 발휘하는 것을 의미한다. 한비자는 군주의 임의적인 판단을 배제하며 상벌을 최대한 공정하고 객관적으로 시행할 때 모두가 자신의 역량을 발휘할 수 있다는 무위無爲의 정치방법을 제시한다.

> 무릇 만물은 마땅한 데가 있고 재능은 발휘할 데가 있어서 각자가 모두 그 마땅한 곳에 위치하므로 위와 아래가 모두 하는 일이 없게 된다. 닭에게 새벽을 알리게 하고 삵에게 쥐를 잡게 하듯이 모두가 자신의 능력을 사용하도록 하면 위에 있는 자는 하는 일이 없게 된다. 한편 위에 있는 자가 장점을 내세워 일 처리를 하면 일은 곧 규칙이 없게 된다. 자랑하며 자신의 재능을 드러내길 좋아하면 아랫사람이 속이게 된다. 구변이 좋고 영리함을 발휘하길 좋아하면 아랫사람은 그 재능에 말미암는다. 위아래가 할 일을 바꾸면 나라는 그 때문에 다스려지지 않는다. ―「양권」

무위無爲의 정치방법이란 군주는 신하들에게 자발적으로 하고 싶은 일과 의견을 내게 하여 신하가 제시한 본래의 명분과 사후의 실적만을 비교 검증하는 것이다. 따라서 군주는 신하가 앞서 스스로 하고자 개진한 의견과 후에 그가 실제 수행한 일의 성과를 검증하며 상벌 제도를 운영하는 것 이외에 아무 하는 일이 없지만 정치는 저절로 이루어진다. 한비자가 보기에 지금 군주가 날로 비천해지는 이유는 "살피고 대조할 만한 확증에 맞추어 보지도 않고 형벌을 시행하고, 실제 공적이 드러나길 기다리지도 않고 작록을 내리는 데"(「고분」) 있다.

이와 같이 한비자는 법으로 시비是非의 기준을 분명히 세우고 명분과 실질의 일치에 근거하여 상벌제도를 실행하는 것이 나라를 다스리는 근본이라 생각했다. 한비자가 활동한 전국시대는 기존의 통치관념名과 변화한 사회의 실제정황實의 유리 현상으로 인해 신구의 정치세력 사이에 대립과 갈등이 있었는데, 한비자의 명실일치 관념은 한편으로 '예치'를 '법치'로 대체하려는 정치이론의 논리적 탐색으로 나타나고, 다른 한편으로 실제적인 공과의 단서를 살피고 대조하는 가운데 실제적인 '상벌'이 따르도록 하는 '명실'과 '상벌'이 부합하는 통치방법론으로 구체화된다.

술치론의 철학적 특징

한비자의 술치론術治論을 구성하는 주요 내용은 다음과 같다. 첫째, 법은 군주와 신하와 백성 모두에게 적용되는 공개적이고 개방적인 규율과 조항이지만 술은 은밀한 성질을 지닌 정치수단이다. 둘째, 술은 백성이 아닌 신하 즉 관료를 주요 대상으로 한다. 셋째, 상벌 집행에 필요한 공정하고 객관적인 근거를 확보하기 위해 제기된, 곧 법치의 실현을 보조하는 구체적인 통치술이다.

첫째, 법은 군주와 신하와 백성 모두에게 적용되는 공개적이고 개방적인 규율과 조항이지만 술은 은밀한 성질을 지닌 통치술이다.

술術이란, 담당할 수 있는 능력에 따라서 관직을 주고, 명분에 따라서 실질을 따지며, 죽고 살리는殺生 권한을 장악하여 여러 신하의 능력을 심사하는 것인데, 이것은 군주가 장악해야 하는 것이다. 법法이란, 고시된 법령은 관청官府에 명시되고 형벌刑罰은 민심에 관철되어, 상賞이 법령을 준수한 사람에게 내리고 벌罰이 법령을 어긴 사람에게 가해지는 것인데, 이것은 신하가 반드시 준수해야 하는 것이다. 군주가 술術이 없다면 위에서 가려지게 되고 신하가 법을 준수하지 않는다면 아래에서 어지러워지는데, 이것法 · 術은 하나라도 없으면 안 되는 모두가 제왕의 도구다. ―「정법」

군주에게 큰 일은 법法이 아니면 술術이다. 법法이란 것은 밝히고자 하는 내용을 담은 도판이나 책으로 관부官府에 그것을 비치하고 백성에게 널리 알리는 것이다. 술術이란 것은 가슴 속에 감추어 두고 많은 단서들을 대조하여 몰래 여러 신하들을 다스리는 것이다. 그러므로 법은 분명하게 드러나야 하고 술은 드러나길 바라지 않는다. 그러므로 현명한 군주가 법을 말하면 나라 안의 비천한 자까지 들어서 알지 못함이 없기에 단지 집안에 가득 찰 일이 아니며, 술을 쓴다면 가까이에서 친애하는 측근들도 들을 수 없으니 집안에 가득 찰 수 없다."

— 「난삼」15

위에서 볼 때 법이 군·신·민에게 공통으로 적용되는 정치원칙이라면, 술은 군주가 신하를 부리기 위해 홀로 견지하는 정치방법으로서 은밀한 성질을 지닌 정치수단이다. 術術의 주요 내용은 군주가 신하의 능력을 심사하여 그 능력에 맞는 관직과 임무를 맡기는 데 있다. 한비자는 "군주가 術術을 채용하면 대신들은 제멋대로 일을 재단할 수 없게 되고, 측근들도 감히 군주의 권위를 팔 수 없게 되며, 관청에서 법法을 행하면 떠돌던 백성은 농경에 집중하게 되고, 놀고 먹던 선비는 전쟁터에서 위험을 무릅쓰게 된다."고 말하면서, 이 점은 신하와 백성들에게 재앙으로 인식될 수 있지만 "군주가 대신들의 의견을 거스르고 정처 없이 떠도는 백성의 비난을 넘겨버린 채 홀로 법술의 도를 말하는 데 동조하지 않는다면, 법술지사法術之士는 비록 죽음에 이르더라도 그 도는 반드시 평가받지 못할 것"(「화씨」)16이라고 주장한

---

15 「難三」: 人主之大物, 非法則術也. 法者, 編著之圖籍, 設之於官府, 而布之於百姓者也. 術者, 藏之於胸中, 以偶衆端而潛御群臣者也. 故法莫如顯, 而術不欲見. 是以明主言法, 則境內卑賤莫不聞知也, 不獨滿於堂, 用術, 則親愛近習莫之得聞也, 不得滿室.

16 「和氏」: 主用術, 則大臣不得擅斷, 近習不敢賣重, 官行法, 則浮萌趨於耕農, 而遊士危於戰陳, 則法術者乃群臣士民之所禍也. 人主非能倍大臣之議, 越民萌之誹, 獨周乎道言也, 則法術之士, 雖至死亡, 道必不論矣.

다. 한비자는 비록 한동안 신하와 백성들에게 재앙으로 인식되어 그들의 원성을 살 수 있지만, 「고분」에서 "중인이란 자는 명령도 없이 제멋대로 행동하고 법을 어기면서 사사로운 이익을 취하고, 국가의 재정을 소모시켜 자기 집안의 편의를 도모하고, 힘으로 그 군주를 마음대로 할 수 있는데," 법술의 정치가 궁극적으로 권신(중인)의 특권을 제거하여 국가를 부강하게 하는 길임을 역설한다.

둘째, 술은 백성이 아닌 신하 즉 관료를 주요 대상으로 삼는다.

군주란 법을 지키고 성과를 구함으로써 공적을 세우는 자이다. 관리가 있어 비록 어지럽히더라도 홀로 잘하는 백성이 있다는 말은 들었지만, 어지럽히는 백성이 있는데도 홀로 잘 다스리는 관리가 있다는 말은 듣지 못하였으므로, 현명한 군주는 관리를 다스리지 백성을 다스리지 않는다. 그 사례로는 나무의 몸통을 흔들거나 그물의 벼리 줄을 끌어당기는 예가 있다. 그러므로 불난 곳으로 달려간 관리의 경우를 언급하지 않을 수 없다. —「외저설 우하」[17]

나무를 흔드는 자가 그 잎을 하나하나 잡아당기면 힘만 들 뿐 전체에 두루 미치지 못하지만, 좌우로 그 몸통을 두드리면 잎이 두루 흩날린다. 연못가에서 나무를 흔들면 새는 놀라 높이 날아오르고 물고기는 놀라 아래로 깊이 숨는다. 그물을 잘 치는 자는 그 벼리 줄만을 잡아당긴다. 만약 많은 그물의 눈을 하나하나 잡아당긴 후에 잘 치려고

---

17 「外儲說右下」: (經四) 人主者, 守法責成以立功者也. 聞有吏雖亂而有獨善之民, 不聞有亂民而有獨治之吏, 故明主治吏不治民. 說在搖木之本, 與引網之綱.

한다면 힘만 들 뿐 하기 어렵지만, 그 벼리 줄만을 잡아끌면 고기가 이미 자루 속에 갇힌다. 그러므로 관리는 나무의 몸통이자 그물의 벼리 줄과 같은 자이므로 성인은 관리를 다스리지 백성들을 다스리지 않는다. ―「외저설 우하」[18]

위에서 알 수 있듯이 한비자 술치론의 주요 대상은 관리이다. 군주는 백성보다는 관리의 통치에 힘을 써야 하는데, 관리란 나무의 몸통이자 그물의 벼리 줄과 같은 존재이기 때문에 성인은 백성보다는 백성에게 직접적인 정치적 영향력을 행사하는 관리를 다스리는 데 역점을 두었다. 이 점에서 술치론은 법치론法治論과 마찬가지로 지배계급의 특권을 제거하려는 정치적 의도를 담은 통치술이다.

셋째, 술은 상벌 집행에 필요한 공정하고 객관적인 근거를 확보하기 위해 제기된, 곧 법치의 실현을 보조하기 위한 통치술이다.

한비자의 술치론은 상벌 집행에 필요한 공정하고 객관적인 근거를 확보하기 위해 제기된 통치술로, 사건의 실제적 정황과 사물의 실질을 파악하고, 사물의 자연적 본성에 부합한 직책과 직무를 부여할 것과 정형화된 예법에 얽매이지 않고 법과 조화하며 이기적 본성을 자유롭게 발현시킬 것을 내용으로 한다. 그 내용은 「팔경」 전편에서 술을 이용하여 '나라를 다스리는 여덟 가지의 통치술治國八術', 「내저설

---

18 「外儲說右下」: (傳四) 搖木者――攝其葉, 則勞而不徧, 左右拊其本, 而葉徧搖矣. 臨淵而搖木, 鳥驚而高, 魚恐而下. 善張網者引其綱, 不一一攝萬目而後得, 則是勞而難, 引其綱, 而魚已囊矣. 故吏者, 民之本綱者也, 故聖人治吏不治民.

상」 전편에서 술을 이용하여 '신하를 다스리는 일곱 가지 통치술御臣七術'과, 「이병」, 「용인」, 「현학」 등의 편에서 '사람을 부리는 네 가지 통치술用人四術' 등으로 구체적으로 제시된다.19

'나라를 다스리는 여덟 가지의 통치술'의 주제를 간략하게 소개하면, '인정人情에 근거하고', '다수의 지혜와 능력을 모으고', '난이 일어날 소지를 없애고', '많은 단서를 살펴서 논의의 진상을 이해하고', '빈틈없이 치밀하게 비밀을 지키며 일을 처리하고', '말을 들은 후 그 쓰임과 공적을 살피고', '법에 의해 관리의 권한을 조절하고', '사사로운 은애를 베풀며 군주의 권위를 허술하게 하지 않는 것'이다. '신하를 다스리는 일곱 가지 통치술'은 '여러 단서를 모아 대조해서 살피고', '벌을 내려야 할 때는 그 위엄을 분명하게 드러내고', '상과 칭찬은 후하고 확실하게 시행하여 그 능력을 다하게 하고', '하나하나 의견을 들으며 판단하여 그 실적을 살피고', '고의로 의혹을 일으키고 거짓으로 일을 시키며 일의 정황을 살피고', '아는 것도 묻어두고 물어보며 세상일을 깊이 살피고', '말을 거꾸로 하고 일을 반대로 함으로써 의심스러운 것을 시험하는 것'이다. '사람을 부리는 네 가지 통치술用人四術'은 '관직에 맞는 직분을 분명하게 하고', '나아가고 물러남의 기준이 있게 하고', '개인의 전문적인 장점을 발휘시키고', '진급은 순서 있게 공적에 따라 부여할 것' 등이다.

이와 같이 내용이 방대하므로 여기에서는 술치론을 구성하는 입론 사유의 주요한 특징만을 간략하게 살펴본다.

---

19 '나라를 다스리는 여덟 가지의 통치술治國八術', '신하를 다스리는 방법으로 일곱 가지의 통치술御臣七術' 등은 그 내용이 방대한 관계로 구체적인 내용에 대해서는 2부 원전 역주를 참조.

입도立道 : 여러 가지 단서를 살피고 비교하는 참오參伍의 방법이란, 단서를 살핌으로써 모의를 활성화하고, 단서를 헤아림揆伍으로써 과실을 묻는 것이다. 단서를 살피면 반드시 (모의의 타당성을) 확인할 수 있고, 단서를 헤아리면 반드시 (과실을) 책임지게 한다. 확인하지 않는다면 신하는 군주를 가볍게 보고, 책임을 묻지 않으면 신하들은 서로 무리를 짓는다. 그 증거를 확인하면 많고 적음을 충분히 알 수 있고, 앞서 책임을 물으면 그 무리를 짓는 데에 이르지 못한다. 보고 듣는 실제 위세는 그 증거가 어떤 무리에게 있으면 무리를 짓지 않는 다른 편에 상을 주고, 고발하지 않는 자를 처벌할 때 그와 같이 한 무리도 벌을 준다. 의견(말)은 여러 가지 단서를 종합해서 살펴보아야 하는데, 반드시 헤아리길 지리地利로써 하고, 논의하길 천시天時로써 하고, 검증하길 물리物理로써 하고, 살피길 인정人情으로써 한다. 이 네 가지 증거가 부합하면 바로 그 논의의 진상을 볼 수 있다. —「팔경」

청법聽法, 참언參言 : 듣고서 맞추어 보지 않으면 아래에 책임을 추궁할 수 없고, 말은 실효성을 추궁하지 않으면 사악한 변설이 위를 가린다. … 도를 체득한 군주는 의견을 들으면 그 쓰임을 추궁하고 그 공적을 매기며, 공적이 매겨지면 상벌이 그것에 따라 실행되므로 쓸모없는 변설은 조정에 머물지 못한다. 일을 맡은 자의 지혜가 직무를 수행하기에 부족하면 관직에서 내쫓고 관인을 빼앗는다. —「팔경」

위에 나온 '입도立道'의 '참오參伍'와 '청법聽法'과 '참언參言'의 방법은, 군주가 여러 가지 단서를 살피고 비교하는 방법을 통해 신하들의 공적과 과실의 타당성을 확인하고 그에 상응하는 조치를 취하는 치국治國의 정치술이다. 신하를 다스리는 정치술인 '여러 단서를 모아 대조해서 살피는 방법衆端參觀'과 '하나하나 의견을 들으며 판단하여 그 실적을 살피는 방법一聽責下'과 상통한다. 법치론에서 살펴본 인식론의 '형명일치形名一致'의 사유를 토대로 형성된 통치술로 모든 일은 반드시 근거와 공적에 의해 판단한다. 즉, 사회정치 영역에서 발생하는 모든 활동과 판단은 '형'과 '명'의 일치를 통해야만 실제적 효용성을 지닐 수 있다는 한비자의 인식론적 사유가 통치술로 발현된 것이다.

> 인정因情 : 무릇 천하의 다스림은 반드시 인정에 근거해야 한다. 인정이란 좋아하고 싫어함이 있기 때문에 상과 벌을 쓸 수 있고, 상과 벌을 쓸 수 있으면 금령禁令이 확립되어 다스리는 방법이 갖추어진다. 군주는 권력의 자루柄를 잡음으로써 권세의 자리에 있게 되므로 명령하면 행해지고 금지하면 그친다. ─「팔경」

> 기란起亂 : 신하와 군주의 이득이 다르다는 것을 아는 자는 왕이 되고, 같다고 여기는 자는 위협을 당하며, 더불어 일을 함께 하는 자는 살해된다. 그러므로 현명한 군주는 공公·사私의 구분을 살피고 이利·해害의 소재를 살펴서, 간신이 이에 편승하는 것이 없다. 난이 생기게 하는 것에는 여섯 가지가 있는데, 태후, 황후와 희첩, 서출, 형제, 대신, 명성이 드러난 현인들이다. 관리를 임명하고 신하를 책망하면 태후가 방종하지 않고, 예를 시행함에 등급을 달리 하면 황후와 희첩이 맞서지 않고, 권세를 나누어 차등을 두면 서출과 적자가 다투지 않고, 권력과 지위를 잃지 않으면 형제들이 침범하지 않고, 아래가 한 가문으로 모이지 않으면 대신이 가르지 못하며, 금지하고 상을 주는 것이 틀림없이 행해지면 명성이 드러난 현인들이 어지럽히지 못한다. ─「팔경」

즉, '나라를 다스리는 통치술'은 인정人情의 실질인 이기利己의 본성에 비롯한 상벌賞罰을 운용하는 통치술인데, 인간관계의 핵심은 사회적 위치에 따른 이익利 개념의 상호 인식에 있다는 윤리 관념이 통치술로 발현된 것이다. '기란起亂'의 내용 또한 군주와 신하의 상반된 이해관계가 난을 생기게 하는 실질적 원인이기 때문에 이를 방지하는 치국治國의 통치술을 밝힌 것이다. 이것은 또한 '신하를 다스리는 통치술' 중 '벌을 내려야만 할 때는 그 위엄을 분명하게 드러내는 방법必罰明威'과 '상과 칭찬은 후하고 확실하게 시행하여 그 능력을 다하게 하는 방법信賞盡能'과 관계되어, 윤리와 상벌의 조화를 통해 법치를 확립하고 신하의 충성을 유도하는 통치술이다.

> 필벌必罰: 애정이 많으면 법이 서지 않고, 위엄이 적으면 아래가 위를 침범한다. 그러므로 형벌이 기필하지 않으면 금령이 행해지지 않는다. ─「내저설 상」

> 상예賞譽: 상을 주고 칭찬하는 데에 야박하고 속이면 아래는 일을 하려 하지 않고, 상을 주고 칭찬하는 데에 후하고 신뢰할 수 있으면 아래는 죽음을 가볍게 여긴다. ─「내저설 상」

한비자는 군주의 위세와 법치의 결합관계를 중시하여 사사로운 은애를 베풀며 군주의 권위를 허술하게 하지 않는 '나라를 다스리는 통치술의 방법主威'을 제시하는데, 이 또한 '엄격한 형嚴刑'과 '두터운 상厚賞'만이 세속의 폐습을 바꾸고 나라를 안정시키는 가장 효과적인 정치방법이라는 인식에 기인한다.

또한 무릇 무거운 형벌(중형)이란 것은 사람에게 죄를 주기 위함이 아니다. 현명한 군주의 법이란 헤아리는 법도이다. 도적을 다스림은 (처벌하기 위해) 법도로 다스린다는 것이 아니라 법도로 다스린다는 것은 바로 사람을 죽인 죄를 다스리는 것이다. 도둑에게 형벌을 내리는 것은 (처벌하기 위해) 형벌로 다스린다는 것이 아니라 형벌로 다스린다는 것은 바로 죄수의 죄를 다스린다는 것이다. 그러므로 말하길, '하나의 간악한 죄를 엄중하게 벌주면 나라 안의 사악함이 그친다.'고 하는데, 이것이 바로 다스리는 방법이다. 무거운 벌을 받는 자는 도둑이요, 애통해하고 두려워하는 자는 선량한 백성이다. 다스려지기를 바라는 자가 어찌 중형에 대해 의문을 갖겠는가! 대저 두터운 상과 같은 것은 공적에 대해서만 주는 것이 아니라 온 나라에 권장하는 것이다. 상을 받은 자는 이득을 달게 여기며 아직 상을 받지 못한 자는 공을 세우려 하는데, 이는 한 사람의 공적에 보답함으로써 나라 안의 많은 사람들을 권장하는 것인데, 다스려지기를 바라는 자가 어찌 두터운 상에 대해 의문을 갖겠는가! 지금 다스림을 알지 못하는 자들이 모두 말하길, '벌을 무겁게 하면 백성을 해치고, 형벌을 가볍게 하면 간악함을 그치게 할 수 있는데, 무엇 때문에 반드시 무겁게 해야 하는가?'라고 한다. 이것은 다스림에 대해 살피지 못하는 것이다. 대저 무겁게 해야 그만두는 자는 가볍게 하면 그치질 않고, 가볍게 해도 그만두는 자는 무겁게 하면 그친다. 그러므로 위가 중형을 실행하면 간악함이 모두 그치고, 간악함이 모두 그친다면 이것이 어찌 백성을 해치는 것이겠는가? ─「육반」

한비자는, 형벌이란 죄수의 형량을 다스리는 것이지 양민을 다스리기 위한 통치술이 아닌데 나라가 잘 다스려지길 바라는 자가 죄인의 형량에 대해 의문을 갖는 이유에 대해 반문하는 한편, 두터운 상을 내리는 통치술을 비판하는 입장에 대해서도 상을 권장하는 것 또한 아직 상을 받지 못한 자를 독려하여 공을 세우도록 하는 것인데 나라가 잘 다스려지길 바라는 자가 두터운 상에 대해 의문을 갖는 것에 대해 반문한다. 군주는 정치상의 상과 도덕상의 명예를 일치시켜 신하를 다스려야 하기 때문에 신하의 공적에 따른 두터운 상厚賞을 제공함은 물론, 그와 비례한 도덕적 명예를 부여함으로써 백성의 능동성을 최대한 추동한다. 이와 같은 한비자의 술치론術治論은 상벌제도와 도덕적 평가를 조화시켜, 정치적 실천내용의 공功·과過와 도덕적 실천내용의 영榮·욕辱을 결합시켜 파악한다.

끝으로 한비자의 '사람을 부리는 네 가지 통치술'을 살펴보면, 월권의 금지, 신상필벌, 직무의 전문화, 신분과 무관한 공적에 따른 진급 등의 내용을 말하는데 현대 정치론에서도 시사하는 바가 크다.

> 현명한 군주가 신하를 거느릴 때 신하가 자기 직분을 넘어서 공적을 세울 수 없게 하고, 진술한 의견이 실적과 합치하지 않게 하지 않는다. 직분을 넘어서면 사형에 처하고, 의견과 실적이 합치하지 않으면 벌한다. 직무의 권한 내에서 업무를 지키고 진술한 의견이 실적과 합치한다면, 여러 신하들이 무리를 지어 서로 도와줄 수 없을 것이다.
> ─「이병」

> 잘 다스려진 나라의 신하는 나라에 공적을 올림으로써 지위를 밟아 나아가고, 관직에 걸맞은 능력을 보임으로써 직무를 받으며, 법도에

따라 힘을 다함으로써 일을 맡는다. ―「용인」

현명한 군주는 직무를 서로 침범하지 않게 하므로 분쟁하지 않고, 관리士에게 벼슬을 겸직시키지 않으므로 각자의 기능이 발전하며, 사람들에게 공을 같게 하지 않으므로 다투지 않는다. 분쟁과 다툼이 그치고 기능이 발전하게 되면, 강한 자와 약한 자가 힘을 다툴 일이 없고, 얼음과 숯이 (하나의) 형체로 합칠 일이 없으며, 천하에 서로 해치는 일이 없는데, 이것이 다스림의 극치이다. ―「용인」

현명한 군주의 관리란 재상은 반드시 주부州部로부터 올라오고, 용맹한 장수는 반드시 졸오卒伍에서 발탁한다. 대저 공이 있는 자가 반드시 상을 받는다면 관작과 봉록이 두터워질수록 더욱 더 힘을 쓰고, 관직을 옮겨 벼슬의 등급이 잇따라 올라가면 관직이 커질수록 더욱 잘 다스려진다. 대저 관작과 봉록이 커질수록 관직이 다스려지는 것은 왕의 길이다. ―「현학」

한비자의 '사람을 부리는 네 가지 통치술'은 법과 신상필벌의 원칙을 준수하는 것은 물론, 개인의 장점을 발휘시켜 일의 전문성을 극대화시킬 것을 강조한다. 특히, 혈연이나 신분 등에 의거하지 않고 각자의 공적에 따라 순서 있게 관리와 장수를 임용하는 방법은 당시 사회가 계급사회라는 점을 고려할 때 사회의 계급적 한계를 뛰어넘는 이론이라 할 수 있다.

세치론의 철학적 특징

한비자의 세치론勢治論은 군주와 신하 사이의 역학 관계를 논증하는 가운데 제출된 통치술로, 이 또한 상벌 집행의 권세를 권신에게 빼앗기지 않고 군주가 확보하여 법치의 실현을 보조하게 하는 통치술이다. 한비자 세치론의 주요 특징은 신자愼子의 세치론에 대한 3단계의 논의 과정을 거치는 가운데 세치의 내용을 확장시키고, 세의 개념 또한 '나면서부터 부여받는 자연의 세自然之勢'와 '사람이 만들어 낸 인위의 세人設之勢'로 분류 파악하며 정치 방법론으로 운용하는 데 있다.[20]

우선 한비자가 말한 세勢의 내용을 살펴보자.

첫째, 세勢란 높은 지위에 있음으로써 생기는 정치적 통제력으로, 세勢가 없다면 재능이 있는 어진 자라도 어리석은 자를 통제할 수 없다.

걸桀이 천자가 되어 천하를 제어할 수 있었던 것은 현명해서가 아니라 세가 막중했기 때문이며, 요堯가 필부였다면 세 집도 다스릴 수 없는데 어리석어서가 아니라 지위가 낮기 때문이다. —「공명」

둘째, 세勢란 상대를 제압하는 강력한 위력을 말한다. 예컨대 세가 대등하면 그를 신하로 삼을 수 없지만, 세가 우세하다면 자신의 뜻과 다르고 자신의 행동을 비난하는 신하라도 처음 만났을 때 신하로서 충성을 맹세한다.

---

20 자세한 내용은 2부에 전역한 「난세」를 참조. 여기에서는 개요만을 소개함.

그러므로 대적할 만한 나라의 군주가 비록 내 뜻을 좋아해도 내가 조공 들게 해서 신하로 삼지 못하지만, 관내의 제후는 비록 내 행동을 비난하더라도 나는 반드시 예물의 조수鳥獸를 가지고 입조하게 한다. 이와 같이 힘이 강하면 남이 입조하고 힘이 약하면 남에게 입조하게 되므로, 현명한 군주는 힘을 기르는 데 힘쓴다. ―「현학」

셋째, 세勢란 권력의 자루權柄이자 법을 시행하는 정치력으로 실질적으로 정치적 지위를 확보하는 것이다. 만약 군주가 신하에게 세를 빼앗긴다면 신하는 법을 멋대로 전횡할 뿐만 아니라 군주의 지위마저 빼앗는다.

지금 무릇 물이 불을 이기는 것 역시 분명하지만 가마솥을 그 사이에 두면, 물은 그 위에서 끓어 모두 증발하고 불은 그 아래에서 활활 타오르게 되어, 물이 불을 이길 조건을 잃게 된다. 지금 대저 법이 간악함을 금하는 것은 이보다도 명백하지만, 법을 집행하는 신하가 가마솥과 같은 행위를 한다면 법은 단지 군주의 가슴속에서만 명백할 뿐으로 간악함을 금할 조건을 이미 상실하였다. 아주 먼 예로부터 전해오는 말이나 『춘추春秋』에 기록된 것에서도 법을 어기고 반역을 해서 큰 간악함을 이룬 자가 일찍이 존귀한 신하로부터 나오지 않은 적이 없다고 한다. 그런데도 법령이 대비할 대상과 형벌이 처벌할 대상은 언제나 비천한 데에 있었으므로, 그 백성은 절망하고 고하여 호소할 데가 없다. 대신들은 무리를 지어 위를 가리는 데 하나가 되고, 속으로는 서로 사이가 좋지만 겉으로는 서로 나쁜 척하며 사심이 없는 것처럼 보임으로써, 서로가 귀와 눈이 되어 군주의 틈을 엿보기 때문에, 군주는 이목이 가려져서 들을 방도가 없고, 군주라는 이름만 있고 실질이 없어서 신하가 법法을 제멋대로 다루며 전행하는데, 주周나라의 천자가 이와 같았다. 측근이 군주의 권세를 빌리면 위와 아래가 자리를 뒤바꾸는데, 이것이 신하에게 권세를 빌려 줄 수 없음을 말하는 것이다." ―「비내」21

넷째, 세勢란 군주와 신하의 지위를 역전시킬 수 있는 정치적 능력이 세력화되는 것이다.

무릇 간악한 일들은 오랜 동안 활동하면서 쌓인 것으로, 이렇게 쌓인 후에 힘이 더욱 커지고, 힘이 커진 후에 시해할 수 있게 되므로, 현명한 군주는 일찌감치 그것을 제거한다. 지금 전상田常이 난을 일으킨 일도 점차 조짐이 있고 난 뒤에 드러난 것인데도 군주가 처벌하지 않았다. 안자晏子는 군주를 침탈하는 신하를 통제하지 못하게 하고 오히려 은혜를 베풀도록 하였기 때문에, 제齊의 간공簡公이 그 화를 당하였다. ―「외저설 우상」22

---

21 「備內」: 今夫水之勝火亦明矣, 然而釜鬵間之, 水煎沸竭盡其上, 而火得熾盛焚其下, 水失其所以勝者矣. 今夫治之禁姦又明於此, 然守法之臣爲釜鬵之行, 則法獨明於胸中, 而已失其所以禁姦者矣. 上古之傳言, 『春秋』所記, 犯法爲逆以成大姦者, 未嘗不從尊貴之臣也. 而法令之所以備, 刑罰之所以誅, 常於卑賤, 是以其民絕望, 無所告愬. 大臣比周, 蔽上爲一, 陰相善而陽相惡, 以示無私, 相爲耳目, 以候主隙, 人主掩蔽, 無道得聞, 有主名而無實, 臣專法而行之, 周天子是也. 偏借其權勢, 則上下易位矣, 此言人臣之不可借權勢.

22 「外儲說右上」: 凡姦者, 行久而成積, 積成而力多, 力多而能殺, 故明主蚤絕之. 今田常之爲亂, 有漸見矣, 而君不誅. 晏子不使其君禁侵陵之臣, 而使其主行惠, 故簡公受其禍.

다음으로, 한비자는 「난세」에서 3단계의 논의를 통해 세勢의 운용을 밝혔다. 한비자는 신자의 세치론勢治論 내용을 소개한 후 그것에 대해 반박하고, 다시 그것을 반박하는 논리를 내세워 자신이 주장인 세치勢治의 내용을 밝힌다.

첫 번째, 신자의 세치勢治가 현치賢治보다 우수한 정치방법임을 소개한다. 즉, 현명함賢과 지혜智의 정치보다도 타고난 세勢와 지위位를 이용하는 정치방법이 더욱 큰 정치력을 지닌다.

> 신자慎子가 말하길, "나는 용은 구름을 타고, 오르는 뱀은 안개에 노닐지만, 만약 구름이 걷히고 안개가 개이면 용과 뱀은 지렁이와 개미와 같은데, 그 타고 오를 것을 잃었기 때문이다. 현명한 사람이 오히려 어리석은 사람에게 굴복하는 것은 권세權가 가볍고 지위位가 낮기 때문이며, 어리석은 사람이 현명한 사람을 굴복시킬 수 있는 것은 권세가 크고 지위가 높기 때문이다. 요堯가 필부였다면 세 사람도 다스릴 수 없지만, 걸桀은 천자였기에 천하를 어지럽힐 수 있었는데, 나는 이것으로써 권세勢와 지위位는 의지하기에 충분하지만 현명함賢과 지혜智는 따르기에 부족하다는 것을 안다. … 이것으로 미루어 보면, 현명함賢과 지혜智는 많은 수의 백성을 복종시키기에 충분하지 않고, 권세勢와 지위位는 현명한 자를 굴복시키기에 충분하다."고 말하였다. ─「난세」

두 번째, 세勢의 운영은 현명함賢에 의해 결정된다. 즉, 인치주의人治主義의 입장에서 정치에 미치는 위정자의 자질은 중요하며, 세勢의 운용이란 현명함과 어리석음에 의해 결정되는 것이므로 현명함賢을 버리고 세勢를 구하라는 주장은 옳지 못하다.

어떤 이가 신자慎子의 말에 대응하여 주장하길, "나는 용은 구름을 타
고 오르는 뱀은 안개에 노닐지만, 나는 용과 뱀이 구름과 안개의 세勢
에 의탁하지 않는다고는 생각하지 않는다. 비록 그렇더라도 현명함賢
을 버려두고 오로지 권세勢에만 맡겨도 충분히 다스려질 수 있는가?
나는 아직 보지 못하였다. 대저 구름과 안개의 세勢가 있어서 타고 노
닐 수 있는 것은 용과 뱀의 자질이 훌륭하기 때문이다. 지금 구름이
성하게 일더라도 지렁이는 탈 수 없고, 안개가 짙게 끼더라도 개미는
놀 수 없는데, 대저 성한 구름과 짙은 안개의 세가 있더라도 타고 놀
수 없는 것은 지렁이나 개미의 자질이 모자라기 때문이다. 지금 걸桀
과 주紂가 남면南面의 지위에서 천하의 왕 노릇을 하면서, 천자의 위
세威를 구름이나 안개로 삼았어도 천하가 큰 혼란을 면하지 못하는
것은 걸과 주의 자질이 모자라기 때문이다. … 대저 빨리 달려서 먼
곳에 이르려 하면서도 왕량에게 맡겨야 됨을 알지 못하고, 이익을 증
진하고 손해를 제거하려 하면서도 현명하고 능력이 있는 사람에게
맡겨야 됨을 알지 못하는데, 이것은 유추할 줄 모르는 데서 오는 우
환이다. 대저 요와 순 또한 백성을 잘 다스리는 왕량이다."라고 하였
다. ―「난세」

세 번째, 요堯·순舜과 같은 현명한 군주가 연이어 나올 것을 기
대하며 세의 운용을 바라는 주장은 현실성이 결여되었다. 나면서부터
(세를) 부여받는 자연의 세自然之勢와 후천적으로 위세威勢를 운용하는
인위의 세人設之勢를 결합하는 정치방법만이 옳은 것이며, 이것은 곧

세와 법의 운용이다.

이것에 대해 다시 응대하여 말하길, 그 사람愼子은 세勢로써 관리를
다스리기에 충분하다고 믿고, 객은 반드시 현명한 사람을 기다리고
나서야 다스려진다고 말하지만 그렇지 않다. 무릇 세勢란 명칭은 하
나지만 (그 양상은) 변화하여 무수한 것이다. 세가 반드시 자연에 대한
것이라면 세에 대해 논할 게 없다. 내가 말하고자 한 세란 사람이 만
든 것이다. 지금 말하길, '요堯와 순舜이 세를 얻어 다스리고 걸桀과
주紂가 세를 얻어 어지럽혔다.'고 하는데, 나도 요나 순이 그렇지 않
다고는 하지 않겠다. 비록 그렇다 하더라도 사람이 만들어 낸 것이
아니다. 대저 요와 순이 태어나 군주의 지위에 있을 때, 비록 열 명의
걸과 주가 있어도 어지럽힐 수 없었던 것은 세勢에 의해 다스렸기 때
문이며, 걸과 주 역시 태어나 군주의 지위에 있을 때 비록 열 명의 요
와 순이 있어도 다스릴 수 없었던 것은 세勢에 의해 어지러웠기 때문
이다. … 무릇 현인의 길이란 세勢가 금할 수 없고, 권세의 길이란 금
하지 못하는 게 없는데, 금할 수 없는 현賢으로써 금하지 못하는 게
없는 세勢와 더불어 한다는데, 이것은 모순矛楯된 주장이다. 대저 현
賢과 세勢가 서로 받아들일 수 없음은 분명하다. 또한 대저 요·순이
나 걸·주는 천세에 한 번 나는데, 이는 차례로 이어져 끊지 않고
계속해서 태어난다고 하는 것이다. … 지금 세를 폐기하고 법을 어기
면서 요·순을 기다려, 요·순이 나타나면 이내 다스려지겠지만 이
는 천 년이 어지러웠다가 한 번 다스려지는 것이고, 법을 지키고 세
를 지니면서 걸·주를 기다려 걸·주가 나타나면 이내 어지러워지겠
지만 이는 천 년 다스려졌다가 한 번 어지러워지는 것이다. … 또한

말을 부리는 데 왕량을 시키지 않으면 반드시 노예를 시켜 실패할 것이라고 하고, 나라를 다스리는 데 요순을 시키지 않으면 반드시 걸주를 시켜서 어지럽힐 것이라고 한다. 이것은 먹는 것이 단맛 나는 엿과 꿀이 아니면 반드시 쓴맛 나는 고들빼기나 두루미냉이라고 하는 것과 같다. 이는 곧 쓸데없는 말을 쌓고 핑계를 포개어 놓으며 이치를 벗어나 방법을 잃은 양극단의 논의인데, 어찌 (내 말이) 도리를 잃은 말이라 힐난할 수 있겠는가? 객의 논의는 나의 견해에 미치지 못한다. ―「난세」

즉, 한비자는 '자연의 세'와 '인위의 세(법치제도의 운용)'를 결합시킨 정치란 '위로는 요·순에 미치지 못하고 아래로는 걸·주는 되지 않는' 중질의 군주들이 나오더라도 나라를 안정되게 다스릴 수 있도록 하는 것이라고 말한다. 또한 '천 년 다스려졌다가 한 번 어지러워지는' 정치주장과 '한 번 다스려졌다가 천 년 어지러워지는' 정치주장이 양립할 수 없듯이, 현賢과 세勢는 서로 받아들일 수 없음을 분명히 한다. 한비자는 근본적으로 위정자들의 자질보다는 법과 세로써 포상을 장려하고 형벌의 위엄을 세우는 상벌제도만이 나라를 안정되게 다스릴 수 있는 현실적인 정치방법이라고 주장했다.

이와 같이 한비자는 역사적 교훈을 통해 법·술·세가 결합된 정치론을 제출한다. 한비자는 상앙商鞅의 법 일원의 정치원칙을 토대로 정치방법론적 차원에서 신불해申不害의 술치론術治論과 신도愼到의 세치론勢治論을 수용하여 법치주의에 대한 구체적인 실현방법을 모색했다. 즉, 한비자는 상앙의 형법주의를 골간으로 삼고, 형법주의가 지니는 실천방법론의 문제점을 보완하기 위하여 군주의 정치적 역할과 관료제의 조직화와 운용에 대한 행정주의 이론(신불해의 술치론)을 수용하는 한편, 신도의 세치론勢治論을 법치주의를 실현하기 위한 현실적인 정치방법론의 차원에서 수용했다.

韓非子

제2부

『한비자』 정선 역주

제1장 | 초현진

初見秦

진秦나라가
패왕의 명성을
이루는 길

초현진初見秦이란 편명은 '처음으로 진나라의 군주를 배알하다'의
의미이다. 한비자가 진나라의 군주를 처음 만나 자신이 생각한 당시
의 사회정치적 상황과 그에 대한 진나라의 대처 방법을 밝힌 내용이
다. 한비자는 당시 6국의 사회정치적 상황을 분석하며 천하를 통일할
수 있는 충분한 역량을 지니고 있는 진나라가 번번이 패왕霸王이 될
수 있는 기회를 놓친 원인과 진나라가 천하를 통일할 수 있는 계책에
대해 밝힌다. 그는 진나라 군주에게 천하통일의 역량을 지녔음에도
충성스럽지 못한 신하들謀臣로 인해 번번이 패왕霸王이 될 기회를 놓
쳤다고 역설하며, 그 원인을 제공한 신하에 대한 처벌을 주장한다.

그동안 '진秦나라가 6국을 병합하여 통일'해야 한다는 본편의 내
용은 바로 뒤에 나오는 '한韓나라를 보존'시켜야 한다는 「존한存韓」의
주장과 상반된 내용으로, 과연 이 글을 한비자가 직접 썼는가에 대해

서 학자들 사이에서 논란이 많았다. 본편의 배경은 대략 기원전 255년부터 251년까지 진秦의 소양왕昭襄王 말기에 해당하는 정세를 보여주는데, 이때 한비자의 나이가 대략 30, 40대로 당시 한비자가 진나라에 간 기록을 『사기』를 비롯한 여타의 역사자료에서 찾아볼 수 없다. 한비자가 한나라의 사신으로 진나라에 가서 독살된 때가 『사기』의 「진시황본기秦始皇本紀」에 의하면 진왕秦王 정政 4년(기원전233년), 「한세가韓世家」에 의하면 한왕韓王 안安 5년 기원전 234년으로, 그가 기원전 290년경 한비자가 태어난 해에 대해 진천균陳千鈞은 295년경, 진기유陳奇猷는 298년경, 전목錢穆은 280년경을 주장함에 태어났음을 고려할 때 그의 나이 대략 5, 60대의 일이다.

본편에서 나오는 역사적 사건들은 한비자의 나이 3, 40대에 해당한다. 그동안 많은 학자들이 이 글을 연횡가連橫家인 장의張儀의 주장으로 추정하였지만, 본편에 나온 역사적 사건들을 볼 때 장의가 죽은 해(기원전 309년)인 진나라 무왕武王 2년 이후의 일이 나온다는 점을 감안한다면 이러한 주장이 타당하지 않다. 또 다른 견해로는 순자荀子가 기원전 255년경 진나라를 방문했는데 당시 그의 문하에서 수학하던 한비자가 동행하여 진나라 소양왕昭襄王에게 등용되기 위해 쓴 글이라는 주장이 있다. 註 이에 의하면 많은 지식인들이 자신의 등용을 위해 천하를 주유한 일이 비일비재했던 당시에 「초현진」은 진나라에 등용되기 위해 한비자가 젊은 시절 쓴 글이고, 뒤의 「존한」은 진나라의 위협에 다급해진 한나라가 어쩔 수 없이 한비자에게 사신의 역할을 맡긴 그의 장년기에 쓴 글이 되어, 2편 모두 한비자가 직접 쓴 글로 추정할 수 있다. 글의 내용은 주로 계략을 내는 모신謀臣들의 문제점을 지적한다는 점에서 양민은 덕德으로, 신하는 엄격한 형벌로 다스려야 한다는 한비자의 정치철학에서 크게 벗어나지 않는다.

본편은 한비자가 활동하던 시대 배경을 직접적으로 보여주는 역사적 사료라는 점에서 학술적 가치가 크다. 이뿐만 아니라 본편의 저자에 대해 학계의 논란이 많은데 독자들이 스스로 판단할 수 있도록 완역해서 소개한다.

註 張覺, 『韓非子全譯』(上), 貴州人民出版社, 1992, 2쪽

신臣이 듣기로, '알지 못하면서 말하는 것은 무지함이며, 알고 있으면서도 말하지 않는 것은 충성스럽지 못하다.'고 하였습니다. 다른 사람의 신하가 되어 충성스럽지 못하면 죽어 마땅하고, 의견을 내어서 합당하지 않아도 죽어 마땅합니다. 비록 그러하더라도 신이 들은 것을 모두 말하고자 하오니 오로지 대왕께서 그 죄를 결정하소서.

臣聞, "不知而言, 不智, 知而不言, 不忠." 爲人臣不忠, 當死,[1] 言而不當, 亦當死. 雖然, 臣願悉言所聞, 唯大王裁其罪.[2]

---

1 當死(당사): 죽는 죄에 해당한다는 의미.
2 唯大王裁其罪(유대왕재기죄): 대왕大王은 진秦나라 소양왕(昭襄王, 기원전 306~251)을 말함.

신臣이 듣기로, 천하는 지금 (조나라를 중심으로) 북쪽의 연燕나라와 남쪽의 위魏나라가 형荊나라와 연합하고 제齊나라와 굳게 결속하며 한韓나라를 끌어들여 합종合縱의 동맹을 이루어, 장차 서쪽의 진秦나라에게 힘을 다해 대적하려고 합니다. 신이 생각하건대 비웃을 일입니다. 세상에 나라를 망하게 하는 세 가지가 있는데, 지금 천하의 형세는 바로 이와 같은 상황과 같습니다.

　신臣이 들은 것을 말하자면, '어지러운 나라가 잘 다스려지는 나라를 공격하면 망하고, 바르지 않은 국가가 바른 국가를 공격하면 망하고, 이치를 거스르는 국가가 이치를 따르는 국가를 공격하면 망한다.'고 했습니다. 지금 천하의 재물을 저장하는 창고는 차 있지 않고, 곡식을 저장하는 곳간은 텅 비어 있는데 그 장수와 백성을 다 모아 군사의 수가 수백만에 이르는 대오를 배치합니다. 그 중 머리를 조아리고 깃털을 꽂고 장군을 따르겠다고 하지만 적 앞에서 결사적인 자는 천 명에도 이르지 못하는데 모두가 결사하겠다고 말합니다. 적의 서슬이, 번쩍이는 칼날이 눈앞에 있으면 부질斧鑕의 형벌이 뒤에 있는데도 도리어 도망가서 결사할 수 없습니다. 그것은 장수와 백성이 결사할 수 없어서가 아니라 위가 할 수 없게 하기 때문입니다. 말로는 상을 준다고 하고 주지 않으며, 말로는 벌을 준다고 하고 실행하지 않아서 상과 벌에 믿음이 없으므로 장수와 백성은 결사하지 않습니다. 지금 진秦나라는 호령을 내어 상벌을 실행하면서 공이 있는지 공이 없는지는 일을 보고 판단합니다. 그 부모의 품속에서 싸여 있다가 나와 태어나서 아직 적을 본 적이 없는데도, 전쟁이 났다는 소식을 들으면 발을 구르며 맨몸으로 서슬이 번쩍이는 칼날에 뛰어들고 뜨거운 불속에 뛰어들면서 앞에서 죽기를 각오하고 싸우길 모두가 이와 같이 합니다. 무릇 죽기를 각오하고 싸우는 것과 반드시 살아남고자 하는 것은 같지 않은데도 백성이 그렇게 하는 것은, 바로 용감히 싸우다 죽는 것을 귀하게 여기기 때문입니다. 무릇 한 사람이 용감하게 싸우다 죽으면 적 열 사람을 대적할 수 있고, 열이면 백을 대적할 수 있고, 백이면 천을 대적할 수 있고, 천이면 만을 대적할 수 있으며, 만이면 천하를 이길 수 있습니다.

지금 진나라의 땅을 살펴보면 긴 곳을 잘라 짧은 곳에 보탠다면 사방이 수천 리에 이르고, 훌륭한 군사가 수천만이 있습니다. 진나라의 법령과 상벌, 지형의 유리함 등 천하에 이와 같은 것을 지닌 나라는 없습니다. 이로써 천하를 상대로 전쟁을 일으킨다면 천하를 모두 아우르고 점유한다 해도 부족합니다. 이 때문에 진나라가 싸워 일찍이 이기지 못한 적이 없고, 공격하여 탈취하지 못한 적이 없으며, 나아가는 길을 가로막는 자를 일찍이 격파하지 못한 적이 없어서 영토를 수천 리로 넓혔는데 이것이 그 커다란 성과입니다.

그러나 (지금) 병기와 갑옷은 망가지고, 장수와 백성은 병들고, 축적한 것은 다 떨어지고, 밭두둑은 황폐하고, 곳간은 텅 비었으며, 사방의 제후들이 복종하지 않아서 패왕의 명성을 이루지 못하고 있습니다. 이는 다른 이유가 없으며 그 모신謀臣들이 모두 자신들의 충성을 다하지 않았기 때문입니다.

臣聞, 天下陰燕陽魏,[1] 連荊固齊,[2] 收韓而成從,[3] 將西面以與秦强爲難.[4] 臣竊笑之. 世有三亡, 而天下得之, 其此之謂乎! 臣

聞之曰, "以亂攻治者亡, 以邪攻正者亡, 以逆攻順者亡." 今天下
之府庫不盈,[5] 囷倉空虛,[6] 悉其士民, 張軍數十百萬.[7] 其頓首戴
羽爲將軍,[8] 斷死於前不至千人,[9] 皆以言死. 白刃在前,[10] 斧鑕在
後,[11] 而卻走不能死也.[12] 非其士民不能死也, 上不能故也. 言賞
則不與, 言罰則不行, 賞罰不信, 故士民不死也. 今秦出號令而行
賞罰, 有功無功相事也.[13] 出其父母懷衽之中, 生未嘗見寇耳, 聞
戰, 頓足徒裼,[14] 犯白刃, 蹈鑪炭,[15] 斷死於前者皆是也. 夫斷死
與斷生者不同, 而民爲之者, 是貴奮死也.[16] 夫一人奮死可以對
十, 十可以對百, 百可以對千, 千可以對萬, 萬可以剋天下矣. 今
秦地折長補短, 方數千里,[17] 名師數十百萬.[18] 秦之號令賞罰, 地
形利害,[19] 天下莫若也. 以此與天下,[20] 天下不足兼而有也. 是故
秦戰未嘗不剋, 攻未嘗不取, 所當未嘗不破,[21] 開地數千里, 此其
大功. 然而兵甲頓,[22] 士民病, 蓄積索,[23] 田疇荒, 囷倉虛, 四鄰
諸侯不服, 霸王之名不成. 此無異故, 其謀臣皆不盡其忠也.[24]

---

1 天下陰燕陽魏(천하음연양위): '음陰'은 북쪽을 '양陽'은 남쪽을 가리킴. 당시 조
趙 · 연燕 · 위魏 · 형荊 · 제齊 · 한韓나라 6국이 연맹을 했는데, 합종合縱의 맹주
인 조나라를 중심으로 북쪽에는 연나라가 남쪽에는 위나라가 위치하고 있었
음.

2 連荊固齊(연형고제): '형荊'은 초楚나라를 말함. 초나라가 본래 형상荊山 일대에
서 건국되었으므로 '초楚'를 '형荊'이라고도 칭함.(張覺)

3 收韓而成從(수한이성종): '종從'은 합종合縱. 전국戰國시대의 소진(蘇秦, 기원전 ?
~ 284)은 동주東周 낙양洛陽 사람으로 자는 계자季子. 장의張儀와 함께 귀곡자鬼
谷子에게 수학하였고 진秦나라의 혜왕惠王을 비롯하여 제후들에게 유세하였지
만 등용되지 못함. 그러나 당시 진나라의 침략을 두려워하던 산동山東 지방의

제후국들에게 6국이 합종合縱하여 이에 맞설 것을 주장함으로써 연燕나라의 문후文侯에게 등용되었고, 실제로 합종이 성공(기원전 333)하여 6국의 재상이 되어 스스로를 무안군武安君이라 칭함. 그러나 그의 합종책은 장의의 연형책連橫策에 밀려 실패함.

4 將西面以與秦強爲難(장서면이여진강위난): '강強'은 힘을 다하는 '진력盡力, 갈력竭力'의 의미.(王先愼) '난難'은 대적하다의 '적敵'과 같은 의미.(高誘)

5 今天下之府庫不盈(금천하지부고불영): '부고府庫'는 주로 기물이나 재화를 저장하는 창고.

6 囷倉空虛(균창공허): '균창囷倉'은 곡식을 저장하는 곳간. 둥근 곳간을 균囷, 모진 곳간을 창倉이라 함.(高誘)

7 張軍數十百萬(장군수십백만): '장張'은 군사의 대오를 배치하는 '진陳'.(陳奇猷)

8 其頓首戴羽爲將軍(기돈수대우위장군): '돈수頓首'는 복종의 예를 표하기 위해 머리를 땅에 닿도록 조아림. '대우戴羽'는 전장에서 군사의 투구에 새의 깃털을 꽂아 표식으로 삼는 것. 대개 고대 군대에서 선봉대에 해당하는 용사의 표식임.(張覺)

9 斷死於前不至千人(단사어전부지천인): '단斷'은 '결決'.(吳汝綸) '단사어전斷死於前'은 '적 앞에서 결사하겠다는 것決死於敵前'을 말함.(陳啓天)

10 白刃在前(백인재전): '백인白刃'은 적의 서슬이 번쩍이는 칼날.

11 斧鑕在後(부질재후): '부질斧鑕'은 허리를 잘라 몸을 두 동강 내어 죽이는 고대 형구形具의 일종.

12 而卻走不能死也(이각주불능사야): '사死'는 죽기를 각오하고 싸우는 것. 즉 결사적으로 전투에 임하는 것을 말함.

13 有功無功相事也(유공무공상사야): '상相'은 '시視'.(尹桐陽, 高亨) 공이 있는지 없는지는 실제로 일을 수행한 사실적 근거를 보고 판정한다는 의미.

14 頓足徒裼(돈족도석): '돈족頓足'은 발을 구르며 날뛴다는 뜻. '도徒'와 '석裼'은 웃통을 벗어 알몸을 드러낸다는 의미(『색은(索隱)』)로, 아무것도 없이 팔과 어깨를 드러낸 채 맨몸으로 적에 맞서는 것을 말함.

15 蹈鑪炭(도로탄): '로탄鑪炭'은 '불타는 숯불爐炭'.(太田方) 적의 화공火攻에 뛰어드는 것犯火攻을 말함.(尹桐陽)

16 是貴奮死也(시귀분사야): '분사奮死'는 용감하게 싸우다 죽음.

17 方數千里(방수천리): '방方'은 네모반듯한 모양의 방형方形.

18 名師數十百萬(명사수십백만): '명사名師'는 용맹하기로 명성이 높은 훌륭한 군사.

19 地形利害(지형이해): '이해利害'는 나에게 이롭고 다른 사람에게 해로운 것을 말함.(尹桐陽) 즉, 진나라 지형의 이로움을 말함.

20 以此與天下(이차여천하): '여천하與天下'는 천하를 상대로 전쟁을 일으킨다는 의미의 '거천하擧天下'.(陳啓天) '여與'와 '거擧'는 통함.(陳奇猷)

21 所當未嘗不破(소당미상불파): '당當'은 서로 마주친다는 의미의 '상치相値'.(陳奇猷) '당當'은 나아가는 길을 가로막는다는 의미의 '당(擋)'과 통함.(『校注』)

22 然而兵甲頓(연이병갑돈): '돈頓'은 '폐괴弊壞'.(藤澤南岳) 즉, 해지고 무디어져 못 쓰게 됨.

23 蓄積索(축적삭): '삭索'은 '진盡'.(陳奇猷)

24 其謀臣皆不盡其忠也(기모신개부진기충야): '모신謀臣'은 계책이나 책략을 꾸미는 데 능한 신하.

신이 감히 말씀드립니다. 지난날 제齊나라는 남쪽으로 초楚나라를 쳐부수고 동쪽으로 송宋나라를 쳐부수고 서쪽으로 진秦나라를 굴복시키고 북으로 연燕나라를 쳐부수고 중앙으로는 한韓나라와 위魏나라를 부렸으며, 토지가 광대하고 군대가 강하여 싸우면 이기고 공격하면 취해서 천하를 호령하였습니다. 제나라의 맑은 제수濟水와 탁한 황하黃河는 방어선이 되기에 충분하였고, 장성長城과 거대한 제방은 요새가 되기에 충분하였습니다. 제나라는 다섯 번 싸워 이긴 나라지만 한 번의 전쟁을 이기지 못하여 망하였습니다. 이로써 보건대 무릇 전쟁이란 만승의 대국이 존속하느냐 망하느냐를 결정하는 것입니다.

또한 들은 것을 말씀드리자면 "자취를 없애려면 뿌리를 남기지 말고, 재앙이 되는 이웃과 더불어 하지 않는다면 재앙은 곧 존재하지 않는다."고 합니다. 진나라가 초나라 사람과 싸워 초나라를 크게 쳐부수고 영郢을 습격하여 동정洞庭 · 오호五湖 · 강남江南을 취하고, 초나라 왕과 신하는 도망가 동쪽의 진성陳城에 숨었습니다. 마땅히 이때에 초나라를 추격하는 군사를 보냈다면 초나라를 멸망시킬 수 있었고, 초나라가 멸망했으면 그 백성을 충분히 차지할 수 있었고 땅에서 충분히 이익을 취할 수가 있었으며, 동쪽으로는 제나라와 연나라의 세력을 약화시키고 중앙으로는 한韓 · 위魏 · 조趙의 3진三晉을 넘볼 수 있었습니다. 그렇다면 단숨에 패왕의 명성을 이룰 수 있었고, 사방의 이웃 제후들로 하여금 조공을 들도록 할 수 있었지만, 계략을 내는 신하들은 그렇게 하지 않고 군대를 이끌고 물러나 다시 초나라 사람들과 화평을 맺었으며, 초나라 사람들에게 망한 나라를 수습하고 흩어진 백성들을 모아서 사직의 신주를 세우고 종묘를 설치하게 하여 천하를 거느리고 서쪽으로 진나라와 대적하게 하였는데, 이것이 본디 패왕의 길을 잃게 한 첫 번째 이유입니다.

천하가 다시 연합하여 군사가 화양華陽 아래까지 쳐들어와서 대왕께서 명령을 내려 그것을 깨부수고 군사가 대량大梁의 성곽 아래에 이르렀는데, 대량大梁을 수십 일만 포위하였다면 멸망시킬 수 있었고, 대량을 함락시키면 위나라를 멸망시킬 수 있었으며, 위나라를 멸망시키면 초楚나라와 조趙나라의 연합의지가 끊어지고, 초나라와 조나라의 연합의지가 끊어지면 조나라가 위태로워지며, 조나라가 위태로워지면 초나라가 의심을 품을 것이므로, 동쪽으로는 제齊나라와 연燕나라를 약화시키고 중앙으로는 한 · 위 · 조의 3진三晉을 넘볼 수 있었습니다. 그렇다면 단숨에 패왕의 명성을 이룰 수 있어서 사방의 이웃 제후들로 하여금 조공을 들도록 할 수 있었지만, 계략을 내는 모신들은 그렇게 하지 않고서 군대를 이끌고 물러나 다시 위나라魏氏와 화평을 맺었으며, 위나라는 망한 나라를 수습하고 흩어진 백성들을 모아서 사직의 신주를 세우고 종묘를 설치하여 천하를 거느리고 서쪽으로 진나라와 대적하게 되었는데, 이것이 본디 패왕의 길을 잃게 한 두 번째 이유입니다.

지난 날 양후穰侯가 진秦나라를 다스릴 때 한나라의 군사를 이용하여 두 나라의 공적을 이루고자 하였기 때문에, 병사들은 종신토록 나라 밖에서 비바람에 시달리고 나라 안의 사민士民들은 지치고 병들어 패왕의 명성을 이룰 수 없었는데, 이것이 본디 패왕의 길을 잃게 한 세 번째 이유입니다.

臣敢言之. 往者齊南破荊,[1] 東破宋,[2] 西服秦,[3] 北破燕,[4] 中使韓·魏, 土地廣而兵强, 戰剋攻取, 詔令天下. 齊之淸濟濁河,[5] 足以爲限,[6] 長城巨防, 足以爲塞. 齊五戰之國也, 一戰不剋而無齊.[7] 由此觀之, 夫戰者, 萬乘之存亡也.[8] 且聞之日, "削迹無遺根, 無與禍鄰, 禍乃不存". 秦與荊人戰, 大破荊, 襲郢,[9] 取洞庭·五湖·江南,[10] 荊王君臣亡走, 東服於陳.[11] 當此時也, 隨荊以兵, 則荊可擧, 荊可擧, 則其民足貪也, 地足利也, 東以弱齊·燕, 中以凌三晉.[12] 然則是一擧而霸王之名可成也, 四鄰諸侯可朝也, 而謀臣不爲, 引軍而退, 復與荊人爲和, 令荊人得收亡國, 聚散民, 立社稷主, 置宗廟, 令率天下西面以與秦爲難, 此固以失霸王之道一矣. 天下又比周而軍華下,[13] 大王以詔破之, 兵至梁郭下,[14] 圍梁數旬, 則梁可拔, 拔梁, 則魏可擧, 擧魏, 則荊·趙之意絶, 荊·趙之意絶, 則趙危, 趙危而荊狐疑,[15] 東以弱齊·燕, 中以凌三晉. 然則是一擧而霸王之名可成也, 四鄰諸侯可朝也, 而謀臣不爲, 引軍而退, 復與魏氏爲和,[16] 令魏氏反收亡國, 聚散民, 立社稷主, 置宗廟令,[17] 此固以失霸王之道二矣. 前者穰侯之治秦也,[18] 用一國之兵而欲以成兩國之功, 是故兵終身暴露於外,[19] 士民疲病於內, 霸王之名不成, 此固以失霸王之道三矣.

---

1 往者齊南破荊(왕자제남파형): '왕자往者'는 과거시제. 『사기』「전제세가田齊世家」에 의하면 제齊나라 민왕閔王 23년(기원전 278년)에 진秦나라와 더불어 중구重丘, 지금의 河南省에서 초楚나라를 물리친 일을 말함.(陳奇猷)

2 東破宋(동파송): 『사기』에 의하면 제齊나라 민왕閔王 38년(기원전 263년)에 송宋나라를 정벌하여 송나라 왕이 도망하여 온(溫, 지금의 河南省)에서 사망한 일.(陳

奇猷)

3 西服秦(서복진): 『사기』에 의하면 제齊나라 민왕閔王 26년에 제齊, 한韓, 위魏나라가 연합하여 진秦나라를 공격하여 함곡관函谷關에 이르러 군대를 주둔하고 28년에 진나라가 한나라에게 하외河外땅을 떼어주어 강화함으로써 군대를 철수시킨 일.(陳奇猷)

4 北破燕(배파연): 제齊나라 민왕閔王 10년 연燕나라를 격파시킨 일.(津田鳳卿)

5 齊之淸濟濁河(제지청제탁하): 평음성平陰城 남쪽에 있는 장성(長城, 지금의 산동 지방)의 서쪽에 있는 제수濟水의 물이 맑고 동쪽의 황하黃河 물이 탁하기 때문에 '청제탁하淸濟濁河'라고 함.

6 足以爲限(족이위한): '한限'은 '조阻'(王念孫), 곧 방어선을 말함.

7 一戰不剋而無齊(일전불극이무제): '무제無齊'는 '제망齊亡'.(陳奇猷) 『사기』에 의하면 제齊나라 민왕閔王 40년에 연燕, 진秦, 초楚나라와 삼진三晉이 공모하여 각기 정예부대를 출동시켜 제나라를 공격하여 제서濟西에서 물리친 일.

8 萬乘之存亡也(만승지존망야): '만승萬乘'은 전쟁 시 한 번에 동원할 수 있는 전차의 수로 곧 대국을 가리킴.

9 襲郢(습영): '영郢'은 초楚나라의 도성(지금의 湖北城 江陵市 북쪽). 초나라 경양왕頃襄王 21년(기원전 278)의 일.(尹桐陽)

10 取洞庭慓 · 五湖 · 江南(취동정오호강남): '동정洞庭'은 지금의 동정호洞庭湖(陳啓天), '오호五湖'는 지금의 태호太湖(尹桐陽), '강남江南'은 지금의 양자강揚子江 남쪽. '오호五湖'의 '호湖'를 '도都' 또는 '저渚'의 잘못으로 보아 다섯 개의 주라고도 함.(盧文弨)

11 東服於陳(동복어진): '복服'은 '복伏'(盧文弨) 또는 '보保'(劉師培)의 의미로 숨어서 세력을 유지하였음을 말함.

12 中以凌三晉(중이능삼진): '능凌'은 '범犯'.(陳奇猷) 한韓, 위魏, 조趙나라가 진晉나라를 3분하였으므로 '삼진三晉'이라 칭함.

13 天下又比周而軍華下(천하우비주이군화하): '비주比周'는 한 패가 되거나 파당을 짓는다는 의미로 곧 연합함. '화하華下'는 화양華陽의 아래(太田方), 전국시대 한韓나라의 지명. 지금의 하남성河南省 밀현密縣의 동북쪽.(『校注』)

14 兵至梁郭下(병지양곽하): '양梁'은 '대량大梁'으로 위魏나라의 도성, 지금의 하남성 개봉시開封市. 『전국책』「위책魏策」에 진秦나라 소왕昭王 34년에 백기白起가 화華 땅에서 위나라 장군 망묘芒卯를 격파하고 대량을 포위하였는데, 양의 대부 수가須賈가 위나라를 위해 양후穰侯를 설득하여 포위를 풀게 한 일.

15 趙危而荊狐疑(조위이형호의): '호의狐疑'는 여우가 의심이 많아 결단을 내리지 못한다는 의미로, 의심하여 믿지 못하는 것을 말함.

16 復與魏氏爲和(복여위씨위화): '위씨魏氏'는 위국魏國.

17 置宗廟令(치종묘령): '령令'다음으로'천하를 거느리고 서쪽으로 진나라와 대적 한다는' '솔천하서면이여진위난率天下西面以與秦爲難'의 10자가 있어야 함. (俞樾)

18 前者穰侯之治秦也(전자양후지치진야): '양후穰侯'는 위염(魏冉. 기원전 ?~265)으 로 진秦나라 소양왕昭襄王의 외삼촌. 양穰 땅에 봉해져 양후穰侯라 함. 소왕昭襄 王은 형인 무왕武王이 죽고 그에게 아들이 없어 어린 나이에 왕위에 올랐는데, 위염은 어린 소왕을 대신해 정치를 맡아 진나라의 정승을 네 번 하였고, 위나 라 출신의 범수范雎가 등용된 후 선태후宣太后와 그의 동생인 양후가 너무 사 치스럽고 권력을 멋대로 사용한다는 진언이 소왕에게 받아들여져 소왕 41년 에 재상의 자리에서 물러남.

19 是故兵終身暴露於外(시고병종신폭로어외): '폭로暴露'는 비바람에 노출되어 시 달림.

조趙나라는 중앙에 위치한 관계로 여러 나라 사람들이 사는 곳입니다. 그 백성들은 경박하여 부리기 어려운데, 법령이 다스려지지 않아서 상벌에는 믿음이 없고 지형이 이롭지 않아서 아래로 그 백성들이 힘을 다할 수가 없습니다. 그것은 본디 나라가 망할 형세인데도 백성들을 걱정하지 않고 사민을 모두 모아 장평長平 아래에 진을 치게 하여 한韓나라의 상당上黨의 땅을 뺏고자 싸웠습니다. 대왕께서 명령을 내려 그것을 격파하고 무안武安 땅을 빼앗았습니다. 이때에 조나라는 상하가 서로 친하지 않았고 귀한 자와 천한 자가 서로 믿질 않았습니다. 그렇다면 한단邯鄲은 지키지 못합니다. 한단을 빼앗고 산동山東과 하간河間을 지배한 후, 군대를 인솔하여 서쪽으로 수무修武를 공격하고 양장羊腸을 넘어 대代와 상당上黨을 항복하게 했으면, 대代 지방의 46현縣과 상당上黨 지방의 17현縣은 한 벌의 갑옷도 쓰지 않고 한 사람의 사민士民도 괴롭히지 않고서도 모두 진나라가 소유하게 되었을 것이며, 이 대 지방과 상당 지방이 싸우지 않고서도 마침내 진나라의 소유가 되었다면, 동양東陽과 호타하滹沱河의 외곽 지방은 싸우지 않고서도 제齊나라의 소유가 되고, 중산中山과 호타呼沲 이북 지방은 싸우지도 않고 마침내 연燕나라의 소유가 됩니다. 그렇다면 조나라가 멸망하고, 조나라가 멸망하면 한나라가 망하게 되며, 한나라가 망하게 되면 초楚나라와 위魏나라는 독립할 수 없고, 초나라와 위나라가 독립할 수 없다면 단숨에 한나라를 무너뜨리고 위나라를 격파하고 초나라를 멸망시킬 것이며, 동쪽으로 제齊나라와 연나라를 약화시킴으로써 백마白馬 지역 입구의 물길을 틔워서 위나라로 흘러들어가게 하면 단숨에 삼진

三晉이 멸망하여 합종한 나라들은 패하였을 것입니다. 대왕께서는 아무 할 일 없이 기다리시면 천하가 연이어 복종하게 되어 패왕의 명성을 이룰 수 있었습니다. 그러나 계략을 내는 모신들은 그렇게 하지 않고 군대를 이끌고 물러나서 다시 조나라趙氏와 화평을 맺었습니다. 대저 대왕의 영명함과 진나라 군대의 강함으로써도 패왕의 위업을 버리고 땅은 조금도 얻을 수 없었으며, 도리어 멸망할 나라에 속임을 당했는데, 이것은 계략을 내는 모신들이 졸렬하였기 때문입니다.

또한, 무릇 조나라는 마땅히 망해야 되는데 멸망하지 않고, 진나라는 마땅히 패업을 이루었어야 하는데 패업을 이루지 못하였는데, 천하가 진실로 진나라의 계략을 내는 모신들의 능력을 이미 헤아리고 있었다는 첫 번째 증거입니다. 이에 거듭하여 사졸들을 모두 모아 한단을 공격하였지만 멸망시킬 수 없었고, 갑옷을 버리고 석궁을 지고서 두려워 떨면서 물러났는데, 천하가 진실로 진나라의 힘을 이미 헤아리고 있었다는 두 번째 증거입니다. 군대를 이끌고 물러나 한단의 외성外城 아래에 대치하던 중 대왕께서 또한 군사를 합류시키기 위해 오셔서 함께 싸웠는데 이길 수 없었고, 또한 돌아갈 수도 없어서 군사들은 지쳐 도망갔는데, 천하가 진실로 진나라 힘을 이미 헤아리고 있었다는 세 번째 증거입니다. (이것은) 안으로는 대왕의 모신들을 헤아리게 하고 밖으로는 대왕의 병력을 모두 파악하게 합니다. 이로써 보건대 신은 천하가 합종하는 것이 거의 어렵지 않을 것이라 생각됩니다. 안으로는 대왕의 병기와 갑옷은 망가지고, 사민은 병들고, 축적한 것은 다 떨어지고, 밭두둑은 황폐하고, 곳간은 텅 비었으며, 밖으로는 천하가 모두 연합하려는 의지가 굳건하므로, 원컨대 대왕께서는 이 점을 생각하시기 바랍니다.

趙氏, 中央之國也, 雜民所居也,[1] 其民輕而難用也, 號令不治, 賞罰不信, 地形不便,[2] 下不能盡其民力. 彼固亡國之形也, 而不憂民萌,[3] 悉其士民軍於長平之下,[4] 以爭韓上黨.[5] 大王以詔破之, 拔武安.[6] 當是時也, 趙氏上下不相親也, 貴賤不相信也. 然則邯鄲不守. 拔邯鄲, 筦山東·河間,[7] 引軍而去, 西攻修武,[8] 踰華,[9] 降代·上黨.[10] 代四十六縣, 上黨七十縣, 不用一領甲, 不苦一士民, 此皆秦有也. 以代·上黨不戰而畢爲秦矣,[11] 東陽·河外不戰而畢反爲齊矣,[12] 中山·呼沱以北不戰而畢爲燕矣.[13] 然則是趙舉, 趙舉則韓亡, 韓亡則荊·魏不能獨立, 荊·魏不能獨立, 則是一舉而壞韓, 蠹魏拔荊,[14] 東以弱燕·齊, 決白馬之口以沃魏氏,[15] 是一舉而三晉亡, 從者敗也.[16] 大王垂拱以須之,[17] 天下編隨而服矣,[18] 霸王之名可成. 而謀臣不爲, 引軍而退, 復與趙氏爲和. 夫以大王之明, 秦兵之强, 棄霸王之業, 地曾不可得, 乃取欺於亡國, 是謀臣之拙也. 且夫趙當亡而不亡, 秦當霸而不霸, 天下固以量秦之謀臣一矣.[19] 乃復悉士卒以攻邯鄲, 不能拔也, 棄甲負弩, 戰竦而卻,[20] 天下固已量秦力二矣. 軍乃引而退, 并於孚下,[21] 大王又并軍而至, 與戰不能剋之也, 又不能反, 運罷而去,[22] 天下固量秦力三矣.[23] 內者量吾謀臣, 外者極吾兵力.[24] 由是觀之, 臣以爲天下之從, 幾不難矣. 內者吾甲兵頓, 士民病, 蓄積索, 田疇荒, 困倉虛, 外者天下皆比意甚固,[25] 願大王有以慮之也.

---

1 雜民所居也(잡민소거야): '잡민雜民'의 '잡雜'은 여러 나라 사람을 가리킨다. 조趙나라는 연燕나라의 남쪽, 제齊나라의 서쪽, 위魏나라의 북쪽, 한韓나라 동쪽, 즉 중앙에 위치한 나라이기 때문에 여러 나라 사람들이 흘러들어와 섞여 있음을 말함.

2 地形不便(지형불편): '불편不便'은 지세가 험준하지 않아서 방어에 유리하지 않음. 조趙나라 왕도인 한단(邯鄲, 지금의 河北城)은 지형이 험준하고 수비가 단단하지險固 않으므로 불편不便이라고 함.(王先愼)

3 而不憂民萌(이불우민맹): '민맹民萌'은 민초, 곧 백성.

4 悉其士民軍於長平之下(실기사민군어장평지하): '군軍'은 군진을 침. 장평長平은 지금의 산서성山西城 고평현高平縣 서북쪽에 위치한 곳으로, 이곳에서 벌어진 장평전투는 전국시대의 세력 판도를 바꾸는 대규모 전투로 진나라가 천하를 통일하는 기반이 됨. 진나라 장수 백기는 장평에서 약 40여만 명의 조나라 군사를 격퇴시키고 항복한 군사를 생매장시켜 조나라를 큰 위험에 처하게 만듦. 조나라 효성왕孝成王 즉위 7년인 기원전 260년에 진秦나라 장군 백기白起가 조나라를 공격하여 두 나라 군대가 장평長平대치함. 당시 조나라 장군 염파廉頗가 응전하지 않자 진나라 간첩은, 진나라가 걱정하는 것은 마복군 조사의 아들인 조괄趙括이 장수가 되는 것뿐이라는 거짓 소문을 퍼뜨렸는데, 효성왕이 이 소문을 듣고 염파를 대신해 조괄을 장수로 삼았으나 대패하여 큰 위험에 처하게 되었고 초나라와 위나라의 구원으로 가까스로 벗어남. 자세한 내용은 「현학」, 『사기』 「염파인상여열전廉頗藺相如列傳」 참조.

5 以爭韓上黨(이쟁한상당): '상당上黨'은 한韓나라 영토로 지금의 산서성山西城 동남부. 기원전 262년 조나라 효성왕孝成王은 한나라의 상당 지역을 취하기 위해 파병했다는 기록이 『사기』 「조세가趙世家」에 나옴.(張覺)

6 拔武安(발무안): '무안武安'은 조나라 영토로 하북성河北城 무안현武安縣 서남쪽.(『校注』) 『사기』 「진본기秦本紀」에 의하면 진나라 소왕昭王 47년(기원전 260)에 진나라가 한나라의 상당上黨을 공격하자 상당은 조나라에 투항하였는데, 이로 인해 진나라가 백기 장군을 파견하여 조나라를 공격하여 장평에서 대파시키고, 소왕昭王 48년 10월에는 조나라의 무안 땅을 점령했다는 기록이 나옴.(張覺)

7 筦山東 · 河間(관산동하간): '관筦'은 '관管'.(陳啓天) '산동山東'은 효산(殽山, 지금의 河南城) 혹은 화산華山의 동쪽 산동 6국을 가리킴. '하간河間'은 조나라 영토로 영정하永定河와 황하黃河 사이의 지방으로 지금의 하북성河北城.(張覺)

8 西攻修武(서공수무): '수무修武'는 고성故城으로 지금의 하남성河南城 획하현獲嘉縣.(尹桐陽)

9 踰華(유화): '유화踰華'는 '유양장踰羊腸'.(顧廣圻, 梁啓雄) '양장羊腸'은 지금의 산서성山西城에 해당하는 지역에 있던 요새 이름塞名.(高亨)

10 降代 · 上黨(항대상당): '대代'는 조나라 영토로 지금의 산서성山西城 북부지방.

11 以代·上黨不戰而畢爲秦矣(이대상당부전이필위진의): '以以'는 '此此'.(張覺)

12 東陽·河外不戰而畢反爲齊矣(동양하외부전이필반위제의): '동양東陽'은 조나라 영토로 지금의 '하북성河北城 남부, 하외河外'는 하북성 '호타하滹沱河'의 외곽.(張覺)

13 中山·呼沱以北不戰而畢爲燕矣(중산호타이배부전이필위연의): '중산中山'은 기원전 296년 조나라에 의해 멸망한 나라 이름으로 지금의 하북성河北城 중부 영수현靈壽縣에서 당현唐縣에 이르는 일대. '호타呼沱'는 하북성 '호타하滹沱河'.(張覺)

14 蠧魏拔荊(두위발형): '두蠧'는 역시 '괴壞'의 의미.(陳奇猷)

15 決白馬之口以沃魏氏(결백마지구이옥위씨): '백마白馬'는 고대 황하黃河의 나루로 지금의 하남성河南城 활현滑縣의 동북에 위치함.(張覺)

16 從者敗也(종자패야): '종자從者'는 산동山東 6국.(王先愼)

17 大王垂拱以須之(대왕수공이수지): '수공垂拱'은 옷소매를 늘어뜨리고 팔짱을 낀다는 의미로, 다른 사람이 하게 내버려두고 자신은 아무 일도 하지 않지만 일이 진행된다는 의미. '수須'는 '대待'.(梁啓雄)

18 天下編隨而服矣(천하편수이복의): '편수編隨'는 연이어 서로 따름.

19 天下固以量秦之謀臣一矣(천하고이량진지모신일의): '以以'는 '이已'.(梁啓雄) 장평長平 전쟁 이후에 진나라 재상 범저范雎가 한나라로부터 원옹垣雍 땅과 조나라로부터 여섯 개 성을 할양받고 화평을 맺은 일을 말함.(『校注』)

20 戰竦而却(전송이각): '전송戰竦'은 두려워 몸을 떠는 '전율戰慄'과 같은 뜻.(陳啓天) 기원전 259년 진나라가 조나라의 도읍 한단을 포위하고 공격하였는데 조나라의 강력한 저항에 부딪쳐 전세가 불리해지자 한때 철수한 일을 말함.(『校注』)

21 并於孚下(병어부하): '부孚'는 외성外城 '부郛', '곽郭'과 같음.(尹桐陽) 한단의 외성 아래에서 조나라 군사와 대치한 것을 말함.

22 運罷而去(운파이거): '운運'은 '군軍'의 잘못.(俞樾, 浦阪圓) '파罷'는 '피疲'.(顧廣圻)

23 天下固量秦力三矣(천하고량진력삼의): 위와 마찬가지로 '량量'자 위에 '이(以, 已)'자가 있어야 함.(梁啓雄)

24 外者極吾兵力(외자극오병력): '극極'은 '진盡'.(陳奇猷)

25 外者天下皆比意甚固(외자천하개비의심고): '비比'는 '밀密', '합合'.(梁啓雄) '비의比意'는 제후들이 긴밀하게 연합하여 자신들의 의지를 합치는 것을 말함.

또한 신이 듣기로는 "몹시 두려워 떨면서 날이면 날마다 조심하고, 진실로 그 도道를 조심하면 천하를 소유할 수 있다"라고 했습니다. 무엇으로써 그렇다는 것을 알 수 있을까요?

옛날에 주紂가 천자가 되어 천하의 군사 백만을 거느리면서 좌군左軍은 기수淇水의 계곡에서 물을 먹이고 우군右軍은 원수洹水의 계곡에서 물을 먹였는데 기수가 마르고 원수가 흐르지 않을 정도로 주周나라 무왕武王과 대적하였습니다. 무왕은 흰 갑옷을 입은 3천을 거느리고 하루를 싸워 주紂의 나라를 격파하고 그 몸을 사로잡고 그 땅을 점거하고 그 백성을 차지했으나 천하의 누구도 주紂를 가엾게 여기지 않았습니다.

진晉나라의 지백知伯이 3국晉·韓·魏의 군대를 거느리고 진양晉陽에서 조趙나라의 양주襄主를 공격하였는데, 물길을 틔워 흘러들어가게 하길 3개월 만에 성이 함락되려 하자 양주襄主는 거북등을 뚫고 산가지로 징조를 점쳐서 이해득실을 따지며 어느 나라에 항복할 것인가를 보았습니다. 이에 그의 신하 장맹담張孟談을 시켜 물속 깊이 잠기어 몰래 숨어서 빠져나가도록 하여 (한나라와 위나라가) 지백과의 약조를 배반하게 하고 두 나라의 군사를 얻어 지백을 공격함으로써 그를 사로잡고 양주는 본래의 지위를 회복하였습니다.

지금 진秦나라 땅은 긴 곳을 잘라 짧은 곳에 보탠다면 사방이 수천 리에 이르고, 훌륭한 군사가 수천만이 있습니다. 진나라의 법령과 상벌, 지형의 유리함 등 천하에 이와 같은 것을 지닌 나라는 없습니다. 이로써 천하를 상대로 전쟁을 일으킨다면 천하를 모두 아우르고 점유

한다 해도 부족합니다. 신이 죽음을 무릅쓰고 대왕을 뵙고자 하는 것
은 천하의 합종을 깨고 조나라를 취하고 한나라를 멸망시키고 초나라
와 위나라를 신하로 삼고 제나라와 연나라와의 사이를 가깝게 함으로
써, 패왕의 명성을 이루고 사방 이웃 제후들이 조공을 들게 하는 방
도를 말씀드리고자 하기 때문입니다. 대왕께서 제 말을 시험 삼아 들
어주셨는데도 단숨에 천하의 합종을 깨지 못하고, 조나라가 함락되지
않고 한나라가 멸망하지 않고 초나라와 위나라가 신하가 되질 않고
제나라와 연나라와의 사이가 가까워지질 않아서 패왕의 명성을 이루
지 못하고 사방 이웃의 제후들이 조공 들지 않는다면, 대왕께서는 신
을 참형에 처하시어 나라 안에 널리 알리길 왕의 계략을 위해 충성하
지 않은 자라 하십시오.

　　且臣聞之曰: "戰戰栗栗,[1] 日愼一日, 苟愼其道, 天下可有." 何
以知其然也? 昔者紂爲天子,[2] 將率天下甲兵百萬,[3] 左飮於淇溪,[4]
右飮於洹谿,[5] 淇水竭而洹水不流, 以與周武王爲難. 武王將素甲
三千,[6] 戰一日, 而破紂之國, 禽其身, 據其地而有其民, 天下莫
傷.[7] 知伯率三國之衆以攻趙襄主於晉陽,[8] 決水而灌之三月, 城且
拔矣, 襄主鑽龜筮占兆,[9] 以視利害, 何國可降. 乃使其臣張孟談,
於是乃潛行而出, 反知伯之約,[10] 得兩國之衆, 以攻知伯, 禽其
身, 以復襄主之初. 今秦地折長補短, 方數千里, 名師數十百萬.
秦國之號令賞罰, 地形利害, 天下莫如也. 以此與天下, 天下可兼
而有也. 臣昧死願望見大王,[11] 言所以破天下之從, 擧趙 · 亡韓,
臣荊 · 魏, 親齊 · 燕, 以成霸王之名, 朝四鄰諸侯之道. 大王誠
聽其說,[12] 一擧而天下之從不破, 趙不擧, 韓不亡, 荊 · 魏不臣,

齊 · 燕不親, 霸王之名不成, 四鄰諸侯不朝, 大王斬臣以徇國,[13]
以爲王謀不忠者也.[14]

---

1 戰戰栗栗(전전율율): '율栗'은 '율慄', '구懼'.(尹桐陽) 몹시 두려워 떠는 모습.

2 昔者紂爲天子(석자주위천자): '주紂'는 은殷나라의 마지막 왕으로 폭군暴君의 상징. 재위 33년 주周 무왕武王에게 목야牧野에서 패하고 나라를 빼앗김.「오두」참조.

3 將率天下甲兵百萬(장솔천하갑병백만): '장將'과 '솔率'은 같은 뜻.(張覺) '갑병甲兵'은 갑옷으로 중무장한 군사.

4 左飮於淇溪(좌음어기계): '음飮'은 말에게 물을 먹이는 것飮馬.(藤澤南岳) '기淇'는 '기수淇水'로 위하衛河의 지류. 하남성河南城 안양安阳의 서남을 흐르는 강.

5 右飮於洹谿(우음어원계): '원洹'은 '환桓'(『校注』), '원수洹水' 또는 '환수桓水' 또한 위하衛河의 지류. 하남성河南城 안양安의 북쪽에서 동쪽을 흐르는 강.

6 武王將素甲三千(무왕장소갑삼천): 무왕武王은 이름이 희발姬發. 문왕文王의 큰아들 백읍고伯邑考가 상商 주왕紂王에게 피살되어 둘째인 그가 왕위를 계승하여 3년간 재위한 후 93세에 죽음. 그는 강태공姜太公과 자신의 동생인 주공단周公旦과 소공석召公奭의 보좌를 받으며 목야牧野전투에서 승리하여 상나라를 멸망시킨 후 서주西周를 세움. '소갑素甲'은 아버지 문왕의 상중이라 무왕이 상복 차림의 갑옷을 입은 것을 말함.(太田方)

7 天下莫傷(천하막상): '상傷'은 가엾게 여긴다는 의미의 '민愍'.(高誘)

8 知伯率三國之衆以攻趙襄主於晉陽(지백솔삼국지중이공조양주어진양): '지백知伯'은 '지백智伯'이라고도 하며, 성이 순荀, 이름은 요瑤. 춘추시대 말기 진晉나라 6경卿의 하나로 세력이 매우 강했음. 그는 기원전 455년 한나라, 위나라와 연합하여 '조양주趙襄主' 곧 '조양자趙襄子'를 공격하다 기원전 453년 패퇴하여 죽음. '조양자趙襄子'라는 이름은 무휼無恤, 춘추시대 말기 진晉나라의 대부大夫. 주主는 대부를 말함. '진양晉陽'은 조씨趙氏의 봉읍으로 지금 산서성山西城 태원시太原市의 남쪽.(『校注』)

9 襄主鑽龜筮占兆(양주찬구서점조): '찬구鑽龜'는 거북등에 구멍을 뚫고 불에 쬐인 후 갈라진 금을 보고 점을 치는 것, '서점筮占'은 산가지로 점을 치는 것.

10 反知伯之約(반지백지약): '반反'은 한韓나라와 위魏나라가 지백과의 연합 약속

을 배반하게 한다는 의미.

11 臣昧死願望見大王(신매사원망견대왕): '매사昧死'는 자신의 말이 합당하지 않으면 죽음으로 사죄하겠다며 죽기를 무릅쓰고 말하는 것.

12 大王誠聽其說(대왕성청기설): '성誠'은 '시試'. (盧文弨)

13 大王斬臣以徇國(대왕참신이순국): '순徇'은 '행시行示'의 의미로 참형한 머리를 가지고 다니며 온 나라 사람들에게 두루 보이는 것. (梁啓雄)

14 以爲王謀不忠者也(이위왕모불충자야): '위왕모爲王謀'는 '대왕모代王謀'와 같음. (梁啓雄)

邪之者而
枉士认加
臣所武之

제2장 | 존한

存韓

진秦나라가
한韓나라를
보존시켜야 하는 이유

'존한存韓'의 편명은 '한나라를 보존한다存韓'는 의미이다. 진秦나라의 침략으로부터 한韓나라를 보존하기 위해 한비자가 사신의 자격으로 진나라 왕을 설득하는 상주문이다. 본편의 구성은, 우선 진나라가 한나라를 침략하는 것이 절대 진나라의 이익에 도움이 되지 않는다며 진나라 왕을 설득하는 한비자의 주장이 실려 있고, 뒤에 한비자의 주장에 대한 진나라 이사李斯의 반론과 이사가 한나라에 사신으로 가서 한나라 왕의 의중을 살피기 위해 상주한 내용이 첨부되어 있다. 이 글의 내용이 앞의 「초현진」과 다르고 또한 한비자가 진나라에 사신으로 가서 독살당한 점에서 한비자가 직접 쓴 글인지에 대해 그동안 학계의 논란이 있었다. 그러나 한나라를 보존하기 위해 한비자가 진나라에 간 역사적 사실이 분명하고 구체적으로 한비자의 주장에 대해 이사의 반론이 조목조목 실려 있다는 점에서 한비자의 주장을 진秦나라의 사관이 그대로 옮겨서 편집했다고 볼 수 있다.

한韓나라는 진秦나라를 섬긴 지 30여 년 동안 밖으로는 방패막이를 하였고 안으로는 자리깔개를 하였습니다. 진나라가 홀로 정예군을 출정시켜 땅을 취하고 한나라는 그것에 따랐을 뿐인데, 한나라에 대한 원망은 천하에 맺히고 공적은 강한 진나라에 돌아갔습니다. 또한 무릇 한나라는 공물과 부역을 바치고 있어 진나라의 군과 현에 다름 없습니다. 요즘 신臣이 귀국 신하의 계획을 듣건대 군사를 일으켜 한나라를 치려고 한다고 합니다. 무릇 조趙나라는 사졸士卒을 모으고 합종合從을 주장하는 무리를 길러서 천하의 병력을 연합하려 하고 있으며, 분명 진나라가 약해지지 않으면 제후들은 진나라가 반드시 자신들의 종묘를 멸망시킬 것이라 하여 서쪽으로 진나라를 도모하려는 뜻을 실행하려고 한 것이 하루에 이루어진 계획이 아닙니다. 지금 조나라로부터 받을 재앙을 놓아두고 자신의 신하인 한나라를 물리친다면 천하는 조나라의 계략을 확신할 것입니다.

韓事秦三十餘年,[1] 出則爲扞蔽.[2] 入則爲蓆薦.[3] 秦特出銳師取韓地而隨之,[4] 怨懸於天下,[5] 功歸於强秦. 且夫韓入貢職,[6] 與郡縣無異也. 今臣竊聞貴臣之計, 擧兵將伐韓. 夫趙氏聚士卒, 養從徒, 欲贅天下之兵,[7] 明秦不弱, 則諸侯必滅宗廟, 欲西面行其意, 非一日之計也. 今釋趙之患, 而攘內臣之韓, 則天下明趙氏之計矣.

1 韓事秦三十餘年(한사진삼십여년): 기원전 273년(韓나라 釐王 23년) 조趙나라와 위魏나라가 연합하여 한나라 화양華陽을 공격하였을 때 진秦나라가 구원하여 두 나라의 연합군을 물리쳤으며, 한나라는 그때부터 진나라에 의탁하였음.

2 出則爲扞蔽(출즉위한폐): '출出'은 '밖으로는', 즉 '외교外交의 면에서'라는 의미. '한폐扞蔽'는 울타리와 병풍을 뜻하는 '번병藩屛'(陳啓天), 방패를 뜻하는 '순순盾'.(陳奇猷)

3 入則爲席薦(입즉위석천): '내入'는 '안으로는', 즉 '내정內政의 면에서'라는 의미. '석席'과 '천薦'은 돗자리나 깔개.

4 秦特出銳師取韓地而隨之(진특출예사취한지이수지): '특特'은 '단但', '근僅'.(陳啓天) '한韓'자는 마땅히 '이而'자 다음에 위치해야 함.(王先愼)

5 怨懸於天下(원현어천하): '현懸'은 '결結'.(太田方)

6 且夫韓入貢職(차부한입공직): '공직貢職'은 공물과 사업에 필요한 노동력, 곧 부역.

7 欲贅天下之兵(욕췌천하지병): '췌贅'는 잇달아 연결한다는 '철연綴連'.(『乾道本注』) 곧 연대 및 연합을 말함.

무릇 한나라는 작은 나라이고, 천하 사방으로부터의 공격에 대응해야 하므로, 군주는 치욕을 참고 신하는 고통을 견디며 상하가 서로 더불어 근심을 함께한 지 오래되었습니다. 방어 장비를 손질하고 강적을 경계하면서 물자를 축적하고 성곽과 해자를 다져서 수비를 견고하게 하였습니다. 만일 (진나라가) 한나라를 친다면 일 년 안에 멸망시킬 수 없는데, 성 하나를 함락시키고 물러난다면 (진나라의) 권위는 천하에 깔보이고 천하가 진나라의 군대를 꺾으려 할 것입니다. 한나라가 배반한다면 위魏나라가 이에 호응하고 조趙나라가 제齊나라에 의거하여 후원을 받게 된다면, 한나라와 위나라가 조나라를 도와주고 제나라에 힘을 빌려 주어 그 합종의 연맹을 굳게 함으로써 진나라와 더불어 강자를 다투게 되는데, (그것은) 조나라에게는 복이며 진나라에게는 재앙입니다. 대저 나아가서 조나라를 공격해서 취할 수 없고 물러나 한나라를 공격해도 함락시킬 수 없다면 적진 속에 들어간 정예병들은 야전에서 지치고, 보급을 맡은 부대가 물자의 공급을 고달파 해서 감당하지 못하면 지치고 약해 빠진 무리들을 모아 만승의 두 대국과 대적하게 되는데, 이는 한나라를 멸망시키겠다는 당초의 의도에 어긋납니다. 만약 진실로 귀국 신하의 계획대로 한다면 진나라는 반드시 천하가 공격하는 표적이 됩니다. 폐하께서 비록 쇠와 돌과 같은 수명을 다하더라도 천하를 병합할 날은 오지 않습니다.

夫韓, 小國也, 而以應天下四擊, 主辱臣苦, 上下相與同憂久矣. 修守備, 戒强敵, 有蓄積,[1] 築城池以守固.[2] 今伐韓,[3] 未可一

年而滅, 拔一城而退, 則權輕於天下, 天下摧我兵矣.[4] 韓叛, 則
魏應之, 趙據齊以爲原,[5] 如此, 則以韓·魏資趙假齊, 以固其
從, 而以與爭强, 趙之福而秦之禍也. 夫進而擊趙, 不能取, 退而
攻韓, 弗能拔, 則陷銳之卒,[6] 勤於野戰, 負任之旅, 罷於內攻,[7]
則合群苦弱以敵而共二萬乘,[8] 非所以亡趙之心也.[9] 均如貴人之
計,[10] 則秦必爲天下兵質矣.[11] 陛下雖以金石相弊,[12] 則兼天下之
日未也.

---

1 有蓄積(유축적): ‘有’는 ‘又’.(陳奇猷)

2 築城池以守固(축성지이수고): ‘池’는 성 밖을 둘러싼 못인 해자垓子. ‘築’은
성곽과 해자를 견고하게 다지는 것.

3 今伐韓(금벌한): ‘今’은 가정조사.

4 天下摧我兵矣(천하최아병의): ‘摧’는 ‘折’.(王先慎)

5 趙據齊以爲原(조거제이위원): ‘據’는 ‘依’, ‘恃’.(陳啓天) ‘原’은 ‘厚’(顧廣
圻), ‘援’.(吳汝綸)

6 則陷銳之卒(즉함예지졸): ‘함예지졸陷銳之卒’은 적진 깊숙이 들어간 정예병.

7 罷於內攻(파어내공): ‘罷’는 ‘疲’.(太田方) ‘內攻’은 공급하다의 ‘共共’.(高亨)

8 則合群苦弱以敵而共二萬乘(즉합군고약이적이공이만승): ‘共’은 연합을 말
함.(陳奇猷) ‘이만승二萬乘’은 제齊나라와 조趙나라.(蒲阪圓)

9 非所以亡趙之心也(비소이망조지심야): ‘趙’는 마땅히 ‘한韓’이 되어야 함.(顧廣
圻) 반면 진나라의 본심은 조나라의 멸망에 있으므로 그대로 해석해야 함.(物
雙松)

10 均如貴人之計(균여귀인지계): ‘均’은 ‘徇’.(陶鴻慶)

11 則秦必爲天下兵質矣(즉즉필위천하병질의): ‘質’은 ‘的’과 같아 과녁 내지 표적.

12 陛下雖以金石相弊(폐하수이금석상폐): ‘以’는 ‘與’.(王渭) ‘弊’는 ‘盡’(『舊
注』), ‘괴壞’.(太田方)

지금 비천한 신하의 어리석은 계략으로는 누군가를 초나라荊에 사절로 보내 정사를 처리하는 신하들에게 두터운 뇌물을 주고 조趙나라가 진秦나라를 속여 온 까닭을 밝히고, 위魏나라에 인질을 보내 안심시키면서 한韓나라를 거느리고 조나라를 친다면 조나라가 비록 제나라와 한편이 되어도 걱정할 것이 못됩니다. 두 나라(제와 조)에 대한 일이 끝나면 한나라는 문서를 보내는 것만으로 평정할 수 있습니다. 이는 우리 진나라가 한 번 거사했는데 두 나라(제와 조)가 망할 형세에 놓인다면 초나라와 위나라 또한 반드시 스스로 굴복해 올 것입니다. 그러므로 말하길 '병기란 흉기이다'라고 했으니 신중하게 살펴서 사용하지 않을 수 없습니다. 진나라와 조나라가 맞서는 역량이 비슷하고 여기에 제나라가 가세하는데, 지금은 한나라를 등지면서 초나라와 위나라의 마음을 굳게 잡지 못한 상태입니다. 대저 (한나라와) 한 번 싸워 이기지 못한다면 재앙이 있게 됩니다. 계략이란 일을 확정하는 바탕이므로 깊이 살피지 않을 수 없습니다. 조나라와 진나라와의 강하고 약함은 금년 안에 있게 됩니다. 또한 조나라와 제후들이 음모를 꾸민 지 오랩니다. 무릇 한 번 군사를 동원하였는데 제후들에게 약해 보인다면 위험한 일이고, 계략을 세웠지만 도리어 제후들에게 진나라의 속마음을 의심하게 한다면 지극히 위태롭습니다. 이 두 가지 조악한 계략이 드러나면 제후들에게 (진나라의) 강함을 보여주는 일이 불가능해집니다. 신은 폐하께서 이 일을 부디 깊이 생각하시어 주길 간절히 바라옵니다! 무릇 (한나라를) 정벌하는 전쟁을 일으키신다면 합종한 나라들에게 틈을 보여주어 후회해도 어쩔 수 없는 지경에 이르게 됩니다.

今賤臣之愚計, 使人使荊, 重弊用事之臣,[1] 明趙之所以欺秦者, 與魏質以安其心,[2] 從韓而伐趙,[3] 趙雖與齊爲一, 不足患也. 二國事畢, 則韓可以移書定也. 是我一擧二國有亡形, 則荊·魏又必自服矣. 故曰,[4] '兵者, 凶器也.' 不可不審用也. 以秦與趙敵衡,[5] 加以齊, 今又背韓,[6] 而未有以堅荊·魏之心. 夫一戰而不勝, 則禍搆矣.[7] 計者, 所以定事也, 不可不察也. 韓·秦强弱,[8] 在今年耳. 且趙與諸侯陰謀久矣. 夫一動而弱於諸侯, 危事也, 爲計而使諸侯有意伐之心,[9] 至殆也. 見二疏,[10] 非所以强於諸侯也. 臣竊願陛下之幸熟圖之! 夫攻伐而使從者間焉, 不可悔也.

---

1 重弊用事之臣(중폐용사지신): '중폐重弊'는 '후뢰厚賂'.(王先愼) '용사用事'는 정사를 처리함.

2 與魏質以安其心(여위질이안기심): '질質'은 인질.

3 從韓而伐趙(종한이벌조): '종從'은 '솔率'.(陳啓天)

4 故曰(고왈):『노자』31장에서 "병기란 상서롭지 못한 도구이다.(兵者, 不祥之器)"라고 함.

5 以秦與趙敵衡(이진여조적형): '적敵'은 '필匹'.(梁啓雄) '형衡'은 서로 맞서고 있는 역량이 비등함.

6 今又背韓(금우배한): '배背'는 '기거棄去'.(梁啓雄) 즉, 진나라가 한나라를 공격하여 없애고자 함.

7 則禍搆矣(즉화구의): '구搆'는 '구構', '성成'.(陳奇猷)

8 韓·秦强弱(한진강약): '한韓'은 마땅히 '조趙'가 되어야 함.(蒲阪圓)

9 爲計而使諸侯有意伐之心(위계이사제후유의벌지심): '의意'는 '의려疑慮'.(物茂卿, 梁啓雄) '벌伐'은 '아我'(王先愼), 곧 진나라.

10 見二疏(현이소): '현見'은 '현現', '소疏'는 '조소粗疏'.(梁啓雄)

(폐하께서) 조서로 한나라의 객이 올린 상서 즉, 한나라는 아직 탈취되어서는 안 된다는 글을 신하인 사斯에게 내리셨는데, (상서의 주장은) 매우 마땅하지 않습니다. 진나라가 한나라를 포용하는 것은 마치 사람 뱃속에 있는 병과 같아서 아무 하는 일 없이 있을 때도 괴롭고, 마치 습지에 있는 것 같아서 발이 붙어 떨어지지 않고, 급히 달린다면 발병하게 됩니다. 대저 한나라가 비록 진나라에게 신하로써 복종하고 있지만 일찍이 진나라의 병이 되지 않은 적이 없었는데, 지금 만약 급함을 알릴 일이라도 있게 되면 한나라는 믿을 수 없습니다. 진나라와 조나라는 적대하는 관계이기에 형소荊蘇를 제나라에 사신으로 보낸다 해도 어떻게 될지 알 수 없습니다. 신이 보기에는 제나라와 조나라의 국교 관계가 반드시 형소로써 단절되지 않으며, 만약 단절되지 않으면 이는 진나라가 만승萬乘의 두 대국과 대결해야 합니다. 대저 한나라는 진나라의 의로움에 복종하는 것이 아니라 강력함에 복종하는 것인데, 만일 진나라가 제나라와 조나라에 온 힘을 쏟는다면 한나라는 반드시 뱃속의 병이 되어 발병합니다. 한나라와 초나라가 모의하고 제후들이 그것에 동조한다면 진나라는 반드시 효새崤塞의 우환을 다시 당하게 됩니다.

詔以韓客之所上書,[1] 書言韓子之未可擧,[2] 下臣斯,[3] 甚以爲不然. 秦之有韓, 若人之有腹心之病也, 虛處則惵然,[4] 若居濕地, 著而不去, 以極走,[5] 則發矣. 夫韓雖臣於秦, 未嘗不爲秦病, 今若有卒報之事,[6] 韓不可信也. 秦與趙爲難, 荊蘇使齊,[7] 未知何

如. 以臣觀之, 則齊·趙之交未必以荊蘇絶也, 若不絶, 是悉趙而
應二萬乘也.[8] 夫韓不服秦之義而服於强也, 今專於齊·趙, 則韓
必爲腹心之病而發矣. 韓與荊有謀, 諸侯應之, 則秦必復見崤塞
之患.[9]

---

1 詔以韓客之所上書(조이한객지소상서): '한객韓客'은 한비자를 말함.

2 書言韓子之未可擧(서언한자지미가거): '한韓'자 뒤의 '자子'는 빼야 함.(兪樾)

3 下臣斯(하신사): '사斯'는 이사(李斯, 기원전? ~ 208)를 말함. 이사는 지금의 하남
성河南省인 초楚나라 상채上蔡에서 태어나 당시 진秦나라 승상丞相으로 있던 여
불위呂不韋에게 발탁되어 객경客卿이 되었고, 시황제始皇帝가 6국을 통일한 후
군현제郡縣制의 시행을 주장하여 정위廷尉에서 승상丞相으로 진급함. 전국을 통
일 후 분서갱유焚書坑儒를 단행하는 등 진나라의 실세로 획기적인 정치를 추진
하였는데 시황제가 죽은 후 환관 조고趙高와 공모하여 시황제의 장자 부소扶蘇
와 장군 몽염蒙恬을 자살하게 하고, 막내아들 호해胡亥를 2세 황제로 옹립하였
지만 이후 조고의 참소讒訴로 처형됨.

4 虛處則恀然(허처즉해연): '허처虛處'는 '평거平居'.(顧廣圻) '해恀'는 '고苦'.(陳奇猷)

5 以極走(이극주): '이以'는 가정. '극極'은 '극亟'과 통용(兪樾)

6 今若有卒報之事(금약유졸보지사): '졸卒'은 '졸猝'.(陳啓天) '졸보지사卒報之事'는
급박한 일이 벌어졌음을 알리는 일.

7 荊蘇使齊(형소사제): '형소荊蘇'는 미상未詳으로 인명人名.(陳奇猷)

8 是悉趙而應二萬乘也(시실조이응이만승야): '조趙'는 마땅히 '진秦'이 되어야
함.(王渭)

9 則秦必復見崤塞之患(즉진필부견효새지환): '효새崤塞'는 효崤라는 산의 요새를
말하는데 진나라로 진입하는 입구인 함곡관函谷關을 가리킴.(陳啓天) 함곡관은
과거에 진나라를 정벌하려는 제후국들 내지 제후국들의 연합세력과 많은 전
쟁이 벌어진 곳임.

한비가 진나라에 온 것은 반드시 한나라를 존속시키도록 하여 한
나라에 중용되기 위한 것입니다. 말을 교묘하게 하고 말을 잇달아 엮
어 구사하며 잘못을 겉꾸미고 거짓 모의를 하며 진나라에게서 이득을
취하면서, 한나라가 이롭도록 폐하의 틈새를 엿보고 있습니다. 무릇
진나라와 한나라의 교류가 친밀해지면 한비는 중용되는데, 이는 자신
의 편리함을 꾀하는 계략입니다.

非之來也, 未必不以其能存韓也, 爲重於韓也.[1] 辯說屬辭,[2] 飾
非詐謀, 以釣利於秦,[3] 而以韓利闚陛下. 夫秦·韓之交親, 則非
重矣, 此自便之計也.

---

1 爲重於韓也(위중어한야): '위爲'는 '구求'.(高亨)
2 辯說屬辭(변설속사): '변설辯說'은 말을 교묘하게 잘함. '속屬'은 '잇달아 엮음連
綴'.(『校注』) 곧 '속사屬辭'는 말을 잇달아 엮어서 문장을 구사하는 것.
3 以釣利於秦(이조리어진): '조釣'는 '취取'.(松皐圓)

신이 볼 때 한비는 현혹하는 말과 화려한 말을 꾸미는 데 재주가 매우 출중하므로, 신은 폐하께서 한비의 말솜씨에 현혹되고 그 도둑과 같은 마음을 받아들임으로써 일의 실질을 상세하게 살피지 못하실까 두렵습니다. 지금 신하의 어리석은 주장으로는, 진나라가 군사를 일으켜서 정벌할 나라를 지칭하지 않은 채로 있으면, 한나라의 정사를 처리하는 자들은 진나라를 섬기는 계책을 세울 것입니다. 신 사斯가 가서 한나라 왕을 만나보길 청하고 그가 들어와서 폐하를 만나보도록 할 터이니, 폐하께서 (한나라 왕을) 만나시면 그를 안으로 들여서 돌려보내지 마시고, 시간이 조금 지난 뒤에 그 나라의 신하들을 불러 한나라 사람들과 거래를 한다면 더 많은 한나라의 영토를 받을 수 있습니다. 그런 후에 몽무蒙武로 하여금 동군東郡의 군사를 일으켜 국경지역에 동원하여 시위를 벌이게 하면서 진격할 곳을 밝히지 않는다면, 제나라 사람들은 두려워 형소의 계략을 따를 것입니다. 이것이 우리가 군사를 출동시키지 않고서도 견고한 한나라가 우리의 위세에 굴복하고 강한 제나라가 의리로써 복종하게 되는 것입니다. 제후들에게 이러한 일이 알려지면 조나라는 간담이 쪼개지듯 놀라고 초나라 사람들은 갈팡질팡하면서 반드시 진나라에 충성하는 계책을 세울 것입니다. 초나라가 움직이지 않아서 위나라가 걱정거리가 되질 않는다면, 누에가 뽕잎을 먹듯이 제후들을 모두 차지할 수 있어 조나라와 대적할 수 있게 됩니다. 바라옵건대 폐하께서는 부디 어리석은 신의 계략을 살피시어 소홀하지 마십시오.

진나라는 마침내 사斯를 한나라에 보냈다.

臣視非之言, 文其淫說靡辯,[1] 才甚, 臣恐陛下淫非之辯而聽其盜心, 因不詳察事情. 今以臣愚議, 秦發兵而未名所伐,[2] 則韓之用事者以事秦爲計矣. 臣斯請往見韓王,[3] 使來入見, 大王見,[4] 因內其身而勿遣,[5] 稍召其社稷之臣,[6] 以與韓人爲市, 則韓可深割也.[7] 因令象武發東郡之卒,[8] 闚兵於境上而未名所之,[9] 則齊人懼而從蘇之計. 是我兵未出而勁韓以威擒, 强齊以義從矣. 聞於諸侯也, 趙氏破膽,[10] 荊人狐疑,[11] 必有忠計. 荊人不動, 魏不足患也, 則諸侯可蠶食而盡, 趙氏可得與敵矣. 願陛下幸察愚臣之計, 無忽.

秦遂遣斯使韓也.

---

1 文其淫說靡辯(문기음설미변): '문文'은 '식飾', '미靡'는 '치侈'.(梁啓雄) '음淫'은 '혹惑'.(高亨)

2 秦發兵而未名所伐(진발병이미명소벌): '명名'은 지칭함.

3 臣斯請往見韓王(신사청왕견한왕): '한왕韓王'은 한나라 왕인 '안安'.(『校注』)

4 大王見(대왕견): 여기서 '대왕大王'은 진나라 왕인 '정政'.(『校注』)

5 因內其身而勿遣(인내기신이물견): '내內'는 '납納'.(陳啓天)

6 稍召其社稷之臣(초소기사직지신): '초稍'는 약간의 시간적 간격을 두는 것. '사직지신社稷之臣'은 나라의 안위를 책임지고 있는 중신重臣.

7 則韓可深割也(즉한가심할야): '할割'은 영토를 나누는 것, '심할深割'은 더욱 많은 영토를 할양받는다는 의미.

8 因令象武發東郡之卒(인령상무발동군지졸): '상象'은 '몽蒙'이 되어야 함.(王渭) 몽무蒙武는 몽오武驁의 아들이자 이사李斯와 환관 조고趙高가 공모하여 죽인 몽염武恬의 아버지인 진나라의 명장.(『史記』「秦始皇本紀」 참조) 동군東郡은 지금 하남

성河南城 골현滑縣 일대.(張覺)

9 闚兵於境上而未名所之(규병어경상이미명소지): '규闚'는 '시視', '규병闚兵'은 군사를 동원하여 시위하며 적을 위협함.(陳奇猷) '미명소지未名所之'는 진격할 곳을 지적하여 밝히지 않음.

10 趙氏破膽(조씨파담): '파담破膽'은 간담이 쪼개지듯이 조나라가 두려워하는 모습을 가리킴.

11 荊人狐疑(형인호의): '호의狐疑'는 여우가 의심이 많아 결단을 내리지 못하듯이 초나라가 갈팡질팡하는 모습을 가리킴.

이사李斯가 가서 한나라 왕에게 고하려 했지만 만날 수가 없어서 상서를 올려 전하였다.

　"옛날에 진나라와 한나라가 힘을 합해 뜻을 한데 모아서 서로가 침략을 하지 않음으로써, 천하가 감히 침범하지 못한 것이 여러 대에 이르렀습니다. 지난날 다섯 제후들이 일찍이 서로 연합하여 한나라를 공격하였을 적에 진나라는 군사를 일으켜 한나라를 구하였습니다. 한나라는 중원에 위치해 있으나 영토가 천 리에 이르지 못하면서도 천하의 제후들과 더불어 위치를 나란히 하면서 군신이 보존될 수 있었던 이유는 대대로 진나라를 섬기도록 가르친 힘 때문입니다. 이전에 다섯 제후들이 연합해서 진나라를 공격했을 때 한나라는 도리어 제후들과 함께하며 앞서 선봉이 되어 함곡관函 아래에서 진나라 군사와 대치하였습니다. 제후들의 군사는 피곤하고 힘이 다하여 어찌 할 수가 없어서 군대를 철수하였습니다. 두창杜倉이 진나라 재상이 되자 군사를 일으키고 장수를 선발하여 천하제후에 대한 원한을 갚고자 먼저 초나라를 공격하려 했습니다. 초나라의 재상이 그것을 염려하여 말하길 '대저 한나라는 진나라를 의롭지 못하다 하면서도 진나라와 형제의 관계를 맺고서 함께 천하를 괴롭혔다. 그러다가 얼마 되지 않아 또 진나라를 배반하고 선봉이 되어 함곡관을 공격하였다. 한나라는 곧 중원에 있으면서 이리 구르고 저리 구르고 하니 믿을 수 없다.'고 하였습니다. 천하 제후들은 함께 한나라의 상당 지역의 열 개의 성을 떼어 바치며 진나라에 사과하였으므로 진나라는 군사를 해산했습니다. 대저 한나라는 일찍이 진나라를 한 번 배반해서 나라가 핍박받고 영토가 침략 당하였고 군사력이 약해져서 오늘에 이르렀는데, 이렇게 된 까닭은 간신들의 허황한 말을 듣고 사실을 실제 헤아리지 못했기 때문으로, 비록 간신들을 처형시킨다 하더라도 한나라를 다시 강하게 할 수 없습니다.

李斯往詔韓王,¹ 未得見, 因上書曰, "昔秦 · 韓勠力一意以不相侵, 天下莫敢犯, 如此者數世矣. 前時五諸侯嘗相與共伐韓,² 秦發兵以救之.³ 韓居中國,⁴ 地不能滿千里, 而所以得與諸侯班位於天下,⁵ 君臣相保者, 以世世相敎事秦之力也. 先時五諸侯共伐秦,⁶ 韓反與諸侯先爲雁行爲以嚮秦軍於關下矣.⁷ 諸侯兵困力極, 無奈何, 諸侯兵罷. 杜倉相秦,⁸ 起兵發將以報天下之怨而先攻荊. 荊令尹患之曰,⁹ '夫韓以秦爲不義, 而與秦兄弟共苦天下. 已又背秦, 先爲雁行以攻關. 韓則居中國, 展轉不可知.'¹⁰ 天下共割韓上地十城以謝秦,¹¹ 解其兵. 夫韓嘗一背秦而國迫地侵, 兵弱至今, 所以然者, 聽姦臣之浮說,¹² 不權事實,¹³ 故雖殺戮姦臣, 不能使韓復强.

---

1 李斯往詔韓王(이사왕조한왕): '조詔'는 한나라에 온 이유를 알린다는 의미의 '고告'.(陳奇猷)

2 前時五諸侯嘗相與共伐韓(전시오제후상상여공벌한): '다섯 제후五諸侯'가 연합하여 한나라를 침입한 기록은 없음.(蒲阪圓) '오五'는 빼거나 '이二'의 잘못으로, 한나라 이왕釐王 3년에 조나라와 위나라 연합군이 한나라를 공격한 일.

3 秦發兵以救之(진발병이구지): 조나라와 위나라 연합군이 침범하였을 때 진나라 소왕昭王은 백기白起를 파견하여 구원함.

4 韓居中國(한거중국): '중국中國'은 '중원中原', 곧 황하黃河 중류中流의 남북 양안 兩岸 지역으로 당시 천하의 중앙에 위치.

5 而所以得與諸侯班位於天下(이소이득여제후반위어천하): '반班'은 '열列'.(松皐圓) '반위班位'는 위치 즉 서열을 나란히 함.

6 先時五諸侯共伐秦(선시오제후공벌진):『진기秦紀』에는 진나라 혜왕惠王 7년에 한 · 조 · 위 · 연 · 제 다섯 나라가 흉노를 거느리고 함께 진나라를 공격함. 또 한『육국표六國表』에서는 같은 해 위 · 한 · 조 · 연 · 초 다섯 나라가 함께 진나라를 공격했으나 승리하지 못하고 돌아갔다고 기록함.(陳啓天)

7 韓反與諸侯先爲雁行爲, 以嚮秦軍於關下矣(한반여제후선위안항위이향진군어관하의): '안항雁行'은 '앞장서서 간다'의미. 한나라가 제후들의 선봉이 된 것을 말함.(陳奇猷) '향嚮'은 서로 바라보며 대치함. '관關'은 진나라로 진입하는 관문인 함곡관函谷關.

8 杜倉相秦(두창상진): '두창杜倉'은『진책秦策』에서는 '토창土倉'으로 되어 있음.(津田鳳卿)

9 荊令尹患之曰(형영윤환지왈): 초나라의 경우 재상을 '영윤令尹'이라 칭함.(陳奇猷)

10 展轉不可知(전전부가지): '전전展轉'은 한 군데 붙질 못하고 이리 저리 구르는 모습.

11 天下共割韓上地十城以謝秦(천하공할한상지십성이사진): '상지上地'는 한나라 영토의 상당上黨 지역.(津田鳳卿)

12 聽姦臣之浮說(청간신지부설): '부설浮說'은 실제 사실에 근거하지 않은 허황된 주장.

13 不權事實(부권사실): '권權'은 저울질해서 헤아림.

존한(부)
2-5

　지금 조趙나라가 병사들을 모아 마침내 진나라와 전쟁한다고 사람을 보내서 길을 빌려달라고 하며 진나라를 정벌하기 위한 것이라 말하지만, 그 세력은 반드시 한나라를 먼저 진나라를 뒤에 공격합니다. 또한 신이 듣기로는 '입술이 없으면 이가 시리다.'고 하였습니다. 대저 진나라와 한나라는 같은 걱정을 하지 않을 수 없는데 그러한 형세는 볼 수 있습니다. 위나라가 군사를 일으켜 한나라를 공격하려 할 때 진나라는 사람을 시켜 그 사자를 한나라에 보냈습니다. (그런데) 지금 진나라 왕이 신 사斯에게 한나라로 오게 하였는데 (대왕을) 만날 수가 없으니, 아마도 좌우 측근이 이전의 간신들의 계략을 그대로 따라서 한나라에게 다시 영토를 잃는 재앙을 있게 하는 것은 아닌지 걱정스럽습니다. 신 사斯가 뵐 수 없는 채 돌아가 보고한다면 진나라와 한나라의 교류는 반드시 단절됩니다. 사斯가 사신으로 온 것은 진나라 왕의 환심을 받들어 이로운 계략을 아뢰고자 함인데, 폐하께서 미천한 신하를 이와 같이 맞이하시는 이유가 무엇입니까?

　신 사斯는 원컨대 한 번 뵐 수 있어서 앞에 나아가 우매한 신의 계략을 말씀드리고 물러나 시신을 절이는 혹형이라도 받을 것이오니 폐하께서 생각해보시길 바랍니다. 지금 한나라에서 신을 죽인다면 폐하께서는 강해질 수 없으며, 만약 신의 계책을 듣지 않으신다면 반드시 재앙이 이르게 됩니다. 진나라가 군사를 일으켜 쉬지 않고 진격한다면 한나라의 사직은 위태롭게 됩니다. 신 사斯를 처형한 시신을 한나라 시장에 드러내 놓는다면 비록 미천한 신의 우매하고도 충직한 계략을 살펴보려고 하셔도 하실 수 없을 뿐입니다. 변경 지역은 파괴되고 국도는 굳게 지키는데, 적의 전쟁을 알리는 북과 방울소리가 귀에 들린 뒤에야 신의 계책을 쓰려 하셔도 이미 늦습니다.

또 무릇 한나라의 군사력은 천하에 알려져 있는데, 지금 또 강국 진나라를 등지려 합니다. 대저 성을 버리고 패주한 군사라면 내란을 일으켜 반드시 성을 습격합니다. 성을 다 잃으면 모아 놓은 군수물자와 백성들이 흩어지고, 모아 놓은 군수물자와 백성들이 흩어지면 군은 없게 됩니다. 성을 굳게 지키겠다면 진나라는 반드시 군사를 일으켜 왕의 한 도성을 포위할 것이며, 길이 통하지 못하면 반드시 계략을 수행하기 어려워지고 그 정세는 구원받지 못하게 되는데, 이는 좌우 측근에서 계략을 세우는 자가 빈틈이 있기 때문으로 원컨대 폐하께서는 깊이 생각하시길 바랍니다.

만약 신 사斯가 말씀드린 것에 사실과 맞지 않는 것이 있다면 원컨대 폐하 앞에서 남김없이 모두 다 아뢸 수 있도록 해주시길 바라오며, 그런 후에 관리에게 저를 처형하게 해도 늦지 않습니다. 진나라 왕은 음식을 마시고 먹어도 달게 여기지 않고, 유람하며 구경해도 즐겁게 여기지 않으며, 생각은 오로지 조나라를 도모하는 데 있어서, 신 사斯에게 이곳에 와서 말하도록 하였으므로 원컨대 몸소 뵙고서 폐하와 더불어 급히 모의하고자 합니다. 지금 신에게 뵐 기회를 주시지 않는다면 한나라의 신의는 믿지 못하는 것이 됩니다. 무릇 진나라는 반드시 조나라에 대한 근심을 내버리고 한나라로 군사를 이동할 것이니, 원컨대 폐하께서 부디 다시 한 번 깊이 살피시어 신에게 판결을 내려주시길 바랍니다.

今趙欲聚兵士, 卒以秦爲事,[1] 使人來借道, 言欲伐秦, 欲伐秦,

其勢必先韓而後秦. 且臣聞之, '脣亡, 則齒寒.' 夫秦・韓不得無
同憂, 其形可見. 魏欲發兵以攻韓, 秦使人將使者於韓.[2] 今秦王
使臣斯來而不得見, 恐左右襲曩姦臣之計,[3] 使韓復有亡地之患.
臣斯不得見, 請歸報, 秦・韓之交必絕矣. 斯之來使, 以奉秦王之
歡心, 願效便計, 豈陛下所以逆賤臣者邪?[4] 臣斯願得一見, 前進
道愚計, 退就葅戮,[5] 願陛下有意焉. 今殺臣於韓, 則大王不足以
强, 若不聽臣之計, 則禍必搆矣. 秦發兵不留行, 而韓之社稷憂
矣. 臣斯暴身於韓之市,[6] 則雖欲察賤臣愚忠之計, 不可得已. 邊
鄙殘,[7] 國固守, 鼓鐸之聲於耳,[8] 而乃用臣斯之計, 晚矣. 且夫韓
之兵於天下可知也, 今又背强秦. 夫棄城而敗軍, 則反掖之寇必
襲城矣.[9] 城盡則聚散,[10] 聚散則無軍矣. 城固守, 則秦必興兵而
圍王一都, 道不通, 則難必謀, 其勢不救, 左右計之者不用,[11] 願
陛下熟圖之. 若臣斯之所言有不應事實者, 願大王幸使得畢辭於
前,[12] 乃就吏誅不晚也. 秦王飮食不甘, 遊觀不樂, 意專在圖趙,
使臣斯來言, 願得身見, 因急與陛下有計也. 今使臣不通, 則韓
之信未可知也. 夫秦必釋趙之患而移兵於韓, 願陛下幸復察圖之,
而賜臣報決."[13]

---

1 卒以秦爲事(졸이진위사): '졸卒'은 '종終'(津田鳳卿), 또는 '졸猝'과 같음.(張覺)

2 秦使人將使者於韓(진사인장사자어한): '장將'은 '송送'. 위나라가 한나라를 공격
하고자 할 때 진나라에 사자를 보내 그 사실을 알렸는데, 진나라는 사람을 시
켜 그 위나라의 사자를 한나라에 보냄. 진나라가 한나라를 대하는 생각이 크
다는 것을 의미.(物茂卿, 梁啓雄)

3 恐左右襲曩姦臣之計(공좌우습낭간신지계): '습襲'은 그대로 이어받아 답습함.

4 豈陛下所以逆賤臣者邪(개폐하소이역천신자사): '역逆'은 '영迎'. (太田方)

5 退就菹戮(퇴취저륙): '저菹'는 '저葅'로 절인다는 의미. '저륙菹戮'은 고대의 혹형으로 사람을 잘게 잘라서 시신을 소금에 절이는 형벌. (張覺)

6 臣斯暴身於韓之市(신사폭신어한지시): '폭暴'은 드러내 놓는다는 의미.

7 邊鄙殘(변비잔): '변비邊鄙'는 변경 지방. '잔殘'은 파괴되어 없어짐.

8 鼓鐸之聲於耳(고탁지성어이): '고鼓'는 북, '탁鐸'은 전쟁에서 사용하는 '큰 방울 大鈴'. (『說文』) '고탁지성鼓鐸之聲'은 곧 전쟁을 선포하는 소리.

9 則反掖之寇必襲城矣(즉반액지구필습성의): '액掖'은 측근, '반액지구反掖之寇'는 겨드랑이 밑에서 모반謀叛을 일으키는 적, 즉 내란內亂을 말함. 곧 패주하고 돌아온 측근이 내란을 일으키는 원수가 되어 성을 습격하는 것을 말함.

10 城盡則聚散(성진즉취산): '성진城盡'은 성을 다 잃음. '취산聚散'은 모아 놓은 군수물자나 백성들이 흩어짐.

11 左右計之者不用(좌우계지자불용): '용用'은 '주周'가 되어야 하며 '주周'는 '밀密'을 말함. (顧廣圻)

12 願大王幸使得畢辭於前(원대왕행사득필사어전): '필사畢辭'는 남김없이 모두 다 아룀.

13 而賜臣報決(이사신보결): '보결報決'은 '판결判決'. (太田方, 張覺) '인상서왈因上書 曰'에서부터 시작된 이사李斯가 한나라 왕에게 상소한 내용이 여기서 끝남.

제3장 | 난언

難
言

옳은 의견을
아뢰는 것의
지극한 어려움

'난언難言'이란 편명은 신하가 왕에게 '진언하기 어렵다'는 의미이다. 신하가 군주에게 진언하기 어려운 이유와 군주가 신하의 진언을 평가하는 단점에 대해 말한 후, 이를 논증하기 위해 현명한 신하가 미혹된 군주에게 오해받아 죽거나 현명한 자들이 곤경에 처했던 역사적 사례를 들고 있다.

신臣 비非가 말을 하는 것은 어렵지 않으나 말하길 꺼리는 이유는, 말이 거슬리지 않고 아름답고 윤기가 나면서 성대하게 끊이질 않으면 겉만 화려하고 실속이 없이 보이고, 매우 정중하고 공손하면서도 강직하고 완고하여 신중하면 서투르고 조리가 없어 보이며, 말을 많이 하고 번잡하게 일컬으면서 비슷한 유형의 사례를 들며 비교하고 헤아리면 허황되고 쓸모가 없다고 여기며, 자질구레한 것을 종합하여 요점만을 말하면서 민첩하고 간결하게 꾸밈이 없으면 사리에 어둡고 말솜씨가 없다고 여기며, 심하게 친근하게 굴면서 다른 사람의 속마음을 더듬어 살피면 주제넘고 겸손하지 못하다고 여기며, 너무 크고 넓어서 미묘하고 심오하여 헤아릴 수 없으면 공허하여 쓸모가 없다고 여기며, 집안의 수입과 지출을 관리하듯 자잘하게 말하면서 자세한 수치를 들어 말하면 비루하다고 여기며, 말하는 것이 세속적이면서 남의 비위를 맞추고 거스르지 않으면 삶을 탐하여 위에 아첨한다고 여기며, 말하는 것이 세속을 넘어서 일상에 반하는 내용을 떠들면 거짓이라고 여기며, 민첩하고 기민하게 말을 보태면서 문채를 더하길 번잡하게 하면 역사를 기록하는 사관과 같이 말이 많다고 여기며, 문장이나 학문을 끊어 버리고 있는 본질과 바탕을 말하면 비천하다고 여기며, 때때로 『시』와 『서』를 들먹이며 지나간 옛것을 본받아야 한다고 말하면 외우기만 한다고 여깁니다. 이것이 신 비非가 말하기 어렵고 크게 걱정스럽다고 하는 이유입니다.

臣非非難言也,[1] 所以難言者, 言順比滑澤,[2] 洋洋纚纚然,[3] 則

見以爲華而不實, 敦厚恭祗,⁴ 鯁固愼完,⁵ 則見以爲掘而不倫,⁶
多言繁稱, 連類比物,⁷ 則見以爲虛而無用, 摠微說約,⁸ 徑省而不
飾,⁹ 則見以爲劌而不辯,¹⁰ 激急親近, 探知人情, 則見以爲僭而
不讓, 閎大廣博, 妙遠不測, 則見以爲夸而無用, 家計小談,¹¹ 以
具數言, 則見以爲陋, 言而近世,¹² 辭不悖逆, 則見以爲貪生而諛
上, 言而遠俗, 詭躁人間,¹³ 則見以爲誕, 捷敏辯給, 繁於文采,
則見以爲史,¹⁴ 殊釋文學,¹⁵ 以質性言, 則見以爲鄙, 時稱『詩』·
『書』, 道法往古, 則見以爲誦. 此臣非之所以難言而重患也.

---

1 臣非非難言也(신비비난언야): '비非'는 한비韓非.

2 言順比滑澤(언순비골택): '순비順比'는 마음에 거스르지 않고 따른다는 의미로
'불비역不拂逆'.(盧文弨) '골택滑澤'은 말이 아름답고 윤택함.(梁啓雄)

3 洋洋纚纚然(양양사사연): '양양洋洋'은 '크고 왕성함盛大'.(梁啓雄) '사사연纚纚然'
은 끊이질 않고 계속 이어짐.

4 敦厚恭祗(돈후공지): '지祗'는 '공경恭敬'.(陳奇猷) '돈敦'과 '후厚', '공恭'과 '지祗'는
같은 의미가 중첩. 곧 말투가 매우 정중하고 공손함.

5 鯁固愼完(경고신완): '경鯁'은 '강직함直'.(太田方), '경골鯁骨', '신완愼完'은 신중
하여 논리적 결함이 보이질 않음.

6 則見以爲掘而不倫(즉견이위굴이불륜): '견見'은 피동사. '굴掘'은 '졸拙'과 통
함.(吳汝綸) '불륜不倫'은 순서가 없이 뒤섞여 조리가 없다는 의미의 '불륜불류
不倫不類'.(陳奇猷)

7 連類比物(연류비물): '연류連類'는 비슷한 유형이 하나의 무리를 이루는 것. 곧
비슷한 유형의 사례를 드는 것. '비물比物'은 비교하여 헤아림.

8 摠微說約(총미설약): '총미摠微'는 자질구레한 것을 종합함. '설약說約'은 요점을
말함, '총미설약摠微說約'은 곧 자질구레한 것을 종합하여 요점만을 말한다는
의미.

9 徑省而不飾(경생이부식): '경徑'은 민첩하고 빠르다는 의미의 '첩속捷速', '생省'

은 '약約'.(梁啓雄)

10 則見以爲劌而不辯(즉견이위궤이부변): '궤劌'는 '매매昧昧', 곧 '사리에 어둡다暗昧'는
의미.(梁啓雄)

11 家計小談(가계소담): 집안의 수입과 지출을 관리하듯이 자잘하게 말함.

12 言而近世(언이근세): '근세近世'는 세속적이라는 의미의 '근속近俗'.(物茂卿) 뒤
에 나오는 '원속遠俗'과 반대.

13 詭躁人間(궤조인간): '궤詭'는 '반상反常', '조躁'는 '조譟'와 통함.(津田鳳卿)

14 則見以爲史(즉견이위사): '문식이 실질을 이기면 사史'(『논어』「옹야雍也」)라 했는
데, 고전에서 꾸밈과 말이 많은 사람을 곧잘 '사史'에 비교함.

15 殊釋文學(수석문학): '수석殊釋'은 끊어 버린다는 의미의 '절기絶棄'.(王先謙)

대저 법이 비록 올바르다 해도 반드시 받아들이질 않고, 도리가 비록 완전하다 해도 반드시 쓰이질 않습니다. 대왕께서 만약 이처럼 믿지 않으시면 작게는 헐뜯고 남을 비방한다 생각하시고, 크게는 재앙과 재해, 죽음이 그의 몸에 미칩니다.

그러므로 자서子胥는 계략을 잘 꾸몄지만 오나라는 그를 죽였고, 중니仲尼는 언변이 훌륭했지만 광匡 땅의 사람들은 그를 구금하였으며, 관이오管夷吾는 정말로 현명했지만 노魯나라는 그를 잡아 가두었습니다.

이 세 대부가 어찌 현명하지 않았겠습니까? 다만 세 나라 군주가 사리에 밝지 않았기 때문입니다. 옛날에 탕湯은 지극히 훌륭한 성인이었고, 이윤伊尹은 지극히 지혜로운 자였습니다.

대저 지극히 지혜로운 자가 지극히 훌륭한 성인을 설득하였는데, 무려 70여 차례를 설득하고도 받아들여지질 않아서 몸소 솥과 도마를 쥐고 요리사가 되어 가까이 친숙해진 후에야 탕왕은 비로소 그의 현명함을 알고 등용했습니다. 그러므로 말하길 '지극히 지혜로운 사람이 지극히 훌륭한 성인을 설득해도 반드시 이르러 받아들여지지 않음은 이윤이 탕왕을 설득한 경우이고, 지혜로운 자가 어리석은 자를 설득해도 반드시 받아들여지지 않음은 문왕文王이 주紂를 설득한 경우이다.'라고 합니다.

문왕文王은 주紂를 설득하려 했지만 주는 그를 잡아 가두었고, 악후鄂侯는 불에 타죽는 형벌을 당하였고, 구후九侯는 시신이 포로 뜨여 햇볕에 말리는 형벌을 당하였고, 비간比干은 심장을 찢기었고, 매백梅

伯은 소금에 절여지는 형벌을 당하였으며, 이오夷吾는 몸이 결박당하였고, 조기曹羈는 진陳나라로 도망쳤고, 백리해百里奚는 길에서 구걸하였고, 부열傅說은 이리저리 팔려다녔으며, 손빈孫臏은 위魏나라에서 다리를 잘렸고, 오기吳起는 안문岸門에서 눈물을 닦으며 서하西河가 진秦나라에 빼앗길 것을 통탄하였으나 끝내 초楚나라에서 사지가 찢겼고, 공숙좌公叔座는 국정을 관장할 인물을 추천하였지만 도리어 그르다 하여 공손앙公孫鞅이 진秦나라로 도망갔으며, 관용봉關龍逢은 하夏나라의 걸桀을 간하다가 목이 베였고, 장굉萇宏은 창자가 갈렸고, 윤자尹子는 가시덤불로 된 함정에 빠졌고, 사마자기司馬子期는 죽어서 강에 던져졌고, 전명田明은 시신이 찢기고, 복자천宓子賤과 서문표西門豹는 다른 사람과 다투지 않았는데도 다른 사람의 손에 죽었고, 동안우董安于는 죽어서 저잣거리에 시신이 전시되었고, 재여宰予는 전상田常에게 죽음을 면치 못하였으며, 범저范雎는 위魏나라에서 갈빗대가 부러졌습니다.

이처럼 십수 명의 사람들 모두 어질고 지혜로우며 충직하고 선량한 도리와 재주道術를 지녔지만 불행하게도 포악하고 우매한 군주를 만나 죽었습니다. 이처럼 비록 현인이나 성인일지라도 죽음을 피할 수 없고 욕됨을 피할 수 없는 것은 무엇 때문이겠습니까? 바로 어리석은 자를 설득하기 어렵기 때문입니다. 그러므로 군자가 말하길 꺼려하는 것입니다. 즉 어리석은 사람을 설득하기는 어려우므로 군자는 말하길 어려워합니다. 또한, 이치에 지극히 합당한 말은 귀에 거슬리고 마음에 어긋나서 현인이나 성인의 자질이 아니면 받아들일 수 없으니 바라건대 대왕께서 깊이 살피어 주시길 바랍니다.

故度量雖正,[1] 未必聽也, 義理雖全, 未必用也. 大王若以此不

信, 則小者以爲毀訾誹謗,² 大者患禍災害死亡及其身.³ 故子胥
善謀而吳戮之,⁴ 仲尼善說而匡圍之,⁵ 管夷吾實賢而魯囚之.⁶ 故
此三大夫豈不賢哉? 而三君不明也. 上古有湯至聖也,⁷ 伊尹至智
也.⁸ 夫至智說至聖, 然且七十說而不受, 身執鼎俎爲庖宰,⁹ 昵近
習親,¹⁰ 而湯乃僅知其賢而用之. 故曰, '以至智說至聖, 未必至而
見受, 伊尹說湯是也, 以智說愚必不聽, 文王說紂是也.'¹¹ 故文王
說紂而紂囚之, 翼侯炙,¹² 鬼侯腊,¹³ 比干剖心,¹⁴ 梅伯醢,¹⁵ 夷吾
束縛,¹⁶ 而曹羈奔陳,¹⁷ 伯里子道乞,¹⁸ 傅說轉鬻,¹⁹ 孫子臏脚於
魏,²⁰ 吳起收泣於岸門,²¹ 痛西河之爲秦, 卒枝解於楚, 公叔座言
國器反爲悖,²² 公孫鞅奔秦,²³ 關龍逢斬,²⁴ 萇宏分胣,²⁵ 尹子穽於
棘,²⁶ 司馬子期死而浮於江,²⁷ 田明辜射,²⁸ 宓子賤·西門豹不斗
而死人手,²⁹ 董安于死而陳於市,³⁰ 宰子不免於田常,³¹ 范雎折脅
於魏.³² 此十數人者, 皆世之仁賢忠良有道術之士也, 不幸而遇悖
亂闇惑之主而死. 然則雖賢聖不能逃死亡避戮辱者何也? 則愚者
難說也, 故君子難言也. 且至言忤於耳而倒於心, 非賢聖莫能聽,
願大王熟察之也.

---

1 故度量雖正(고도량수정): '고故'는 발어사로 '부(夫, 대저(大抵) 대체로 보아서)'와 용
법이 같음. '도량度量'은 '법法.(津田鳳卿, 陳奇猷)

2 則小者以爲毀訾誹謗(즉소자이위훼자비방): '훼자毀訾'와 '비방誹謗'은 같은 의미
로 훼방하여 남을 헐뜯음.

3 大者患禍災害死亡及其身(대자환화재해사망급기신): '환화患禍'와 '재해災害'는 같
은 의미로 재앙과 재해로 입는 피해.

4 故子胥善謀而吳戮之(고자서선모이오륙지): '자서子胥'는 오자서伍子胥, 이름이
운員. 오자서는 오나라가 패권을 잡는 데 공을 세웠으나, 후에 오나라 왕 부차

夫差가 서시西施의 미색에 빠져 정사를 게을리하자 이를 간하다 자살을 명령받고 죽게 된 일을 말함. 「용인」 참조.

5 仲尼善說而匡圍之(중니선설이광위지): '중니仲尼'는 공자(기원전 551~479)의 자, 이름은 구丘, 노魯나라 창평향昌平鄕 추읍(鄒邑, 山東省 曲阜의 남동) 출신. 「오두」 참조. 공자가 포악한 양호陽虎와 모습이 비슷하여 광匡 땅에서 사람들에게 5일간 구금되었다 풀려난 일을 말함.

6 管夷吾實賢而魯囚之(관이오실현이노수지): '관이오管夷吾'는 관중管仲, 춘추시대 제齊나라 영상潁上 사람으로 이름이 이오夷吾, 자는 중仲. 「남면」 참조. 제齊나라 양공襄公이 피살당한 후 공자 규公子糾와 공자 소백公子小伯의 권력 싸움에서 관중은 공자 규의 편에 섰는데, 공자 소백인 환공桓公에게 대패를 당한 노魯나라는 환공의 요구에 의해 공자 규를 살해한 후 관중을 잡아 제齊나라로 돌려보낸 일을 말함.

7 上古有湯至聖也(상고유탕지성야): '유有'는 어조사語助辭.(王引之) 성군의 상징적 인물인 '탕湯'의 성姓은 자子, 이름은 이履 또는 천을天乙. 그는 상족商族의 우두머리로 하나라의 걸桀을 쫓아낸 후 박훋땅에 도읍을 정하고 상나라를 세움.

8 伊尹至智也(이윤지지야): 이윤伊尹은 이름이 지摯, 윤尹·아형阿衡·보형保衡 등의 관직을 맡아 이윤伊尹·아형阿衡·보형保衡으로도 불림. 유신씨有莘氏의 딸이 시집갈 때 데리고 잉신(媵臣, 고대 귀족 집안의 여자가 시집갈 때 데리고 가는 남자)으로 따라갔다가 탕湯왕에게 인정을 받아 등용되었고, 하夏나라를 멸하고 은殷나라를 건국하는 데 큰 공을 세워 은나라의 재상이 됨.

9 身執鼎俎爲庖宰(신집정조위포재): '정鼎'은 음식을 삶는 원형의 솥, '조俎'는 제물을 담는 기구 또는 도마, '포재庖宰'는 요리사.

10 昵近習親(닐근습친): '닐昵'과 '근近'은 같은 의미. 『사기史記』 「은본기殷本紀」에서는 이윤이 탕왕을 만나고 싶었으나 어떠한 방법도 없자 유신씨有莘氏의 잉신媵臣이 되어 정鼎과 도마俎를 메고 탕에게 갔다고 기록하고 있음.

11 文王說紂是也(문왕설주시야): 문왕文王은 이름이 희창姬昌이고 생몰연대는 미상. 상商나라 주왕紂王 때 서백西伯에 책봉되었고 백창伯昌이라고도 함. 서주西周의 건립에 초석을 확립한 인물로 50년간 주족周族의 장을 지냄. 주왕은 강성해진 그의 세력에 위협을 느끼던 차에 그가 구후九侯와 악후鄂侯를 죽인 일에 희창이 탄식하였다는 제후 숭후호崇侯虎의 고자질을 빌미로 그를 유리羑里 땅에 가두었음. 희창은 굉요閎夭 등 그의 신하들의 노력으로 석방된 후에 문무를 겸비한 인재를 찾아다니다가 위수渭水의 지류인 반계반磻溪畔에 이르러 강태공姜太公을 발견하고 국사國師로 임명함. 강태공은 그 후 국상國想이 되자 주

왕의 지지 세력인 려黎, 한邗, 숭崇 등을 멸망시킴으로써 천하의 3분의 1을 수중에 넣음. 희창은 97세의 나이로 병으로 죽고 그의 아들 희발(姬發, 武王)이 상나라를 무너뜨리고 주나라를 세움. '주紂'는 은殷나라의 마지막 임금으로 이름은 신辛. 그는 맨손으로 맹수를 때려죽일 정도로 용맹이 뛰어났고 일찍이 동이東夷를 평정하였지만, 달기妲己의 미모에 빠져 술과 향락을 일삼고 세금과 부역을 과중하게 부과하였으며, 충신 비간比干을 죽이고 기자箕子를 옥에 가두는 등 폭군暴君의 대명사로 일컬어짐. 재위 33년 주周의 무왕武王에게 목야牧野에서 패하고 나라를 빼앗김.

12 翼侯炙(익후자): '익후翼侯'는 '악후鄂侯'를 말함.(王先愼) 『사기』 「은본기殷本紀」에 의하면 주왕은 서백후西伯侯, 구후九侯, 악후鄂侯를 천자를 보좌하여 병권을 관할하는 삼공三公으로 삼았는데, 주왕이 구후를 죽여 포를 떠서 소금에 절이자 악후鄂侯가 이를 만류하며 따지자 그도 포를 떠서 죽였다고 함. '자炙'는 불에 태워 죽이는 것으로 주紂가 만든 포격恟格 또는 포락恟烙의 형벌을 말함. 포락이란 기름칠한 구리 기둥 아래 숯불을 피운 후 죄인에게 그 기둥 위를 걷게 하여 불에 타죽게 하는 형벌.

13 鬼侯腊(귀후석): '귀후鬼侯'는 '구후九侯'를 말함.(王先愼) 『사기』 「은본기殷本紀」에 의하면 구후는 자신의 아름다운 딸을 주왕에게 바쳤는데 그의 딸이 음탕한 짓을 싫어하자 화가 난 주왕이 그녀를 죽이고 그녀의 아버지인 구후는 죽여 포를 떠서 소금에 절였다고 전함. '석腊'은 죽인 시체를 포를 떠서 햇볕에 말리는 형벌.

14 比干剖心(비간부심): '비간比干'은 은殷나라 28대 태정제太丁帝의 둘째 아들로서 주왕紂王의 숙부叔父로 이름은 비比이고, 간干은 나라 이름으로 간干에 봉封해져 비간比干으로 불림. 은나라 말기 미자微子, 기자箕子와 함께 세 명의 어진 사람三仁으로 꼽힘. 주왕紂王의 폭정에 미자微子는 은나라를 떠나고 기자箕子는 두려운 나머지 미친 척하다가 주왕紂王에게 사로잡혀 갇혔지만 비간比干만은 끝까지 주왕 곁에 남아 간언하다 조카 주에 의해 심장이 찢겨 죽음.

15 梅伯醢(매백해): '매백梅伯'은 주왕紂王의 제후. '해醢'는 시체를 포를 내어 소금에 절여 젓을 담그는 형벌.

16 夷吾束縛(이오속박): '이오夷吾'는 관이오管夷吾, 관중管仲. 앞의 주 6 참조.

17 而曹羈奔陳(이조기분진): 『춘추春秋』 「장공莊公」 24년에 조기曹羈가 조백曹伯에게 오랑캐戎의 무리가 침공하자 오랑캐의 무리는 의롭지 못하니 대적하지 말 것을 세 번 간하였으나 받아들여지지 않자 진陳나라로 도망간 일을 말함.(蒲阪圓)

18 伯里子道乞(백리자도걸): '백리자伯里子'는 '백리해百里奚'를 말함. 춘추시대 진秦
나라 목공穆公의 대부大夫. 그는 원래 우虞나라를 섬기다가 우나라가 진晉나라
에 멸망한 후 진晉나라가 목희穆姬를 진秦나라에 시집보낼 때 배신陪臣으로 따
라가던 중 초楚나라 완宛 땅으로 달아났다가 초나라 사람에게 잡혔는데, 목공
穆公이 양피羊皮 5장을 주고 그를 구했으므로 염소가죽 5장으로 사와 재상이
되어 오고대부五羖大夫라고도 불림. 제나라의 관중에 비견될 만한 탁월한 재능
을 지녔으나 너무 빈한한 가문에서 태어난데다 오랫동안 능력을 인정받지 못
한 채 천하를 걸식하며 유랑하다가 70세쯤 진나라 목공에게 발탁되어 목공을
서융의 패주霸主로 만들어 후세에 중원을 경략할 토대를 굳건히 다지게 함.

19 傅說轉鬻(부열전죽): '부열傅說'은 노예로 팔려 다니다가 토목공사장에서 성을
쌓던 중 은殷나라의 무정武丁이 발견하여 삼공三公의 한 사람인 재상으로 삼
음. 노년에 등용된 그는 무정(후에 高宗이란 시호를 얻음)을 보필하여 은나라를 부
흥시켰는데, 무정에 의한 부열의 발견은 종종 위수渭水 가에서 낚시질하다 주
周 문왕文王에게 발탁된 강태공姜太公의 예와 비견됨. '전죽轉鬻'은 이리저리 팔
려 다닌다는 뜻.

20 孫子臏脚於魏(손자빈각어위): '손빈孫子臏'은 전국시대 중기에 활동한 제齊나라
사람. 오吳나라 군사軍師였던 손무孫武의 후손으로 제齊나라의 군사軍師. 그는
후에 위魏나라 혜왕惠王에 의해 장수가 된 방연龐涓과 함께 수학하였는데, 방
연은 자신이 손빈만 못하다는 사실을 잘 알고 손빈을 위나라로 초청한 후 그
를 제나라의 간첩으로 몰아 무릎 아래를 잘라내는 월형팔刑과 묵형墨刑을 가
함. 후에 우연히 방연의 간계를 알게 된 손빈은 정신병자 노릇을 하면서 가
까스로 하루하루를 연명하다가 제나라 장군 전기田忌에게 구출되어 위나라를
탈출했음. 그는 위나라를 탈출한 후 제나라의 군사軍師로 활약하면서 기원전
341년의 마릉馬陵 전투에서 위나라 군사를 대파하고 방연을 함정에 빠뜨려 죽
임. 1972년 중국 산동성山東省 은작산銀雀山에서 손무가 지은 『손자병법孫子兵
法』과는 별개의 죽간竹簡인 『손빈병법』이 출토됨.

21 吳起收泣於岸門(오기수읍어안문): '오기吳起'(기원전?~381)는 춘추시대 위衛나라
좌씨左氏 사람. 노나라 증자曾子에게 배웠다고 전해짐. 그가 위衛나라로 건너
가 전공을 세워 서하수西河守가 되었고, 위나라魏 문후文侯가 죽은 뒤 대신들의
모함을 받자 초楚나라로 달아남. 초楚나라 도왕悼王에 의해 재상으로 발탁되어
법치를 확립하여 남으로 백월百越, 북으로 진陳과 채蔡나라를 병합하고 삼진三
晉을 물리쳤으며, 서로 진秦을 정벌함. 본문의 내용은 종실宗室과 대신들에게
오기가 소환당하여 안문을 지날 때의 일임. 그는 도왕이 죽자 그의 변법에 앙

심을 품고 있던 종실宗室과 대신들에게 사지四肢가 찢기는 형벌을 당해 사망함. 「오두」 참조.

22 公叔座言國器反爲悖(공숙좌언국기반위패): '공숙좌公叔座'는 위魏나라 재상. 그가 중병에 걸렸을 때 위나라 혜왕惠王이 병문안을 와서 나라 일을 걱정하자 자신의 문하에서 가신으로 있던 공손앙公孫鞅을 천거하면서 등용할 생각이 없으면 죽이라고 부탁했는데, 혜왕은 공숙좌 병세가 중하여 상반된 말을 한다고 생각하고 공손앙을 등용하지 않음. 공손앙은 후에 재앙이 있을까 두려워 진나라 효공이 인재를 구한다는 소식을 듣고 기원전 361년에 이회의 『법경法經』을 지니고 진秦나라로 달아남. '국기國器'는 나라의 정치를 맡길 만한 그릇, 인물.

23 公孫鞅奔秦(공손앙분진): '공손앙(公孫鞅. 기원전 390?~338?)'은 위衛나라 왕실의 후예로 전국戰國시대에 활동한 인물로 위앙衛鞅이라고도 불리며, 진秦나라 효공孝公으로부터 정치개혁變法을 성공한 공로를 인정받고 상商 지방에 봉읍을 얻게 되어 상군商君 또는 상앙商鞅이라고 불림. 상앙의 정치개혁으로 세력이 크게 위축된 귀족세력은 효공이 죽고 태자가 즉위하자 그에게 모반의 죄목을 씌워 마소가 끄는 수레에 사지를 찢기는 거열형車裂刑에 처함. 「남면」 참조.

24 關龍逢斬(관룡봉참): '관용봉關龍逢'은 관봉關逢, 용봉龍逢으로 불리며 동부董父의 후예인 하夏나라 말기 인물. 또 '관룡關龍'은 '환룡豢龍', 관關과 환豢은 고자古字에서 서로 통하여 용을 기르는 직책에 있었다고 봄. 걸桀이 주지酒池와 조구糟丘를 만들어 밤새도록 술을 마시자 이를 간하며 물러나지 않다가 처형됨. 비간比干과 더불어 직간直諫하는 고대 충신의 상징적 인물.

25 萇宏分胣(장굉분이): '장굉萇宏'은 춘추시대 주周나라 경왕景王과 경왕敬王 때 대부大夫를 지냈으며, 장홍萇弘 또는 자가 숙叔이라 장숙萇叔으로도 불림. 공자孔子가 일찍이 그에게 악樂을 배웠음. 경왕 28년 진晉나라의 대부 범길사范吉射와 중행인中行寅과 난을 도모하여 진나라가 이 일로 주나라 왕실을 문책하자 노魯나라 애공哀公 3년 6월에 촉蜀 땅에서 주나라 사람들에 의해 살해됨. 일설에는 주周나라 영왕靈王 때 현신賢臣으로(『장자莊子』「거협胠篋」), 천문에 밝았고 귀신에 관한 일을 잘 알았다고 하고, 또 다른 일설에 따르면 그가 죽은 뒤 피가 흘러 돌 또는 벽옥碧玉으로 변해 시신이 보이지 않았다고 함. '분이分胣'는 배와 창자를 가른다는 의미.

26 尹子穽於棘(윤자정어극): '윤자尹子'는 미상.(顧廣圻) 윤자尹子는 『좌전』「소공昭公」23년, 29년 조에 왕자 조朝를 왕으로 세운 주周나라 세경世卿인 윤문공尹文公 윤어尹圉 내지 주周나라 경사京師에서 죽은 윤씨고尹氏固로 보는 견해가 있음.(尹桐陽)

27 司馬子期死而浮於江(사마자기사이부어강): '사마司馬'는 군정軍政을 관장하는
관직. '자기子期'는 초楚나라 자서子西의 동생인 공자 결結로 대사마大司馬인데,
백공白公 승勝이 조회에서 자서와 자기를 습격해 죽임. 『사기』 「초세가」에는
'자기子綦'로 나옴.(尹桐陽)

28 田明辜射(전명고사): '전명田明'은 미상.(顧廣圻) '전田'은 제齊나라 성씨이고, '전
명田明', '제명齊明'은 한 마디로 '전광田光'을 말하며, 『전국책戰國策』에 고루 보
임.(尹桐陽) '고사辜射'는 '고책辜磔'의 형벌(俞樾), 즉 고대 시체를 찢어 많은 사
람들에게 보이는 잔혹한 형벌.(張覺)

29 宓子賤·西門豹不斗而死人手(복자천서문표부두이사인수): '복자천宓子賤'은 이
름이 부제不齊, 공자의 제자로 단보單父 현령으로 있으면서 거문고를 잘 연주
하고 백성들의 인심을 얻은 인물로 전함. '서문표西門豹'는 위魏나라 문후文侯
때 업鄴 땅의 장관令이 되어 선정을 베풀었고, 자신의 성격이 급함을 알고 가
죽韋을 차고 다니면서 스스로 경계했다고 함. 그는 업鄴 땅에 부임하여 12개
의 수로를 파서 논으로 강물을 끌어들이는 관개사업을 통해 농업생산을 늘렸
고, 해마다 물귀신인 하백河伯을 위해 미녀를 골라 강물에 던지는 악습을 없앴
다고 전함.

30 董安于死而陳於市(동안우사이진어시): '동안우董安于'는 '동알우董閼于'로도 불리
며 춘추시대 진晉나라 조앙趙鞅의 가신. 진나라에서 재상인 육경들에 의해 정
사가 좌우될 때 대부 양영보梁嬰父가 지혜롭기로 소문난 동안우董安于의 재주
를 알아보고 시기하여 경쟁자인 지씨에게 고변했는데 지씨가 그 사실을 조씨
의 장자인 조맹에게 말하자 조맹이 심히 우려하는 것을 눈치챈 동안우가 주인
의 근심을 덜어주고자 목을 매고 죽어 시신을 여항에 걸게 함으로써 지씨의
의심을 풀고 동맹하게 만듦. 후일 위기에서 벗어난 조씨는 한씨, 위씨와 함께
진나라를 나누어 사직을 일으킴.

31 宰予不免於田常(재여부면어전상): '재여宰予'는 노魯나라 사람으로 자가 자아子
我로 변설에 능해 공자에게 꾸짖음을 많이 받은 제자. 「현학」 참조. '전상田常'
은 전걸田乞의 아들로 간공簡公 때 감지闞止와 더불어 좌左·우상右相을 맡은
제나라 신하. 그는 간공을 살해한 후 그의 동생 오鷔를 세워 평공平公으로 삼
음. 재상이 되어 공족公族들 가운데 강성한 이들은 모두 제거하여 제나라의 국
정을 장악하고, 봉읍封邑을 확대하였는데 이때부터 제나라는 전씨田氏의 나라
가 됨. 「이병」 참조.

32 范雎折脅於魏(범저절협어위): '범저(范雎, 기원전?~255)'는 '범저范且'라고도 하
며, 전국시대 위魏나라 사람. 자는 숙叔, 변설가. 위상魏相, 위제魏齊를 위해 일

하다가 대부 수가須賈의 미움을 사서 제齊나라에서 선물로 수레를 받았다는 오해를 받아 위제魏齊에게 갈비뼈가 부러지는 태형을 당한 뒤 왕계王稽와 정안평鄭安平의 도움으로 진秦나라로 도망가 승상이 되어 장록張祿이라 이름을 고침. 수가가 진에 사신으로 갔을 때 범저의 해진 옷을 보고 음식을 대접하며 명주옷을 주었고, 이로 인해 이후 수가를 용서했다고 전함. 그는 진秦나라로 달아나 소왕昭王을 섬기며 상국相國을 지냈고 응應 땅에 봉해져 응후應侯라고도 불리는데, 원교근공遠交近攻 정책을 제안해 나중에 진나라가 육국六國을 통일하는 기틀을 마련함. 명장 백기白起를 자살하게 하고 정안평을 장군에 앉혔는데, 정안평이 조趙나라를 공격하다 항복하자 책임을 지고 물러났다고도 하고 논죄되어 처형당했다고도 전함.

제4장 | 주도

主
道

군주의
나아갈 길

　'주도主道'라는 편명은 '군주의 나아갈 길' 곧 '군주의 통치술'을 의
미한다. 이 편과 더불어 「이병」과 「양권」은 한비자가 제출한 군주론에
해당한다. 이 글은 군주의 통치술에 대한 기본적인 원칙과 그 정치철
학에 대해 논하고 있다. 그는 노자老子 철학의 '도道'와 '허정虛靜' 등의
개념을 수용하여 법치사상의 철학적 세계관을 구축하는 한편, 이들
개념을 군주가 신하를 통치하는 통치술의 기본적인 원리로 사용한다.
도가사상과 상벌제도를 결합시킨 한비자 통치술의 주요 특징을 살펴
볼 수 있다.

도道란 만물이 시작하는 근본이며 옳고 그름의 기강이다. 그러므로 현명한 군주는 시작하는 근본을 지켜 만물이 생성하는 근원을 알고, 옳고 그름을 판단하는 기강을 다스려 일이 성공하고 실패하는 실마리를 안다. 그러므로 마음을 비우고 고요함으로써 실행되길 기다리는데, 명칭(명분)은 스스로 밝혀지게 하고, 일은 스스로 확정하게 한다. 마음을 비우면 사물의 실질을 알 수 있고, 고요하면 움직이는 것이 올바른지를 알 수 있다.

의견이 있는 자는 스스로 말하게 하고, 일이 있는 자는 스스로 실적을 드러나게 한다. 실적과 의견이 일치하는지 살펴보면 군주는 일하지 않아도 그 실질을 되돌려 파악할 수 있다. 그러므로 "군주는 그 하고자 하는 것을 드러내지 않아야 하는데, 군주가 그 하고자 하는 것을 드러내면 신하들은 스스로가 꾸밀 것이다. 군주는 그 생각하는 것을 드러내지 않아야 하는데, 군주가 그 생각하는 것을 드러내면 신하들은 스스로가 남과 다름을 나타내려 할 것이다."고 말한다. 그러므로 "좋아함을 버리고 싫어함을 버리면 신하는 이에 본심을 드러낸다. 지혜를 버리고 기교를 버리면 신하는 이에 처신할 준비를 할 것이다."고 말한다.

그러므로 지혜가 있더라도 그것으로 생각하게 하지 않고 만물에게 처신할 바를 알게 하며, 현명함이 있더라도 그것으로 일하게 하지 않고 신하가 말미암을 것을 살피게 하며, 용기가 있더라도 힘쓰게 하지 않으며 여러 신하들에게 그 무용을 다하게 한다. 그러므로 군주는 지혜를 버리지만 총명해지고, 현명함을 버리지만 공적이 있게 되고,

용기를 버리지만 강하게 된다. 모든 신하가 직분을 지키고, 모든 관리가 법을 따르며, 각자의 능력에 따라 일하게 하는 것을 일러 '영원한 준칙을 따른다習常'고 한다. 그러므로 말하길, '고요하여 그가 자리에 없는 듯이 있는데 공허하여 그가 있는 곳을 알 수 없다.'고 한다. 현명한 군주는 위에서 아무 하는 일이 없는데 모든 신하는 아래에서 두려워한다.

　현명한 군주의 길은 지혜로운 자에게 그 생각을 다하게 해서 군주는 그것을 근거로 일을 결단하기 때문에 군주는 지혜에 막힘이 없고, 현명한 자에게 그 재능을 스스로 밝히게 해서 군주는 그것을 근거로 일을 부여하기 때문에 군주는 능력에 막힘이 없으며, 공적이 있으면 군주는 그 현명함(이 낳은 성과물)을 지니게 되고, 허물이 있으면 신하는 그 (자신이 주장하여 실패한) 죄를 책임지게 되므로 군주는 명성에 막힘이 없다. 그러므로 (군주는) 현명하지 않으면서도 현명한 자의 스승이 되고, (군주는) 지혜롭지 않으면서도 지혜로운 자의 우두머리가 된다. 신하에게는 그 수고로움이 있게 되고, 군주는 그 성과를 누리게 되는데, 이것을 일러 현명한 군주의 영원불변한 준칙常法이라 한다.

　道者, 萬物之始, 是非之紀也. 是以明君守始以知萬物之源, 治紀以知善敗之端. 故虛靜以待令, 令名自命也,[1] 令事自定也.[2] 虛則知實之情,[3] 靜則知動者正. 有言者自爲名, 有事者自爲形. 形名參同,[4] 君乃無事焉, 歸之其情.[5] 故曰, "君無見其所欲,[6] 君見其所欲, 臣自將雕琢.[7] 君無見其意, 君見其意, 臣將自表異".[8] 故曰, "去好去惡, 臣乃見素. 去舊去智,[9] 臣乃自備".[10] 故有智而不以慮, 使萬物知其處, 有行而不以賢,[11] 觀臣下之所因,[12] 有勇而不以怒, 使群臣盡其武. 是故去智而有明, 去賢而有功, 去勇而有强. 群臣守職, 百官有常,¹³ 因能而使之, 是謂習常.¹⁴ 故曰, ‘寂乎其無位而處, 漻乎莫得其所.’¹⁵ 明君無爲於上, 群臣竦懼乎下.¹⁶ 明君之道, 使智者盡其慮, 而君因以斷事, 故君不窮於智, 賢者敕其材,¹⁷ 君因而任之, 故君不窮於能, 有功則君有其賢, 有過則臣任其罪, 故君不窮於名. 是故不賢而爲賢者師, 不智而爲智者正.¹⁸ 臣有其勞, 君有其成功, 此之謂賢主之經也.¹⁹

---

1 令名自命也(영명자명야): 명칭 자체가 사물의 실질을 반영하게 하는 것. 곧 ‘자명自命’은 정치적 범주에서 신하들이 자발적으로 의견을 밝히는 것.

2 令事自定也(영사자정야): 사물 자체가 그 실질을 발현하게 하는 것. 정치적 범주에서 ‘자정自定’은 신하들이 알아서 맡은 직무를 수행하는 것. 「양권揚權」에서는 “성인은 하나(도)를 쥐고 고요하게 기다림으로써 명칭(명분)이 스스로 밝혀지게 하고, 일은 스스로 확정하게 한다(聖人執一以靜, 使名自命, 令事自定)”는 내용이 나옴.

3 虛則知實之情(허즉지실지정): ‘실實’은 ‘물物’, ‘실지정實之情’은 곧 사물의 실질.(物雙松)

4 形名參同(형명참동): ‘참동參同’은 (刑과 名의) 일치 여부를 비교하여 살피는 것.

5 歸之其情(귀지기정): 사물을 본래의 모습으로 되돌려 사물의 실질을 파악함.

6 君無見其所欲(군무현기소욕): ‘현見’은 드러난다는 의미의 ‘현現’, ‘현顯’.

7 臣自將雕琢(신자장조탁): ‘조탁雕琢’은 조각하여 가공하는 것으로 신하가 언행을 꾸미는修飾 것.

8 臣將自表異(신장자표리): ‘장자將自’는 앞 문장의 ‘자장自將’, ‘표리表異’는 자신이 남과 다르게 뛰어나다는 것을 표현하는 것.

9 去舊去智(거구거지): ‘구舊’는 ‘교巧’의 의미(太田方)로, 기교를 부리는 것. 『관자管子』「심술상心術上」에서는 “편안하게 즐거워하며 작위함이 없고, 지혜와 기교를 버린다(恬愉無爲, 去智與故)”고 하고, 『회남자淮南子』「원도훈原道訓」에서는 “지혜와 기교를 베풀지 않는다不設智巧”고 함. ‘구舊·지智’는 ‘교식巧飾’.

10 臣乃自備(신내자비): 군주가 지교와 지혜를 버리고 법술의 정치를 하므로 신하들 스스로 법술에 처신할 준비를 한다는 의미.

11 有行而不以賢(유행이불이현): 앞의 '유지이불이려有智而不以慮'와의 대구對句로 '유현이불이행有賢而不以行'이어야 함.(王先愼)

12 觀臣下之所因(관신하지소인): '소인所因'은 일할 내지 말미암을 것.

13 百官有常(백관유상): '상常'은 일정불변한 법규를 말함.

14 是謂習常(시위습상): '습習'은 '인因'.(梁啓雄) '상常'은 뒤에 나오는 '경經' 즉, 군주는 하는 일이 없지만(無事, 無爲) 모든 신하들이 능력을 다하는 영원한 준칙常法 내 지도常道를 말함.

15 漻乎莫得其所(료호막득기소): '료漻'는 '공허空虛'(顧廣圻) 또는 '적료寂廖'(太田方)의 의미.

16 群臣竦懼乎下(군신송구호하): '송竦'은 '율慄'로 '송구竦懼'는 '전율戰慄'.(太田方) '송竦'과 '구懼'는 같은 의미.(陳奇猷)

17 賢者敕其材(현자칙기재): '칙敕'은 '효效'.(盧文弨) '재材'는 '재才'와 통함.(張覺)

18 不智而爲智者正(부지이위지자정): '정正'은 '장長' 또는 '군君'.(孫人和)

19 此之謂賢主之經也(차지위현주지경야): '경經'은 '상법常法'.(『舊注』)

도는 볼 수 없는 데에 있고 쓰임은 헤아릴 수 없는 데에 있는데, 군주는 허정한 자세로 아무런 일도 하지 않으면서 암암리에 허물을 살펴본다. 보고도 보지 못한 척하고 들어도 듣지 못한 척하며 알고도 알지 못하는 척한다. 신하가 주장하는 말을 알고 난 후에는 변경하지 말게 하고, 그의 주장과 실적이 일치하는지 낱낱이 대조하여 맞추어 본다. 관청에 한 사람씩 배치해두고 서로 말을 맞추지 못하게 하면, 모든 일은 완전하게 파악된다. (군주가) 자신의 행적을 덮어 가려두고 그 단서를 감추어 두면 신하는 군주의 본심을 추측할 수 없고, (군주가) 그 지혜를 버리고 그 재능을 끊는다면 신하는 군주의 의중을 헤아릴 수 없다. 자기가 하고자 하는 바를 견지하면서 신하의 주장과 실적이 일치하는지 맞추어 보며 상벌의 권세柄를 신중하게 잡고서 굳게 장악한다. 군주 자신이 바라는 것을 끊어서 신하가 자신의 의중을 헤아리지 못하게 하여 그들에게 (상벌의 권세를) 욕심내지 않게 한다.

문단속을 신중하게 하지 않고 단단하게 하지 않으면 호랑이가 곧 나타날 것이다. 군주가 자신의 정사를 신중하게 처리하지 않고 그 실질을 가리지 못하면 역적이 곧 생겨날 것이다. 자신의 주인을 죽이고 그 자리를 대신 차지하면 사람들이 (그와) 더불어 하지 않을 수 없기 때문에 그것을 일러 호랑이라고 한다. 자신이 주인의 곁에 있으면서 간신을 위하여 주인의 과실을 엿보기 때문에 그것을 일러 역적이라고 한다. 그 무리를 해산시키고 그 잔당을 붙잡아들이고 그 가문을 폐쇄하여 도우려는 자들을 없앤다면 나라 안에 호랑이가 없게 된다. (군주의 통치술이) 커서 헤아릴 수 없고 깊어서 측정할 수 없어서, 신하의 실적과 명분이 일치하는지 맞추어보고 법도와 형식을 살펴서 검증하며 제멋대로 한 자를 처벌한다면 나라에는 곧 역적이 없게 된다.

그러므로 군주에게는 다섯 가지의 막힘이 있는데, 신하가 그 군주의 이목을 가리는 것을 막혔다고 하고, 신하가 나라의 재물과 이익을 관장하는 것을 막혔다고 하며, 신하가 제멋대로 명령을 행하는 것을 막혔다고 하며, 신하가 사사로이 상벌을 행사할 수 있는 것을 막혔다고 하며, 신하가 사사로이 당파를 조성할 수 있는 것을 막혔다고 한다. 신하가 그 군주의 이목을 가리면 군주는 자리를 잃고, 신하가 나라의 재물과 이익을 관장하면 군주는 은덕을 베풀지 못하고, 신하가 제멋대로 명령을 내리면 군주는 통제력을 잃고, 신하가 제멋대로 상벌을 행사할 수 있으면 군주는 백성을 잃으며, 신하가 사사로이 당파를 조성할 수 있으면 군주는 자기편의 사람들을 잃는다. 이 다섯 가지는 오로지 군주만이 할 수 있는 것이지 신하인 자가 잡을 수 있는 것이 아니다.

道在不可見, 用在不可知, 虛靜無事, 以闇見疵.[1] 見而不見,[2] 聞而不聞, 知而不知. 知其言以往, 勿變勿更, 以參合閱焉.[3] 官有一人,[4] 勿令通言,[5] 則萬物皆盡. 函掩其跡,[6] 匿其端, 下不能原,[7] 去其智, 絕其能, 下不能意.[8] 保吾所以往而稽同之,[9] 謹執其柄而固握之. 絕其望,[10] 破其意,[11] 毋使人欲之. 不謹其閉,[12] 不固其門, 虎乃將存. 不愼其事, 不掩其情, 賊乃將生. 弒其生, 代其所, 人莫不與, 故謂之虎. 處其主之側, 爲姦臣, 聞其主之忒,[13] 故謂之賊. 散其黨, 收其餘, 閉其門, 奪其輔,[14] 國乃無虎. 大不可量, 深不可測, 同合刑名,[15] 審驗法式, 擅爲者誅,[16] 國乃無賊.

是故人主有五壅, 臣閉其主曰壅, 臣制財利曰壅, 臣擅行令曰壅, 臣得行義曰壅,[17] 臣得樹人曰壅.[18] 臣閉其主則主失位, 臣制財利則主失德,[19] 臣擅行令則主失制, 臣得行義則主失明,[20] 臣得樹人則主失黨. 此人主之所以獨擅也,[21] 非人臣之所以得操也.

---

1 以闇見疵(이암견자): '암闇'은 '아무도 모르게', '자疵'는 신하가 자신이 주장한 대로 일을 실천하지 않는 허물.

2 見而不見(견이불견): '이而'는 '여如'와 같음.(陳啓天)

3 以參合閱焉(이참합열언): '참합參合'은 앞에 나온 주장한 내용과 실적이 일치하는지를 대조하여 살피는 '참동參同'과 같은 의미. '열閱'은 수를 세어가며 낱낱이 조사함.

4 官有一人(관유일인): '유有'는 '치置'.(顧廣圻)

5 勿令通言(물령통언): '통언通言'은 서로 짜고 말을 맞추는 것.

6 函掩其跡(함엄기적): '함函'은 싸서 가린다는 의미로 '엄掩'과 같은 의미.

7 下不能原(하불능원): '원原'은 '추원推原', '찰察'.(陳啓天) 여기서 '원原'은 군주의 본심을 추측한다는 의미.

8 下不能意(하불능의): '의'는 '억통臆通', '도度'.(津田鳳卿) 여기서 '의意'는 군주의 의중을 헤아린다는 의미.

9 保吾所以往而稽同之(보오소이왕이계동지): '계稽'는 '고考'(陳奇猷), '계동稽同'은 앞에 나온 '참합參合', '참동參同'과 같은 의미.

10 絕其望(절기망): '절絕'은 군주가 하고자 하는 것을 신하들에게 내보이지 않는다는 의미.

11 破其意(파기의): '파破'는 신하들이 군주의 의중을 헤아리고자 하는 것을 깨뜨린다는 의미.

12 不謹其閉(불근기폐): '폐閉'는 '합문闔門', '수守'.(張覺)

13 聞其主之忒(문기주지특): '문聞'은 엿본다는 의미의 '한閒', 곧 '사伺'.(王念孫) '특忒'은 군주의 과실.

14 奪其輔(탈기보): 군주의 자리를 넘보는 자들과 왕래하며 도우려고 하는 자들

을 없앤다는 의미.

15 同合刑名(동합형명): 앞에 나온 실적과 명분의 일치 여부를 비교한다는 의미의 '형명참동形名參同'을 말함.

16 擅爲者誅(천위자주): '천위擅爲'는 법도와 형식法式을 어기고 제멋대로 일을 처리하는 것.

17 臣得行義曰壅(신득행의왈옹): '행의行義'는 사사로이 자신의 주관적 관점에 의해 옳고 그름을 판단하여 상과 벌을 시행한다는 의미.

18 臣得樹人曰壅(신득수인왈옹): '수樹'는 '립立'.(梁啓雄) '수인樹人'은 사사로이 당파를 조성하는 것.

19 臣制財利則主失德(신제재리즉주실덕): '덕德'은 치하하여 상을 내리는 것(「이병(二柄)」: 慶賞之謂德)을 말함.(陳奇猷) 여기서 '실덕失德'은 곧 신하가 재정을 관장하므로 군주가 상을 내리는 은덕을 베풀 수 없다는 의미.

20 臣得行義則主失明(신득행의즉주실명): '명明'은 '맹萌'.(陶鴻慶) 곧 백성.

21 此人主之所以獨擅也(차인주지소이독천야): '독천獨擅'은 오로지 한 사람만이 제 마음대로 쥐고 흔들 수 있다는 의미.

군주의 통치방법은 조용히 물러나 있는 것을 귀한 보배로 삼는다. 군주는 스스로 정사를 맡아하지 않고 일이 잘 되는지 못 되는지만을 알고, 군주는 스스로 정책을 헤아려 생각하지 않고 복이 되는지 재앙이 되는지만을 안다. 그러므로 군주가 말을 하지 않아도 신하는 의견을 내며 잘 응대하고, 약조하지 않아도 신하는 일을 더 잘 진행한다. 신하가 의견을 이미 보고했다면 군주는 그것을 약조로 한쪽의 계契를 잡아두고, 신하가 일을 이미 진행했다면 군주는 그것을 약조로 한쪽의 부符를 움켜쥔다. 약속의 징표인 부와 계(의견과 실적)가 맞추어지는 곳이 상과 벌이 생겨나는 곳이다. 그러므로 모든 신하들이 그 의견을 진술하면 군주는 그 의견에 따라 일을 맡기고, 그 맡긴 일에 대해 성과를 묻는다. 성과가 그 맡긴 일에 부합하고 맡긴 일이 그 진술한 말에 부합하면 상을 주고, 성과가 그 맡긴 일에 부합하지 않고 맡긴 일이 그 진술한 말에 부합하지 않으면 벌을 준다.

현명한 군주의 통치 방법은 신하가 자기 의견을 진술하게 하고 그것이 실제 성과에 부합하지 않을 수 없게 하는 것이다. 그러므로 현명한 군주가 상을 줄 적에는 충분하기가 마치 때에 맞게 내리는 비와 같아서 백성들은 그 혜택을 이롭게 여기며, 벌을 줄 적에는 두렵기가 마치 천둥, 벼락과 같아서 신이나 성인과 같은 존재일지라도 그 노여움을 달랠 수 없다. 그래서 현명한 군주는 상을 제멋대로 주지 않으며 형벌을 용서하지 않는다. 상을 제멋대로 주면 공신이 그 해야 할 일을 게을리하고, 형벌을 용서하면 간신이 쉬이 잘못을 저지른다. 그러므로 진실로 공이 있다면 비록 멀고 낮은 자일지라도 반드시 상을 주며, 진실로 잘못이 있다면 비록 가깝고 총애하는 자일지라도 반드시 벌을 준다. 멀고 낮은 자가 상을 받게 되고 가깝고 총애하는 자가 처벌을 받게 된다면 멀고 낮은 자가 일을 게을리하지 않고 가깝고 총애 받는 자가 교만하지 않는다.

人主之道, 靜退以爲寶.[1] 不自操事而知拙與巧, 不自計慮而知福與咎.[2] 是以不言而善應,[3] 不約而善增.[4] 言已應, 則執其契, 事已增, 則操其符. 符契之所合,[5] 賞罰之所生也. 故群臣陳其言, 君以其言授其事, 事以責其功. 功當其事, 事當其言則賞, 功不當其事, 事不當其言則誅. 明君之道, 臣不得陳言而不當. 是故明君之行賞也, 曖乎如時雨,[6] 百姓利其澤, 其行罰也, 畏乎如雷霆, 神聖不能解也.[7] 故明君無偸賞,[8] 無赦罰. 賞偸, 則功臣墮其業,[9] 赦罰, 則姦臣易爲非. 是故誠有功, 則雖疏賤必賞,[10] 誠有過, 則雖近愛必誅. 近愛必誅, 則疏賤者不怠, 而近愛者不驕也.

---

1 靜退以爲寶(정퇴이위보): '이정퇴위보以靜退爲寶'로, '정퇴靜退'는 군주가 직접 나서서 정치하지 않고 조용히 뒤에 물러나 있는 방법.

2 不自計慮而知福與咎(부자계려이지복여구): '계려計慮'는 군자가 정책을 헤아려 생각하는 것.

3 是以不言而善應(시이불언이선응): '선응善應'은 신하가 의견을 활발하게 자발적으로 개진하는 것.

4 不約而善增(불약이선증): '선증善增'은 신하가 일을 점점 더 잘 진행하는 것.

5 符契之所合(부계지소합): '부符'와 '계契'는 고대에 대나무, 나무, 동銅, 옥 등으로 만든 일종의 계약을 맺은 신표. 반으로 쪼개어 군주와 신하가 나누어 가지

고 있다가 검증할 때 다시 합치시켜 부합 여부를 통해 진위를 변별하는 것. 신하가 개진한 의견과 실적의 부합 여부를 판단하는 증거를 말함.

6 曖乎如時雨(애호여시우): '애曖'는 짙은 구름에 가려 햇빛이 희미한 모양. 여기서는 비가 충분히 내리는 모습을 형용. 군주가 상을 내릴 때는 엄격하지 않고 온화한 자세로 알맞게 수여하는 모습. '시우時雨'는 농사지을 필요한 양만큼 때맞추어 알맞게 내리는 비.

7 神聖不能解也(신성부능해야): '신성神聖'은 신과 성인과 같은 존재. '해解'는 군주의 노여움을 누그러뜨리는 것.

8 故明君無偸賞(고명군무투상): '투상偸賞'은 가벼이 제멋대로 상을 주는 것.

9 則功臣墮其業(즉공신타기업): '타墮'는 나태할 '타惰'. (陳啓天)

10 則雖疏賤必賞(즉수소천필상): '소疏'는 먼 혈연 관계에 있는 사람, '천賤'은 신분이 낮은 사람.

춘추오패 春秋五霸

고대 중국에서는 제후국諸侯國 사이에 맺는 회합이나 맹약을 회맹會盟이라 하고, 회맹의 맹주盟主가 된 자를 패자라고 하는데 춘추시대에 천자를 대신하여 제후들을 통솔한 패공이 모두 다섯 명이었기 때문에 춘추오패春秋五霸라 한다.

순자荀子에서는 오패를 제齊나라의 환공桓公, 진晉나라의 문공文公, 초楚나라의 장왕莊王, 오吳나라의 왕 합려闔閭, 월越나라의 왕 구천勾踐이라 하였지만, 어떤 경우에는 합려와 구천을 빼고 진秦나라의 목공穆公, 송宋나라의 양공襄公을 넣거나 합려 대신에 그의 아들인 부차夫差 등을 꼽는 학자도 있다.

◉ 제齊의 환공(桓公, 재위 기원전 685~643)

주나라 개국공신 강태공의 후손으로 성은 강姜이고 휘는 소백小白이다. 관중을 재상으로 삼아 부국강병에 성공한 후 쇠약해진 주나라 왕실을 대신하여 천하의 제후들을 회맹에 소집하여 첫 패공이 된다.

◉ 진晉의 문공(文公, 재위 기원전 636~628)

성은 희姬, 휘는 중이重耳, 진晉나라 헌공의 아들이지만 헌공의 사후에 19년 동안 유랑하며 망명생활을 했다. 진晉나라의 군주가 된 후 개혁을 실시하여 나라를 부강하게 만들고, 당시 강대국이던 초나라에 승리하여 제2대 패공이 된다.

◉ 초楚의 장왕(莊王, 재위 기원전 614~591)

초나라 제23대 왕. 성은 미羋, 씨는 웅熊이며, 휘는 려侶다. 초나라를 강대국으로 만들어 숙적인 진나라를 격파하고 패공이 된다.

◉ 오吳의 왕 합려(闔閭, 재위 기원전 514~496)

성은 희姬, 이름은 광光이다. 오왕 요僚가 초楚와 전쟁하고 있을 때, 자객 전제專諸를 시켜 요리로 만든 생선의 뱃속에 감춘 보검으로 요를 암살케 하여 왕위에 올랐다. 즉위 후 오자서의 추천으로 장군이 된 손무의 도움으로 월나라와 초나라를 정벌하여 중원의 패자가 된다.

◉ 월越의 왕 구천(勾踐, 재위 기원전 496~465)

오吳의 왕 합려와의 전쟁에서 합려를 죽이고 승리하지만, 이후 합려의 아들인 부차에게 크게 패하여 포로가 되었다가 풀려난다. 이후 와신상담臥薪嘗膽하며 복수를 준비한 끝에 결국 오吳와의 전쟁에서 승리하여 패자가 된다.

제5장 | 이병

二
柄

상과 벌이라는
두 개의 칼자루

　'이병二柄'이란 편명은 '상과 벌이라는 두 개의 칼자루'라는 의미이다. 상과 벌은 신하를 다스리고 나라를 부강하게 하는 주요한 정치적 방법이므로 군주라면 신하에게 그 두 자루를 빼앗기지 않고 확실하게 쥐어야 한다는 군주론에 해당하는 내용이다. 군주가 상과 벌을 시행하는 권력을 신하에게 넘겨주어 망한 역사적 사례를 들어 군주를 경계시킨다. 또한 군주가 명목과 실질을 일치시키는 방법을 통해 상벌을 올바르게 시행해서 간신들이 세력화되는 것을 막아야 한다는 경고성 내용이다.

현명한 군주가 그 신하를 통제할 수 있는 방법은 두 가지의 권력二
柄뿐이다. 두 가지의 권력이란 형刑과 덕德이다. 무엇을 일러 형刑과 덕
德이라 하는가? 말하자면 처벌하고 죽이는 것을 일러 형刑이라 하고,
치하하여 상을 주는 것을 덕德이라 한다. 다른 사람의 신하인 자는 처
벌받는 것을 두려워하고 상 받는 것을 이롭게 생각하기 때문에, 군주
스스로 그 형刑과 덕德을 사용한다면 모든 신하들은 그 위세威勢를 두
려워하고 그 이로움을 추구하는 데로 돌아간다. 그러나 세상의 간신
들은 그렇지가 않은데, (자기가) 미워하는 자이면 자신의 군주에게서 그
권력을 얻어 미워하는 자를 처벌하고 (자기가) 좋아하는 자이면 군주에
게서 그 권력을 얻어 좋아하는 자에게 상을 준다. 지금 군주가 상벌의
위엄과 이득을 자신으로부터 나오게 하지 않고 신하에게 맡겨서 상벌
을 행사하게 하면, 온 나라 사람들은 모두 그 신하만을 두려워하고 군
주를 가볍게 여겨서 신하들에게 돌아가고 군주를 떠날 것인데, 이것
은 군주가 상벌의 권한을 잃어서 생긴 우환이다.

　무릇 호랑이가 개를 굴복시킬 수 있는 이유는 발톱과 이빨을 가졌
기 때문인데, 만약 호랑이에게서 발톱과 이빨을 버리게 하고 개에게
그것을 사용하게 하면 호랑이는 도리어 개에게 굴복당하게 된다. 군
주란 형과 덕을 가지고 신하를 제어하는 자인데, 지금 군주가 형과 덕
을 버리고 신하에게 그것을 쓰게 한다면 군주는 도리어 신하에게 제
압당하게 된다.

　그러므로 전상田常은 위로 군주에게 직위와 봉록을 청하여 여러
신하들에게 주고, 아래로는 두곡斗斛을 크게 하여 백성에게 은혜를 베

풀었는데, 이와 같이 간공簡公이 치하하여 상을 내리는 권력을 잃고 전 상이 그것을 사용하였으므로 간공은 살해되었다. 자한子罕이 송나라 군주에게 일러 말하길, "치하하여 상을 하사하는 것은 백성이 기뻐하 는 것이니 군주께서 직접 그것을 하시고, 살육과 형벌이란 것은 백성 이 싫어하는 것이니 저에게 그것을 맡겨 주십시오."라고 하였다. 이에 송나라 군주가 형벌을 집행하는 권력을 잃고 자한이 그것을 행사하였 으므로 송나라 군주는 협박당하였다. 전상이 단지 상을 주는 권력만 을 사용하였는데 간공은 살해당했고, 자한은 단지 형벌을 주는 권력 만을 사용하였는데 송나라 군주는 협박당하였다. 그러므로 지금 다른 사람의 신하가 되어 형과 덕을 함께 쥐고서 사용한다면 이는 세상 군 주들의 위태로움이 간공과 송나라 군주보다 심할 것이다. 그러므로 협박당하거나 살해되거나 가려진 군주는 형과 덕을 다 잃고서 신하에 게 그것을 사용하도록 하는데, 그런데도 위태롭게 되거나 망하지 않 는 자는 일찍이 없었다.

明主之所導制其臣者,[1] 二柄而已矣. 二柄者, 刑德也. 何謂刑 德? 曰, 殺戮之謂刑, 慶賞之謂德. 爲人臣者畏誅罰而利慶賞, 故 人主自用其刑德, 則群臣畏其威而歸其利矣. 故世之姦臣則不 然,[2] 所惡則能得之其主而罪之, 所愛則能得之其主而賞之. 今人 主非使賞罰之威利出於己也, 聽其臣而行其賞罰, 則一國之人皆 畏其臣而易其君, 歸其臣而去其君矣, 此人主失刑德之患也. 夫 虎之所以能服狗者, 爪牙也. 使虎釋其爪牙而使狗用之, 則虎反 服於狗矣. 人主者, 以刑德制臣者也, 今君人者釋其刑德而使臣 用之, 則君反制於臣矣. 故田常上請爵祿而行之群臣,[3] 下大斗斛

而施於百姓,⁴ 此簡公失德而田常用之也,⁵ 故簡公見弒. 子罕謂宋
君曰,⁶ "夫慶賞賜子者, 民之所喜也, 君自行之, 殺戮刑罰者, 民
之所惡也, 臣請當之." 於是宋君失刑而子罕用之, 故宋君見劫.
田常徒用德而簡公弒, 子罕徒用刑而宋君劫. 故今世爲人臣者
兼刑德而用之, 則是世主之危甚於簡公·宋君也. 故劫殺擁蔽之
主,⁷ 非失刑德而使臣用之,⁸ 而不危亡者, 則未嘗有也.

---

1 明主之所導制其臣者(명주지소도제기신자): '도導'는 '도道', 곧 '유由'.(俞樾)

2 故世之姦臣則不然(고세지간신즉불연): '고故'는 '고顧'.(『校注』)

3 故田常上請爵祿而行之群臣(고전상상청작녹이행지군신): '전상田常'은 전걸田乞
의 아들로 전성상田成常, 전성항田成恒, 전항田恒, 전자田子, 전성자田成子, 진항
陳恒, 진성자陳成子로 불리며 간공簡公 때 감지闞止와 더불어 좌左·우상右相을
맡은 제나라 신하. 양식을 대여할 때는 대두大斗로 재고 거두어들일 때는 소두
小斗로 재어 민심을 얻었으며, 간공을 시해한 후 국정을 장악한 후 그의 동생
오鰲를 세워 평공平公으로 삼음으로써 이때부터 제나라는 전씨田氏의 나라가
됨. '작록爵祿'은 직위와 봉록.

4 下大斗斛而施於百姓(하대두곡이시어백성): '두곡斗斛'은 곡식을 재는 단위로 말
과 휘. '두斗'는 '말', '휘斛'는 '열 말'.

5 此簡公失德而田常用之也(차간공실덕이전상용지야): '간공簡公'은 춘추시대 말기
제齊나라 도공悼公의 아들로 성이 여呂, 이름은 임壬, 간簡은 시호임. 도공이 피
살된 후 제나라 군주로 추대되었지만 전상에게 살해됨. 그는 즉위하자 전부터
총애한 감지闞止에게 정치를 맡겼고, 대부인 어앙御鞅이 그와 전상은 서로 양
립할 수 없다고 간언하였지만 듣지 않았고, 재위 4년에 전상이 감지를 살해하
자 서주舒州로 도망갔다가 결국 전상에게 살해당함.

6 子罕謂宋君曰(자한위송군왈): 춘추시대와 전국시대의 두 명의 자한子罕이 있
는데, 춘추시대의 자한은 송宋나라의 현신賢臣인 악희樂喜이고, 여기서 말하
는 자한은 전국시대 송宋나라 찬역簒逆 신하로 자字가 자한인 황희皇喜임. 그는
일찍이 송나라의 6경(六卿: 右師, 左師, 司馬, 司徒, 司城, 司寇)의 하나인 '사
성'(宋나라 武公의 이름이 '司空'인 관계로 피휘하여 '司城'으로 바뀜. 『左傳』「桓公6年」참조)

으로 임명되어 토목과 건축의 공정을 관장하는 직책을 맡았는데, 기원전 370년 송나라 환후를 폐하고 정권을 탈취함. 여기서 '송군宋君'은 성이 자子, 이름이 병兵인 송宋나라 군주 환후桓侯를 말하는데, 그는 3년을 재위했으며 '벽공辟公', '벽병辟兵'으로도 불림.

7   故劫殺擁蔽之主(고겁살옹폐지주): '옹擁'은 '옹壅'.(顧廣圻) '옹폐壅蔽'는 군주의 총명을 가려서 막음. '군주에게 다섯 가지의 막힘이 있다(「주도」: 人主有五壅)'는 의미의 '옹壅'과 같음.

8   非失刑德而使臣用之(비실형덕이사신용지): '비非'는 빼거나(兪樾) '병幷' 또는 '겸兼'(津田鳳卿)으로 해석.

군주가 간신을 막으려고 실적과 명목이 합치하는가를 살피는 것은 진술한 말과 실행한 성과이다. 남의 신하된 자가 진술하여 말하면 군주는 그 진술한 말에 해당하는 일을 맡기고 오로지 그 일에 해당하는 성과만을 따져 밝힌다. 성과가 그 일과 합치하고 일이 그 말과 합치하면 상을 주고, 성과가 그 일과 합치하지 않고 일이 그 말과 합치하지 않으면 벌을 준다. 그러므로 여러 신하들이 개진한 의견은 크지만 성과가 적다면 벌하는데, 이는 성과가 적다고 벌하는 것이 아니라 성과가 (자신이 개진한) 의견과 합치하지 않아서 벌한 것이며, 여러 신하들이 개진한 그 의견은 작지만 성과가 크다면 역시 벌하는데, 큰 성과가 기쁘지 않아서가 아니라 (자신이 개진한) 의견과 합치하지 않아서 오는 해가 큰 성과가 있는 것보다 더 심하므로 벌한다.

옛날에 한韓나라의 소후昭侯가 술에 취해서 잠을 자자 관冠을 담당하는 자가 군주가 추울 것이라 생각하여 군주의 몸 위에 옷을 덮어 주었다. 잠에서 깨어난 군주가 좋아하며 좌우 측근에게 '옷을 덮어준 자가 누구인가?'라고 물었다. 좌우의 측근이 '관을 담당하는 자입니다'라고 대답하였다. 군주는 이 일로 옷을 담당하는 자와 관을 담당하는 자를 함께 벌주었다. 옷을 담당하는 자를 벌준 것은 그가 자신의 일을 게을리했다고 생각하였기 때문이고, 관을 담당한 자를 벌준 것은 그 직분을 넘어섰다고 생각했기 때문이다. 추운 것을 싫어하지 않아서가 아니라 직분을 침범하는 해로움이 추운 것보다 심하다고 생각했기 때문이다.

그러므로 현명한 군주가 신하를 거느릴 때 신하가 자기 직분을 넘어서 공적을 세울 수 없게 하고, 진술한 의견이 실적과 합치하게 한다. 직분을 넘어서면 사형에 처하고, 의견과 실적이 합치하지 않으면 벌한다. 직무의 권한 내에서 업무를 지키고 진술한 의견이 실적과 합치한다면, 여러 신하들이 무리를 지어 서로 도와줄 수 없을 것이다.

人主將欲禁姦, 則審合刑名者,[1] 言與事也.[2] 爲人臣者陳而言, 君以其言授之事, 專以其事責其功. 功當其事, 事當其言, 則賞, 功不當其事, 事不當其言, 則罰. 故群臣其言大而功小者則罰, 非罰小功也, 罰功不當名也, 群臣其言小而功大者亦罰, 非不說於大功也, 以爲不當名也害甚於有大功, 故罰. 昔者韓昭侯醉而寢,[3] 典冠者見君之寒也,[4] 故加衣於君之上, 覺寢而說, 問左右曰, "誰加衣者?" 左右答曰, "典冠." 君因兼罪典衣殺典冠. 其罪典衣, 以爲失其事也, 其罪典冠, 以爲越其職也. 非不惡寒也, 以爲侵官之害甚於寒.[5] 故明主之畜臣, 臣不得越官而有功, 不得陳言而不當. 越官則死, 不當則罪. 守業其官,[6] 所言者貞也,[7] 則群臣不得朋黨相爲矣.[8]

---

1 則審合刑名者(즉심합형명자): '형명刑名'은 '형명形名', '명실名實'과 같은 의미로 '형刑'은 사물의 실질, 실제 수행한 내용과 성과를, '명名'은 명칭, 직분과 의견을 가리킴. '합合'은 사물의 실질과 명칭, 맡은 직분과 수행한 내용, 개진한 의견과 거둔 성과를 합치시켜 본다는 의미.

2 言與事也(언여사야): '언言'은 '명名', '사事'는 '형刑'.

3 昔者韓昭侯醉而寢(석자한소후취이침): 『한비자』에서 자주 등장하는 전국시대 한韓의 소후昭侯는 기원전 351년 신불해申不害를 재상으로 임명하여 정치개혁을 실행한 군주.

4 典冠者見君之寒也(전관자견군지한야): 여기서 '견見'은 생각하다는 의미.

5 以爲侵官之害甚於寒(이위침관지해심어한): '침관侵官'은 직무를 침범하여 월권한 것.

6 守業其官(수업기관): '어於'를 첨가하여 직무의 권한 내에서 업무를 충실히 지키며 수행하는 '수업어기관守業於其官'으로 해석.

7 所言者貞也(소언자정야): '정貞은 '당當'의 의미(『광아廣雅』「석고釋詁」: 貞, 當也.)로 개진한 의견과 실제로 수행한 성과를 합치시키는 것.

8 則群臣不得朋黨相爲矣(즉군신부득붕당상위의): '상위相爲'는 서로가 서로를 위하여 도와주는 것.

전국칠웅戰國七雄

주 왕실은 춘추시대 말부터 그 세력을 완전히 상실하였고, 전국시대에 이르러 동방의 제齊, 남방의 초楚, 서방의 진秦, 북방의 연燕, 그리고 중앙의 위魏·한韓·조趙 등 7대 제후들이 중국의 패권을 놓고 천하를 다투는데 이를 전국칠웅戰國七雄이라 한다. 전국칠웅은 춘추시대의 제후와는 달리 스스로를 왕王이라고 칭하였는데, 토지를 넓히고 세력을 확장하기 위하여 춘추시대보다 더 격렬한 겸병전쟁을 대규모로 전개함으로써 중국 사회는 본격적인 약육강식의 시대로 접어든다.

지리적 역학관계를 살펴보면, 남쪽의 초나라는 영토가 가장 넓지만 방어와 수비가 쉽지 않고, 다른 나라를 공격하기에도 불리한 위치에 놓여 있었다. 반면 기원전 403년 춘추시대 12열국列國의 하나인 진나라가 분열한 뒤 각기 독립된 국가의 면모를 갖춘 한·위·조의 3개 국가는 사방의 공격을 받기 쉬운 중원中原에 위치한 탓에 대외적으로 팽창하기 어려웠다. 연나라는 북동쪽 위의 벽지에 자리했고, 제나라 역시 동쪽 끝에 바다를 끼고 있어 발전이 더디게 이루어졌다. 이에 반해 서쪽 끝에 위치하고 있어 방어가 쉬운 지리적 이점을 지닌 진나라는 대륙의 동쪽으로 진출하기가 쉬웠다. 서쪽에 위치한 진나라를 제외한 다른 6국은 동쪽에 있어 산동 6국이라 불렸는데, 전국시대 말기에는 동쪽의 산동 6국과 서쪽의 진나라가 대치하는 국면이 조성된다. 이는 남쪽의 초나라와 북쪽의 제나라·진나라 등이 대치하였던 춘추시대와는 형세를 달리한 것인데, 이로 인해 서쪽의 진나라에 산동 6국이 협력할 것인가 대항할 것인가를 두고 연횡連衡과 합종合從의 계책이 생겨났다.

제6장 | 양권

揚權

권력을 펼치는
이치를 밝힘

　'양권揚權'이라는 편명은 '권력을 펼치는 이치를 밝힌다'는 의미이
다. 「주도」, 「이병」과 더불어 군주론에 해당한다. 군주는 정치의 요체를
쥐고 신하는 사방의 실무를 담당하는 한편, 군주는 신하의 자연적 본
성에 맞게 임무를 줌으로써 자동적으로 그 정치적 성과를 거둘 수 있
다는, 도가적 통치술과 법가적 통치술이 결합된 내용으로 구성되었
다. 군주는 객관적 자세를 견지하고 명실을 일치시키는, 즉 신하가 직
무상에서 주장한 내용과 실제로 거둔 성과를 일치시키는 통치방법을
통해서 위와 아래가 조화된 정치 상황에 도달할 수 있다고 강조한다.

하늘에는 일정한 법칙이 있고 인간에게도 일정한 법칙이 있다. 무릇 향기롭고 감미롭고 부드러운 음식, 맛이 진한 술과 기름진 고기는 입을 달게 하지만 병이 나게 하며, 부드러운 살결과 하얀 이를 지닌 미녀는 욕정을 즐겁게 하지만 정기를 손상시킨다. 그러므로 과도하게 사용하지 않는다면 몸에는 곧 해가 없다. 권력을 내보이려 하지 않고 본바탕을 지키며 인위적으로 일하지 않는다. 일은 사방에 분담시키고 요체는 중앙에 둔다. 성인이 요체를 쥐고 있으면 사방의 신하들이 모여들어 성과를 보고한다. 마음을 비우고 그것을 기다리면 신하들 스스로가 그 능력을 발휘한다. 사방의 보고를 이미 간직하면 보이지 않는 어두운 곳에서도 분명하게 파악할 수 있다. 좌우가 이미 확립되면 문을 열고 대응한다. (신하가) 개진한 의견을 (군주가) 바꾸지 않고 형과 명과 더불어 (상벌을) 함께 실행하며, 그것을 실행하길 그치지 않는데 이것을 일컬어 이치를 실천한다고 한다.

天有大命,[1] 人有大命. 夫香美脆味,[2] 厚酒肥肉,[3] 甘口而疾形,[4] 曼理皓齒,[5] 說情而損精.[6] 故去甚去泰,[7] 身乃無害. 權不欲見,[8] 素無爲也.[9] 事在四方,[10] 要在中央.[11] 聖人執要, 四方來效.[12] 虛而待之, 彼自以之.[13] 四海旣藏,[14] 道陰見陽.[15] 左右旣立,[16] 開門而當.[17] 勿變勿易,[18] 與二俱行,[19] 行之不已, 是謂履理也.[20]

---

1 天有大命(천유대명): '대명大命'은 인력으로 바꿀 수 없는 자연의 법칙.

2 夫香美脆味(부향미취미); '미味'는 음식, '향미취미香美脆味'는 향기롭고卒 감미

롭고美 부드러운脆 음식을 말함.

3 厚酒肥肉(후주비육): '후주厚酒'는 농도가 진한 술, '비육肥肉'은 살찐 짐승의 기름진 고기.

4 甘口而疾形(감구이질형): 『집해集解』에서는 '질疾'을 '병病'으로 바꾸었지만, '질疾'은 병이 나게 한다는 사역동사(張覺).

5 曼理皓齒(만리호치): '만리曼理'는 부드러운 살결, '호치皓齒'는 하얀 이를 말하며 미녀를 가리킴.

6 說情而損精(열정이손정): '열說'은 '열悅', '정情'은 남성의 욕정 또는 정욕, '정精'은 남성의 정기 또는 정력.

7 故去甚去泰(고거심거태): '심甚'과 '태泰'는 모두 과도하게 사용하는 것.

8 權不欲見(권불욕현): '현見'은 '현現'.

9 素無爲也(소무위야): '소素'는 본바탕을 지킴.

10 事在四方(사재사방): '사방四方'은 사방의 신하.

11 要在中央(요재중앙): '중앙中央'은 중앙의 군주.

12 四方來效(사방래효): '효效'는 군주에게 아뢰어 보고한다는 의미.

13 彼自以之(피자이지): '이지以之'는 '용지用之'로 그 능력을 발휘한다는 의미.

14 四海旣藏(사해기장): '사해四海'는 사방四方, '장藏'은 군주가 보고를 듣고 마음속에 저장해 두는 것을 말함. 즉, 사방의 신하가 와서 보고한 내용이 이미 군주의 마음속에 간직되어 있음을 말함.(陳啓天)

15 道陰見陽(도음견양): '도道'는 '유由', '음陰'은 '암暗', '양陽'은 '명明', 즉, 어두운 곳에서도 분명하게 파악할 수 있다는 의미.

16 左右旣立(좌우기립): '좌우左右'는 뒤에 나오는 '이二', 곧 형刑. 명名과 더불어 하는 것. '기립旣立'은 상·벌의 정치원칙이 확립됨.

17 開門而當(개문이당): 문을 활짝 열고 모든 신하들의 의견을 청취한다는 뜻.

18 勿變勿易(물변물역): '변變'과 '역易'은 군주가 신하의 의견을 중도에서 바꾼다는 의미.

19 與二俱行(여이구항): '이二'는 형刑과 명名, '구俱'는 형刑과 명名과 더불어 상과 벌을 함께 실행함.

20 是謂履理也(시위리이야): '리이履理'는 '리理를 실천함', 곧 법칙命에 따라 실천한다는 의미.

무릇 만물은 마땅한 데가 있고 재능은 발휘할 데가 있어서 각자가
모두 그 마땅한 곳에 위치하므로 위와 아래가 모두 하는 일이 없게 된
다. 닭에게 새벽을 알리게 하고 삵에게 쥐를 잡게 하듯이 모두가 자신
의 능력을 사용하도록 하면 위에 있는 자는 하는 일이 없게 된다. 한
편 위에 있는 자가 장점을 내세워 일처리를 하면 일은 곧 규칙이 없게
된다. 자랑하며 자신의 재능을 드러내길 좋아하면 아랫사람이 속이게
된다. 구변이 좋고 영리함을 발휘하길 좋아하면 아랫사람은 그 재능
에 말미암는다. 위아래가 할 일을 바꾸면 나라는 그 때문에 다스려지
지 않는다.

　夫物者有所宜, 材者有所施, 各處其宜, 故上下無爲. 使雞司夜,
令狸執鼠, 皆用其能, 上乃無事. 上有所長,[1] 事乃不方.[2] 矜而好
能,[3] 下之所欺. 辯惠好生,[4] 下因其材.[5] 上下易用, 國故不治.

---

1 上有所長(상유소장): 군주 자신이 지혜나 재능 등의 장점을 내세워 일처리를
　　하는 것.

2 事乃不方(사내부방): '부방不方'은 '무방無方'으로, 곧 일정한 법칙이나 규칙이
　　없이 방향성을 잃는 것.

3 矜而好能(긍이호능): 자랑삼아 군주가 자신의 능력을 드러내 보이길 좋아하는 것.

4 辯惠好生(변혜호생): '변辯'은 말 잘하는 재주의 '변구辯口'(太田方), '혜惠'는 '지
　　혜慧' 즉 자신의 작은 지혜小智, '호생好生'은 앞의 '호능好能'과 대구되어 발휘하
　　여 드러내 보이길 좋아한다는 의미.

5 下因其材(하인기재): 아랫사람이 그 재능에 말미암는다는 의미로, 「주도」의
　　"군주가 그 생각하는 것을 드러내면 신하들은 스스로가 남과 다름을 나타내
　　려 할 것이다(君見其意, 臣將自表異)"는 의미와 통한다.

하나(도)를 운용하는 방법은 명칭을 제일로 삼는다. 명칭(명분)이 바르면 사물의 질서가 확정되고, 명칭(명분)이 치우치면 사물의 질서가 안정되지 못한다. 그러므로 성인은 하나(도)를 쥐고 고요하게 기다림으로써 명칭(명분)이 스스로 밝혀지게 하고 일은 스스로 확정하게 한다.

군주가 자신을 드러내 보이질 않으면 신하는 본바탕대로 올바르게 된다. 본바탕의 자질에 따라서 임명하여 스스로 일이 되도록 하고, 본바탕의 자질에 따라서 일을 부여하여 그들 스스로 성과를 내도록 하고, (이처럼) 올바름으로써 대처하여 모두가 스스로 확정되도록 한다. 군주는 신하의 명분으로써 그들을 기용하고 그 명분(명칭)을 알지 못하면 다시 그 드러난 성과(실질)를 살핀다. 드러난 성과(실질)와 명분(명칭)이 같은가를 살펴서 그 드러난 결과를 (상벌의 근거로) 사용한다. 두 가지가 진실로 믿음이 있으면 신하는 군주에게 진심을 다 드러낸다.

用一之道,[1] 以名爲首, 名正物定, 名倚物徙.[2] 故聖人執一以靜, 使名自命,[3] 令事自定.[4] 不見其采,[5] 下故素正.[6] 因而任之,[7] 使自事之, 因而予之, 彼將自舉之,[8] 正與處之,[9] 使皆自定之. 上以名舉之,[10] 不知其名, 復修其形.[11] 形名參同, 用其所生. 二者誠信,[12] 下乃貢情.[13]

---

1 用一之道(용일지도): '일一'은 도道, '용일用一'은 도를 운용하는 것, '용일지도用一之道'의 '도道'는 길 내지 방법.

2 名倚物徙(명의물사): '사徙'는 한쪽으로 쏠려 안정되지 못하다는 뜻.

3 使名自命(사명자명): 인식론의 범주에서 해석하면 명칭 자체가 사물의 실질을 반영하게 하는 것. 정치적 범주에서 해석하면 '명名'은 신하들이 개진하는 자발적인 의견이고, '자명自命'은 신하들이 자발적으로 의견을 밝히는 것.

4 令事自定(영사자정): 인식론의 범주에서 해석하면 사물 자체가 그 실질을 발현하게 하는 것. 정치적 범주에서 해석하면 '사事'는 신하들이 개진하여 자발적으로 맡은 직무이고, '자정自定'은 신하들이 저절로 맡은 직무를 수행하는 것.

5 不見其采(불현기채): '현見'은 '현顯'(津田鳳卿) 또는 '현現', '채采'는 '채彩'와 통하여 문채文彩, 군주의 지혜와 재능.

6 下故素正(하고소정): '고故'는 '내乃'(劉師培), '소素'는 본바탕, '정正'은 본바탕의 자질에 맞게 올바로 행동하는 것.

7 因而任之(인이임지): '인因'은 제멋대로 하는 것이 아닌 각자가 지닌 본래의 자질에 따르는 것.

8 彼將自擧之(피장자거지): '거擧'는 성과를 얻는다는 의미.

9 正與處之(정여처지): '여與'는 '이以', '처處'는 본바탕의 자질에 맞는 명분을 부여하는 것.

10 上以名擧之(상이명거지): '명名'은 명분 내지 신하가 개진한 의견, '거擧'는 임용하다는 뜻.

11 復修其形(부수기형): '수修'는 '순循'으로 그 형形에 의거하는지 살핀다는 의미.

12 二者誠信(이자성신): 형과 명二者이 진실로 일치되어 믿음이 있다는 의미 내지 상과 벌二者이 진실로 믿음이 있게 시행된다는 두 가지 해석이 가능함.

13 下乃貢情(하내공정): '공정貢情'은 신하가 자신의 본심 내지 실질을 군주에게 다 드러내 보이는 것.

신중하게 맡은 일을 잘 처리하고 하늘(자연의 법칙)에서 일의 성패를 기대한다. 그 요체를 놓치지 말아야 성인이라 할 수 있다. 성인이 취할 방법은 (자신의) 지혜와 기교를 버리는 일이며, 지혜와 기교를 버리지 않으면 참된 방법常이라 하기 어렵다. 백성이 그것을 사용하면 그 몸은 많은 재앙이 있게 되고 군주가 그것을 사용하면 그 나라가 위태롭거나 망하게 된다.

하늘(자연)의 법칙을 따르고 사물의 이치를 돌이켜 보며, 이를 고찰하고 검토하고 규명하는 것이 끝나면 또다시 시작한다. 마음을 비움으로써 고요한 태도로 물러나 있으며 일찍이 자신의 사사로운 지혜나 재능을 쓰지 않는다. 무릇 군주의 우환은 반드시 신하와 말단까지 같이하는 데 있다. 믿기만 하고 같이하지 않는다면 모든 백성은 한결같게 따른다.

謹修所事, 待命於天.¹ 毋失其要, 乃爲聖人. 聖人之道, 去智與巧, 智巧不去, 難以爲常.² 民人用之, 其身多殃, 主上用之, 其國危亡. 因天之道, 反形之理, 督參鞠之,³ 終則有始.⁴ 虛以靜後, 未嘗用己.⁵ 凡上之患, 必同其端.⁶ 信而勿同, 萬民一從.

---

1 待命於天(대명어천): '대待'는 '기대하다', '의지하다'의 의미, '명命'은 일의 운명 곧 성패, '천天'은 자연(의 법칙).

2 難以爲常(난이위상): '상常'은 변하지 않는 참된 방법.

3 督參鞠之(독참국지): '지之'는 앞 문장의 내용(因天之道, 反形之理)을 지시하고,

'국鞠'은 '궁구한다'의 '국鞠'의 의미로 깊이 있게 살피고 비교하는 것을 말함.

4 終則有始(종즉유시): '유有'는 '우又'로, 끝나면 다시 시작하길 반복한다는 의미.

5 未嘗用已(미상용기): '기己'는 앞서 나온 자신의 지혜智와 기교巧.

6 必同其端(필동기단): '기단其端'은 신하가 하는 언행의 말단, 즉 끝까지 모든 것. '동同' 동조하며 같이하는 것.

무릇 도道란 넓고 커서 형상이 없고, 덕德이란 분명한 이理가 있어서 보편적으로 존재한다. 모든 생물에게 미치어 알맞게 헤아려 적용되어 만물이 모두 이루어지지만 그 안녕함과는 더불어 하지 않는다. 도란, 천하의 모든 일에 보편적으로 존재하며, (모든 사물의) 법칙성을 헤아려 따르며, 시간과 더불어 살고 죽게 한다. 명칭을 살펴보면 일을 달리하지만 하나(도)로 통하여 그 실질을 같이한다. 그러므로 말하길, '도는 만물에 대하여 같지 않고, 덕은 음양에 대하여 같지 않고, 저울대는 경중輕重에 대하여 같지 않고, 먹줄은 요철凹凸에 대하여 같지 않고, 조율은 일반 악기와 같지 않으며, 군주는 여러 신하들과 같지 않다'고 한다. 무릇 이 여섯 가지는 도道에서 나온 것이다. 도는 견줄 것이 없으므로 '하나一'라고 말한다. 그러므로 현명한 군주는 유일唯一한 도道의 모습을 귀하게 여긴다. 군주와 신하는 도를 달리하는데 신하는 진언하여 작록을 구하고, 군주는 그 (신하가 약속한) 주장을 잡고서 신하가 그 성과를 드러내면 드러난 성과와 진언한 내용을 비교하여 살피므로 위와 아래가 조화한다.

夫道者, 弘大而無形, 德者, 覈理而普至.[1] 至於群生, 斟酌用之,[2] 萬物皆盛,[3] 而不與其寧.[4] 道者, 下周於事, 因稽而命,[5] 與時生死. 參名異事, 通一同情.[6] 故曰, 道不同於萬物,[7] 德不同於陰陽,[8] 衡不同於輕重,[9] 繩不同於出入,[10] 和不同於燥溼,[11] 君不同於群臣.[12] 凡此六者, 道之出也. 道無雙, 故曰一. 是故明君貴獨道之容.[13] 君臣不同道, 下以名禱,[14] 君操其名, 臣效其形, 形名參同, [15] 上下和調也.

---

1 覈理而普至(핵리이보지): '이리理'는 도道가 사물에 존재하는 것, '핵覈'은 명확하게 검증된 사실.(太田方) 곧 사물의 내재적 본질인 '덕德'이란 분명한 이치를 지니고 두루 존재한다는 의미.

2 斟酌用之(짐작용지): '짐작斟酌'은 술 따위를 따르며 상대방의 마음을 어림잡아 헤아린다는 의미인데, 여기서는 알맞게 헤아려서 취한다는 의미.

3 萬物皆盛(만물개성): '성盛'은 '성成'.(高亨)

4 而不與其寧(이불여기녕): '녕寧'은 '안安'으로 '식息'과 같음.(尹桐陽)

5 因稽而命(인계이명): '인계因稽'는 헤아려 따른다는 의미. '이而'는 '여汝'(『舊注』) 또는 기其. '기명其命'은 각종 사물의 구체적 법칙.(張覺)

6 通一同情(통일동정): '일一'은 '도道'.(陳啓天)

7 道不同於萬物(도부동어만물): '도道'는 만물을 생성 변화시키는 보편적 작용을 하지만 구체적인 사물과는 차별성을 지니기 때문에 '같지 않다不同'고 함. 즉, '도道', '덕德', '형衡', '승繩', '화和', '군君'은 보편적 의미를 지닌 것이고, '만물萬物', '음양陰陽', '경중輕重', '출입出入', '조습燥溼', '군신群臣'은 구체적인 특수성을 지닌 것이므로 '부동不同'이라 함. '어於'는 '대어對於'의 의미.

8 德不同於陰陽(덕부동어음양): 덕德은 음과 양을 구성하는 내재적 본질이나 구체적인 특수성을 지닌 음양과는 차원이 다르다는 의미.

9 衡不同於輕重(형부동어경중): 저울은 개별적인 사물들 각각의 가볍고 무거움을 구체적으로 알게 하지만 그것과는 달리 보편적 가치를 지닌다는 의미.

10 繩不同於出入(승부동어출입): '승繩'은 곧은 줄을 긋는 데 사용하는 먹줄. '출입出入'은 오목하고 볼록하게 울퉁불퉁 솟은 것으로 곧 요철(凹凸) 상태를 말함. 곧은 먹줄은 개별 사물들의 요철 상태를 구체적으로 알게 하지만 그것과는 달리 보편적 가치를 지닌다는 의미.

11 和不同於燥溼(화부동어조습): 『이아爾雅』「석악釋樂」에 '큰 생황을 소巢라 하고 작은 생황을 화和라고 함'.(太田方) '화和'는 음을 조율하는 생황의 일종으로, 날씨의 건조하고 습한 상태에 따라 음이 변하는 악기의 음을 조율하는 악기. 즉, 음을 조율하는 생황은 날씨의 건조하고 습한 상태에 따라 음이 달라지는 것을 알게 하지만 그것과는 달리 보편적 가치를 지닌다는 의미.

12 君不同於群臣(군부동어군신): 군주는 신하들에 각각의 개별적 임무를 부여하여 다양한 활동 양상을 생산하지만 그들과는 달리 다른 차원에 위치하고 있음을 의미.

13 是故明君貴獨道之容(시고명군귀독도지용): '독도지용獨道之容'은 독존의 자리에 위치한 유일자唯一者인 도의 모습. '용용容'은 '용상容狀'.(陳啓天)

14 下以名禱(하이명도): '도禱'는 '구求'.(梁啓雄) 즉 신하는 자신의 정치적 주장을 실현시켜 작록을 구한다는 의미.

15 形名參同(형명참동): '형形'은 드러난 성과, '명名'은 신하가 진언한 내용. 곧 '형명참동形名參同'은 신하가 직무상에서 거둔 실제적인 성과와 그가 하겠다고 주장한 내용의 일치 여부를 비교하여 살피는 것.

제7장 | 고분

孤
憤

법술지사의
고독함과 분노

　'고분孤憤'이란 편명은 '고독함과 분개함'라는 의미이다. 법술法術을
지닌 인물이 등용되지 않고 비천한 위치에 무리도 없이 고독하게 지
내고, 법술의 말로 군주의 구부러지고 편벽된 마음을 바로잡을 수 없
고 권신들이 제멋대로 정치를 전횡하면서 법을 어기면서 사사로운 이
익을 취하는 정치적 현실에 대한 분노를 표현한 내용이다.

법술을 아는 인물智術之士은 반드시 멀리 내다보고 일을 명확하게 살피는데, 명확하게 살피지 않으면 사적인 일을 간파할 수 없다. 법술을 실천하는 인물能法之士은 반드시 굳세고 강인한 의지를 지니고 일을 예리하고 올곧게 처리하는데, 일을 예리하고 올곧게 처리하지 않으면 간악한 일을 바로잡을 수 없다.

남의 신하로서 명령에 따라 일에 종사하고 법에 의거해 직무를 수행하는 사람은 중인重人이라 일컫지 않는다. 중인이란 자는 명령도 없이 제멋대로 행동하고 법을 어기면서 사사로운 이익을 취하고, 국가의 재정을 소모시켜 자기 집안의 편의를 도모하고, 힘으로 그 군주를 마음대로 할 수 있는데, 이런 자를 중인이라 이르는 것이다.

법술을 아는 인물은 명확하게 살피기 때문에 그를 받아들여 등용한다면 또한 중인의 숨겨진 실정이 밝혀지고, 법술을 실천하는 인물은 일을 예리하고 올곧게 처리하므로 그를 받아들여 등용한다면 또한 중인의 간악한 행동을 바로잡을 수 있다. 그러므로 법술을 아는 인물智術之士과 법술을 실천하는 인물能法之士이 등용되면 신분이 귀하고 권세가 막중한 신하들은 반드시 법을 벗어난 데 있게 된다. 그래서 법술을 알고 실천하는 인물과 권력의 요로에 있는 인물은 양립하여 존재할 수 없는 적대 관계에 있다.

　　智術之士,[1] 必遠見而明察, 不明察, 不能燭私,[2] 能法之士, 必
强毅而勁直, 不勁直, 不能矯姦. 人臣循令而從事, 案法而治官,
非謂重人也.[3] 重人也者, 無令而擅爲, 虧法以利私, 耗國以便家,

力能得其君, 此所爲重人也.[4] 智術之士明察, 聽用,[5] 且燭重人之
陰情,[6] 能法之士勁直, 聽用, 且矯重人之姦行. 故智術·能法之
士用, 則貴重之臣必在繩之外矣.[7] 是智法之士與當塗之人,[8] 不可
兩存之讐也.

---

1 智術之士(지술지사): '지智'는 '지知'로 이하 같음.(容肇祖) '지술지사智術之士'는
법술法術에 정통한 법치 이론가. 『한비자』에서 '법술지사'와 '지술지사'는 정치
방면에서 법치질서를 확립시키고 특권세력의 전횡을 통제하는 방법을 아는
인물을 말하고, '농전지사農戰之士'는 나라의 경제(농경)와 군사의 주보급원으
로 세금과 군역의 의무를 담당한 백성을 말함.

2 不能燭私(불능촉사): '촉燭'은 '조照'(梁啓雄), '찰察'.(津田鳳卿)

3 非謂重人也(비위중인야): '중인重人'은 국가의 중요한 정사를 좌지우지하는 지
위가 매우 높은 군주 측근의 권신을 말함. 이하에 나오는 '귀중지신貴重之臣'도
같은 의미.

4 此所爲重人也(차소위중인야): '위爲'와 '위謂'는 통함.(王先愼)

5 聽用(청용): 의견이 받아들여져 등용된다는 의미.

6 且燭重人之陰情(차촉중인지음정): '음정陰情'은 몰래 감추어진 실정.

7 則貴重之臣必在繩之外矣(즉귀중지신필재승지외의): '승繩'은 '도度', '법法'.(梁啓
雄) '재승지외在繩之外'는 법을 벗어난 일을 한 사람이 되어 용서받지 못한다는
의미.

8 是智法之士與當塗之人(시지법지사여당도지인): '지법智法'은 '지술능법智術能
法'.(陳奇猷) '당도當塗'는 '당도當道', '당로當路'와 같은 의미로 권력의 핵심, 조
정의 요직에 있음을 말함.

조정의 요직에 있는 자가 정사의 중요한 문제를 제멋대로 처리한다면 나라 안팎이 그를 위하여 일하게 된다. 그러므로 제후들은 그에게 의지하지 않으면 일이 잘되지 않으므로 대적하는 나라들은 그를 위하여 칭송하고, 모든 관리들은 그에게 의지하지 않으면 일이 진척되지 않으므로 여러 신하들도 그를 위하여 일하고, 군주의 시중을 드는 낭중郞中들도 그에게 의지하지 않으면 군주를 가까이 할 수 없으므로 좌우의 측근들도 그를 위하여 잘못을 숨겨주고, 학자들은 그에게 의지하지 않으면 봉록이 적어지고 예우가 낮아지므로 학자들도 그를 위하여 칭찬을 늘어놓는다. 이 네 가지 도움을 주는 자는 사악한 신하들이 자신을 꾸미는 수단이 된다. 중인은 군주에게 충성하기 위해서 자신의 적인 법술을 지닌 인물을 추천할 리가 없고, 군주 역시 그들을 돕는 네 가지의 벽을 넘을 수 없으므로 군주의 이목이 더욱더 가려질수록 대신들의 권세는 더욱더 강해진다.

當塗之人擅事要, 則外內爲之用矣. 是以諸侯不因,[1] 則事不應, 故敵國爲之訟,[2] 百官不因, 則業不進, 故群臣爲之用, 郎中不因,[3] 則不得近主, 故左右爲之匿,[4] 學士不因, 則養祿薄禮卑,[5] 故學士爲之談也.[6] 此四助者, 邪臣之所以自飾也. 重人不能忠主而進其讐, 人主不能越四助而燭察其臣, 故人主愈弊而大臣愈重.

---

1 是以諸侯不因(시이제후불인): '因'은 '依'로 의거함. (梁啓雄)

2 故敵國爲之訟(고적국위지송): '訟'은 '頌'으로 공덕을 찬양함. (梁啓雄)

3 郎中不因(낭중불인): '낭중郎中'은 군주 가까이에서 시중드는 관리.(張覺)

4 故左右爲之匿(고좌우위지닉): '닉匿'은 '은隱'으로 중인의 죄행을 숨겨 주는 것.(梁啓雄)

5 則養祿薄禮卑(즉양록박예비): '양록박養祿薄'은 경제적 대우가 낮은 것, '예비禮卑'는 정치적 예우가 낮은 것.(梁啓雄)

6 故學士爲之談也(고학사위지담야): '담談'은 중인에 대한 칭찬을 늘어놓는 것延譽.(梁啓雄)

고분
11-3

　무릇 요로에 있는 자가 군주에게 신임이나 사랑을 받지 않는 경우는 거의 드문데 그들은 또한 오래도록 친숙한 사이이기도 하다. 무릇 군주의 마음에 들어 영합하며 좋아하고, 싫어하는 것을 같게 하는 것은 본래부터 자신들이 출세하던 방법이다. 관직과 작록이 높고 중하며 패거리를 짓는 무리들도 많아서 온 나라가 그를 위하여 칭송한다. 반면 법술法術을 지닌 인물로 군주에게 임용되길 바라는 자는, 믿고 사랑받던 친밀함이나 오래도록 알고 지낸 친숙함이라는 혜택이 있지 않을 뿐만 아니라 법술의 말로 군주의 구부러지고 편벽된 마음을 바로잡으려 하는데, 이는 군주와는 상반된 입장에 있는 것이다. 그가 처한 위치는 비천하고 무리도 없이 홀로 고독하다.

　무릇 군주와 소원한 관계에 있는 자가 군주 가까이에서 총애를 받고 신임을 받는 자와 다툰다면 이길 방법이 없고, 새로 온 나그네가 오래도록 친숙한 자와 다툰다면 이길 방법이 없고, 군주의 마음과 상반되는 자가 군주와 좋은 것을 같이하는 자와 다툰다면 이길 방법이 없고, 지위와 세력이 가볍고 천한 자가 지위와 세력이 귀하고 무거운 자와 다툰다면 이길 방법이 없으며, 혼자만의 입을 지닌 자가 온 나라가 칭송하는 자와 다툰다면 이길 방법이 없다. 법술을 지닌 인물은 이 다섯 가지의 이길 수 없는 형세에 처해 있어서 해를 헤아리길 거듭해도 군주를 만나볼 수 없지만, 요로에 있는 사람은 다섯 가지의 이길 바탕을 밟고 올라서 아침저녁으로 홀로 군주 앞에서 의견을 말한다. 그러므로 법술을 지닌 인물이 어떻게 해야 군주 앞에 나아갈 수 있겠으며, 군주는 어느 시기에 가서야 깨우칠 수 있겠는가? 그러므로 바탕이 절대로 이길 수 없고 정세도 함께 존립할 수 없다면 법술을 지닌 인물이 어찌 위태롭지 않겠는가? 만약 죄과를 거짓으로 씌울 수 있다면 공법으로 그(법술지사)를 주살하고, 만약 죄과를 씌울 수 없다면 자객의 칼로 그의 목숨을 끊는다. 그러므로 법술을 밝혀서 군주를 거스르는 자는 관리의 처벌로 죽지 않으면 반드시 자객의 칼에 죽는다.

무리를 이루고 패거리를 지어서 군주를 가리고 법에 어긋나는 말을 하여 개인의 편의를 꾀하는 자는 반드시 중인重人에게서 신임을 받게 된다. 공적이라 구실을 붙일 만한 자는 그 관직과 직위를 높여 주고, 구실을 붙일 만한 미명이 없는 자는 외국의 권력을 빌려서라도 그를 중용하게 한다. 이러므로 군주의 눈을 가리고 중인의 사가에 드나드는 자가 관직과 직위에서 드러나지 않으면 반드시 외국의 권력에 의해서라도 중용된다. 지금 군주는 살피고 대조할 만한 확증에 맞추어 보지도 않고 형벌을 시행하고, 실제 공적이 드러나길 기다리지도 않고 작록을 내린다. 그러므로 법술을 지닌 인물이 어찌 죽음을 무릅쓰고 그의 주장을 펼칠 수 있겠는가? 간사한 신하들이 어찌 이익을 기꺼이 버리고 그 자신을 뒤로 할 수 있겠는가? 그러므로 군주는 날로 비천해지고 사가는 더욱 존귀해진다.

凡當塗者之於人主也, 希不信愛也,[1] 又且習故.[2] 若夫卽主心,[3]
同乎好惡, 固其所自進也. 官爵貴重, 朋黨又衆, 而一國爲之訟.
則法術之士欲干上者,[4] 非有所信愛之親, 習故之澤也, 又將以法
術之言矯人主阿辟之心,[5] 是與人主相反也. 處勢卑賤, 無黨孤
特.[6] 夫以疏遠與近愛信爭, 其數不勝也,[7] 以新旅與習故爭,[8] 其
數不勝也, 以反主意與同好爭, 其數不勝也, 以輕賤與貴重爭, 其

數不勝也, 以一口與一國爭, 其數不勝也. 法術之士操五不勝之
勢,⁹ 以歲數而又不得見, 當塗之人乘五勝之資, 而且暮獨說於前.
故法術之士奚道得進, 而人主奚時得悟乎? 故資必不勝而勢不兩
存, 法術之士焉得不危? 其可以罪過誣者, 以公法而誅之, 其不
可被以罪過者, 以私劍而窮之. 是明法術而逆主上者, 不僇於吏
誅,¹⁰ 必死於私劍矣. 朋黨比周以弊主,¹¹ 言曲以便私者,¹² 必信
於重人矣. 故其可以功伐借者,¹³ 以官爵貴之, 其不可借以美名
者,¹⁴ 以外權重之.¹⁵ 是以弊主上而趨於私門者,¹⁶ 不顯於官爵,
必重於外權矣. 今人主不合參驗而行誅,¹⁷ 不待見功而爵祿,¹⁸ 故
法術之士, 安能蒙死亡而進其說? 姦邪之臣安肯乘利而退其身?¹⁹
故主上愈卑, 私門益尊.

---

1 希不信愛也(희불신애야): ‘희希’는 ‘희稀’ 또는 ‘한罕’.

2 又且習故(우차습고): ‘습고習故’는 친숙한 지가 오래된 사이.

3 若夫卽主心(야부즉주심): ‘즉卽’은 ‘취就’.(王先愼)

4 則法術之士欲干上者(즉법술지사욕간상자): ‘즉則’은 역접으로 ‘이而’. ‘간干’은
‘구求’.(尹桐陽)

5 又將以法術之言矯人主阿辟之心(우장이법술지언교인주아벽지심): ‘아阿’는 ‘사邪’
또는 ‘곡曲’, ‘벽辟’은 ‘벽僻’ 또는 ‘사邪’.(梁啓雄)

6 無黨孤特(무당고특): ‘특特’은 ‘독獨’.(梁啓雄)

7 其數不勝也(기수불승야): ‘수數’는 ‘이理’로 ‘술수의 수術數之數’.(陳奇猷)

8 以新旅與習故爭(이신려여습고쟁): ‘려旅’는 ‘객客’.(陳奇猷)

9 法術之士操五不勝之勢(법술지사조오부승지세): ‘조操’는 장악掌握 또는 점거占居
하다는 의미로 ‘처處’와 같음.(張覺)

10 不僇於吏誅(부륙어리주): ‘륙僇’은 ‘륙戮’.(王先愼)

11 朋黨比周以弊主(붕당비주이폐주): ‘비주比周’는 (불순한 일로) 한 패가 되거나 파

당을 짓는 것.

12 言曲以便私者(언곡이편사자): '곡曲'은 법에 어긋나는 것, '편사便私'는 자신의 편안함을 꾀함.

13 故其可以功伐借者(고기가이공벌차자): '벌伐'은 '공적功'과 같은 의미, '차借'는 핑계나 구실을 내세우다, 빙자하다는 의미.

14 其不可借以美名者(기불가차이미명자): '미명美名'은 앞의 공벌功伐과 같은 의미.

15 以外權重之(이외권중지): '외권外權'은 외국의 권력, 즉 강한 외부 제후국의 힘을 빌려 내정에 압력을 넣음으로써 그를 중용하게 하는 것.

16 是以弊主上而趨於私門者(시이폐주상이추어사문자): '사문私門'은 중인의 집.

17 今人主不合參驗而行誅(금인주부합참험이행주): '합참험合參驗'은 비교하여 살피는 '참參'과 검증하여 확인하는 '험驗'을 함께 맞추어 본다는合 뜻.

18 不待見功而爵祿(부대현공이작록): '현공見功'은 공적이 구체적으로 분명하게 드러남.

19 姦邪之臣安肯乘利而退其身(간사지신안긍승리이퇴기신): '승乘'은 '기棄'. (劉師培, 陳奇猷) '긍승肯乘'은 기꺼이 버린다는 의미.

손무孫武와 『손자병법』

손무孫武는 자가 장경長卿으로, 춘추시대 제齊나라 산동성山東省 낙안樂安의 군사 전문가 집안에서 태어났다. 선조인 진완陳完은 원래 진陳나라 공자였는데 내란이 일어나자 제나라로 피신하여 성을 전田으로 바꾸었고, 그의 할아버지 전서田書는 거莒와 전쟁에서 승리한 공로를 인정받아 제나라 경공에게 낙안의 땅과 '손孫'이란 성을 하사받았다.

오왕吳王 합려闔廬는 처음에 손무孫武를 시험할 요량으로 궁중의 미녀 180명을 불러 전투훈련을 시키도록 했다. 손무는 이들을 2개 부대로 나눈후 왕이 아끼는 총희寵姬 두 명을 대장으로 삼고 삼령오신三令五申, 세 번 명령하고 다섯 번 말한다는 뜻으로, 여러 번 되풀이하여 말하면서 지휘했지만 미인들은 장난으로 알고 큰 소리로 웃고 떠들었다. 그러자 손무는 2개 부대의 대장으로 임명한 총희 두 명의 목을 베었고, 이후 모든 미인들이 절제되고 규율 있는 자세를 갖추게 되었다.

손무는 오나라 장군이 된 후 오자서와 함께 초楚나라를 다섯 번 공격하여 다섯 번 승리했고, 북쪽으로는 진晉나라 등을 굴복시켜 합려를 패자霸者로 만들었다.

그가 저술한 『손자병법』은 중국 최초는 물론 세계 최초의 전문병법서이자 군사철학서로 평가받는다. 분량은 5,900여 자에 지나지 않지만 문장이 간결하고 생동감 넘치면서도 전쟁의 일반법칙과 군사작전의 원칙을 예리하게 분석하고 있어 '일곱 가지 경전武經七書' 중에서도 으뜸을 차지한다. 중국에서는 손무孫武가 쓴 『손자孫子』를 비롯하여 오기吳起의 『오자吳子』, 사마양저司馬穰의 『사마법司馬法』, 위료위尉의 『위료자尉子』, 이정李靖의 『이위공문대李衛公問對』, 황석공黃石公의 『삼략三略』, 여망呂望의 『육도六韜』 등을 일러 '무경칠서武經七書'라 한다.

邪之者而
枉士认加
臣所武之

제8장 | 간겁시신

姦劫弑臣

군주에게 간악하고
겁박하고 시해하는
신하의 유형

'간겁시신姦劫弑臣'이란 '간악하고 겁박하고 시해하는 신하'라는 의미이다. 간악한 신하, 겁박하는 신하, 군주를 시해하는 신하를 유형별로 모아서 소개하는 내용이다. 모든 인간관계의 원리는 이해利害에 있기 때문에 군주는 애정의 정치방법보다는 이득이 되고 해가 되는 방법을 마련하여 천하에 제시해야 하는데, 이것이 신하가 군주를 사랑하지 않을 수 없는 정치방법임을 밝히고 있다.

무릇 통치술을 지닌 자가 신하가 되면 법도와 법술에 맞는 의견을 진술할 수 있으므로 위로는 군주의 법령을 밝히고 아래로는 간사한 신하들을 제어함으로써 군주를 존중하고 나라를 안전하게 한다. 그러므로 법도와 법술에 맞는 의견을 먼저 진술할 수 있으면 상벌은 반드시 그 다음에 행해진다. 군주가 진실로 성인의 법술에 밝아서 세속의 의견에 구애받지 않고, 명목과 실질이 부합하는가에 따라서 시비를 확정하고, 비교하고 검증함으로써 언론을 신중하게 살필 수 있으므로, 좌우 측근의 신하들은 위선과 거짓이 안전함을 얻을 수 없다는 것임을 알게 되어, 반드시 "내가 간사하고 사적인 행동을 버리고, 있는 힘을 다하고 지혜를 다해서 군주를 섬기지는 않고, 오히려 서로 패거리를 짓고 멋대로 남을 비방하거나 칭찬함으로써 안전함을 구한다면, 이는 마치 삼만 근의 무거운 것을 짊어지고 깊이를 모르는 연못 속에 빠져들면서 살기를 바라는 것과 같아서 반드시 기대할 수 없는 것이다."라고 말한다. 모든 관직에 있는 관리들 역시 간사하고 사적인 이익이 안전함을 얻을 수 없다는 것을 알게 되어, 반드시 "내가 청렴하고 예의 바른 품행으로 법을 받들지 않고, 오히려 탐욕스럽고 더러운 마음으로 법을 왜곡함으로써 사적인 이익을 취한다면, 이는 마치 높은 구릉 정상에 올라가 험한 계곡 아래로 굴러떨어지면서 살기를 바라는 것과 같아서 반드시 기대할 수 없는 것이다."고 말한다. 안전하고 위험한 길이 이처럼 분명한데 좌우 측근의 신하들이 어떻게 헛된 말로써 군주를 현혹시킬 수 있겠으며, 모든 관직에 있는 관리들이 어떻게 감히 탐욕으로써 백성을 착취할 수 있겠는가? 그러므로 신하들은 그 충심을 드러내 보이면서 폐해가 되지 않고, 아랫사람들은 각자 직책을 지키면서 원망하지 않는데, 이것이 바로 관중管仲이 제齊나라를 잘 다스린 까닭이며, 상군商君이 진秦나라를 강하게 만든 까닭이다.

이것을 통해 볼 때 성인이 나라를 다스리는 데 진실로 남들이 나를 사랑하지 않을 수 없는 방법을 가지고 있어서 남들이 애정으로 나를 위할 것이라고 기대하지 않았다. 남들이 애정으로 나를 위할 것이라고 기대하는 자는 위험하고, 하지 않을 수 없게 하는 것을 기대하는 자는 안전하다. 무릇 군주와 신하는 골육의 친함이 있지 않으므로 정직한 방법으로 이익을 얻을 수 있다면 신하는 있는 힘을 다해서 군주를 섬기며, 정직한 방법으로도 편안함을 얻을 수 없다면 신하는 사사로움을 행함으로써 군주를 범하게 된다. 현명한 군주는 이것을 알고 있으므로 이득이 되고 해가 되는 방법을 마련하여 천하에 제시할 뿐이다.

이런 까닭으로 군주가 비록 자신의 입으로 많은 관리를 가르치지 않고, 자신의 눈으로 간악한 자를 색출하지 않아도 나라는 이미 다스려진다. 군주란 눈이 마치 이루離婁와 같아서 밝다고 하는 것이 아니고, 귀가 마치 사광師曠과 같아서 밝다고 하는 것이 아니다. 보는 것은 반드시 자신의 술수에 맡기지 않는데, 자기 눈에만 기대어 밝다고 여긴다면 실제로 보이는 것이 적어서 가리지 못하게 하는 술책이 아니다. 듣는 것은 반드시 자신의 권세에만 말미암지 않는데, 자기 귀에만 기대어 밝다고 여긴다면 실제로 들리는 것이 적어서 속이지 못하게 하는 방법이 아니다. 현명한 군주는 천하에 자기를 위하여 보지 않을 수 없게끔 하고, 천하에 자기를 위하여 듣지 않을 수 없게끔 한다. 그러므로 자신은 깊숙한 궁중에 있으면서도 온 세상을 밝게 비추어 볼 수 있으면서 천하가 가릴 수 없고 속일 수 없다고 하는데, 무엇 때문인가? 어둡고 혼란한 길이 물리쳐지고 총명한 권세가 흥하기 때문이다. 그러므로 권세에 잘 맡기면 나라가 안전하고 그 권세에 따를 줄 모르면 나라가 위태롭게 된다.

夫有術者之爲人臣也,[1] 得效度數之言,[2] 上明主法, 下困姦臣, 以尊主安國者也. 是以度數之言得效於前, 則賞罰必用於後矣. 人主誠明於聖人之術, 而不苟於世俗之言, 循名實而定是非, 因參驗而審言辭,[3] 是以左右近習之臣, 知僞詐之不可以得安也, 必曰, "我不去姦私之行, 盡力竭智以事主, 而乃以相與比周妄毁譽以求安,[4] 是猶負千鈞之重,[5] 陷於不測之淵而求生也, 必不幾矣". 百官之吏亦知爲姦利之不可以得安也, 必曰, "我不以淸廉方正奉法, 乃以貪汚之心枉法以取私利, 是猶上高陵之顚墮峻谿之下而求生,[6] 必不幾矣." 安危之道, 若此其明也, 左右安能以虛言惑主, 而百官安敢以貪漁下?[7] 是以臣得陳其忠而不弊, 下得守其職而不怨, 此管仲之所以治齊,[8] 而商君之所以强秦也.[9] 從是觀之, 則聖人之治國也, 固有使人不得不愛我之道, 而不恃人之以愛爲我也. 恃人之以愛爲我者危矣, 恃吾不可不爲者安矣. 夫君臣非有骨肉之親,[10] 正直之道可以得利,[11] 則臣盡力以事主, 正直之道不可以得安, 則臣行私以干上. 明主知之, 故設利害之道,[12] 以示天下而已矣. 夫是以人主雖不口敎百官, 不目索姦, 而國已治矣. 人主者, 非目若離婁乃爲明也,[13] 非耳若師曠乃爲聰也.[14] 目必不任其數,[15] 而待目以爲明,[16] 所見者少矣, 非不弊之術也. 耳必不因其勢,[17] 而待耳以爲聰,[18] 所聞者寡矣, 非不欺之道也. 明主者,使天下不得不爲已視, 使天下不得不爲已聽. 故身在深宮之中而明照四海之內, 而天下弗能蔽弗能欺者, 何也? 闇亂之道廢而聰明之勢興也.[19] 故善任勢者國安, 不知因其勢者國危.

1　夫有術者之爲人臣也(부유술자지위인신야): '유술자有術者'는 통치술을 터득한 자.

2　得效度數之言(득효도수지언): '효效'는 진술하여 밝힌다는 의미, '도수度數'는 법도度와 법술數.

3　因參驗而審言辭(인참험이심언사): '참험參驗'은 여러 단서들을 비교 검증하는 것.

4　而乃以相與比周妄毀譽以求安(이내이상여비주망훼예이구안): '상여비주相與比周'는 서로를 위하여 더불어 하며 나쁜 패거리를 짓는 것, '망훼예妄毀譽'는 자기이익을 위해 제멋대로 남을 비방하거나 칭찬하는 것.

5　是猶負千鈞之重(시유부천균지중): '균鈞'은 무게 서른 근斤의 단위, '천균지중千鈞之重'은 대단히 무거운 중량이 나가는 것을 가리킴.

6　是猶上高陵之顚墮峻谿之下而求生(시유상고능지전타준계지하이구생): '전顚'은 '정頂'으로 꼭대기.

7　而百官安敢以貪漁下(이백관안감이탐어하): '어하漁下'는 어부가 물고기를 탐내듯이 관료가 백성을 착취하는 것.

8　此管仲之所以治齊(차관중지소이치제): 관중管仲의 이름은 이오夷吾로 제齊나라 환공桓公 때에 경卿의 벼슬에 올라 토지 등급에 따라 세금을 걷는 개혁정치를 시행하였고, 염전과 제철업을 일으켜 제나라를 춘추시대의 맹주盟主로 만든 인물.

9　而商君之所以强秦也(이상군지소이강진야): 상군商君은 상앙商鞅으로 진秦나라 효공孝公 때 2차례 변법운동을 시행하여 나라를 부강하게 만든 인물.

10　夫君臣非有骨肉之親(부군신비유골육지친): '골육骨肉'은 피와 살을 함께 나눠 가진 가까운 혈족.

11　正直之道可以得利(정직지도가이득리): 왕선신王先愼은 '리利'가 '안安'이 되어야 한다고 보았으나, '리利'는 뒷문장의 '안安'과 호응관계.

12　故設利害之道(고설이해지도): '이해지도利害之道'는 법을 지키면 상을 받는 이익이 생기고, 법을 어기면 벌을 받는 해로움을 받는 통치방법.

13 非目若離婁乃爲明也(비목약이루내위명야): 이루離婁는 황제黃帝시대에 시력視力이 매우 뛰어나 백 보 떨어진 곳에서도 털끝을 볼 수 있었다고 전해지는 전설적 인물로, 이주離朱라고도 함.

14 非耳若師曠乃爲聰也(비이약사광내위총야): '사광師曠'의 자는 자야子野로 춘추시대 진晉나라 악사樂師이다. 그는 장님이었는데, 음률音律을 잘 판별했고 소리로 길흉吉凶까지 점쳤다고 한다. 평공平公이 큰 종을 주조했을 때 모든 악공樂工이 음률이 정확하다고 하고 사광만이 틀리다고 했는데 나중에 사연師涓이 확인해보니 사광의 말이 옳았다고 한다. 또한 제齊나라가 진나라를 침공했을 때 새소리를 듣고 제나라 군대가 후퇴한 것을 알아냈다고 전해진다.

15 目必不任其數(목필불임기수): '목目'은 전성명사, '기수其數'는 자신의 한정된 술수.

16 而待目以爲明(이대목이위명): '대목待目'은 자신의 눈에만 의거하는 것.

17 耳必不因其勢(이필불인기세): '이耳'는 전성명사, '인기세因其勢'는 자신의 타고난 권세에만 한정되어 따르는 것.

18 而待耳以爲聰(이대이이위총): '대이待耳'는 자신의 귀에만 의거하는 것.

19 闇亂之道廢而聰明之勢興也(암란지도페이총명지세흥야): '암란지도闇亂之道'는 자기 눈에만 기대어 밝다고 여기고 자기 귀에만 기대어 밝다고 여기는 것. '총명지세聰明之勢'는 천하에 자기를 위하여 보지 않을 수 없게끔 하고, 천하에 자기를 위하여 듣지 않을 수 없게끔 하는 것.

제9장 | 비내

備内

내부의 적에
대비함

　'비내備內'라는 편명은 '내부의 인물들에 대비해야 한다.'는 의미이
다. 군주가 가까운 친족들에게 배신당한 역사적 사례를 들며 군주에
게 내부의 적을 경계시키는 내용이다. 모든 인간적 관계의 원리는 이
해利害에 있다는 「간겁시신」의 연장선상에서, 가까운 혈족이 군주를
침해하는 것은 애증이 아닌 이해利害의 문제에서 비롯한 것이라며 말
한다. 또한 혈족이 아닌 신하들은 더욱 그러할 것이라며 군주를 경계
시킨다.

군주의 재앙은 다른 사람을 믿는 데 있으며, 다른 사람을 믿으면 그 사람에게 제압당한다. 신하는 그 군주에 대해 육친간의 친함이 있지 않고 권세에 구속되어 어쩔 수 없이 섬긴다. 그러므로 남의 신하가 된 자는 그 군주의 마음을 몰래 엿보고 살피느라 잠시도 쉴 틈이 없지만 군주는 느긋하고 오만하게 그 윗자리에서 처신하는데, 이것이 세상에서 군주를 겁박하고 시해하는 일을 있게 하는 원인이다. 군주가 되어 그 자식을 너무 믿으면 간악한 신하들이 그 자식의 힘을 빌려서 자신의 사적인 이익을 이루므로, 이태李兌는 조趙나라 왕에 의지하여 군주의 아버지를 굶겨 죽였다. 군주가 되어 그 아내를 너무 믿으면 간악한 신하들이 그 아내에게 힘을 빌려서 자신의 사적인 이익을 이루므로 배우인 우시優施는 여희麗姬에 달라붙어 신생申生을 죽이고 해제奚齊를 태자로 세웠다. 대저 아내처럼 가까운 사이와 자식처럼 친밀한 사이도 오히려 믿을 수 없다면 그 나머지는 믿을 수 있는 자가 없다.

또한 만승이나 거느리는 큰 나라의 군주나 천승을 거느리는 나라의 군주의 후비后妃, 부인夫人, 적자로 태자太子가 된 자들 가운데 간혹 그 군주가 일찍 죽기를 바라는 경우가 있다. 무엇 때문에 그렇게 여기는가? 처라고 하는 존재는 육친간의 친밀함이 있는 것이 아니라 애정이 있으면 친해지고 애정이 없어지면 소원해진다. 속담에 '그 어미가 사랑스러우면 그 자식을 안아 준다.'고 말한다. 그렇다면 그 반대가 되었을 경우 그 어머니가 미우면 그 자식도 버리게 된다. 장부의 나이 오십이 되어도 여색을 좋아하는 것이 그치지 않지만 부인의 나이 삼십이 되면 미색이 쇠한다. 미모가 쇠한 부인으로 여색을 좋아하는 장부를 섬기게 한다면 몸이 소외받고 천시당하지나 않을까 의심하고 자식이 승계하지 못할까 의심한다. 이것이 후비와 부인들이 그 군주가 죽기를 바라는 이유이다. 오직 어머니가 승계하여 자식이 군주가 된다면 명령이 행해지지 않는 것이 없고, 금지하면 그치지 않는 것이 없으며, 남녀의 즐거움도 이전 군주 때보다 줄지 않고, 만승이나 거느리는 큰 나라를 의심할 것 없이 마음대로 하게 되는데, 이것이 독살과 교살과 도살이 쓰이는 이유이다. 그러므로『도올춘추檮杌春秋』에서는 '군주가 병으로 죽는 경우가 반을 차지하지 못한다.'고 말하는데, 군주가 이를 알지 못한다면 난이 많이 일어나는 바탕이 된다. 그러므로 '군주의 죽음을 이롭게 여기는 자가 많아지면 군주는 위태롭게 된다.'고 말한다.

그러므로 왕량王良이 말을 사랑하고 월越나라 왕 구천勾踐이 사람을 사랑한 것은 전쟁을 하고 말을 빨리 달리게 하기 위해서다. 의원이 흔쾌히 다른 사람의 종기를 빨고 다른 사람의 피를 입에 머금는 것은 골육의 친함이 있어서가 아니라 이익을 얻기 때문이다. 그러므로 수레를 만드는 장인은 수레를 만들면서 다른 사람들이 부귀해지기를 바라고, 관을 만드는 장인은 관을 만들면서 다른 사람들이 일찍 죽기를 바란다. 수레를 만드는 장인이 인자하고 관을 만드는 장인이 잔인해서가 아니라, 사람들이 부귀해지지 않으면 수레가 팔리지 않고 사람들이 죽지 않으면 관이 팔리지 않기 때문이다. 진실로 사람을 증오하는 것이 아니라 이익이 사람의 죽음에 있기 때문이다. 그러므로 후비后妃나 부인夫人, 태자太子의 무리가 이루어져 군주가 죽기를 바라는데 군주가 죽지 않으면 그들의 세력이 강해지지 못하기 때문이다. 진실로 군주를 증오해서가 아니라 이익이 군주의 죽음에 있기 때문이다. 그런 까닭에 군주는 자기 죽음을 이득으로 생각하는 자에 대하여 마음을 쓰지 않을 수 없다. 그러므로 해와 달의 무리가 밖을 에워싸도 적은 그 안에 있으며, 미워하는 자를 대비하더라도 화근은 사랑하는 자에게 있다.

그러므로 명석한 군주는 여러 단서를 비교 검증하지 않는 일을 거론하지 않고, 평상시와 다른 음식은 먹지 않으며, 먼 곳의 정황을 귀기울여듣고 가까운 곳의 사정을 눈여겨보아 조정 안팎의 잘못을 살피고, 같고 다른 말들을 살펴 당파의 갈래를 알아내고, 여러 가지 단서를 대조하여 검증하며, 진언한 의견의 실적을 따지고 뒤에 거둔 성과를 잡고 앞서 한 말에 상응하는지 맞추어보고, 법法에 비추어 사람들을 다스리는지 많은 단서들을 비교하여 살펴보고, 관리가 요행으로 상을 받는 일이 없고 법도를 넘는 행동을 하는 일이 없고, 사형은 반드시 (그 죄에) 들어맞고 지은 죄는 사면하지 않으면, 간사한 무리가 그 사사로움을 담아낼 데가 없다.

人主之患在於信人, 信人則制於人. 人臣之於其君, 非有骨肉之親也, 縛於勢而不得不事也. 故爲人臣者, 窺覘其君心也無須臾之休,[1] 而人主怠傲處其上, 此世所以有劫君弑主也. 爲人主而大信其子, 則姦臣得乘於子以成其私,[2] 故李兌傅趙王而餓主父.[3] 爲人主而大信其妻, 則姦臣得乘於妻以成其私, 故優施傅麗姬殺申生而立奚齊.[4] 夫以妻之近與子之親而猶不可信, 則其餘無可信者矣. 且萬乘之主,[5] 千乘之君, 后妃·夫人·適子爲太子者,[6] 或有欲其君之蚤死者.[7] 何以知其然? 夫妻者,[8] 非有骨肉之恩也,[9] 愛則親, 不愛則疏. 語曰, "其母好者其子抱."[10] 然則其爲之反也,

其母惡者其子釋. 丈夫年五十而好色未解也,[11] 婦人年三十而美
色衰矣. 以衰美之婦人事好色之丈夫, 則身死見疏賤,[12] 而子疑
不爲後. 此后妃·夫人之所以冀其君之死者也. 唯母爲後而子爲
主, 則令無不行, 禁無不止, 男女之樂不減於先君, 而擅萬乘不
疑, 此鴆毒扼昧之所以用也.[13] 故『桃左春秋』曰,[14] "人主之疾死
者不能處半," 人主弗知, 則亂多資. 故曰, "利君死者衆, 則人主
危." 故王良愛馬,[15] 越王勾踐愛人,[16] 爲戰與馳. 醫善吮人之傷,[17]
含人之血, 非骨肉之親也, 利所加也. 故輿人成輿,[18] 則欲人之富
貴, 匠人成棺, 則欲人之夭死也. 非輿人仁而匠人賊也, 人不貴,
則輿不售, 人不死, 則棺不買.[19] 情非憎人也, 利在人之死也. 故
后妃·夫人·太子之黨成而欲君之死也, 君不死, 則勢不重. 情
非憎君也, 利在君之死也. 故人主不可以不加心於利己死者. 故
日月暈圍於外,[20] 其賊在內, 備其所憎, 禍在所愛. 是故明王不舉
不參之事,[21] 不食非常之食, 遠聽而近視以審內外之失, 省同異之
言以知朋黨之分, 偶參伍之驗,[22] 以責陳言之實,[23] 執後以應前,[24]
按法以治衆, 衆端以參觀, 士無幸賞, 無踰行,[25] 殺必當, 罪不赦,
則姦邪無所容其私矣.

---

1 窺覘其君心也無須臾之休(규첨기군심야무수유지휴): '규窺'와 '첨覘'은 같은 뜻,
'규첨窺覘'은 '규시窺視'로 몰래 엿보며 살핌.

2 則姦臣得乘於子以成其私(즉간신득승어자이성기사): '승乘'은 간사한 신하가 군
주가 사랑하여 세력이 강해진 자식의 힘을 발판으로 삼아 오른다는 의미.

3 故李兌傅趙王而餓主父(고이태부조왕이아주부): '이태李兌'는 조趙나라 혜문왕惠
文王 때 혜문왕의 형인 공자 장章이 반란을 일으키자 진압한 공로로 사구司寇
가 된 인물. '주부主父'는 조趙나라 무령왕武靈王이 혜문왕惠文王에게 왕위를 양

도한 뒤 '군주의 아버지'라고 자칭한 말. 공자 장은 본래 사치스러웠고 그의 동생이 왕위에 오르자 내심으로 불복하였고, 아버지 주부는 그를 걱정하여 전불례田不禮를 보내 장을 보좌하게 했지만, 그 둘은 반란을 일으키고 공자 성成과 이태가 이에 대항함. 전세가 불리해진 공자 장이 주부의 궁으로 달아나자 주부는 그를 받아들였는데 이태는 성을 포위하여 공자 장과 전불례를 죽임. 그들을 죽인 후에도 군대를 철수시킨 후의 후환이 두려워 주부의 궁을 포위하자 주부는 나오지 못하고 먹을 것이 없어 세 달 동안 참새 새끼를 구해 먹다가 세 달여 만에 사구궁沙丘宮에서 굶어 죽음. 반란을 진압하고 왕실을 안정시킨 공로로 공자 성은 재상이 되어 안평군安平君으로 불리고, 이태는 사구司寇가 됨. '부傳'는 '부附'의 의미.(物雙松)

4 故優施傅麗姬殺申生而立奚齊(고우시부려희살신생이립해제): '우시優施'는 춘추시대 진晋나라 헌공獻公 배우로 이름은 시施.(太田方) '여희麗姬'는 헌공이 여융麗戎을 정벌하여 얻은 미녀. '신생申生'은 헌공의 태자, '해제奚齊'는 여희의 아들, 우시는 여희에게 신생을 모함하게 하여 죽이고 해제를 태자의 자리에 앉힘.

5 且萬乘之主(차만승지주): '만승지주萬乘之主'는 전쟁에 만 대의 전차를 동원할 수 있는 대국의 군주.

6 后妃 · 夫人 · 適子爲太子者(후비부인적자위태자자): '후비后妃'는 만승의 나라의 정실, '부인夫人'은 천승의 나라의 정실.(張覺)

7 或有欲其君之蚤死者(혹유욕기군지조사자): '조蚤'는 '조早'와 통함.(『校注』)

8 夫妻者(부처자): '부夫'는 지사指事 용법.

9 非有骨肉之恩也(비유골육지은야): '은恩'은 '친親의 잘못.(王先愼) '골육지친骨肉之親'은 뼈와 살을 같이 나눈 사이로서 서로 떨어질 수 없는 친족親族이란 뜻. 부자父子와 형제兄弟 또는 가까운 혈족血族.

10 其母好者其子抱(기모호자기자포): '호好'는 '애愛'.(張覺)

11 丈夫年五十而好色未解也(장부년오십이호색미해야): '해解'는 '해懈'.(陶鴻慶)

12 則身死見疏賤(즉신사견소천): '사死'는 '의疑'가 되어야 함.(顧廣圻)

13 此鴆毒扼昧之所以用也(차짐독액매지소이용야): '짐鴆'은 독조(짐새)로 그 새의 깃을 담근 술을 마시면 죽게 됨.(尹桐陽) 곧 독살을 말함. '액扼'은 '액살縊殺' 곧 목을 매어 죽이는 교살絞殺, '매昧'는 '할割' 또는 '문刎'으로 칼로 목을 베는 도살刀殺.

14 故『桃左春秋』曰(고도좌춘추왈): '좌左'는 '올兀'의 잘못.(俞樾) '도올桃兀' 또는 '도

올檮杌'은 신숙씨申叔氏가 가르쳤다고 전하는 초楚나라 역사서로 춘추의 일
종.(陳奇猷) 지금은 전하지 않음.

15 故王良愛馬(고왕량애마): 왕량王良은 춘추시대 조趙나라 간자簡子를 섬긴 말을
잘 탄 명인. 『좌전』 「애공哀公 2년」, 『맹자』 「등문공하」 등 여러 고전에서 나오는
인물. 「유로」에서는 조나라 간자簡子의 아들인 양주襄主가 왕자기王子期로부터
말을 배웠다는 내용이 나오고, 「외저설 우하」에서는 왕량王良 또는 왕자어기王
子於期로 되어 있으며 모두 같은 인물임.

16 越王勾踐愛人(월왕구천애인): 구천勾踐이 오吳나라 왕 부차夫差에게 부초산夫椒
山에서 패퇴하여 회계산會稽山으로 후퇴한 후 와신상담臥薪嘗膽하며 백성들과
더불어 슬픔과 기쁨을 같이한 일을 말함.

17 醫善吮人之傷(의선연인지상): '상傷'은 '양瘍', 종기를 말함.

18 故輿人成輿(고여인성여): '여인輿人'은 가마, 수레를 만드는 장인.

19 則棺不買(즉관불매): '매買'는 앞문장의 '수售'와 같은 의미로 '매賣'.

20 故日月暈圍於外(고일월운위어외): '운위暈圍'는 달무리나 해무리 따위의 둥그런
테두리로 군주의 죽음을 이익으로 생각하는 무리가 군주의 주위를 둘러싸고
있음을 말함.

21 是故明王不擧不參之事(시고명왕부거부참지사): '참參'은 '험驗'과 같고, 여러 단
서들을 비교하여 검증한다는 '참험參驗'의 의미.

22 偶參伍之驗(우삼오지험): '우偶'는 '합合'으로 대조한다는 의미. '삼오參伍'는 여
러 가지 단서.

23 以責陳言之實(이책진언지실): '진언지실陳言之實'은 신하가 군주 앞에서 진언한
의견에 부합하는 실적을 말함.

24 執後以應前(집후이응전): '후後'란 신하가 실제로 거둔 성과, '전前'은 신하가 진
언한 주장. 곧 일한 실적과 앞서 신하가 주장한 내용의 일치 여부를 살피는
것.

25 無踰行(무유행): '유행踰行'은 관리가 법도를 벗어나 제멋대로 상벌을 내리는
행위(顧廣圻, 陳奇猷), 또는 '행行'을 '사賜'의 의미로 보아 앞서 나온 '명석한 군
주明王'가 법도에 벗어나 자의적으로 상벌을 하사하는 것.(張覺)

관포지교 管鮑之交

춘추시대 제齊나라의 재상 관중管仲이 오랜 친구인 포숙아鮑叔牙를 두고, "포숙과 함께 장사를 할 때 내가 이익금을 독차지했지만 포숙은 나를 욕심쟁이라고 하지 않았다. 내가 가난하다는 사실을 알고 있었기 때문이다. 내가 벼슬을 하다가 세 번이나 쫓겨났지만 포숙은 나를 못났다고 말하지 않았다. 내가 아직 때를 만나지 못한 것을 알고 있었기 때문이다. 또 내가 세 번 싸우다 세 번 도망친 적이 있었다. 그러나 포숙은 나를 비겁하다고 하지 않았다. 나에게 늙으신 어머님이 계시는 것을 알고 있었기 때문이다. 나를 낳아주신 분은 부모님이지만, 나를 알아준 사람은 포숙이다."라고 하였다.

관중管仲은 가난했던 소년시절부터 평생토록 변함없이 포숙아鮑叔牙와 깊은 우정을 나누었다. 환공桓公이 즉위할 무렵 관중은 환공의 형인 규糾의 편에 섰다가 패하여 노魯나라로 도망쳤다가 다시 잡혀왔다. 형 규를 죽인 환공은 관중도 죽이려고 했는데, 그때 포숙아가 엎드려 "한 나라의 주인으로 만족하신다면 신의 보필만으로 충분하지만, 천하의 주인이 되고자 하신다면 관중을 쓰셔야 한다."며 간곡히 추천하였다. 포숙아의 추천으로 제齊나라의 재상이 된 관중은 군사력의 강화, 상업·수공업의 육성을 통한 부국강병을 꾀하여 환공을 패주로 만들어 주었다.

南
面

새로운 정치를
향한 군주의 자리

　'남면南面'이란 편명은 조정에서 '남쪽을 향해 있는 군주의 자리' 곧
'군주의 위치'를 의미한다. 군주를 흐리게 하고 법을 무너뜨리는 신하
들의 행동 유형을 분석하고 있으며, 새로운 정치를 하는 데에는 저항
이 만만치 않아서 군주의 자리도 위협함을 밝히고 있다. 아울러 새로
운 시대에는 새로운 정치방법이 필요하다고 군주에게 법치의 정치를
독려하는 내용을 담고 있다.

군주의 잘못은 이미 신하를 임명했음에도 도리어 그 일을 맡지 않은 자에게 그를 경계하게 하는데, 이것은 반드시 그 일을 맡은 자와 적이 됨을 말하며, 군주는 반대로 그 일을 맡지 않은 자에게 제어된다. 지금 함께 그를 경계하는 자 또한 이전에 경계를 받았다. 군주가 법을 분명하게 밝혀 중신들의 위세를 억제할 수 없으면 백성들의 신뢰를 얻을 수 있는 길이 없다. 군주가 법을 버려두고 신하로써 신하를 경계시킨다면, 서로 친한 자들은 무리를 지어 서로 칭찬하고 미워하는 자들은 작당하여 서로가 헐뜯는다. 비방과 칭찬이 서로 다투어 일어나면 군주는 혼란에 빠진다. 신하인 자는 명예나 청탁이 아니면 나아가 일할 수 없고, 법을 어겨가며 제멋대로 처리하지 않고서는 위세를 부릴 수 없으며, 충성과 신의를 가장하지 않고서는 금제에서 벗어날 수 없는데, 이 세 가지가 군주를 흐리게 하고 법을 무너뜨리는 바탕이다. 군주는 신하가 비록 지혜롭고 능력이 있더라도 법을 어기며 제멋대로 할 수 없게 하고, 비록 현명하게 행동을 하더라도 실제의 공적을 넘어서 앞서 상을 베풀 수 없게 하며, 비록 충성하고 신의가 있더라도 법을 버려두고 금제에서 벗어날 수 없게 하는데, 이렇게 하는 것을 일러 법을 밝힌다고 한다.

人主之過, 在已任在臣矣,[1] 又必反與其所不任者備之,[2] 此其說必與其所任者爲讎,[3] 而主反制於其所不任者. 今所與備人者, 且曩之所備也. 人主不能明法而以制大臣之威, 無道得小人之信矣.[4] 人主釋法而以臣備臣, 則相愛者比周而相譽,[5] 相憎者朋黨而相非.6 非譽交爭, 則主惑亂矣. 人臣者, 非名譽請謁無以進取,7 非背法專制無以爲威,8 非假於忠信無以不禁,9 三者, 惛主壞法之資也. 人主使人臣雖有智能, 不得背法而專制, 雖有賢行, 不得踰功而先勞,10 雖有忠信, 不得釋法而不禁, 此之謂明法.

---

1 在己任在臣矣(재이임재신의): '임任'자 다음의 '재在'자는 빠져야 함.(顧廣圻)

2 又必反與其所不任者備之(우필반여기소불임자비지): '비備'는 잘못된 일이 일어나지 않도록 사전에 경계하게 하는 것.

3 此其說必與其所任者爲讎(차기설필여기소임자위수): '차기此其'의 '차此'와 '기其'는 같아서 '차기此其'는 '기其'이며, 부언復言하여 강조하는 용법.

4 無道得小人之信矣(무도득소인지신의): '도道'는 '유由'.(津田鳳卿) '소인小人'은 피지배 계급 곧 백성.

5 則相愛者比周而相譽(즉상애자비주이상예): '비주比周'는 무리를 지어 붕당을 이룸.

6 相憎者朋黨而相非(상증자붕당이상비): '붕당朋黨'은 앞의 '비주比周'와 같은 의미로 이해를 같이하는 자들끼리 무리를 짓는 것. '비非'는 '비誹'(津田鳳卿)로 헐뜯음.

7 非名譽請謁無以進取(비명예청알무이진취): '명예名譽'는 나라에 실제적인 도움을 주거나 공적이 없이도 고상한 인품이나 학식 등을 지닌 인물로 칭송되는 것. '청알請謁'은 청탁하는 것.

8 非背法專制無以爲威(비배법전제무이위위): '배법전제背法專制'는 법을 어겨가며 제 멋대로 처리하는 것.

9 非假於忠信無以不禁(비가어충신무이불금): '불금不禁'은 금지하는 법령에 적용받지 않는 것.

10 不得踰功而先勞(부득유공이선로): '로勞'는 '사賜'(張覺)로 상을 베풂.

다스림을 알지 못하는 자는 반드시 "옛 제도古를 고치지 말고 기존의 관습법常을 바꾸지 말라."고 말한다. 바꾸느냐 그대로 두느냐에 대해 성인은 귀를 기울이지 않고 상황에 맞게 다스릴 뿐이다. 그렇다면 옛 제도를 고치지 않을지 기존의 관습법을 바꾸지 않을지 하는 것은 기존의 관습법과 옛 제도가 상황에 맞느냐 맞지 않느냐에 달려 있다. 이윤伊尹이 은殷나라의 옛 제도를 고치지 않고 태공太公이 주周나라의 옛 제도를 고치지 않았다면 탕湯과 무武는 왕이 되지 못했을 것이다. 관중管仲이 제齊나라의 기존 관습법을 바꾸지 않고 곽언郭偃이 진晉나라의 관습법을 고치지 않았다면 환공桓公과 문공文公은 패자가 되지 못했을 것이다. 무릇 사람들이 옛 제도를 고치길 꺼려하는 것은 백성이 익숙해하는 것을 바꾸기가 두렵기 때문이다. 무릇 옛 제도를 고치지 않으면 어지러운 자취를 계승하게 되고, 백성의 마음에 맞으면 간악한 행동을 제멋대로 하도록 두게 된다. 백성이 어리석어 세상의 어지러움을 알지 못하고 군주가 나약하여 고칠 수 없음은 다스림이 잘못된 것이다. 군주란 현명해서 다스리는 방법을 알 수 있고 엄격해서 반드시 그것을 실행하기 때문에 비록 백성의 마음을 거스를지라도 반드시 다스림을 확립한다. 설명하자면 상군商君은 안팎으로 다닐 때 쇠로 된 긴 창과 여러 겹의 방패로 미리 경계하였으므로, 곽언郭偃이 정치를 맡아 시작할 때 문공文公에게 호위병을 두었고, 관중管仲이 정치를 맡아 시작할 때 환공桓公에게 무장한 수레를 두었는데 백성을 경계하는 방비였다. 그러므로 어리석고 게으른 백성은 작은 비용을 쓰는 것을 싫어하다 큰 이익을 잃었으므로, 경인慶寅과 경호慶虎는 꾸짖는 비방을 받았고, 작은 변화를 두려워해서 장기적인 이익을 잃었으므로 추鄒나라의 상인은 징병을 비난하였으며, 혼란함에 익숙하여 다스림에 느슨하였으므로 정鄭나라 사람은 집에 돌아갈 수 없었다.

不知治者, 必曰, "無變古,[1] 毋易常." 變與不變, 聖人不聽, 正治而已.[2] 然則古之無變, 常之毋易, 在常古之可與不可. 伊尹毋變殷,[3] 太公毋變周,[4] 則湯‧武不王矣.[5] 管仲毋易齊,[6] 郭偃毋更晉,[7] 則桓‧文不霸矣.[8] 凡人難變古者,[9] 憚易民之安也.[10] 夫不變古者, 襲亂之迹, 適民心者,[11] 恣姦之行也. 民愚而不知亂, 上懦而不能更, 是治之失也. 人主者, 明能知治, 嚴必行之, 故雖拂於民心, 立其治. 說在商君之內外,[12] 而鐵殳重盾而豫戒也.[13] 故郭偃之始治也, 文公有官卒,[14] 管仲始治也, 桓公有武車,[15] 戒民之備也. 是以愚贛窳墮之民,[16] 苦小費而忘大利也,[17] 故夤‧虎受阿謗,[18] 而輜小變而失長便,[19] 故鄒賈非載旅,[20] 狎習於亂而容於治,[21] 故鄭人不能歸.

---

1 無變古(무변고): '無무'는 금지사 '毋무'와 같음.

2 正治而已(정치이이): '정치正治'는 정치를 사회 상황에 맞게 하는 것. 즉, 치국治國의 조치를 사회의 실제 상황에 적합하게 하는 것.(張覺)

3 伊尹毋變殷(이윤무변은): 이윤伊尹은 이伊이고 지摯라는 이름으로 불리며, 윤尹‧아형阿衡‧보형保衡 등의 관직을 맡아 이윤伊尹‧아형阿衡‧보형保衡으로도 불린다. 유신씨有莘氏의 딸이 시집갈 때 잉신媵臣으로 따라갔다가 탕湯왕에게 인정을 받아 등용되었으며, 하夏를 멸하고 은殷나라를 건국하는 데 큰 공을 세워 은나라의 재상이 됨. 탕왕이 죽은 뒤 외병外丙과 중임仲壬 두 임금을 보좌했으며, 중임이 죽고 태갑太甲이 즉위했으나 그가 탕왕의 법에 따라 정사를 돌보지 않자 동동桐으로 축출한 후 섭정하였음. 태갑이 3년 뒤 잘못을 뉘우치자 그를 다시 왕위에 올렸다는 설과, 이윤이 태갑의 자리를 찬탈하자 7년 뒤 태갑이 그를 죽였다는 설이 전해짐.

4 太公毌變周(태공무변주): 태공太公은 본명이 강상姜尙으로 주周나라 문왕文王의 스승이 된 여상呂尙의 호. 태공망太公望, 강태공姜太公으로도 불림. 문왕이 인재를 찾던 중 위수渭水에서 낚시를 하고 있는 그를 발견하고 재상으로 등용했다고 전해짐. 문왕의 조부 고공단보古公亶父가 바라던望 인물이라는 의미로 태공망으로도 불렸고, 무왕武王을 도와 은殷의 주왕紂王을 멸하고 천하를 평정한 공으로 제齊나라 제후에 봉해져 시조가 됨.

5 則湯·武不王矣(즉탕무부왕의): 탕湯과 무武는 상商과 서주西周를 세운 인물. 자세한 내용은 「오두」 참조.

6 管仲毌易齊(관중무역제): 관중管仲은 춘추시대 제齊나라 영상潁上 사람으로 이름은 이오夷吾, 자는 중仲, 관포지교管鮑之交의 고사로 유명함. 제양공齊襄公이 피살당한 후 공자公子 규糾와 공자公子 소백小伯의 권력 싸움에서 관중은 규糾의 편에 포숙아鮑叔牙는 소백小白의 편에 섰는데 규는 살해당하고 관중은 투옥되었다. 가난한 어린 시절부터 깊은 우정을 나누던 포숙아는 관중을 추천하였고 공자소백桓公 또한 지난날의 원한을 잊고 관중을 발탁하였는데, 관중은 제齊나라의 제도를 개혁하여 부국강병을 달성하여 환공桓公을 춘추오패春秋五覇의 한 사람으로 만들었음.

7 郭偃毌更晉(곽언무갱진): 곽언郭偃은 『묵자』 「소염所染」에 나오는 고언高偃, 『좌전左傳』에 나오는 복언卜偃을 말함.(王先慎) 진晉나라 문공文公 중이重耳는 신하인 구범舅犯과 고언高偃에게 정치 자문을 구했다고 함. 춘추시대 진나라의 복대부卜大夫의 지위에 있었으므로 곽언郭偃을 복언卜偃이라고도 부름.

8 則桓·文不覇矣(즉환문불패의): '환桓'은 제齊나라 환공桓公, '문文'은 진晉나라 문공文公. 제나라 환공(기원전 685~643 재위)은 이름이 소백小白이고 양공襄公의 아우. 포숙아鮑叔牙의 진언으로 공자 규糾의 신하였던 관중管仲을 재상으로 기용한 뒤 패자覇者의 자리를 확고히 하여 춘추시대 오패五覇의 한 사람이 됨. 진나라 문공(기원전 636~628 재위)은 이름이 중이重耳이고 진晉나라 헌공獻公의 차남이자 태자 신생申生의 아우임. 그는 내란內亂으로 인해 19년 동안 망명생활을 하다가 62세 때에 귀국하여 즉위卽位한 후 나라를 부국강병으로 이끌어 마침내 춘추시대 오패五覇의 한 사람이 되었으나 재위 9년 만에 죽음.

9 凡人難變古者(범인난변고자): '난變'은 꺼린다는 의미.

10 憚易民之安也(탄역민지안야): '탄憚'은 두렵게 여김. '안安'은 좋아하다는 의미로 '선善'(津田鳳卿) 또는 익숙하다는 의미의 '습관習慣'.(陳奇猷, 梁啓雄)

11 適民心者(적민심자): '적適'은 민심에 영합하는 것을 말함.

12 說在商君之內外(설재상군지내외): '설재說在'는 '해재解在'.(尹桐陽) '상군商君'은

전국시대에 활동한 인물로 성은 공손公孫이고 이름은 앙鞅. 상앙(商鞅, 기원전 390?~338?)은 위衛나라 왕실의 후예이므로 위앙衛鞅이라고도 불리며, 진秦나라 정치개혁變法을 성공시킨 공로를 효공孝公으로부터 인정받고 상商 지방에 봉읍을 얻게 되어 상군商君 또는 상앙商鞅이라고 불림. 상앙은 위衛나라 재상 공숙좌公叔座의 가신으로 있으면서 이회李悝와 오기吳起의 변법이론을 익혔다. 공숙좌가 병을 얻자 혜왕惠王이 문병을 왔을 때 공숙좌가 상앙을 천거했지만 받아들여지지 않자 상앙은 진나라 효공이 인재를 구한다는 소식을 듣고 기원전 361년에 이회의『법경法經』을 지니고 진나라로 건너감. 상앙의 정치개혁으로 세력이 크게 위축된 귀족세력은 효공이 죽고 태자가 즉위하자 그에게 모반의 죄목을 씌워 수레에 사지를 묶어 찢어 죽이는 거열형車裂刑에 처함. 한漢의 왕충王充이 그가 효공의 재상이 되어 진나라가 제업帝業을 이루는 길을 열었다고 칭송하였는데, 상앙의 변법은 진나라를 강국으로 만들고 중국을 통일하는 기초를 세움.

13 而鐵殳重盾而豫戒也(이철수중순이예계야): '철수鐵殳'의 '수殳'는 '과戈'와 같은 의미로 쇠로 된 긴 창. '중순重盾'은 여러 겹의 방패.『사기』「상군열전商君列傳」에 나오는 조량趙良의 말에 의하면, 상군이 외출할 때 힘센 장사와 수십 량의 무장한 수레가 뒤따르고 수레 옆에 붙어서 창을 가진 자가 달리며 호위하였다고 함. '예계豫戒'는 미리 경계함.

14 文公有官卒(문공유관졸): '관官'은 '궁宮'의 잘못으로 '관졸官卒'은 궁중의 호위병.(津田鳳卿)

15 桓公有武車(환공유무거):『제어齊語』에 따르면 환공桓公에게 무장한 수레 8백승이 있었음.(津田鳳卿)

16 是以愚贛窳惰之民(시이우장유타지민): '장贛'은 '당戇'(顧廣圻)으로 '우愚'와 같은 뜻으로 어리석음, '타惰'는 '타惰'로 '유窳'와 같은 뜻으로 게으름.

17 苦小費而忘大利也(고소비이망대리야): '고苦'는 싫어함.

18 故黌·虎受阿謗(고인호수아방): '인黌'·'호虎'는『좌전左傳』「양공襄公」 20년 조와 23년 조에 나오는 진陳나라의 대부 경인慶黌, 경호慶虎로 추측됨.(太田方) '아阿'는 '가訶.(尹棟陽, 高亨) '아방阿謗'은 꾸짖고 비방하는 것.

19 而輾小變而失長便(이진소변이실장변): '진輾'은 '진震'으로 두려워하는 것(懼). (尹棟陽) '장편長便'은 장기적인 이익.

20 故鄒賈非載旅(고추고비재려): '추고鄒賈'의 인물은 미상으로 뒤에 나오는 정인鄭人과 대구되어 추鄒나라의 상인으로 추측됨. '재載'는 '임任'.(尹棟陽) '재려載旅'는 임지로 출병하는 것으로, 지금의 징병제도.(張覺)

21 狎習於亂而容於治(압습어란이용어치): '용容'은 '완緩'.(尹棟陽)

제11장 | 해로

解老

노자를 주석함

　'해로解老'라는 편명은 '노자를 주석한다'는 의미이다. 통행본『노자』의 1, 14, 38, 46, 50, 53, 54, 58, 59, 60, 67장 등을 주석한 내용으로 구성되었고, 현재의 통행본『노자』와 차이가 나는 부분도 있다. 한비자는『노자』를 최초로 주석한 사상가로,『노자』의 내용을 자신이 주장하는 법치사상의 철학적 토대로 삼는다. 노자의 도론에 내재된 보편성, 객관성, 무차별성의 내용은 한비자의 법치론에서 법의 공정무사를 설명하는 철학적 배경이 된다.

덕德이란 내적인 것이고 득得이란 외적인 것이다. 최상의 덕은 덕을 의식하지 않는 것으로 그 마음이 외적인 것에 끌려 혼란해지지 않는 것을 말한다. 마음이 외적인 것에 끌려 혼란해지지 않으면 몸은 온전하게 보존되고, 몸이 온전하게 보존되는 것을 일러 덕德이라 말한다. 덕德이란 몸에 얻는 것이다. 무릇 덕이란 인위적으로 하지 않음無爲으로써 모이고, 추구하지 않음無欲으로써 이루어지고, 생각하지 않음無思으로써 안정되며, 쓰지 않음不用으로써 견고해진다. 하려고 하고 추구하면 덕은 머물지 않고, 덕이 머물지 않으면 (몸은) 온전하게 보존되지 못하게 된다. 쓰고자 생각하면 견고하지 못하게 되고, 견고하지 못하면 공효가 없게 되고, 공효가 없으면 외적인 덕(득)이 생기게 된다. (외적인) 덕을 의식하면 (내적인) 덕이 없게 되고, 덕을 의식하지 않으면 덕이 있게 된다. 그러므로 "최상의 덕은 (외적인) 덕을 의식하지 않음으로써 (내적인) 덕을 지니게 된다."고 말한다.

德者, 內也, 得者, 外也. "上德不德",1 言其神不淫於外也. 神不淫於外則身全, 身全之謂德.2 德者, 得身也. 凡德者, 以無爲集, 以無欲成, 以不思安, 以不用固. 爲之欲之, 則德無舍. 德無舍則不全. 用之思之則不固, 不固則無功, 無功則生有德.3 德則無德,4 不德則在有德. 故曰,5 "上德不德, 是以有德."

---

1   上德不德(상덕부덕): 『노자老子』 38장에 나오는 "뛰어난 덕을 지닌 사람은 덕을 의식하지 않기 때문에 덕을 지닌다(上德不德, 是以有德)" 내용의 인용.

2 身全之謂德(신전지위덕): 『집해集解』에서는 '덕德'을 『어람御覽』에 근거하여 '외적인 덕德', 곧 '득得'으로 봄.

3 無功則生有德(무공즉생유덕): 여기서 '덕德'은 외적인 덕德, 곧 득得을 말함.

4 德則無德(덕즉무덕): 앞의 덕德은 외적인 덕德 곧 득得을, 뒤의 덕德은 내적인 덕德.

5 故曰(고왈): 이하는 앞서 제시한 『노자』 38장의 인용.

예禮란 실질情을 외형으로 나타내는 것이고, 문文이란 본바탕質을 겉으로 꾸미는 것이다. 무릇 군자는 실질을 취하고 겉모양을 버리며, 본바탕을 좋아하고 꾸밈을 싫어한다. 무릇 겉모양에 의지하여 실질을 논하는 것은 그 실질이 나쁘기 때문이고, 꾸밈을 기다려 본바탕을 논하는 것은 그 본바탕이 좋지 않기 때문이다. 무엇 때문에 그렇게 말하는가? 화씨和氏의 옥은 오색五色으로 장식하지 않고 수후隋侯의 진주는 은과 금으로 꾸미지 않았는데, 그 본바탕이 지극히 아름다워 다른 물건이 그것을 치장하기에 충분하지 않기 때문이다. 무릇 물건이 꾸며진 뒤에야 거래되는 것은 그 본바탕이 아름답지 않은 것이다. 그러므로 부자간에는 예禮가 소박하고 분명하지 않기 때문에 '예禮가 엷다.'고 말한다. 모든 사물이 아울러 흥성할 수는 없는데 음과 양의 경우가 그렇다. 이치는 서로 빼앗고 주는 관계인데, 형벌과 은덕의 경우가 그렇다. 실질이 두터운 것은 겉모습이 엷은데, 부자간의 예의가 그렇다. 이로써 보건대 예가 번다한 것은 실질적인 마음이 빈약한 것이다. 그렇다면 예를 행한다는 것은 사람의 소박한 심정이 통하도록 일삼는 것이다. 일반 사람들이 예를 행하는데 다른 사람이 응해주면 쉽사리 기뻐하고 응해주지 않으면 꾸짖고 원망한다. 지금 예를 행하는 것은 사람의 소박한 심정을 통하도록 일삼으면서 다른 한편으로 서로 따져서 꾸짖는 명목을 주는데, 어떻게 다투지 않게 할 수 있을까? 다툼이 일어나면 혼란해지기 때문에 "대저 예禮라 함은 진심이 엷어져서 생긴 것으로 혼란이 일어나는 발단이다."고 말한다.

禮爲情貌者也,¹ 文爲質飾者也.² 夫君子取情而去貌, 好質而惡飾.³ 夫恃貌而論情者, 其情惡也,⁴ 須飾而論質者,⁵ 其質衰也.⁶ 何以論之? 和氏之璧,⁷ 不飾以五采,⁸ 隋侯之珠,⁹ 不飾以銀黃,¹⁰ 其質至美, 物不足以飾之. 夫物之待飾而後行者,¹¹ 其質不美也. 是以父子之間, 其禮樸而不明, 故曰, "禮薄也". 凡物不並盛, 陰陽是也.¹² 理相奪予, 威德是也.¹³ 實厚者貌薄, 父子之禮是也. 由是觀之, 禮繁者實心衰也. 然則爲禮者, 事通人之樸心者也.¹⁴ 衆人之爲禮也, 人應則輕歡, 不應則責怨. 今爲禮者事通人之朴心, 而資之以相責之分,¹⁵ 能毋爭乎? 有爭則亂, 故曰,¹⁶ "夫禮者, 忠信之薄也, 而亂之首乎."

---

1 禮爲情貌者也(예위정모자야): '모貌'는 동사로 나타내다는 의미. '정情'은 사물의 실질 내지 진상.

2 文爲質飾者也(문위질식자야): '문文'은 문체, '질質'은 사물의 본바탕.

3 好質而惡飾(호질이오식): '오惡'는 싫어한다는 의미.

4 其情惡也(기정악야): '악惡'은 나쁘다는 의미.

5 須飾而論質者(수식이논질자): '수須'는 '기다리다'는 의미로, '수식須飾'은 꾸밈을 더하다는 의미.

6 其質衰也(기질쇠야): 쇠약하다는 의미를 지닌 '쇠衰'는 앞서 나온 나쁘다는 '악惡'의 의미.

7 和氏之璧(화씨지벽): 화씨가 발견한 천하 명옥明玉의 이름. 초楚나라 사람인 화씨和氏는 귀한 옥 덩어리를 발견하여 여왕 견王에게 바쳤는데 돌이라는 감정鑑定이 나오자 월형刖刑을 당해 왼쪽 발꿈치가 잘렸고, 다시 무왕武王에게 이를 바쳤으나 같은 감정이 나오자 오른쪽 발꿈치마저 잘렸다. 무왕武王이 죽고 문왕文王이 즉위하자 화씨는 옥 덩어리를 안고 산 아래에서 사흘간 피눈물을 흘리며 통곡했다. 문왕이 그 소문을 접하고 사람을 보내어 이유를 물었다. 그는 발꿈치 잘린 것을 슬퍼하는 것이 아니라 보옥寶玉을 돌이라 하고, 곧은 선비를

사기꾼이라 하는 것이 슬퍼서 그렇다고 대답했다. 옥 덩어리를 다듬자 진짜 보옥寶玉임이 밝혀졌고 문왕文王은 그것을 가리켜 '화씨지벽和氏之璧'이라고 명명함.

8 不飾以五采(불식이오채): '채采'는 '채彩', '오채五采'는 푸른빛, 누른빛, 붉은빛, 흰빛, 검은빛의 다섯 가지 빛깔의 색.

9 隋侯之珠(수후지주): 춘추시대 한동漢東 땅 수隨나라 제후인 수후隋侯가 다친 뱀을 살려 주었는데 용의 아들이었다. 뱀은 양자강에서 보옥을 가져와 수후에게 은혜를 갚았는데, 그 구슬은 한밤에도 주위를 대낮같이 밝히는 야광주夜光珠였다고 한다. 수후지주隋侯之珠와 화씨지벽和氏之璧은 모두 천하의 귀중한 보배를 말함.

10 不飾以銀黃(불식이은황): '황黃'은 황금.

11 夫物之待飾而後行者(부물지대식이후행자): '행行'은 물건이 널리 유행하여 거래된다는 의미.

12 陰陽是也(음양시야): 음이 흥성하면 양이 쇠퇴하고 양이 흥성하면 음이 쇠퇴하는 과정이 그치질 않고 계속되는, 음과 양이 상대相對하며 변하는 것을 말함.

13 威德是也(위덕시야): '위덕威德'은 「이병二柄」에서 말하는 '형덕刑德'.(陳奇猷)

14 事通人之樸心者也(사통인지박심자야): '통通'은 '연다開'는 의미(陳啓天), '관통하다貫通'는 의미(陳奇猷), '서로 소통하게 한다洶通'는 의미(『교주校注』), '혼돈의 구멍을 뚫는 데 힘쓰는 것을 말하는 것'(物雙松) 등의 다양한 해석이 있음.

15 而資之以相責之分(이자지이상책지분): '자資'는 '주다' 내지 '취하다'는 의미로 해석, '상책지분相責之分'은 서로가 따지는 명분 내지 직분.

16 故曰(고왈): 이하의 내용은 『노자』 38장에 대한 인용.

해로
20-8

이른바 "대장부"라 함은 그 지혜가 크다는 것을 말한다. 이른바 "그 두터운 데 거처하며 엷은 데 거처하지 않는다."고 하는 것은 실질의 진실을 행하고 예禮의 겉모양을 버린다는 말이다. 이른바 "그 실질에 몸을 두고 그 화려함에 몸을 두지 않는다."고 하는 것은 반드시 사물의 이치를 따르며, 빨리 가려거나 가로질러 가지 않는다는 말이다. 이른바 "저쪽을 버리고 이쪽을 취한다."고 하는 것은 겉모양이나 빨리 가려거나 가로질러 가는 것을 버리고 사물의 이치를 따르거나 실질의 진실을 좋아하길 취한다는 말이다. 그러므로 "저쪽을 버리고 이쪽을 취한다."고 말한다.

所謂"大丈夫"者,[1] 謂其智之大也. 所謂"處其厚, 不處其薄"者, 行情實而去禮貌也. 所謂"處其實, 不處其華"者, 必緣理不徑絶也.[2] 所謂"去彼取此"者, 去貌徑絶, 而取緣理 · 好情實也. 故曰, "去彼取此."

---

1 所謂"大丈夫"者(소위대장부자): '소위所謂'는 『노자』 38장에 나오는 내용, 이하 본 문단에서 인용한 내용은 모두 『노자』 38장에서 취함.

2 必緣理不徑絶也(필연리부경절야): '연리緣理'는 사물의 법칙을 따르는 것, '경절徑絶'의 '경徑'은 육지의 지름길, '절絶'은 강물의 흐름을 따르지 않고 가로지르는 지름길. '경'과 '절'은 모두 사물의 이치에 따르지 않고 성급하게 일하는 것.

사람이 복이 있으면 부귀가 이르고, 부귀가 이르면 먹고 입는 것이 좋아지고, 먹고 입는 것이 좋아지면 교만한 마음이 생기고, 교만한 마음이 생기면 행동이 옳지 않게 되고 동작이 도리에 어긋나게 된다. 행동이 옳지 않으면 몸이 일찍 죽게 되며, 동작이 도리에 어긋나면 일함에 성공이 없다. 대저 안으로 일찍 죽을 재난이 있고 밖으로 성공의 명성이 없다는 것은 큰 재앙이다. 그렇게 재앙의 근본은 복이 있는 데서 생겨난다. 그러므로 말하길, "복이란 화가 엎드려 있는 곳이다."고 한다.

人有福則富貴至, 富貴至則衣食美, 衣食美則驕心生, 驕心生則行邪僻而動棄理, 行邪僻則身死夭, 動棄理則無成功. 夫內有死夭之難而外無成功之名者,[1] 大禍也. 而禍本生於有福. 故曰,[2] "福兮禍之所伏."

---

1 夫內有死夭之難而外無成功之名者(부내유사요지난이외무성공지명자): '사요지난死夭之難'은 신체상의 일이므로 '내內', '성공지명成功之名'은 신체 외부의 일이므로 '외外'.

2 故曰(고왈): 『노자』 58장에서는 "화란 복이 의지하는 곳이요 복이란 화가 엎드려 있는 것인데, 누가 그 궁극을 알겠는가?(禍兮福之所倚, 福兮禍之所伏, 孰知其極?)"라고 하는데, '화禍'와 '복福'이 상호 의존하고 전환하는 변증적 관계에 있음을 보여주는 내용.

무릇 도道와 이理에 따라 일을 하는 자는 이루지 못할 것이 없다. 이루지 못할 것이 없는 자는 크게는 천자나 제후의 권세와 존엄을 능히 이룰 수 있고, 작게는 경卿이나 재상 또는 장군의 상록을 쉽게 얻는다. 한편 도와 이를 버리고 경거망동하는 자는 비록 위로는 천자나 제후라는 권세와 존엄을 갖거나 아래로는 의돈倚頓・도주陶朱・복축育祝과 같은 부를 지녔더라도, 오히려 그의 백성과 사람들을 잃고 그의 재화와 돈을 상실하게 될 것이다. 많은 사람들이 경솔하게 도와 이를 버리고 쉽게 안이하게 경거망동하는 것은 그 화와 복이 심대하고 도가 이와 같이 넓고 넓은 것을 알지 못하기 때문으로, 사람을 일깨워 "누가 그 극을 알겠는가?"라고 말한다.

사람은 부귀하게 온전히 수명을 다하기를 바라지만 빈천하게 요절하는 재앙을 면할 수 없다. 마음은 부귀하며 온전히 수명을 다하기를 바라지만 지금 빈천하게 요절하여 그 이르고자 하는 데 이를 수 없다. 무릇 자기가 바라고자 하는 길을 잃고서 제멋대로 행동하는 것을 가리켜 미혹되었다 말하며, 미혹되면 그 이르고자 하는 곳에 이를 수 없다. 지금 이르고자 하는 곳에 이를 수 없으므로 '미혹됨'이라고 말한다. 많은 사람들이 이르고자 하는 곳에 이를 수 없는 것은 하늘과 땅이 둘로 갈라진 이래 지금까지에 이르므로 "사람이 미혹됨이 그 시일이 진실로 오래되었다."고 말한다.

夫緣道理以從事者, 無不能成. 無不能成者, 大能成天子之勢
尊, 而小易得卿・相・將軍之賞祿.[1] 夫棄道理而妄擧動者, 雖上

有天子諸侯之勢尊, 而下有倚頓·陶朱·卜祝之富,² 猶失其民人
而亡其財資也. 衆人之輕棄道理而易妄舉動者, 不知其禍福之深
大而道闊遠若是也, 故論人曰, "孰知其極?"³ 人莫不欲富貴全壽,
而未有能免於貧賤死夭之禍也. 心欲富貴全壽, 而今貧賤死夭,
是不能至於其所欲至也. 凡失其所欲之路而妄行者之謂迷,⁴ 迷則
不能至於其所欲至矣. 今衆人之不能至於其所欲至, 故曰, "迷."
衆人之所不能至於其所欲至也, 自天地之剖判以至於今,⁵ 故曰,⁶
"人之迷也, 其日故以久矣."

---

1 而小易得卿·相·將軍之賞祿(이소이득경상장군지상록): '경卿'은 공公보다는 아
래이고 대부大夫보다는 위에 위치한 작위. '상록賞祿'은 관료들에게 상으로 주
던 녹봉.

2 而下有倚頓·陶朱·卜祝之富(이하유의돈도주복축지부): 의돈倚頓은 전국戰國시
대 소금과 철로 거부가 된 인물. 도주朱卜는 춘추春秋시대 월越나라의 명재상
이었던 범려范蠡 또는 도陶라는 지방에서 주공朱公이라는 이름으로 장사해서
많은 재산을 모은 인물. 복축卜祝은 길흉을 점치거나 미신 신앙 활동으로 막대
한 부를 축적한 인물 내지 직업. 『사기史記』 「화식전貨殖傳」에 나오는 인물인 의
돈倚頓·도주陶朱와 더불어 병렬된 것으로 볼 때 복축卜祝은 인명.(蒲阪圓, 陳奇
猷)

3 孰知其極(숙지기극): 『노자』 59장에 나오는 "그 끝을 알 수 없다莫知其極"의 부연.

4 凡失其所欲之路而妄行者之謂迷(범실기소욕지로이망행자지위미): '미迷'는 일정
한 방향성이 없이 갈피를 잡지 못함.

5 自天地之剖判以至於今(자천지지부판이지어금): '부판剖判'은 둘로 갈라져 열렸
다는 의미로 개벽을 말함.

6 故曰(고왈): 이하의 내용은 『노자』 58장의 인용으로 『노자』에는 "사람의 미혹
됨이 그 날이 진실로 이미 오래되었다.(人之迷, 其日固已久矣)"라고 되어 있음.

들고 보고 총명한 지혜는 천연적인 능력이며, 움직이고 멈추며 행동하고 사고하는 것은 인위적인 능력이다. 사람은 천연적으로 부여받은 보는 능력에 의존해서 보고, 천연적으로 부여받은 듣는 능력에 의지해서 들으며, 천연적으로 부여받은 능력에 의탁해서 생각한다. 그러므로 보는 것이 너무 많으면 눈이 잘 보이질 않고, 듣는 것이 너무 심하면 귀가 잘 들리지 못하며, 생각함이 과도하면 지혜가 혼란해진다. 눈이 잘 보이질 않으면 흑과 백의 경계를 구별할 수 없고, 귀가 밝질 못하면 맑고 탁한 소리를 분별할 수 없으며, 지혜가 혼란하면 이득과 손실이 생기는 곳을 살필 수 없다. 눈이 흑백의 색깔을 구분할 수 없으면 맹盲이라 하고, 귀가 맑고 탁한 음성을 구별할 수 없으면 농聾이라 하며, 마음이 이득과 손실이 생기는 곳을 가려낼 수 없으면 광狂이라고 한다. 눈이 멀면 한낮의 위험을 피할 수 없고, 귀가 멀면 천둥과 벼락의 해악도 알 수 없으며, 사리분별이 없으면 인간세상의 법령을 어긴 화를 면할 수 없다.

『노자』에서 말한 '인위의 능력을 다스린다治人'고 함은 움직이고 멈춤의 절도를 알맞게 하고, 생각함의 낭비를 살피는 것을 말한다. 이른바 '천연의 능력을 섬긴다事天'고 함은 듣고 보는 능력을 마지막까지 쓰지 않고 지혜의 기능을 다하지 않는 것을 말한다. 진실로 마지막까지 다 쓴다면 정신을 소모하는 것이 많아지고, 정신을 소모하는 것이 많아지면 눈이 멀고 귀가 멀며 도리에 벗어나 사리분별을 못하는 재앙에 이르므로 그것을 아껴 써야嗇 한다. 그것을 아껴야 한다는 것은 그 정신精氣와 神氣을 소중히 여기고 그 지혜를 아낀다는 것이다. 그러므로 "인위의 능력을 다스리고 천연의 능력을 유지하는 것은 아끼는 것만 같지 못하다."고 말한다.

聰明睿智, 天也, 動靜思慮, 人也. 人也者, 乘於天明以視,[1] 寄
於天聰以聽, 託於天智以思慮. 故視强,[2] 則目不明, 聽甚, 則耳
不聰, 思慮過度, 則智識亂.[3] 目不明, 則不能決黑白之分,[4] 耳不
聰, 則不能別淸濁之聲, 智識亂, 則不能審得失之地. 目不能決黑
白之色則謂之盲, 耳不能別淸濁之聲則謂之聾, 心不能審得失之
地則謂之狂. 盲則不能避晝日之險,[5] 聾則不能知雷霆之害, 狂則
不能免人間法令之禍. 書之所謂"治人"者,[6] 適動靜之節, 省思慮
之費也. 所謂"事天"者, 不極聰明之力, 不盡智識之任. 苟極盡,
則費神多, 費神多, 則盲聾悖狂之禍至, 是以嗇之. 嗇之者, 愛其
精神, 嗇其智識也. 故曰,[7] "治人事天莫如嗇".

---

1 乘於天明以視(승어천명이시): '승乘'과 다음에 나오는 '기寄'와 '탁託'은 모두 의
  존한다는 의미. '천명天明'은 천연적으로 부여받은 보는 능력, 다음에 나오는
  '천총天聰'은 천연적으로 부여받은 듣는 능력, '천지天智'는 천연적으로 부여받
  은 지혜.
2 故視强(고시강): '강强'과 다음에 나오는 '심甚', '과도過度'는 모두 천연적으로
  부여받은 보고, 듣고, 이해하는 능력이 도를 넘게 사용되는 것.
3 則智識亂(즉지식란): '란亂'은 사리분별을 제대로 할 수 없는 상태.
4 則不能決黑白之分(즉불능결흑백지분): '결決'과 다음에 나오는 '별別'과 '심審'은
  모두 구분하여 확정한다는 의미.
5 盲則不能避晝日之險(맹즉불능피주일지험): '주일晝日'은 '백일白日' 즉, 환하게
  밝은 대낮.
6 書之所謂"治人"者(서지소위치인자): '서書'는 『노자』 59장.
7 故曰(고왈): 이하 『노자』 59장의 인용.

인위적인 능력을 다스릴 줄 아는 자는 그 생각함이 고요하다. 천연적인 능력을 사용할 수 있는 자는 그 감각기관孔竅이 텅 비어 있다. 생각함이 고요하면 덕德을 잃지 않는다. 감각기관이 텅 비어 있으면 조화의 기운和氣이 날로 흡입된다. 그러므로 "덕을 거듭 쌓는다."고 말한다. 무릇 본래의 덕을 잃지 않고 새로운 조화의 기운을 나날이 받아들이는 자는 일찍이 (도를) 따르는 자이다. 그러므로 "일찍이 (도를) 따른다는 것은 거듭 덕을 쌓는 것에 이른다."고 말한다. 덕을 쌓은 후에 비로소 마음이 고요해지고, 마음이 고요해진 후에 비로소 조화의 기운이 많아지고, 조화의 기운이 많아진 후에 비로소 계략이 잘되고, 계략이 잘 된 후에 비로소 능히 만물을 제어할 수 있고, 능히 만물을 제어할 수 있으면 전쟁에서 쉽게 적을 이기고, 전쟁에서 쉽게 적을 이기면 논의에 있어서 반드시 세상을 풍미하게 되며, 논의에 있어서 반드시 세상을 풍미하므로 "이기지 못하는 것이 없다."고 말한다. 이기지 못하는 것이 없다는 것은 덕을 거듭 쌓는 데 근본을 두는 것이므로, "덕을 거듭 쌓으면 이기지 못할 것이 없다."고 말한다. 싸워 적을 쉽게 이기면 천하를 모두 소유하고 논의가 반드시 세상을 뒤엎는다면 백성들이 따른다. 나아가 천하를 모두 소유하고 물러나 백성들이 따르는데, 그 방법은 심원하여 일반 사람들은 그 시작과 끝을 보지 못한다. 그 시작과 끝을 보지 못하므로 그 궁극을 알지 못한다. 그러므로 "이기지 못하는 것이 없으면 그 궁극을 알지 못한다."고 말한다.

知治人者, 其思慮靜. 知事天者, 其孔竅虛.[1] 思慮靜, 故德不去, 孔竅虛, 則和氣日入. 故曰,[2] "重積德". 夫能令故德不去, 新和氣日至者, 蚤服者也. 故曰, "蚤服, 是謂重積德". 積德而後神靜, 神靜而後和多, 和多而後計得, 計得而後能御萬物, 能御萬物則戰易勝敵, 戰易勝敵而論必蓋世, 論必蓋世, 故曰"無不克". 無不克, 本於重積德, 故曰, "重積德則無不克." 戰易勝敵則兼有天下, 論必蓋世則民人從. 進兼天下而退從民人, 其術遠則衆人莫見其端末.[3] 莫見其端末, 是以莫知其極. 故曰,[4] "無不克則莫知其極."

---

1 其孔竅虛(기공규허): '공孔'과 '규竅'는 모두 구멍이란 뜻으로 이목구비 감각기관.

2 故曰(고왈): 이하는 『노자』 59장의 "무릇 오직 검소한 것을 일찍 (도를) 따른다 하고, 일찍 (도를) 따르는 것을 일러 거듭 덕을 쌓는다고 하며, 무릇 거듭 덕을 쌓으면 극복하지 못할 것이 없다(夫唯嗇, 是以早服, 早服, 謂之重積德, 重積德則無不克)"의 인용.

3 其術遠則衆人莫見其端末(기술원즉중인막견기단말): '단말端末'은 시작과 끝.

4 故曰(고왈): 『노자』 59장의 인용.

해로
20-16

무릇 나라를 지닌 이후에 그것을 망치고 몸을 지닌 이후에 그것을 해친다면 그 국가를 지닐 수 있고 그 몸을 보호할 수 있다고 말할 수 없다. 무릇 그 나라를 지닐 수 있으면 반드시 그 사직을 안정되게 할 수 있고, 그 몸을 보호할 수 있으면 반드시 그 천수를 마칠 수 있으며, 그런 이후에 그 나라를 지닐 수 있고 그 몸을 보호할 수 있다고 말할 수 있다. 무릇 그 나라를 지닐 수 있고 그 몸을 잘 보호할 수 있는 자는 반드시 도를 체득하게 된다. 도를 체득하면 그 지혜가 깊어지고, 그 지혜가 깊어지면 그 계획이 원대해지며, 그 계획이 원대해지면 일반 사람들은 그 지극한 것(한계)을 알아볼 수 없다. 오직 일반 사람들은 그 일의 지극함을 알아볼 수 없으며, 그 일의 지극함을 알아볼 수 없게 하는 자만이 몸을 보호하고 나라를 지닐 수 있다. 그러므로 "그 끝을 알지 못하면 나라를 보존할 수 있다."고 말한다.

凡有國而後亡之, 有身而後殃之, 不可謂能有其國·能保其身. 夫能有其國, 必能安其社稷, 能保其身, 必能終其天年, 而後可謂能有其國·能保其身矣. 夫能有其國·保其身者, 必且體道. 體道則其智深, 其智深則其會遠, 其會遠,¹ 衆人莫能見其所極. 唯夫能令人不見其事極, 不見其事極者, 爲能保其身·有其國. 故曰,² "莫知其極則可以有國".

---

1 其會遠(기회원): '會'는 '계計'. (梁啓雄)
2 故曰(고왈): 이하는 『노자』 59장의 인용.

공인工人이 업종을 자주 바꾸면 그 성과를 잃게 되고, 경작을 하는 자가 자주 옮겨 다니면 그 일을 망치게 된다. 한 사람이 일을 하면서 하루에 반나절씩 허비한다면 열흘에 다섯 사람 몫의 성과를 잃게 된다. 만 명이 하루에 반나절씩 허비한다면 열흘에 오만 명 몫의 성과를 잃게 된다. 그런 즉 업종을 자주 바꾸는 경우 그 인원이 많을수록 그 손실이 더욱더 커진다. 무릇 법령을 바꾸면 이해관계가 바뀌고, 이해 관계가 바뀌면 백성이 힘써야 할 일도 바뀌게 되는데, 힘써야 할 일이 바뀌는 것을 일러 업종을 바꾼다고 한다. 그러므로 이치로써 살펴볼 때 대중에게 일을 시키면서 자주 바꾸면 성공이 적고, 큰 기물을 소장 하면서 자주 옮기면 파손이 많고, 작은 물고기를 끓이면서 자주 뒤집 으면 그 윤기를 해치고, 큰 나라를 다스리면서 법을 자주 바꾸면 백성 이 고통을 받게 된다. 그러므로 도를 터득한 군주는 허정虛靜을 귀히 여기고 법을 바꾸는 것을 신중하게 한다. 그러므로 말하길, "큰 나라 를 다스리는 자는 마치 작은 물고기를 끓이듯이 한다."고 한다.

工人數變業則失其功, 作者數搖徙則亡其功.[1] 一人之作, 日亡 半日, 十日則亡五人之功矣. 萬人之作, 日亡半日, 十日則亡五萬 人之功矣. 然則數變業者, 其人彌衆, 其虧彌大矣. 凡法令更則利 害易, 利害易則民務變, 民務變謂之變業. 故以理觀之, 事大衆而 數搖之則少成功,[2] 藏大器而數徙之則多敗傷, 烹小鮮而數撓之則 賊其澤, 治大國而數變法則民苦之. 是以有道之君貴虛靜, 而重 變法. 故日,[3] "治大國者若烹小鮮."

1 作者數搖徒則亡其功(작자삭요사즉망기공): '작자作者'는 '경작자耕作者'를 가리
   킴.(梁啓雄) '삭數'은 '자주', '요搖'와 '사徙'는 모두 움직인다는 의미로 경작자가
   거처를 옮겨 다니는 것을 말함.

2 事大衆而數搖之則少成功(사대중이삭요지즉소성공): '사事'는 '사使'로 사역의 의
   미.(陳奇猷)

3 故曰(고왈): 이하의 내용은 『노자』 60장의 인용.

사람은 병들면 의사를 귀하게 생각하고, 재앙을 당하면 귀신을 두려워한다. 성인이 군주의 지위에 있으면 백성은 욕심이 적어지고, 백성들이 욕심을 적게 가지면 혈기가 다스려지고 거동이 이치에 맞으며, 재앙과 재해가 적어진다. 대저 안으로는 종기나 부스럼 등의 여러 가지 질병의 해가 없고, 밖으로 형벌을 받거나 법으로 처벌받는 화가 없다면 귀신을 가볍게 여기는 것이 심화되므로, "도로써 천하에 임하면 그 귀신도 신통하지 않게 된다."고 말한다. 다스려지는 세상의 백성은 귀신과 더불어 서로 해치지 않으므로 "그 귀신이 신통하지 않은 것이 아니라 그 신통력이 사람을 해치지 못한다."고 말한다.

귀신이 사람을 질병에 걸리게 하는 빌미를 내리는 것을 가리켜 귀신이 사람을 해친다고 하고, 귀신이 사람을 질병에 걸리게 하는 빌미를 내리는 것을 없애는 것을 가리켜 사람이 귀신을 해친다고 하고, 백성이 법령을 어기는 것을 가리켜 백성이 군주를 해친다고 하고, 군주가 백성에게 형벌을 내려 처형하는 것을 가리켜 군주가 백성을 해친다고 하는데, 백성이 법을 어기지 않으면 군주 역시 형을 집행하지 않고, 군주가 형을 집행하지 않는 것을 가리켜 군주가 사람을 해치지 않는다고 하므로, "성인 역시 백성을 해치지 않는다."고 말한다. 군주가 백성과 더불어 서로 해치지 않고, 사람도 귀신과 더불어 서로 해치지 않으므로, "양쪽이 서로 해치지 않는다."고 말한다.

백성이 감히 법을 어기지 않으면 군주는 안으로 형벌을 쓰지 않고 밖으로 그 산업에서 나오는 이익을 탐내는 데 힘쓰지 않고, 군주가 안으로 형벌을 쓰지 않고 밖으로 그 산업에서 나오는 이익을 탐내는 데 힘쓰지 않으면 백성이 번식하고, 백성이 번식하면 축적도 풍성해지며, 백성이 번식하고 축적이 풍성해지는 것을 일러 덕德이 있다고 한다. 무릇 이른바 재앙이나 질병 등이 생기는 빌미를 내리는 것이란 혼백이 빠져 나가서 정신이 혼란해지는 것이며, 정신이 혼란해지면 덕이 없게 된다. 귀신이 사람에게 앙화를 입히지 않으면 혼백이 빠져 나가지 않으며 혼백이 빠져 나가지 않으면 정신도 혼란해지지 않으며, 정신이 혼란해지지 않는 것을 일러 덕이 있다고 한다. 군주가 축적을 풍성하게 해주고 귀신이 정신을 혼란스럽게 하지 않으면 덕이 백성에게 갖추어지게 된다. 그러므로 "귀신과 성인 양쪽이 서로 해치지 않으면 그 덕이 차례로 백성에게 돌아간다."고 말하는데, 이것은 덕이 위와 아래로 교대로 풍성해지면서 모두 백성에게 돌아가는 것을 말한다.

人處疾則貴醫, 有禍則畏鬼. 聖人在上則民少欲,[1] 民少欲則血氣治而擧動理,[2] 擧動理則少禍害. 夫內無痤疽癉痔之害,[3] 而外無刑罰法誅之禍者,[4] 其輕恬鬼也甚,[5] 故曰, "以道莅天下, 其鬼不神".[6] 治世之民, 不與鬼神相害也, 故曰,[7] "非其鬼不神也, 其神不傷人也". 鬼崇也疾人之謂鬼傷人,[8] 人逐除之之謂人傷鬼也,[9] 民犯法令之謂民傷上, 上刑戮民之謂上傷民,[10] 民不犯法則上亦不行刑, 上不行刑之謂上不傷人, 故曰,[11] "聖人亦不傷民". 上不與民相害, 而人不與鬼相傷, 故曰,[12] "兩不相傷". 民不敢犯法, 則上內不用刑罰, 而外不事利其産業.[13] 上內不用刑罰, 而外不事利其産業, 則民蕃息,[14] 民蕃息而蓄積盛.[15] 民蕃息而蓄積盛之謂有德. 凡所謂崇者, 魂魄去而精神亂, 精神亂則無德. 鬼不

崇人則魂魄不去, 魂魄不去則精神不亂, 精神不亂之謂有德. 上
盛蓄積而鬼不亂其精神, 則德盡在於民矣.[16] 故曰, "兩不相傷則
德交歸焉",[17] 言其德上下交盛而俱歸於民也.

---

1 聖人在上則民少欲(성인재상즉민소욕): '상上'은 군주, '재상在上'은 군주의 자리
에 위치하는 것.

2 民少欲則血氣治而擧動理(민소욕즉혈기치이거동리): '혈기치血氣治'는 '내심內心',
'거동리擧動理'는 '외행外行'에 관해서 말한 것.(陳奇猷) 내內 · 외外가 건강하고
바로잡혀 다스려짐을 말함.

3 夫內無痤疽癉痔之害(부내무좌저단치지해): '좌痤'는 종기, 등창, '저疽'는 등창,
악성종기, '단癉'은 황달, 악성부스럼, 학질, '치痔'는 치질로, 모두 악성 종기
와 부스럼에 관한 질병.

4 而外無刑罰法誅之禍者(이외무형벌법주지화자): '법주法誅'는 법에 의해 처벌받음.

5 其輕恬鬼也甚(기경념귀야심): '경념輕恬'은 경시하며 안일하게 생각함.

6 以道莅天下, 其鬼不神(이도리천하기귀불신): 『노자』 60장에 대한 인용. '리莅'는
다스리다, 통치하다의 의미인 '임臨'으로 '이도리천하以道莅天下'는 곧 도道로써
천하를 다스림.

7 故曰(고왈): 이하의 인용은 『노자』 60장의 내용.

8 鬼祟也疾人之謂鬼傷人(귀수야질인지위귀상인): '수祟'는 재앙이나 질병 등이
생기는 빌미를 내리는 것. '질疾'은 질병에 걸리게 한다는 의미의 사역동사.

9 人逐除之之謂人傷鬼也(인축제지지위인상귀야): '축제逐除'는 쫓아내 없애는 것
으로, '축제지逐除之'는 앞의 '귀신이 사람을 질병에 걸리게 하는 빌미를 내리
는 것'을 쫓아내 제거한다는 의미.

10 上刑戮民之謂上傷民(상형륙민지위상상민): '상上'은 군주, '형륙刑戮'은 형벌을
내려 죽이는 것.

11,12 故曰(고왈): 이하의 인용은 『노자』 60장.

13 則上內不用刑罰, 而外不事利其産業(즉상내불용형벌이외부사리기산업): '내內'는
죽고 사는 신체상의 일, '외外'는 공명功名과 같은 신체 외적인 일.(張覺) '내內'
는 백성의 내체內体, '외外'는 백성의 외물外物, '리利'는 욕심을 부리며 탐내는

것(『순자』「왕패王霸」: 利, 貪求之也).(梁啓雄) '사事'는 이익을 탐낸 일에 매우 힘쓰는 것.

14 則民蕃息(즉민번식): 붙고 늘어서 많이 퍼진다는 뜻의 '번식蕃息'은 인구가 증가한다는 의미의 번식繁殖, 번식蕃殖.

15 民蕃息而蓄積盛(민번식이축적성): '이而'는 '즉則'과 같은 용법. '축적성蓄積盛'은 쌓이는 것이 많아짐.

16 則德盡在於民矣(칙덕진재어민의): '진재盡在'는 덕이 완전히 다 갖추어진 극치의 상태로 존재하는 것.

17 兩不相傷則德交歸焉(양불상상즉덕교귀언): 『노자』 60장의 인용. 통행본 『노자』에는 '즉則'이 '고故'로 되어 있음. '양兩'은 귀신과 성인, '교交'는 '교대로' 내지 '차례로'의 의미, '언焉'은 '어지於之'로 대명사 '지之'는 백성을 가리킴.

도를 체득한 군주는 밖으로는 인접한 적국에 원한이 없고 안으로
는 인민에게 은덕을 베푼다. 대저 밖으로 인접한 적국에 원한이 없다
고 함은 제후를 예우로 대한다는 것이다. 안으로 인민에게 은덕을 베
푼다고 함은 인사를 다스리는 일에서 근본(농사)에 힘쓰게 하는 것이
다. 제후를 예우하며 예의를 지킨다면 전쟁이 거의 일어나지 않고, 백
성을 다스리며 근본(농사)에 힘쓰게 한다면 사치가 그치게 된다. 무릇
말이 크게 쓰이는 까닭은 밖으로 무기를 공급해야 하고 안으로 사치
품을 공급해야 하기 때문이다. 지금 도를 체득한 군주는 밖으로 무기
를 거의 사용하지 않고 안으로 사치를 금한다. 위로 군주가 전투에서
달아나는 적을 추격하는 데 말을 쓰게 하지 않고 백성도 멀리 사치품
을 나르는 데 말을 쓰지 않으니, 힘을 쏟을 곳은 오직 논밭뿐이고, 논
과 밭에 힘을 쏟으면 반드시 논밭을 일구고 물을 대는 일에 쓰게 될
것이므로, "천하에 도가 행해지면 전쟁터에서 달리던 말을 물리치고
밭을 일구게 한다."고 말한다.

有道之君, 外無怨讐於鄰敵, 而內有德澤於人民. 夫外無怨讐
於鄰敵者, 其遇諸侯也外有禮義.¹ 內有德澤於人民者, 其治人事
也務本.² 遇諸侯有禮義則役希起,³ 治民事務本則淫奢止.⁴ 凡馬
之所以大用者, 外供甲兵而內給淫奢也. 今有道之君, 外希用甲
兵, 而內禁淫奢. 上不事馬於戰鬪逐北,⁵ 而民不以馬遠淫通物,
所積力唯田疇, 積力於田疇必且糞灌,⁶ 故曰,⁷ "天下有道, 卻走
馬以糞也."

1 其遇諸侯也外有禮義(기우제후야외유예의): '우遇'는 예우로 제후를 대함. '외外'는 빼고 8자가 한 구가 되어야 함.(顧廣圻, 陳奇猷)

2 其治人事也務本(기치인사야무본): '본本'은 농사.

3 遇諸侯有禮義則役希起(우제후유예의즉역희기): '역役'은 '전쟁戰役', '희希'는 '희稀', '한罕'으로 매우 드물다는 의미.(梁啓雄)

4 治民事務本則淫奢止(치민사무본즉음사지): '음淫'과 '음사淫奢'는 같은 의미, '음사淫奢'는 사치품.

5 上不事馬於戰鬪逐北(상불사마어전투축배): '사事'는 '사使'로 사역의 의미로 해석. '축배逐北'는 달아나는 적을 추격함.

6 積力於田疇必且糞灌(적력어전주필차분관): '차且'는 '장將'.(梁啓雄) '분관糞灌'은 거름 주고 물을 대는 것, 곧 경작.

7 故曰(고왈): 이하는 『노자』 46장에 나오는 "천하에 도가 있으면 전쟁터에서 달리는 말을 물리치고, 밭을 일구게 하고, 천하에 도가 없으면 군마가 전쟁터에서 새끼를 낳는다.(天下有道, 却走馬以糞, 天下無道, 戎馬生於郊)"의 인용.

사람이 욕심이 있으면 계산과 사려가 흐트러지고, 계산과 사려가 흐트러지면 욕심이 더욱 심해지며, 욕심이 더욱 심해지면 사악한 마음이 점유하고, 사악한 마음이 점유하면 일을 급하게 처리하게 되며, 일을 급하게 처리하면 재앙과 환난이 생긴다. 이로써 보건대 재앙과 환난은 사악한 마음에서 생기고 사악한 마음은 욕심을 부리는 데서 오는 것이다. 욕심을 부릴 만한 일들이 제고되면 양민들을 간악하게 하고, 완전히 그만두지 못한다면 착한 사람들에게 재앙을 입게 한다. 간악한 일이 생겨나면 위로는 군주를 침해하고, 재앙이 이르면 백성들이 많이 다치게 된다. 그런즉 욕심을 부릴 만한 일들은 위로는 군주를 침해하고 아래로는 인민을 다치게 한다. 무릇 위로 군주를 침해하고 아래로 인민을 다치게 한다는 것은 큰 죄이다. 그러므로 말하길, "화는 욕심을 부리는 것보다 더 큰 것은 없다."고 한다. 그러므로 성인은 오색五色에 이끌리지 않고 음악의 즐거움에 빠져들지 않으며 현명한 군주는 애호품을 천시하고 음란한 미려함을 물리친다.

　사람에게는 털이나 깃이 없기 때문에 옷을 입지 않으면 추위를 이기지 못한다. 위로 하늘에 붙어 있지 못하고 아래로 땅에 붙어 있지 못해서 장과 위를 뿌리로 삼아 먹지 않으면 살아갈 수가 없다. 그러므로 이득을 바라는 마음에서 벗어나지 못하며, 이득을 바라는 마음을 제거하지 못하는 것이 그 몸의 근심이다. 그러므로 성인은 옷이 충분히 추위를 견딜 수 있고 음식이 충분히 허기진 배를 채울 수만 있다면 근심하지 않는다. 많은 사람들은 그렇지 못하여 크게는 제후가 되고 작게는 천금이나 되는 재산을 남기더라도 그 이득 보려는 근심을 물리치지 못하며, 죄수들은 죽을죄를 짓고도 용서받아 때로는 살아남는데, 지금 만족할 줄 모르는 자의 근심은 몸을 마치도록 풀려나지 못하므로, "재앙은 만족할 줄 모르는 것보다 더 큰 것이 없다."고 말한다.

그러므로 이득을 보려는 마음이 심하면 근심이 심하고, 근심이 심하면 질병이 생기고, 질병이 생기면 지혜가 쇠퇴하고, 지혜가 쇠퇴하면 법도度量를 잃고, 법도를 잃으면 함부로 행동하고, 함부로 행동하면 재앙이 이르고, 재앙이 이르면 질병이 몸 안에 엉겨붙고, 질병이 안에서 엉겨붙으면 고통스러운 재앙이 밖에서 닥치고, 고통스러운 재앙이 밖에서 닥치면 고통이 장과 위 사이에 번갈아 일고, 고통이 장과 위 사이에 번갈아 일면 사람을 상하게 하는 것이 대단히 심하고, 심하면 물러나 스스로 자신의 허물을 책망하고, 물러나 스스로의 허물을 뉘우치는 것은 이득을 바라는 마음에서 생기므로, "허물이 이득을 보려고 하는 것보다 더 심한 것은 없다."고 말한다.

人有欲則計會亂,[1] 計會亂而有欲甚, 有欲甚則邪心勝, 邪心勝則事經絶,[2] 事經絶則禍難生. 由是觀之, 禍難生於邪心, 邪心誘於可欲. 可欲之類, 進則敎良民爲姦,[3] 退則令善人有禍,[4] 姦起則上侵弱君,[5] 禍至則民人多傷. 然則可欲之類, 上侵弱君而下傷人. 夫上侵弱君而下傷人民者, 大罪也. 故曰, "禍莫大於可欲".[6] 是以聖人不引五色, 不淫於聲樂, 明君賤玩好而去淫麗. 人無毛羽, 不衣則不犯寒.[7] 上不屬天而下不著地,[8] 以腸胃爲根本, 不食則不能活. 是以不免於欲利之心, 欲利之心不除, 其身之憂也. 故聖人衣足以犯寒, 食足以充虛則不憂矣. 衆人則不然, 大爲諸侯, 小餘千金之資, 其欲得之憂不除也, 胥靡有免,[9] 死罪時活, 今不知足者

之憂, 終身不解, 故曰, [10] "禍莫大於不知足." 故欲利甚於憂, [11] 憂
則疾生, 疾生而智慧衰, [12] 智慧衰則失度量, [13] 失度量則妄舉動,
妄舉動則禍害至, 禍害至而疾嬰內, [14] 疾嬰內則痛禍薄外, [15] 痛禍
薄外則苦痛雜於腸胃之間, [16] 苦痛雜於腸胃之間則傷人也憯, 憯
則退而自咎, [17] 退而自咎也生於欲利, 故曰, [18] "咎莫憯於欲利."

---

1 人有欲則計會亂(인유욕즉계회란): '계計'와 '회會'는 같이 '계산하다, 헤아리다'
의 의미.

2 邪心勝則事經絕(사심승즉사경절): '경절徑絕'의 '경徑'(顧廣圻)은 육지의 지름길,
'절絕'은 강물의 흐름을 따르지 않는 가로지르는 지름길. 즉, 일을 순리대로 처
리하지 않고 급하게 처리하는 것을 말함.

3 進則教良民為姦(진즉교량민위간): '진進'은 제고提高하는 것, '교教'는 뒤에 나오
는 '령令'.

4 退則令善人有禍(퇴즉령선인유화): '퇴退'는 앞의 '진進'과 대구가 되어 완전히
금지하지 못하고 물러나는 것.

5 姦起則上侵弱君(간기즉상침약군): '약弱'은 업신여길 '모侮'의 의미.

6 禍莫大於可欲(화막대어가욕): 『노자』46장의 "재앙은 만족함을 모르는 것보다
더 큰 것이 없다禍莫大於不知足"는 내용을 인용한 듯. '화禍'는 '죄罪'로 위 문장의
'대죄大罪'를 계승.(顧廣圻) '가可'는, 기원전 2세기 전한前漢시대 한영韓嬰창이
지은 『한시외전韓詩外傳』 9권에 "죄는 많이 욕심 부리는 것보다 큰 것이 없다罪
莫大於多欲"라고 한 것을 볼 때 '다多'임.(張覺)

7 不衣則不犯寒(불의즉불범한): '범犯'은 '승勝'.(陳奇猷, 梁啓雄)

8 上不屬天而下不著地(상불속천이하불착지): '속屬'과 '착著'은 붙는다는'착着'의
의미.

9 胥靡有免(서미유면): '서미胥靡'는 '부역자徒役之人'(『장자(莊子)』)『경상초(庚桑楚)』,
'죄를 지어 벌을 받는 무리刑徒'(『석문(釋文)』), 형벌刑罪의 명칭(梁啓雄) 등의 여
러 해석이 있음. '유면有免'은 형벌을 받아 노역에 종사하는 죄수가 사면을 받
는다는 의미.

10 故曰(고왈): 이하 『노자』 46장의 인용.

11 故欲利甚於憂(고욕리심어우): '어於'는 '즉則', 건도본乾道本에서 상호 호환되어 사용됨.(梁啓雄)

12 疾生而智慧衰(질생이지혜쇠): '이而'는 '즉則'.

13 智慧衰則失度量(지혜쇠즉실도량): '도량度量'은 행위의 준칙 또는 법도.

14 禍害至而疾嬰內(화해지이질영내): '이而'는 '즉則', '영嬰'은 질병이 몸속을 에워싸다는 의미의 '요繞'(尹桐陽, 梁啓雄), 질병이 몸속에 침입하여 얽힌다는 의미의 '영嬰'.(張覺)

15 疾嬰內則痛禍薄外(질영내즉통화박외): '박薄'은 밖으로부터 들이닥친다는 의미의 '박迫'.(梁啓雄)

16 痛禍薄外則苦痛雜於腸胃之間(통화박외즉고통잡어장위지간): '잡雜'은 '집集'(尹桐陽) 또는 뒤섞여 번갈아 일어난다는 의미. '장위腸胃'는 마땅히 '외내外內'가 되어야 함.(顧廣圻)

17 慘則退而自咎(참즉퇴이자구): '참慘'은 참혹할 정도로 심한 상태에 이른다는 의미, '자구自咎'는 스스로 자신의 허물 또는 죄과를 책망함.

18 故曰(고왈): 이하 『노자』 46장의 인용.

도道란 모든 사물이 존재하는 근거이며 모든 이理가 모여 있는 근원이다. 이란 사물을 이루는 (구체적) 조리이고, 도란 만물을 이루게 하는 (보편적) 근원이다. 그러므로 "도는 그것을 조리 있게 하는 것이다."고 말한다. 사물에는 각기 이가 있어 서로 침범할 수 없기 때문에, 이는 사물을 (구체적으로) 결정짓는다. 만물은 각각 이를 달리하지만 도는 (그것을) 총괄한다. 만물의 이를 헤아리기 때문에 (도는) 변화하지 않을 수 없다. 변화하지 않을 수 없으므로 영원하게 정해진 방식이 없다. 영원하게 정해진 방식이 없으므로 죽고 사는 기운이 이러한 도에서 부여되고, 온갖 지혜가 이러한 도에서 취해지고, 모든 일이 이러한 도에서 쇠퇴하고 흥하게 된다. 하늘은 도를 얻음으로써 높고, 땅은 도를 얻음으로써 만물을 간직하고, 북두칠성은 도를 얻음으로써 그 위세를 이루고, 해와 달은 도를 얻음으로써 그 빛을 발하고, 오성은 도를 얻음으로써 그 자리를 유지하고, 뭇 별들은 도를 얻음으로써 그 운행을 바르게 하고, 네 계절은 도를 얻음으로써 그 변화하는 기운을 통제하고, 헌원씨軒轅氏는 도를 얻음으로써 사방을 호령하고, 적송씨赤松氏는 도를 얻음으로써 천지의 수명과 함께하고, 성인은 도를 얻음으로써 문물제도를 이루었다.

　도란 요堯와 순舜과 더불어 하면 함께 지혜롭고, 접여接輿와 더불어 하면 함께 미치광이가 되고, 걸桀과 주紂와 더불어 하면 함께 멸망하며, 탕湯과 무武와 더불어 하면 함께 번성한다. 가까운 데 있는 것 같은데 사방 끝에서 노닐며, 멀리 있는 것 같은데 언제나 자기 곁에 있으며, 어두운 것 같은데 그 광채가 밝게 빛나고, 밝은 것 같은데 그

물체가 캄캄하게 보인다. 또한 공은 천지를 이루고, 조화로움은 천둥과 번개를 융화시키며, 우주 안의 모든 사물이 그것에 의존함으로써 이루어진다.

무릇 도道의 실질은 제어되지 않고 형태도 없으며 유연하게 때의 변화에 따르며 이理와 더불어 서로 대응한다. 만물은 그것을 얻음으로써 죽고 그것을 얻음으로써 살며, 모든 일이 그것을 얻음으로써 실패하고 그것을 얻음으로써 성공한다. 도는 비유하자면 마치 물과 같아서, 물에 빠진 사람이 그것을 너무 많이 마시면 죽고 목이 마른 사람이 그것을 적당히 마시면 사는 것과 같다. 또 다른 비유를 하자면 도는 마치 칼이나 창과 같아서, 어리석은 사람이 그것으로 분을 풀면 화가 생기고 성인이 그것으로 포악한 사람을 제거하면 복이 이루어지는 것과 같다. 그러므로 그것을 얻음으로써 죽고 그것을 얻음으로써 살며 그것을 얻음으로써 실패하고 그것을 얻음으로써 성공한다.

道者, 萬物之所然也,[1] 萬理之所稽也.[2] 理者, 成物之文也.[3] 道者, 萬物之所以成也. 故曰, "道, 理之者也".[4] 物有理, 不可以相薄.[5] 物有理不可以相薄, 故理之爲物之制.[6] 萬物各異理, 萬物各異理而道盡.[7] 稽萬物之理, 故不得不化. 不得不化, 故無常操.[8] 無常操, 是以死生氣稟焉,[9] 萬智斟酌焉,[10] 萬事廢興焉. 天得之以高, 地得之以藏, 維斗得之以成其威.[11] 日月得之以恆其光,[12] 五常得之以常其位,[13] 列星得之以端其行, 四時得之以御其變氣, 軒轅得之以擅四方,[14] 赤松得之與天地統,[15] 聖人得之以成文章.[16] 道, 與堯·舜俱智, 與接輿俱狂,[17] 與桀·紂俱滅, 與湯·武俱昌. 以爲近乎, 遊於四極,[18] 以爲遠乎, 常在吾側, 以爲暗乎, 其

光昭昭. 以爲明乎, 其物冥冥. 而功成天地, 和化雷霆, 宇內之
物, 恃之以成. 凡道之情, 不制不形, 柔弱隨時, 與理相應. 萬物
得之以死, 得之以生, 萬事得之以敗, 得之以成. 道譬諸若水,[19]
溺者多飮之卽死, 渴者適飮之卽生. 譬之若劍戟, 愚人以行忿則
禍生, 聖人以誅暴則福成. 故得之以死, 得之以生, 得之以敗, 得
之以成.

---

1 萬物之所然也(만물지소연야): '소연所然'은 '소이연所以然'으로 만물이 존재하는
근거를 말한다. 『광아廣雅』 「석고釋詁」에서 "연은 이룬다(然, 成也)"라고 함.

2 萬理之所稽也(만리지소계야): '계稽'는 '(합合)·'당當)'의 의미. 『광아廣雅』 「석고釋詁」
에서는 "계는 합한다(稽, 合也)", "계는 합당하다(稽, 當也)"라고 함.

3 成物之文也(성물지문야): '문文'은 도를 체현하는 각각의 구체적인 조리, 법칙,
질서를 의미.

4 道, 理之者也(도리지자야): '이지理之'의 '지之'는 만물을, '리理'는 사역동사로
'만물을 생장화육하는 사물의 이치를 있게 하는 것'을 말한다. 『노자』 14장의
"옛날의 도를 잡고서 지금의 만물을 다스리면 태고의 시원을 알 수 있으므로
이것을 도의 벼리라고 말한다(執古之道, 以御今之有, 能知古始, 是謂道紀)."를
인용한 것으로 보임.

5 不可以相薄(불가이상박): '박薄'은 '침侵'의 의미.(物雙松)

6 故理之爲物之制(고리지위물지제): '물지제物之制'는 사물 각각에 존재하는 고유
성, 사물을 구분 짓는制 차별적 성격을 말함.

7 萬物各異理而道盡(만물각이리이도진): 진계천陳啓天은 뒤의 '만물의 이리를 통
괄한다.' '계만물지리稽萬物之理'와 붙여 해석하고, 진기유陳奇猷는 '도진道盡'의
'진盡'은 '완전히 다하다'는 '완필完畢'의 의미로 본다. 만물에는 각각 이리가 있
고 이리가 있으면 도道가 있으므로 하나의 사물一物에 하나의 이一理가 있으면
하나의 도一道가 있고, 만물에 만 가지 이萬理가 있으면 만 가지 도萬道가 있으
므로 사물物이 다하면 도道도 다한다고 해석한다.

8 故無常操(고무상조): '상조常操'는 늘 변하지 않는 지조가 없다는 뜻으로, 늘 일

정하게 정해진 방식이 없이 변화한다는 의미.

9 是以死生氣稟焉(시이사생기품언): '품稟'은 '받는다稟'는 뜻으로 사물의 성정과 기질이 천연적으로 생성되는 것을 의미함. '언焉'은 '어지於之', '지之'는 '변화무 쌍한 도道'를 가리킴.

10 萬智斟酌焉(만지짐작언): '짐작斟酌'은 '술 따위를 퍼낸다'는 의미로 여기서는 도道에서 흡수하여 취함.

11 維斗得之以成其威(유두득지이성기위): '유두維斗'는 '북두칠성'.

12 日月得之以恆其光(일월득지이항기광): '항恆'은 늘 언제나 해와 달의 광채가 빛 나는 것.

13 五常得之以常其位(오상득지이상기위): '오상五常'은 금·목·수·화·토(金· 木·水·火·土)의 다섯 가지 별(陳啓天)을 말하고, '상常'은 오성五星이 항상 그 자리에 위치해 있는 것.

14 軒轅得之以擅四方(헌원득지이천사방): 헌원씨軒轅氏는 황제黃帝를 가리킨다. 삼 황三皇의 한 사람으로, 처음으로 곡물 재배를 가르치고 문자, 음악, 도량형 따 위를 정했다고 한다. 『황제사경黃帝四經』, 『국어國語』, 『일주서逸周書』, 『사기史 記』, 『산해경山海經』 등의 고적을 비롯한 여러 신화와 역사 전적들에서는 황제 상黃帝像을 정벌의 정당화나 정치질서의 확립과는 불가분의 관계를 맺는 상징 적 인물로 묘사한다. '천擅'은 사방을 통일하여 호령하는 것을 말한다. '황제' 는 춘추春秋시대 이전의 갑甲·금문金文 혹은 오경五經 등에서 요堯·순舜 이전 인물인 황제에 관련된 기록을 찾을 수 없고, 『좌전左傳』과 전국戰國시대 진후陳 侯의 명문銘文인 『진후인자돈陳侯因資敦』에 나온 황제에 대한 언급이 가장 빠른 기록임.

15 赤松得之與天地統(적송득지여천지통): 『논형論衡』 「무형無形」에서 적송씨赤松氏는 "도를 좋아하여 신선이 되었고 세상이 다하도록 죽지 않았다(好道爲仙, 度世不 死)."고 장생불사長生不死한 선인仙人으로 묘사함. '통통統'은 '종終'의 의미.(孫貽讓)

16 聖人得之以成文章(성인득지이성문장): '성문장成文章'은 문물제도文章를 마련함.

17 與接輿俱狂(여접여구광): '접여接輿'는 초나라의 광인狂人으로 성은 륙陸이고 이 름이 통通이며 자가 접여. 『논어』 「미자微子」에 초楚나라 광인 접여接輿가 공 자 앞을 지나며 노래하면서楚狂接輿歌而過孔子 공자에게 정치의 위험성을 경고 하는 내용이 나옴.

18 遊於四極(유어사극): '사극四極'은 동서남북 사방의 끝.

19 道譬諸若水(도비제약수): '제諸'는 '지之'.

사람들은 살아 있는 코끼리를 거의 본 일이 없기 때문에 죽은 코끼리의 뼈를 얻어서 그 뼈에 근거하여 그림으로써 그 살아 있는 코끼리를 생각하며, 이 때문에 많은 사람들이 마음속으로 상상해낸 것은 모두가 그것을 상象이라 말한다. 지금 도는 비록 들을 수도 없고 볼 수도 없지만, 성인은 그 드러난 공효를 파악하여 그 형상을 자세히 살펴 드러내 보이므로, "형체가 없는 형체이며, 물체가 없는 형상이다."라고 말한다.

人希見生象也, 而得死象之骨, 案其圖以想其生也,[1] 故諸人之所以意想者,[2] 皆謂之象也. 今道雖不可得聞見, 聖人執其見功以處見其形[3], 故曰,[4] "無狀之狀, 無物之象."

---

1 案其圖以想其生也(안기도이상기생야): '안기도案其圖'는 죽은 코끼리의 뼈를 근거로 그린다는 의미.

2 故諸人之所以意想者(고제인지소이의상자): '의상意想'은 마음속으로 상상해낸 것.

3 聖人執其見功以處見其形(성인집기견공이처견기형): '처견기형處見其形'의 '처處'는 '자세히 살펴본다審度'는 뜻(高亨)이고, '견見'은 '시示'의 의미.

4 故曰(고왈): 이하는 『노자』 14장의 "다시 무물無物의 상태로 돌아가므로 무상無狀의 형상, 무물無物의 형상이라고 말한다(復歸於無物, 是謂無狀之狀, 無物之象)."의 인용.

무릇 이理라는 것은 모나거나 둥근 것, 짧거나 긴 것, 거칠거나 미세한 것, 단단하다거나 무른 것의 분별分이다. 그러므로 이가 확정된 이후에야 사물은 말할 수 있게 된다. 그러므로 이가 확정되면 존재하고 소멸하는 구분이 있고, 죽고 사는 구분이 있으며, 흥성하고 쇠퇴하는 구별이 있다. 무릇 사물이 한순간 존재하다가 한순간 소멸하고, 별안간 죽었다가 별안간 살아나고, 처음에는 흥성하다가 뒤에는 쇠퇴하는 것을 영원함常이라고 말할 수 없다. 오직 하늘과 땅이 갈라지는 것과 더불어서 함께 생겨나고, 하늘과 땅이 소멸되어 흩어져 없어질 때까지 죽지도 않고 쇠퇴하지도 않는 것을 일러 영원함常이라고 말한다. 영원함이란 빠르게 변하는 것이 없고 확정된 이가 없는 것이다. 확정된 이가 없으므로 일정하게 고정된 상태에 있지 않으며, 이 때문에 설명할 수 없는 것이다. 성인은 그 현묘한 허무를 보고 그 두루 운행하는 것을 근거로 억지로 이름을 붙여 말하길 '도道'라고 한 이후에야 논의할 수 있게 되었다. 그러므로 "도라고 말할 수 있다면 영원한 도가 아니다."라고 말한다.

凡理者, 方圓·短長·麤靡·堅脆之分也. 故理定而後物可得道也. 故定理有存亡, 有死生, 有盛衰. 夫物之一存一亡, 乍死乍生, 初盛而後衰者, 不可謂常. 唯夫與天地之剖判也俱生, 至天地之消散也不死不衰者謂常. 而常者, 無攸易,[1] 無定理. 無定理, 非在於常, 是以不可道也. 聖人觀其玄虛, 用其周行, 强字之曰'道',[2] 然而可論. 故曰,[3] "道之可道, 非常道也."

1 無攸易(무유역): ‘유攸’는 빠르게 질주하는 모양으로 ‘유역攸易’은 빠르게 바뀐
   다는 뜻.

2 强字之曰“道”(강자지왈도): 『노자』 25장에 "나는 그 이름을 알 수 없어 그것에
   글자를 붙여 도라 하고, 억지로 그것에 이름 붙여 크다大라고 말한다(吾不知其
   名, 字之曰道, 强爲之名曰大)."는 내용이 나옴 .

3 故曰(고왈): 이하 『노자』 1장에 "도를 말할 수 있으면 영원한 도가 아니다(道可
   道, 非常道)."라는 내용이 나옴.

노자老子와 『도덕경』

　도가道家의 시조인 노자老子는 생몰연대 미상으로 춘추시대 중기부터 전국시대 초기까지 생존했던 것으로 전해진다. 사마천의 『사기』에 "초楚나라 고현苦縣 여향厲鄕 곡인리曲仁里 사람으로 성은 이李씨고 이름은 이耳이며 자는 담聃이다. 그는 무너져 가던 주나라에서 황실의 도서관장을 지냈다." 고 기록되어 있다. 또한 『사기』에 공자가 노자를 찾아가 예禮를 물었다는 기록이 있는 것으로 보아 공자보다 연상이었을 것으로 추정된다.

　노자가 지었다는 『노자』 또는 『도덕경道德經』으로 불리는 책은 약 5,000자로, 도론道論과 덕론德論의 상하 2편으로 구성되었으며, 운문체와 산문체가 섞여 있고 용어의 통일성이 없기 때문에 한 시대, 한 사람의 작품으로 보기 어렵다는 견해가 많다.

　노자의 중심사상은 도론道論과 덕론德論의 상하 2편을 통해서 알 수 있듯이, 무위자연無爲自然의 법칙을 따라 사물의 본성을 회복하는 데 있다. 그는 인의仁義의 도덕이나 지혜에 의하여 인위적으로 백성을 지배하려는 유가의 입장에 반대하며, 무위자연無爲自然과 무위무욕無爲無欲한 자세를 강조하였다.

제12장 | 수도

守道

나라를
보존하는 방법

'수도守道'라는 편명은 '나라를 보존하는 방법'이라는 의미이다. 법
치의 기본 원칙을 밝히고 상벌제도를 확실하게 갖추어 국가의 역량을
배양하고, 법에 의거하여 상벌을 정확하게 시행하면 군주와 신하가
하나가 되는 이상적 정치를 실행할 수 있다는 내용이다.

성왕聖王이 법을 제정하면서 그 상은 선행을 권하기에 충분하였고, 그 형벌의 위엄은 포악함을 누르기에 충분하였으며, 그 대비는 법을 완전하게 실행하기에 충분하였다. 잘 다스려지는 세상의 신하는, 공이 많은 자라면 지위가 존귀해지고 힘껏 노력을 다한 자라면 상이 두터워지고 정성을 다한 자라면 명예가 서게 된다. 선함이 (만물이 소생하는) 봄에 생겨나듯 하고, 악함이 (만물이 수그러지는) 가을에 생기가 다하듯이 하므로 백성은 힘을 다하길 권장하고 정성을 다하길 즐거워하는데, 이를 가리켜 위와 아래의 뜻이 서로 맞는다고 한다.

위와 아래의 뜻이 서로 맞으므로 힘을 쓰는 자에게 스스로가 법도 안에서 힘을 다하여 임비任鄙와 같이 되도록 노력하게 하고, 싸우는 무사에게 목숨을 걸고 나아가 맹분孟賁과 하육夏育과 같이 되기를 바라게 하며, 도道를 지키는 자에게 모두 쇠와 돌과 같은 의지를 품게 하여 자서子胥의 충절과 같이 목숨을 걸게 한다. 힘을 쓰는 자가 임비와 같이 되고 싸울 때 맹분이나 하육같이 되며 마음이 쇠와 돌과 같다면 군주가 베개를 높이고 쉬어도 나라 지키는 일은 이미 완전하다.

聖王之立法也, 其賞足以勸善, 其威足以勝暴, 其備足以必完法.[1] 治世之臣, 功多者位尊, 力極者賞厚, 情盡者名立. 善之生如春, 惡之死如秋, 故民勸極力而樂盡情, 此之謂上下相得. 上下相得, 故能使用力者自極於權衡,[2] 而務至於任鄙,[3] 戰士出死, 而願爲賁 · 育,[4] 守道者皆懷金石之心, 以死子胥之節.[5] 用力者爲任鄙,[6] 戰如賁 · 育, 中爲金石,[7] 則君人者高枕而守己完矣.

1 其備足以必完法(기비족이필완법): '완법完法'은 법을 완벽하게 실현하는 상태를 갖춤.

2 故能使用力者自極於權衡(고능사용력자자극어권형): '권형權衡'은 법도法度.

3 而務至於任鄙(이무지어임비): '임비任鄙'는 진秦나라 무왕武王을 섬기던 힘센 무사로 『사기』 「진본기秦本紀」에 나옴.

4 而願爲賁 · 育(이원위분육): '분賁 · 육育'은 맹분孟賁과 하육夏育을 말하며 고대 용사勇士의 상징. 맹분孟賁은 제齊나라 사람으로 장사의 상징적인 인물. 그가 노하여 고함을 치면 그 소리에 하늘이 움직였으며, 소의 생뿔을 잡아 뽑고 물속에서는 교룡蛟龍도 피하지 않았고 산속에서 흉포한 호랑이를 만나는 것도 마다하지 않았는데, 화가 났을 때는 두 눈이 옆으로 찢어져 그 기세가 사람을 질리게 만들었다고 함. 또 전국시대 진秦나라 무왕武王의 사랑을 받던 호위 무사 맹열孟說이라고도 함. 『사기』 「진본기秦本紀」에서는 진의 무왕이 용사들을 좋아한다는 소식을 듣고 맹열孟說이 진나라로 갔는데, 무왕 4년(기원전 307)에 무왕이 맹열과 구정 들기 시합을 하다가 다리가 부러져 그해 8월에 죽자 그 죄를 추궁받아 죽고 그 집안도 멸족되었다고 함. 하육夏育은 위衛나라 사람으로 용력勇力이 대단해서 천균千鈞의 무게를 들고, 살아 있는 소의 꼬리를 뽑았고, 소리를 지르면 삼군三軍이 모두 놀랐다고 함. 전박田搏에게 살해당함.

5 以死子胥之節(이사자서지절): '자서子胥'는 이름이 운員, 자가 자서子胥인 오자서伍子胥로 춘추시대 초楚나라 사람. 초楚나라 평왕平王이 그의 아버지 오사伍奢와 형 오상伍尙을 죄 없이 죽이자 오吳나라에 망명하여 대부大夫를 지냄. 오나라의 장수로 초나라와의 전쟁에서 이겨 죽은 평왕의 묘를 파내어 시체를 매질하여 아버지와 형의 복수를 함. 오나라가 패권을 잡는 데 공을 세웠으나 오나라 왕 부차夫差가 서시西施의 미색에 빠져 정사를 게을리하고 이를 간하던 오자서에게 자살을 명령하자 그는 자살하면서 자기의 눈을 오나라 성의 동문東門에 걸어서 자신을 죽인 오나라의 멸망을 보게 하라는 유언을 남김. 그로부터 9년 뒤 오나라는 월나라에 멸망함.

6 用力者爲任鄙(용력자위임비): '위爲'는 '여如'와 같음.(陳啓天)

7 中爲金石(중위금석): '중中'은 '심心'.(尹桐陽) '위爲'는 '여如'와 같음.(陳啓天)

옛날 나라를 잘 지킨 군주는 엄중한 것으로써 가벼운 것을 금했고, 견디기 어려운 것으로써 쉽게 저지를 수 있는 것을 그치게 했다. 그러므로 소인도 군자와 같이 올바른 행위를 했고 도척盜跖도 증삼曾參이나 사어史魚와 같이 청렴하였다. 무엇으로 그것을 아는가? 무릇 탐욕스러운 도둑도 골짜기로 들어가서 돈을 줍지 않는데, 골짜기로 들어가서 돈을 줍는다면 자신이 안전하지 못하기 때문이다. 맹분孟賁과 하육夏育도 적을 헤아리지 않았다면 용맹한 이름을 떨칠 수 없고, 도척도 가능성을 숙고하지 않았다면 이익을 올릴 수 없다.

현명한 군주가 금령을 지키기에 맹분이나 하육도 이겨낼 수 없는 데에서 제재를 당하고, 도척도 능히 취할 수 없는 데에서 해를 입기 때문에 맹분과 하육이 범할 수 없게 금할 수 있고, 도척이 취할 수 없게 지킬 수 있다면 포악스러운 자가 조심하고 사악한 자가 바르게 돌아간다. 큰 용맹을 삼가고 큰 도둑이 바르게 되면 천하가 공평해져 일반 백성의 실정이 바르게 된다.

古之善守者, 以其所重禁其所輕, 以其所難止其所易, 故君子與小人俱正, 盜跖與曾・史俱廉.[1] 何以知之? 夫貪盜不赴谿而掇金, 赴谿而掇金則身不全. 賁・育不量敵則無勇名,[2] 盜跖不計可則利不成.[3] 明主之守禁也, 賁・育見侵於其所不能勝, 盜跖見害於其所不能取, 故能禁賁・育之所不能犯, 守盜跖之所不能取, 則暴者守愿,[4] 邪者反正.[5] 大勇愿, 巨盜貞,[6] 則天下公平, 而齊民之情正矣.[7]

1 盜跖與曾·史俱廉(도척여증사구렴): 도척盜跖은 척蹠으로도 쓰며, 춘추시대 노魯나라 사람의 대부大夫 유하혜柳下惠의 동생. 그는 9천 명의 무리를 모아 천하를 횡행하며 제후諸侯를 약탈해서 도척으로 불렸다고 하고, 일설에는 황제黃帝 시대 대도大盜의 이름이라고도 함. 증삼曾參은 증자曾子로 불리며 자는 자유子有. 춘추시대 노魯나라 사람으로 어머니가 손가락을 깨물면 먼 곳에 떨어져 있던 아들이 가슴에 통증을 느꼈다는 이야기嚙脂痛心가 전해질 정도로 효심이 지극한 인물로 상징됨. 사어史魚는 위衛의 대부大夫로 이름은 추鰌이며 충직한 신하의 상징적 인물. 살아서 충신 거백옥遽伯玉을 쓰지 못하고 간신 미자하彌子瑕를 퇴출시키지 못했으니 내가 죽으면 나의 시신을 거적에 말아 장사지내라고 유언遺言하여, 위衛왕 영공靈公이 크게 뉘우치고 나라의 기강을 바로잡았다고 함. 후세 사람들은 그것을 일러 사어가 시신屍身이 되어서 간諫했다고 '시간屍諫'이라고 하는데, 『논어』 「위령공衛靈公」에서는 "나라에 도가 있을 때 화살같이 곧고 나라에 도가 없어도 화살같이 곧도다!(邦有道如矢, 邦無道如矢)"라고 그 충직함을 칭송함.

2 賁·育不量敵則無勇名(분육불량적즉무용명): '량적量敵'은 적진의 세력이나 상황을 파악하는 것.

3 盜跖不計可則利不成(도척부계가즉리불성): '계가計可'는 사전에 일의 가능성 여부를 숙고하는 것.

4 則暴者守愿(즉포자수원): '원愿'은 '근謹', '수원守愿'은 삼가 조심하는 자세를 유지한다는 뜻.

5 邪者反正(사자반정): '반정反正'은 본래의 바른 사람으로 돌아감.

6 巨盜貞(거도정): '정貞'은 앞에 나온 '정正'과 같은 뜻.

7 而齊民之情正矣(이제민지정정의): '제민齊民'은 일반 백성.

군주가 법도를 저버리고 인심을 잃으면, 백이伯夷와 같은 사람이 함부로 지위를 취하지 않으려는 것에서는 면할 수 있지만 전성田成이나 도척盜跖과 같은 사람이 지위를 취하는 것에서 벗어날 수 없는데, 무엇 때문인가? 지금 천하에는 백이伯夷와 같은 사람은 한 사람도 없고 간사한 사람들이 끊이지 않고 뒤를 잇고 있으므로 법령과 법도를 세워야 한다. 법도度量에 믿음이 있으면, 백이와 같은 사람이 옳은 행위를 잃지 않고 도척과 같은 사람이 그릇된 행위를 하지 않는다. 법이 분명하면 어리석은 자가 현명한 자를 침탈할 수 없고, 강한 자가 약한 자를 침범할 수 없고, 다수가 소수를 폭압할 수 없다. 요堯의 법에 천하를 의탁하면 곧은 선비가 분수를 잃지 않고 간악한 자가 요행을 바라지 않는다. 예羿의 화살에 천금千金을 맡긴다면 백이도 잃을 수 없고 도척도 감히 취하지 못한다.

요堯가 간악한 자를 놓치지 않는 데 분명하였으므로 천하에 사악함이 없어지고, 예가 활을 쏘는 데 실수하지 않는 재주가 있었으므로 천금의 돈을 잃지 않았다. 사악한 사람이 천수를 누리지 못하고 도척이 (그릇된 행위를) 멈춘 것이 이와 같으므로 도판圖에는 재여宰予의 일을 싣지 않고 육경六卿의 일을 거론하지 않으며, 책에는 자서子胥의 일을 기록하지 않고 부차夫差의 일을 밝히지 않는다. 손자孫子와 오기吳起의 책략이 쓸 곳이 없고 도척의 마음이 자취를 감춘다. 군주는 아름다운 궁전 안에서 음식과 옷을 더 이상 바랄 것이 없이 즐기며 두 눈을 부릅뜨고 이를 갈고 골머리를 앓는 우환이 없으며, 신하들은 견고한 성 안에서 할 일 없이 옷소매를 늘어뜨리고 팔짱을 낀 채 있으며 주먹을 쥐거나 탄식하며 입술을 다물고 비통해하는 재앙이 없다.

人主離法失人, 則危於伯夷不妄取,¹ 而不免於田成 · 盜跖之
耳,² 可也?³ 今天下無一伯夷, 而姦人不絶世, 故立法度量. 度量
信則伯夷不失是, 而盜跖不得非. 法分明則賢不得奪不肖, 强不
得侵弱, 衆不得暴寡. 託天下於堯之法,⁴ 則貞士不失分, 姦人不
徼幸. 寄千金於羿之矢,⁵ 則伯夷不得亡, 而盜跖不敢取. 堯明於
不失姦, 故天下無邪, 羿巧於不失發, 故千金不亡. 邪人不壽而
盜跖止, 如此, 故圖不載宰予,⁶ 不擧六卿,⁷ 書不著子胥, 不明夫
差.⁸ 孫 · 吳之略廢,⁹ 盜跖之心伏. 人主甘服於玉堂之中,¹⁰ 而無
瞋目切齒傾取之患,¹¹ 人臣垂拱於金城之內,¹² 而無扼腕聚脣嗟唶
之禍.¹³

---

1 則危於伯夷不妄取(즉위어백이부망취): '위危'는 '면免'. (松皐圓) '어於'는 '여如'. (王
先愼) 곧 군주가 법도를 저버리고 인심을 잃어도 함부로 군주의 자리를 넘보
지 않는 충직한 백이와 같은 사람에게 당할 재앙이 없을 정도라는 의미. '백이
伯夷'는 상商나라 말기 인물. 고죽국孤竹國의 왕자인 묵태씨墨胎氏로, 이름은 윤
允, 자는 공신公信. 아버지가 동생 숙제叔齊에게 왕위를 물려주려고 하자 숙제
는 백이에게 양보했고, 백이는 이를 사양하며 달아났고 숙제 또한 왕위에 오
르지 않고 둘이 함께 서백(西伯, 周文王)에게 갔음. 주周의 무왕武王이 주紂를
정벌하자 두 사람이 말을 잡고 간언하면서 어질지 못한 행동이라고 충고하였
지만 결국 상이 주에 멸망하자 주나라 음식을 먹는 것을 부끄럽게 여겨 수양
산首陽山에 숨어 고사리를 캐먹고 살다가 굶어죽었다고 전함.
2 而不免於田成 · 盜跖之耳(이불면어전성도척지이): '전성田成'은 군주인 간공簡公
을 살해한 후 그의 동생 오騖를 세워 평공平公으로 삼은 인물. '이耳'는 '취取'(張
覺) 또는 '화禍'. (梁啓雄)
3 可也(가야): '가可'는 '하何'. (梁啓雄)

4 託天下於堯之法(탁천하어요지법): '요堯'는 이름이 방훈放勳, 도陶에서 살다가 당唐으로 옮겨 살아 도당씨陶唐氏라고도 불림. 씨족사회 후기의 부족 수령으로 성군의 상징. 「오두」 참조.

5 寄千金於羿之矢(기천금어예지시): '예羿'는 후예後羿, 이예夷羿라고도 하며 유궁씨有窮氏 부락의 수령으로 요堯의 신하, 활의 명수. 요 임금의 시대에 어느 날 하늘에 해가 열 개나 나타나 곡식과 초목이 모두 말라죽어 사람들은 굶주리고 맹수와 긴 뱀이 나타나 사람들이 큰 해를 당하자, 요가 예에게 명령하여 활로 아홉 개의 해를 떨어뜨리고 맹수와 긴 뱀을 죽이게 하였다고 함. 그의 아내인 항아姮娥가 남편의 불사약을 먹고 달로 달아났다는 전설이 전함. 하夏나라의 태강太康을 내쫓고 그 땅을 점령하였지만 나중에 한착寒浞에게 살해당했다고 함.

6 故圖不載宰予(고도부재재여): '도圖'는 공신功臣을 그려 놓은 도판. '재여宰予'는 제齊나라 간공簡公의 신하로 임치대부臨淄大夫의 직위에 있다가 전성田成이 권력을 찬탈하려는 사건에 연루되어 죽은 인물. 공자의 제자로 변설에 능하였다고 함.

7 不擧六卿(불거육경): '육경六卿'은 진晉나라의 권세를 누린 신하들로 쟁탈과 멸망의 재앙이 없음을 말함.(梁啓雄)

8 不明夫差(불명부차): '부차夫差'의 이름은 장將, 춘추시대 말기 오吳나라 군주로 23년간 재위함. 그의 아버지 합려闔閭가 월越나라 왕인 구천勾踐에게 죽자 복수를 맹세하고 부초夫椒에서 월나라 군사를 대패시키고, 북쪽으로 제齊나라를 공격하여 승리함. 하지만 월나라의 미인 서시西施의 미인계에 빠져 기원전 473년 오나라는 월나라에 의해 멸망함.

9 孫·吳之略廢(손오지략폐): '손孫·오吳'의 손孫은 손무孫武, 오吳는 오기吳起. 손무(기원전 ?~?)는 춘추시대 제齊나라 낙안樂安 사람으로 전완田完의 후예로 선조가 손씨 성을 하사받음. 오왕吳王 합려闔廬를 패자覇者로 만듦. 오기(기원전?~381)는 춘추시대 위衛나라 좌씨左氏 사람으로 노나라의 증자曾子에게 배웠다고 전해짐. 노魯나라에 있다가 위衛나라로 건너가 전공을 세워 서하수西河守가 되었고 위문후魏文侯가 죽은 뒤 다시 대신들의 모함을 받자 초楚나라로 달아남. 초楚나라 도왕悼王에 의해 재상으로 발탁되어 법치를 확립한 인물. '폐廢'는 쓸 곳이 없음.(陳啓天)

10 人主甘服於玉堂之中(인주감복어옥당지중): '감복甘服'은 『노자』에 나오는 "그 음식을 달게 먹고 그 옷을 아름답게 여긴다(甘其食, 美其腹)."는 의미로, 이는 밖으로 더 이상 바랄 것이 없음을 이름.(太田方) '옥당玉堂'은 군주의 궁궐.

11 而無瞋目切齒傾取之患(이무진목절치경취지환): '취取'는 '첩耴', 즉 '귓불耳垂'의 의미.(陳啓天) 곧 '경취傾取'는 머리를 갸우뚱하게 기울인다는 의미로 복잡한 문제로 골머리를 앓는 모습.

12 人臣垂拱於金城之內(인신수공어금성지내): '수공垂拱'은 옷소매를 늘어뜨리고 팔짱을 낀다는 뜻으로, 간섭하지 않고 아무 일도 하지 않음. '금성金城'은 견고한 성.(尹桐陽)

13 而無扼腕聚脣嗟唶之禍(이무액완취순차차지화): '액완扼腕'은 분노하여 주먹을 쥐거나 팔을 휘젓는 것. '취聚'는 '촬撮'(陳啓天)로 '취순聚脣'은 탄식하며 숨을 내쉬며 입술을 다무는 것. '차차嗟唶'는 탄식하고 탄식함, 즉 비탄해하는 모습.

호랑이를 제압하는 데 우리를 쓰지 않고, 간악함을 금하는 데 법을 쓰지 않고, 거짓을 막는 데 신표符를 쓰지 않는 것은 맹분孟賁과 하육夏育도 우려하고 요堯와 순舜도 어렵게 여긴다. 우리를 설치하는 것은 쥐를 대비함이 아니라 겁이 많아서 약한 자에게 호랑이를 제압할 수 있도록 하기 위함이며, 법을 제정하는 것은 증삼曾參과 사어史魚를 대비함이 아니라 평범한 군주에게 도척盜跖을 막을 수 있도록 하기 위함이며, 신표를 작성하는 것은 미생尾生을 예방함이 아니라 많은 사람들이 서로 속이지 않도록 하기 위함이다. 비간比干이 죽은 충절을 홀로 의지하려는 것도 아니고 나라를 어지럽히는 신하亂臣가 속이지 않는 것을 요행하려는 것도 아니며, 겁이 많은 자가 제압할 수 있는 수단을 의지하고 평범한 군주가 쉽게 지키는 수단을 장악한다는 것이다.

지금 세상에 군주를 위하여 계략을 충실히 하고 천하를 위하여 은덕을 맺으려 한다면 이로움이 이보다 나은 방법이 없다. 그러므로 군주인 자가 자신의 나라를 망치는 일을 도모함이 없고 충신이 자신의 몸을 잃는 일을 꾀함이 없다. (공적이 있으면) 지위가 높아지고 상이 반드시 주어지는 것을 밝히므로 사람들에게 법도에 따라 힘을 다하게 하고 관직에서 절개를 지키며 죽을 수 있게 한다. 맹분과 하육의 마음과 서로 통하더라도 죽음으로 생을 바꾸는 일을 하지 않고, 도척의 탐욕에 미혹되더라도 재물로 몸을 바꾸는 일이 없다면 나라를 지키는 방법守道은 모두 갖추어졌다고 할 수 있다.

服虎而不以柙, 禁姦而不以法, 塞僞而不以符,[1] 此賁·育之所

患, 堯·舜之所難也.² 故設柙, 非所以備鼠也, 所以使怯弱能服
虎也, 立法, 非所以備曾·史也, 所以使庸主能止盜跖也.³ 爲符,
非所以豫尾生也,⁴ 所以使衆人不相謾也. 不獨恃比干之死節,⁵ 不
幸亂臣之無詐也, 恃怯之所能服, 握庸主之所易守. 當今之世, 爲
人主忠計, 爲天下結德者, 利莫長於如此.⁶ 故君人者無亡國之圖,
而忠臣無失身之畫. 明於尊位必賞, 故能使人盡力於權衡, 死節
於官職. 通賁·育之情,⁷ 不以死易生, 惑於盜跖之貪, 不以財易
身, 則守國之道畢備矣.

---

1 塞僞而不以符(색위이부이부): '부符'는 대나무, 나무, 동, 옥 등으로 만든 고대
의 신표로 약속한 내용을 문자로 조각하여 새겨 넣음. 군주와 신하가 약속의
증표로 둘로 쪼개어 각각 지니고 있다가 검증 시에 둘을 맞추어 부합 여부를
살펴봄.

2 堯·舜之所難也(요순지소난야): '순舜'은 성이 우虞 또는 유우有虞로 이름은 중
화重華, 성군의 상징적인 인물. 요가 죽자 천하의 인심이 섭정攝政한 순에게 기
울어졌기 때문에 마침내 순이 요의 아들인 단주丹朱를 대신해 제위에 올랐다
고 전함. 「오두」 참조.

3 所以使庸主能止盜跖也(소이사용주능지도척야): '용주庸主'는 보통의 자질을 지
닌 평범한 군주.

4 非所以豫尾生也(비소이예미생야): '예豫'는 미리 대비함豫備.(津田鳳卿) '미생尾
生'은 노魯나라 사람으로 일설에는 미생고微生高라고도 함. 그는 여자와 다리
아래에서 만나기로 한 약속을 지키기 위해 홍수가 나서 강물이 불어났는데도
피하지 않고 다리 기둥을 붙잡고 있다가 익사했다고 함. '미생지신尾生之信'의
고사를 낳음.

5 不獨恃比干之死節(부독시비간지사절): '비간比干'은 은나라 28대 태정제太丁帝
의 둘째 아들로서 주왕紂王의 숙부叔父이다. 이름은 비比이고, 간干 지역에 봉
封해져 비간比干이라고 불림. 은나라 말기 미자微子, 기자箕子와 함께 세 명의
어진 사람三仁으로 꼽힘. 주왕紂王의 폭정에도 비간比干만은 끝까지 곁에 남아

간언하다 주왕紂王에 의해 심장이 찢겨 죽었다고 함. 「난언」참조.

6 利莫長於如此(이막장어여차): '여如'는 빠져야 함.(王先愼)

7 通貫·育之情(통분육지정): '통通'은 맹분과 하육의 마음이 서로 통해 의기투합
한다는 의미.

합종책 合縱策

진秦을 제외한 육국六國이 연합하여 강대한 진나라에 대항한 외교전술을 말한다. 전국시대에 접어들면서 중국의 판도는 진秦 · 초楚 · 한韓 · 위魏 · 조趙 · 제齊 · 연燕의 7개 국가인 전국칠웅戰國七雄으로 압축되고 치열한 생존경쟁을 벌이게 되었다. 이 시기의 역학관계는 합종合縱 · 연횡連橫의 외교책外交策을 주장하는 종횡가縱橫家라는 새로운 사상가들을 등장시킨다. 합종이란 약자들이 힘을 합해 강자에 대항하는 방법이고, 연횡이란 약자들이 강자를 섬기면서 자신을 보존하는 방법을 말한다. 동주東周 낙양 출신인 소진蘇秦은 가장 강대한 진秦나라에 대항하기 위해 나머지 6개 나라인 한 · 위 · 조 · 초 · 연 · 제가 정치 · 군사동맹을 맺자는 합종책合縱策을 주장하였고, 이 합종책으로 인해 진秦나라는 15년 동안 중원으로 진출할 수 없었다.

소진은 처음에 진秦나라의 혜문왕惠文王을 만나 6국六國을 제압해 천하통일을 이루는 방책을 유세遊說했지만 세객을 탐탁지 않게 여긴 혜문왕과 신하들로 인해 실패했다. 이후 소진은 반대로 6국六國의 제후들을 차례로 만나 진秦나라에 대항하는 정치 · 군사동맹을 맺도록 설득하기에 이른다. 결국 여섯 나라 제후의 합종 맹약을 이끌어 낸 소진은 여섯 나라의 재상을 겸직하는 최고의 권세가가 되었지만, 그의 절대 권력과 부귀영화는 장의張儀가 주장한 연횡책連橫策으로 인해 무너진다.

邪 之 者 而
枉 士 认 加
臣 所 武 之

제13장 | 용인

用
人

군주가 신하를
부리는 방법

'용인用人'이란 편명은 '군주가 신하를 부리는 방법'이라는 의미이다. 도가와 법가의 사상적 연계선상에서 자연의 법칙에 따르고 인정에 순응하여 상과 벌을 명확히 시행한다는 내용이다. 군주의 자의적인 정치에 반대하여 법술의 원칙을 견지하고, 신상필벌의 통치방법을 운영하고, 직무의 전문화를 꾀할 것을 강조한다.

옛날에 사람을 잘 부리는 자는 반드시 하늘(자연)을 따르고 인정人情에 순응하여 상과 벌을 명확히 한다고 들었다. 하늘을 따르면 힘을 적게 사용하여도 공이 서고, 사람에 순응하면 형벌이 간소해도 명령이 행해지며, 상과 벌을 명확히 하면 백이伯夷와 도척盜跖이 뒤섞이지 않는다. 이와 같다면 희고 검은 것이 명확해진다.

　잘 다스려진 나라의 신하는 나라에 공적을 올림으로써 지위를 밟아 나아가고, 관직에 걸맞은 능력을 보임으로써 직무를 받으며, 법도에 따라 힘을 다함으로써 일을 맡는다. 신하가 모두 능력에 마땅한 데 자리하여 그 관직을 훌륭하게 수행하고, 그 임무를 가볍게 해내면서도 마음속에 남는 힘을 쓸 생각을 품지 않으며, 벼슬을 겸직하는 책임을 군주에게 짐지게 하지 않는다. 그러므로 안으로는 쌓인 원한으로 일어나는 난이 없고 밖으로는 마복馬服과 같은 우환이 없다.

　현명한 군주는 직무를 서로 침범하지 않게 하므로 분쟁하지 않고, 관리士에게 벼슬을 겸직시키지 않으므로 각자의 기능이 발전하며, 사람들에게 공을 같게 하지 않으므로 다투지 않는다. 분쟁과 다툼이 그치고 기능이 발전하면 강한 자와 약한 자가 힘을 다툴 일이 없고, 얼음과 숯이 (하나의) 형체로 합칠 일이 없으며, 천하에 서로 해치는 일이 없는데 이것이 다스림의 극치이다.

　聞古之善用人者, 必循天順人而明賞罰.[1] 循天則用力寡而功立, 順人則刑罰省而令行, 明賞罰則伯夷·盜跖不亂.[2] 如此, 則白黑分矣. 治國之臣, 效功於國以履位,[3] 見能於官以受職,[4] 盡力於權衡以任事.[5] 人臣皆宜其能, 勝其官,[6] 輕其任, 而莫懷餘力於

心,⁷ 莫負兼官之責於君. 故內無伏怨之亂,⁸ 外無馬服之患.⁹ 明君
使事不相干,¹⁰ 故莫訟, 使士不兼官, 故技長, 使人不同功,¹¹ 故
莫爭. 爭訟止, 技長立, 則彊弱不觳力,¹² 冰炭不合形,¹³ 天下莫
得相傷, 治之至也.

---

1 必循天順人而明賞罰(필순천순인이명상벌): '순천循天'은 자연의 법칙을 따름,
   '순인順人'은 인정人情에 순응함.

2 明賞罰則伯夷·盜跖不亂(명상벌즉백이도척불란): '백이伯夷'는 상商나라 말기
   인물. 고죽국孤竹國의 왕자인 묵태씨墨胎氏로, 이름은 윤允, 자는 공신公信. '도
   척盜跖'은 춘추시대 유명한 도둑. 「수도」 참조.

3 效功於國以履位(효공어국이리위): '리위履位'는 위치할 자리에 나아간다는 의미
   로, 벼슬자리에 오름.

4 見能於官以受職(현능어관이수직): '현見'은 '현現'.

5 盡力於權衡以任事(진력어권형이임사): '권형權衡'은 법도法度.

6 勝其官(승기관): '승勝'은 일을 훌륭하게 해냄. '관官'은 '관청의 일官事'을 말
   함.(陳奇猷)

7 而莫懷餘力於心(이막회여력어심): '회여력어심懷餘力於心'은 마음속으로 남는
   힘을 어디에 쓸 것인가 생각하는 것.

8 故內無伏怨之亂(고내무복원지난): '복원伏怨'은 마음속에 쌓여 보이지 않는 감
   추어진 원한.

9 外無馬服之患(외무마복지환): '마복馬服'은 전국시대 조趙나라의 명장인 조사趙
   奢의 아들 조괄趙括로 병법에는 밝지만 실전 경험이 없는 인물. '마복지환馬服
   之患'은 마복이 이끄는 조趙나라 군사가 진秦나라 장군 백기白起에게 대패한 '장
   평지화長平之禍'를 말함. 「현학」 참조.

10 明君使事不相干(명군사사불상간): '상간相干'은 서로의 일을 침범함.

11 使人不同功(사인부동공): 각자 하는 일을 다르게 시키므로 거두는 공도 다름
   을 말함.

12 則彊弱不觳力(즉강약불곡력): '곡觳'은 '각角'.(物雙松) 곧 다투어 경쟁함.

13 冰炭不合形(빙탄불합형): '형形'을 '형型', 곧 형기型器로도 해석함.(陳奇猷)

법法과 술術을 놓아두고 마음대로 다스리면, 요堯라도 한 나라를 바르게 할 수 없고, 그림쇠規矩를 버리고 제멋대로 짐작한다면 해중奚仲이라도 수레바퀴 하나를 만들 수 없다. 잣대가 없이 길고 짧은 차이를 견준다면 왕이王爾라도 절반을 딱 맞게 자를 수 없다. 평범한 군주中主에게 법술法術을 지키게 하고 서투른 목수에게 그림쇠와 잣대를 잡게 한다면 만의 하나도 실수하지 않는다. 군주인 자가 어진 자나 솜씨가 있는 자라도 할 수 없는 것을 버리고, 평범한 군주나 서투른 목수라도 만의 하나도 실수하지 않는다. 군주인 자가 어진 자나 재주 있는 자라 할지라도 할 수 없는 것을 버리고, 평범한 군주나 서투른 목수라도 만의 하나도 실수하지 않는 것을 지켜 나간다면, 사람들이 힘을 다하여 공명을 세운다.

釋法術而任心治,[1] 堯不能正一國,[2] 去規矩而妄意度,[3] 奚仲不能成一輪.[4] 廢尺寸而差短長,[5] 王爾不能半中.[6] 使中主守法術,[7] 拙匠執規矩尺寸, 則萬不失矣. 君人者能去賢·巧之所不能, 守中·拙之所萬不失, 則人力盡而功名立.

---

1 釋法術而任心治(석법술이임심치): '심치心治'는 마음의 의도意度대로 다스리는 것으로 앞의 '임任'자는 불필요함.(陳奇猷)

2 堯不能正一國(요불능정일국): 요堯는 이름이 방훈放勳, 씨족사회 후기의 부족의 수령으로 자세한 내용은 「오두」 참조.

3 去規矩而妄意度(거규구이망의도): '규구規矩'는 지름이나 선의 거리를 재는 도구인 그림쇠. '의도意度'는 마음대로 적당히 헤아림.

4 奚仲不能成一輪(해중불능성일륜): '해중奚仲'은 황제黃帝의 후예로『여씨춘추呂氏春秋』「심분람審分覽」에서 수레를 처음 만든 사람으로 기록됨.『순자荀子』「해폐解蔽」에서도 우禹 임금 때 수레를 만들기로 유명한 장인으로 전하며 '임중任仲'으로도 불림.

5 廢尺寸而差短長(폐척촌이차단장): '척촌尺寸'은 '한 자와 한 치'로 매우 작은 단위를 일컬으나 여기서는 잣대를 말함.

6 王爾不能半中(왕이불능반중): '왕이王爾'는 솜씨 좋은 공인으로『회남자淮南子』에 그가 글씨나 형상을 새기는 데 착오가 없었다고 나옴.(王先謙) '중中'은 '부합符合'.(張覺)

7 使中主守法術(사중주수법술): '중주中主'는 중등의 자질을 가진 평범한 군주.

현명한 군주는 누구든지 받을 수 있는 상을 세우고 누구든지 피할 수 있는 벌을 설정한다. 그러므로 어진 자가 상을 받으려 힘쓰지만 자서子胥와 같은 화를 당하지 않고, 어리석은 자가 죄를 적게 짓게 되어 곱사등이가 등을 가르는 일을 당하지 않고, 장님이 평지에 살게 되어 깊은 골짜기를 만나지 않고, 우매한 자가 평정을 지키게 되어 위험에 빠지는 일이 없다. 이와 같다면 상하가 은애하는 정이 맺어진다. 옛 사람이 말하기를 "그 마음은 알기 어렵고 기뻐하고 성내는 감정은 절도를 지키기가 어렵다."고 하였다. 그러므로 표지로써 눈에 보여주고 북으로써 귀에 알려주며 법으로써 마음에 가르쳐준다. 군주인 자가 세 가지의 쉬운 수단을 놓아두고 하나의 알기 어려운 마음을 따라 행하는데, 이와 같이 한다면 노여움이 군주에게 쌓이고 원한이 신하에게 쌓일 것이다. 쌓인 노여움으로써 쌓인 원한을 거느리면 양쪽 모두 위험하게 된다.

현명한 군주의 표지는 보기가 쉽기 때문에 약속이 잘 지켜지고, 그 가르침은 알기 쉽기 때문에 이르는 말을 잘 듣게 되고, 그 법은 실행하기가 쉽기 때문에 명령이 잘 행해진다. 이 세 가지가 확립되고 군주가 사심이 없다면 신하는 법에 따라 다스릴 수 있게 되는데, 표지를 바라보며 행동을 취하고, 먹줄에 따라 재단을 하고, 뚫린 바늘구멍을 따라 봉제를 한다. 이와 같다면 군주가 사적으로 위세를 부리는 해독이 없고, 신하가 어리석거나 서툴러서 처벌받는 일이 없다. 그러므로 군주는 명확해져서 성내는 일이 적어지고 신하는 충성을 다해서 죄짓는 일이 적어진다.

明主立可爲之賞, 設可避之罰. 故賢者勸賞而不見子胥之禍,[1] 不肖者少罪而不見傴剖背,[2] 盲者處平而不遇深谿, 愚者守靜而不陷險危. 如此, 則上下之恩結矣. 古之人曰, "其心難知, 喜怒難中也".[3] 故以表示目,[4] 以鼓語耳, 以法敎心. 君人者釋三易之數而行一難知之心, 如此, 則怒積於上而怨積於下. 以積怨而御積怒, 則兩危矣. 明主之表易見, 故約立, 其敎易知, 故言用, 其法易爲, 故令行. 三者立而上無私心, 則下得循法而治, 望表而動, 隨繩而斲[5] 因攢而縫.[6] 如此, 則上無私威之毒, 而下無愚拙之誅. 故上君明而少怒, 下盡忠而少罪.

---

1 故賢者勸賞而不見子胥之禍(고현자권상이부견자서지화): '권상勸賞'은 '권어상勸於賞'으로 해석. '자서子胥'는 이름이 운員, 자가 자서子胥인 오자서伍子胥로 춘추시대 초楚나라 사람. 「수도」 참조.

2 不肖者少罪而不見傴剖背(불초자소죄이불견구부배): '구傴'는 곱사등이, '부배剖背'는 곱사등이의 등을 가르는 것.

3 喜怒難中也(희노난중야): '난중難中'은 절도를 지키기가 어렵다는 의미.

4 故以表示目(고이표시목): '표表'는 나무로 표지標를 삼아 고시하는 것.(張覺)

5 隨繩而斲(수승이착): 먹줄 그은 선을 따라 나무를 재단함.

6 因攢而縫(인찬이봉): '찬攢'은 '찬鑽'과 통하여 실을 꿰는 도구穿器.(津田鳳卿) 즉 봉제할 때 바느질할 구멍을 미리 뚫어서 표시하는 것.

제14장 | 공명

功
名

군주가 공적을
이루고 명성을
날리는 방법

'공명功名'이란 편명은 군주가 '공적을 세우고 명성을 이루는 방법'
이라는 의미이다. 하늘(자연)의 때를 지키고 민심을 얻고 재능에 맡기
고 권세와 지위를 얻어서 공적을 세우고 명성을 이룬다는 내용인데,
주로 세치勢治를 논한 글이다.

현명한 군주가 공을 세우고 명성을 이루는 수단으로는 네 가지가 있는데, 첫째는 하늘의 때天時이고, 둘째는 인심人心이고, 셋째는 재능技能이며, 넷째는 권세와 지위勢位이다.

하늘의 때를 어기면 비록 열 명의 요堯가 있더라도 겨울에 하나의 벼 이삭도 나게 할 수 없고, 인심을 거스르면 비록 맹분孟賁과 하육夏育이 있더라도 사람들에게 힘을 다하게 할 수 없다. 그러므로 하늘의 때를 얻으면 힘쓰지 않아도 저절로 나게 되고, 인심을 얻으면 독촉하지 않아도 자발적으로 일하게 되고, 재능에 맡겨 놓으면 서두르지 않아도 저절로 일을 빠르게 하며, 권세와 지위를 얻으면 추진하지 않아도 명성이 이루어진다. 마치 물이 흐르는 것과 같고 배가 물 위에 뜨는 것과 같다. 자연의 도를 지키고 끊임이 없는 명령이 행해지므로 현명한 군주라고 말한다.

> 明君之所以立功成名者四, 一曰天時, 二曰人心, 三曰技能, 四曰勢位. 非天時,[1] 雖十堯不能冬生一穗,[2] 逆人心, 雖賁 · 育不能盡人力.[3] 故得天時則不務而自生, 得人心則不趣而自勸,[4] 因技能則不急而自疾, 得勢位則不進而名成. 若水之流, 若船之浮. 守自然之道,[5] 行毋窮之令,[6] 故曰明主.

---

1 非天時(비천시): 『설문說文』에 '비非'는 '위違'.(梁啓雄) '천天'은 자연.

2 雖十堯不能冬生一穗(수십요불능동생일수): '요堯'는 성군의 상징. 「오두」 참조.

3 雖賁 · 育不能盡人力(수분육불능진인력): '분賁 · 육育'은 맹분孟賁과 하육夏育으

로 고대의 장사. 「수도」 참조. 힘이 장사인 두 사람의 무사라도 인심을 얻지 못하면 사람들에게 힘을 다해 일하게 할 수 없다는 의미.

4 得人心則不趣而自勸(득인심즉불취이자권): '취趣'는 '촉促'으로 독촉督促함.(梁啓雄) '자권自勸'은 자발적으로 애써 일함.

5 守自然之道(수자연지도): '자연지도自然之道'는 자연의 법칙으로 여기서는 하늘의 때, 인심, 재능, 권세와 지위를 가리킴.(張覺)

6 行毋窮之令(행무궁지령): '무궁毋窮'은 '막힘이 없는', 곧 끊임없이 이어지는 명령이 있더라도 실행된다는 의미.

무릇 재능이 있더라도 세勢가 없다면 비록 어진 자라 하여도 어리석은 자를 통제할 수 없다. 그러므로 한 자 길이의 나무를 높은 산 위에 세우면 천 길이나 되는 골짜기를 내려다보는데, 나무가 길어서가 아니라 위치가 높기 때문이다. 걸桀이 천자가 되어 천하를 제어할 수 있었던 것은 현명해서가 아니라 세가 막중했기 때문이며, 요堯가 필부였다면 세 집도 다스릴 수 없는데 어리석어서가 아니라 지위가 낮기 때문이다. 천균千鈞의 무게가 배를 얻으면 물위에 뜨고, 치수錙銖의 무게가 배를 잃으면 물속에 가라앉는데, 천균千鈞의 무게가 가볍고 치수錙銖의 무게가 무거워서가 아니라 세가 있고 세가 없는 것에 따름이다. 그러므로 짧은 것이 높은 데 임하는 것은 위치 때문이고, 어리석은 자가 어진 자를 제어할 수 있는 것은 세 때문이다. 군주란 천하가 온 힘으로써 함께 그를 받들므로 안정되고, 많은 사람들이 같은 마음으로써 함께 그를 세우므로 존귀하다. 신하란 장점이 되는 것을 견지하며 능력을 다함으로써 충성한다. 존귀한 군주로써 군주가 충성스러운 신하를 다스린다면 길이 생을 즐기고 공명이 이루어진다. 명분과 실질이 서로 지탱하며 이루어지고 형체와 그림자가 상응하여 확립되므로, 신하와 군주는 하고자 하는 것을 같이 하면서도 일을 달리한다.

군주의 근심은 (신하들이) 자신에게 호응해 주지 않는 데 있으므로, '한 손만으로 손뼉을 치면 비록 빨리 치더라도 소리가 나지 않는다.'고 말한다. 신하의 근심은 한 가지 일만을 할 수 없는 데 있으므로, '오른손으로 원을 그리고 왼손으로 네모를 그리면 둘 다 완성하지 못한다.'고 말한다. 그러므로 말하기를 '지극히 잘 다스려진 나라에서 군주는 북채와 같고 신하는 북과 같으며, 재능은 수레와 같고 일은 말과 같다.'고 한다. 그러므로 사람들에게 남는 힘이 있으면 (군주에) 호응하기가 쉽고 남는 재주가 있으면 일하는 데 편하다. 공을 세우려는 자가 힘이 부족하고, 측근인 자가 믿음이 부족하고, 명성을 이루려는 자가 권세가 부족하며, 가까운 자가 친하지 않으며, 먼 자가 결속하지 않으면 명분이 실질에 부합하지 않는 군주이다. 성인으로 덕이 요堯와 순舜과 같고 행실이 백이伯夷와 같더라도, 지위가 세상에 추대되지 않으면 공은 서지 못하고 명성은 이루어지지 못한다. 그러므로 옛날에 공과 명성을 이룰 수 있었던 자는 많은 사람들이 힘으로써 돕고, 측근이 정성으로써 결속을 맺고, 멀리 있는 자가 명예로써 칭찬하며, 신분이 높은 자가 권세로써 그를 추대하였다. 이와 같이 하므로 태산 같은 공이 길이 나라에 서게 되고 해와 달과 같은 명성이 오래도록 온 세상에 드러나게 되었다. 이것이 바로 요가 군주의 자리南面에서 명성을 지킬 수 있었던 이유이고, 순이 신하의 자리北面에서 공적을 드러낼 수 있었던 이유이다.

夫有材而無勢,[1] 雖賢不能制不肖. 故立尺材於高山之上,[2] 下臨千仞之谿,[3] 材非長也, 位高也. 桀爲天子,[4] 能制天下, 非賢也, 勢重也, 堯爲匹夫, 不能正三家,[5] 非不肖也, 位卑也. 千鈞得船則浮,[6] 錙銖失船則沈,[7] 非千鈞輕錙銖重也, 有勢之與無勢也. 故短之臨高也以位, 不肖之制賢也以勢. 人主者, 天下一力以共載之,[8] 故安, 衆同心以共立之, 故尊. 人臣守所長, 盡所能, 故忠. 以尊主主御忠臣, 則長樂生而功名成. 名實相持而成,[9] 形影相應而立,[10] 故臣主同欲而異使.[11] 人主之患在莫之應, 故曰, 一手獨拍, 雖疾無聲. 人臣之憂在不得一,12 故曰, 右手畫圓, 左手畫方, 不能兩成. 故曰, 至治之國, 君若桴,13 臣若鼓, 技若車, 事若馬. 故人有餘力易於應, 而技有餘巧便於事. 立功者不足於力, 親近者不足於信, 成名者不足於勢, 近者已親,14 而遠者不結, 則名不稱實者也. 聖人德若堯 · 舜, 行若伯夷,15 而位不載於世, 則功不立, 名不遂. 故古之能致功名者, 衆人助之以力, 近者結之以成,16 遠者譽之以名, 尊者載之以勢. 如此, 故太山之功長立於國家, 而日月之名久著於天地. 此堯之所以南面而守名,17 舜之所以北面而效功也.18

---

1 夫有材而無勢(부유재이무세): '재材'는 '재才'와 통함.(張覺)

2 故立尺材於高山之上(고립척재어고산지상): '척尺'은 길이의 단위인 '자'로 짧음, '척재尺材'는 길이가 한 자 되는 짧은 재목.

3 下臨千仞之谿(하림천인지계): '하림下臨'은 아래를 내려다봄. '인仞'은 길이의 단위인 '길'로 '천인千仞'은 앞의 '자'와 대비되어 길이가 비할 수 없이 긴 것을 의미.

4 桀爲天子(걸위천자): '걸桀'과 뒤에 나오는 성군의 상징인 '요堯'와 대비되는 폭군의 상징.
「오두」 참조.

5 不能正三家(불능정삼가): '정正'은 '치治'.(張覺)

6 千鈞得船則浮(천균득선즉부): '균鈞'은 무게 단위로 서른 근, '천균千鈞'은 매우 무거운 것.

7 錙銖失船則沈(치수실선즉침): '치수錙銖'는 저울눈에서 기장 백 개의 낱알을 1수銖, 24수를 1냥兩, 8냥을 1치錙라고 일컬은 데서 유래하여 매우 가벼운 무게를 가리킴.

8 天下一力以共載之(천하일력이공대지): '대載'는 '대戴'와 통하여(楊樹達) '받들다 奉'의 뜻.

9 名實相持而成(명실상지이성): '명실名實'의 '명名'은 명칭, 직분과 의견을, '형實'
은 사물의 실질, 실제 수행한 내용과 성과를 가리킴. '지持'는 '서로 떠받치며
지탱함' 또는 '서로 따르다'는 의미. '지持'는 '대待'(盧文弨), '서胥'.(陳奇猷)

10 形影相應而立(형영상응이립): '형形'·'영影'의 의미와 관계는 위의'실實'과 '명名'
과 같은 의미.

11 故臣主同欲而異使(고신주동욕이리사): 금문金文에서 '사使'와 '사事'는 같은 글자
임.(于省吾) 「이병」에서 말하는 '신하와 군주는 일을 달리한다臣主異事'는 내용.

12 人臣之憂在不得一(인신지우재부득일): '득일得一'은 신하가 한 가지 일에 전념
할 수 없는 상태를 말함. 「용인」에서 현명한 군주는 직무를 서로 침범하지 않
게 하고 겸직시키지 않게 해서 신하들에게 각자의 전문적인 기능을 발휘할 수
있게 해야 한다는 내용이 나옴.

13 君若桴(군야부): '부桴'는 북채. '군주'와 '신하'는 '북'과 '북채'가, 뒤의 '재능'과
'일'은 '수레'와 '말'이 호응하듯이 정사가 원활하게 진행된다는 의미.

14 近者已親(근자이친): '이已'는 '불不'이 되어야 함.(陶鴻慶)

15 行若伯夷(행약백이): '백이伯夷'는 상商나라 말기 인물로 충절의 상징. 「용인」
참조.

16 近者結之以成(근자결지이성): '성成'은 '정성 성誠'.(劉師培)

17 此堯之所以南面而守名(차요지소이남면이수명): '남면南面'은 조정에서 남쪽을
향해 있는 군주의 자리. '수명守名'은 요가 길이 성군으로 칭송된 것을 말함.

18 舜之所以北面而效功也(순지소이북면이효공야): '순舜'은 신하의 자리에서 공적
을 쌓아 인심을 얻고, 요는 50살에 순에게 섭정攝政을 맡김. 「오두」 참조. '북
면北面'은 조정에서 북쪽을 향해 있는 신하의 자리.

제15장 | 대체

大
體

나라를 다스리는
근본적인 관건

　'대체大體'라는 편명은 '나라를 다스리는 대강大綱'이라는 의미이다.
우주 자연의 원리를 근거로 군주가 사회를 다스리는 근본적인 관건으
로 삼아야 할 것에 대해 논술한 내용이다. 한비자의 '도를 따르고 법을
완전하게 한다.'는 '인도전법因道全法' 사상이 드러나 있는데, 신도가 주
장한 도道와 법法을 결합한 도법론道法論의 내용이 그대로 수용되어 있
다.

옛날에 나라를 다스리는 대강大綱을 온전하게 터득한 자는 하늘과 땅을 살피고 강과 바다를 관찰하고, 산과 골짜기에 말미암고, 해와 달이 비추듯이 하고, 네 계절이 운행하듯이 하고, 구름이 펼쳐지고 바람이 불듯이 하며, 지혜로써 마음을 괴롭히지 않고 사심으로써 몸을 괴롭히는 일이 없고, 다스려지고 어지럽혀지는 일은 법法과 술術에 의거하고, 옳고 그름은 상과 벌에 의탁하며, 가볍고 무거움은 저울에 맡기고, 자연의 이치를 거스르지 않고 타고난 감정과 본성을 상하게 하지 않는다. 털을 불어서 작은 흠을 찾아내려 하지 않고, 때를 씻어서 알기 어려운 것을 살피려 하지 않으며, 먹줄선 밖으로 끌어내지 않고 먹줄선 안으로 밀어 넣으려 하지도 않으며, 법 이상으로 엄격하게 다루지 않고 법 이하로 너그럽게 다루지도 않으며, 정해진 이치를 지키고 자연에 말미암는데, 화와 복은 도道와 법法에서 생기고 사랑과 미움에서 나오지 않으며, 영예와 치욕의 책임은 자신에게 있지 다른 사람에게 있지 않다.

그러므로 지극히 태평한 시대에 법은 아침이슬같이 순박해서 섞임이 없고, 마음에 원한이 맺힘이 없고, 입에는 번거로운 말이 없다. 그러므로 전차와 군마가 먼 길을 가느라 피폐하지 않고, 군대의 깃발들이 큰 못에서 어지러이 나부끼지 않고, 만백성이 적의 군대에게 목숨을 잃지 않고, 뛰어난 군사가 전쟁의 깃발 아래 수명을 해치지 않으며, 그림과 책에 호걸의 이름이 기재되지 않고 그릇에 공적이 새겨지지 않고 연대기를 기록하는 수첩은 텅 비어 있다. 그러므로 "이익은 간략함보다 더 나은 것이 없고, 복은 평안함보다 더 오래 가는 것이 없다."고 말한다.

　　古之全大體者,[1] 望天地,[2] 觀江海, 因山谷,[3] 日月所照, 四時所
行, 雲布風動, 不以智累心,[4] 不以私累己, 寄治亂於法術, 託是
非於賞罰, 屬輕重於權衡,[5] 不逆天理,[6] 不傷情性.[7] 不吹毛而求小
疵,[8] 不洗垢而察難知, 不引繩之外,[9] 不推繩之內, 不急法之外,[10]
不緩法之內,[11] 守成理,[12] 因自然, 禍福生乎道法, 而不出乎愛惡,
榮辱之責在乎己, 而不在乎人. 故至安之世, 法如朝露, 純樸不
散,[13] 心無結怨, 口無煩言.[14] 故車馬不疲弊於遠路, 旌旗不亂於
大澤,[15] 萬民不失命於寇戎,[16] 雄駿不創壽於旗幢,[17] 豪傑不著名
於圖書, 不錄功於盤盂,[18] 記年之牒空虛.[19] 故曰, "利莫長於簡,
福莫久於安".[20]

---

1 古之全大體者(고지전대체자): '대체大體'는 나라를 다스리는 대강大綱, 요체, 관
　　건.

2 望天地(망천지): '망望'은 하늘과 땅 즉, 자연을 관찰하여 그 법칙을 깨닫는다
　　는 의미. 다음에 나오는 '관觀'도 같은 의미.

3 因山谷(인산곡): '인因'은 자연의 법칙을 깨닫고서 그것에 순응하여 행동하는
　　것을 말함. '산과 골짜기山谷'에서부터 '구름이 펼쳐지고 바람이 부는 것'까지
　　가 '인因'의 목적어에 해당함.

4 不以智累心(불이지누심): '지智'는 자신의 사소한 지혜 즉, '소체小體'를 말함.

5 屬輕重於權衡(속경중어권형): '속屬'은 앞의 '기寄'와 '탁託'과 같은 '맡긴다' 내지
　　'위임한다'는 의미.

6 不逆天理(불역천리): '천리天理'는 자연의 이치.

7 不傷情性(불상정성): '정성情性'은 사람의 타고난 천연의 감정과 본성.

8 不吹毛而求小疵(불취모이구소자): 표피상의 털을 불어 헤쳐 작은 상처를 찾지

않는다는, 즉 애써 작은 결점을 들추어내지 않는다는 의미.

9 不引繩之外(불인승지외): '승繩'은 목수의 먹줄과 같이 일정하게 정해진 기준.

10 不急法之外(불급법지외): '급急'은 '엄嚴'으로 엄격하게 다루는 것.

11 不緩法之內(불완법지내): '완緩'은 '관寬'으로 너그럽게 다루는 것.

12 守成理(수성리): '성리成理'는 정해진 이치, 곧 불변하는 법칙.

13 純樸不散(순박불산): '불산不散'은 순박함이 다른 이물질과 뒤범벅되어 혼탁해지지 않는 것을 말함.

14 口無煩言(구무번언): '번언煩言'은 서로가 시비를 다투며 분쟁하는 번잡한 말.

15 旌旗不亂於大澤(정기불난어대택): '정旌'은 천자, '기旗'는 장수가 전쟁 때 사용하는 깃발. '난亂'은 전투과정에서 군대의 깃발들이 서로 교차하며 어지럽게 나부끼는 것.

16 萬民不失命於寇戎(만민부실명어구융): '구융寇戎'은 적국의 군대.

17 雄駿不創壽於旗幢(웅준부창수어기당): '웅준雄駿'은 용맹하고 뛰어난 군사, '창創'은 '장戕'의 의미로 '창수創壽'는 '목숨을 죽이는 것'(唐敬杲), '기당旗幢'은 전쟁에서 작전을 지휘하는 기.

18 不錄功於盤盂(부록공어반우): '반우盤盂'는 원형의 청동접시와 사발 또는 세면도구로 옛 사람들은 그것에 문자를 새겨 후세에 전함.

19 記年之牒空虛(기년지첩공허): '첩牒'은 작고 얇은 목편木片이나 죽편竹片. '기년지첩記年之牒'은 연대기를 간략하게 기록한 역사책.

20 利莫長於簡, 福莫久於安(이막장어간, 복막구어안): "위와 아래가 일이 없으므로 간략하고, 천하가 태평하므로 편안하다(上下無事, 故簡, 天下太平, 故安)"는 내용이『신자愼子』「외편外篇」에 보인다.(陳奇猷) 청淸의 전희조錢熙祚는 앞의 '고지전대체자古之全大體者'부터 여기까지를『신자愼子』「일문逸文」으로 봄.

장석匠石에게 천 년의 수명을 주어 굽히는 도구를 쥐고 그림쇠를 보면서 먹줄을 써 태산을 바로잡게 하거나, 맹분孟賁과 하육夏育에게 명검인 간장干將을 차고서 만백성을 가지런하게 하더라도 비록 힘을 다해 재주를 부리고 지극히 수명을 많이 부여한다 하여도 태산이 바르게 되지 않고 백성들이 가지런하게 될 수 없다. 그러므로 '옛날에 천하를 다스리는 자는 장석에게 재주를 다하게 하여 태산의 형체를 파괴하는 일을 시키지 않고, 맹분과 하육에게 위세를 다하게 하여 만백성의 본성을 해치게 하는 일을 시키지 않는다.'고 말한다. 도道에 말미암고 법法을 온전히 하므로 군자는 즐거워하고 커다란 간악함은 그쳐서 조용하고 한가하며, 천명에 말미암으며 나라를 다스리는 대체(법)를 지킨다. 그러므로 사람들에게 법에 벗어나는 죄를 없게 하여 물고기(군주)가 물을 잃는 재앙을 없게 한다. 이와 같으므로 천하에 할 수 없는 일이 적어진다.

使匠石以千歲之壽操鉤,[1] 視規矩,[2] 擧繩墨, 而正太山, 使賁·育帶干將而齊萬民,[3] 雖盡力於巧, 極盛於壽, 太山不正, 民不能齊. 故曰, 古之牧天下者, 不使匠石極巧以敗太山之體, 不使賁·育盡威以傷萬民之性. 因道全法, 君子樂而大姦止, 澹然閒靜, 因天命,[4] 持大體. 故使人無離法之罪, 魚無失水禍. 如此, 故天下少不可.[5]

1 使匠石以千歲之壽操鉤(사장석이천세지수조구): '장석匠石'은 이름이 석石, 자는 백백伯, 초楚나라의 유명한 조각가이자 목수. 그의 기예技藝는 미묘微妙한 경지에 이르러 그가 자귀로 물건을 쪼면 추호의 오차도 없었다고 함. '구鉤'는 '굽히는 데 사용되는 도구'로,『장자莊子』에서 "곧은 것은 먹줄에 맞고 굽은 것은 구鉤에 맞는다.(直者中繩, 曲者中鉤)"는 내용이 나옴.(太田方)

2 視規矩(시규구): '규구規矩'는 지름이 선의 길이를 재는 도구로 그림쇠를 말함.

3 使賁 · 育帶干將而齊萬民(사분육대간장이제만민): '분賁 · 육育'은 맹분孟賁과 하육夏育으로 고대의 장사.「수도」참조. '간장干將'은 명검의 명칭. 춘추시대 오吳나라 사람인 간장干將과 막야莫耶 부부는 오왕吳王 합려闔閭의 지시로 2개의 명검을 만들었는데 그 이름을 '간장干將'과 '막야莫耶'라고 함. '간장干將'과 '막야莫耶'는 자웅雌雄을 이루어 양陽인 '간장'에는 거북 무늬를, 음陰인 '막야'에는 물결 무늬를 새겨 넣었다고 전함. 일설에 그들은 칼을 만드는 명장의 시조인 구야자歐冶子의 제자라고도 함.

4 因天命(인천명): '천명天命'은 자연의 법칙. '인천명因天命'은 앞의 '인도因道'와 호응하고, 바로 뒤에 나오는 '지대체持大體'는 앞의 '전법全法'과 호응.

5 故天下少不可(고천하소불가): '소少'는『능본凌本』에 '무無'로도 되어 있음.(盧文弨)

위가 하늘과 같지 않으면 아래를 두루 덮지 못하고, 마음이 땅과 같지 않으면 만물을 모두 싣지 못한다. 태산은 좋고 싫은 것을 내세우지 않으므로 그 높이를 이룰 수 있었고, 강과 바다는 작은 물줄기들의 도움을 가리지 않으므로 그 풍부함을 이룰 수 있었다. 그러므로 대인大人은 하늘과 땅에 몸을 의탁하므로 만물이 다 갖추어지고, 산과 바다에 마음을 두므로 나라가 부유해진다. 위는 분노하는 독이 없고 아래는 원한을 품는 재앙이 없다. 위와 아래가 함께 순박하여 도道를 집으로 삼는다. 그러므로 긴 이득이 쌓이고 큰 공이 서게 되며, 명성이 생전에 이루어지고 덕이 후세에 드리워지는데, 이는 다스림의 지극한 상태이다.

上不天則下不徧覆, 心不地則物不畢載.[1] 太山不立好惡, 故能成其高, 江海不擇小助,[2] 故能成其富. 故大人寄形於天地而萬物備,[3] 歷心於山海而國家富.[4] 上無忿怒之毒, 下無伏怨之患,[5] 上下交撲,[6] 以道爲舍. 故長利積, 大功立, 名成於前, 德垂於後, 治之至也.

---

1 心不地則物不畢載(심부지즉물부필재):「건도본乾道本」에는 '필畢'이 '필必'로 되어 있으나『치요治要』에 의거해 바꿈.(王先愼) '군주의 마음이 땅과 같이 두텁지 않으면 만 물을 다 실을 수 없다'는 의미.

2 江海不擇小助(강해부택소조): '소조小助'는 '작은 물줄기들의 유입'을 말함. 곧 '강이나 바다는 흘러드는 작은 물줄기들을 가리지 않고 수용한다'는 의미.

3 故大人寄形於天地而萬物備(고대인기형어천지이만물비): '형形'은 '심心'과 호응

하고, '의형寄形'은 몸身을 의탁함.

4 歷心於山海而國家富(역심어산해이국가부): '역歷'은 『치요治要』에 '조措'로 되어 있음.(王先愼) '역심어산해歷心於山海'는 곧 산과 바다에 마음을 둠.

5 下無伏怨之患(하무복원지환): '복원伏怨'은 드러내지 못하고 마음에 쌓아 놓은 원한. 곧 신하가 군주에게 마음속으로 품고 있는 원한을 말함.

6 上下交撲(상하교박): '교交'는 '구俱', '박撲'은 '박樸'.(陳奇猷)

와신상담臥薪嘗膽

　춘추시대 오나라 왕 부차와 월나라 왕 구천의 싸움에서 전해지는 고사로 '가시 많은 나무에 누워 자고, 쓰디쓴 곰쓸개를 핥으며 복수를 위해 과거의 굴욕을 되새긴다.'는 뜻이다.

　기원전 496년 오吳나라의 왕 합려는 월越나라를 공격하였으나 월나라 왕 구천에게 패한다. 합려는 화살에 맞아 심각한 중상을 입고 병상에서 죽어가면서 아들 부차에게 원수를 갚으라는 유언을 남긴다. 부차는 가시가 많은 장작 위에 자리를 펴고 자며, 방 앞에 사람을 세워 두고 출입할 때마다 "부차야, 아비의 원수를 잊었느냐!"하고 외치게 한다. 이 소식을 들은 월나라 왕 구천은 기선을 제압하기 위해 오나라를 먼저 공격했지만 대패하고 회계산으로 도망친다. 그러나 견디지 못하고 오나라에 항복하고, 포로가 된 구천과 그의 아내, 신하 범려 등은 3년 동안 부차의 노비로 갖은 모욕을 겪고 구천의 아내는 부차의 첩이 된다. 구천은 결국 영원히 오나라의 속국이 될 것을 맹세하고 목숨만 겨우 건져 귀국한다. 구천은 돌아오자 잠자리 옆에 항상 쓸개를 매달아 놓고 핥아 쓴맛을 되씹으며 회계의 치욕을 되새긴다. 이후 오나라 부차가 중원을 차지하기 위해 북벌에만 신경을 쏟는 사이 구천은 오나라를 정복하고 부차를 생포하였는데 부차는 결국 자살한다.

内儲設上—七術

군주가 사용해야 할
일곱 가지 통치술

　‘저설儲說’이란 편명은 군주에게 진언하기 위해 ‘설명의 사례를 마련해 둔다’는 의미이고, ‘칠술七術’의 부제는 ‘군주가 사용해야 할 일곱 가지 통치술’이라는 의미로 「내저설 상」이 담고 있는 내용이다. 『한비자』에서 ‘저설’은 총 6편으로 구성되어 있는데, 크게 ‘내·외內·外’로 분류하여 ‘내저설’과 ‘외저설’이 있고, ‘내저설’은 ‘상·하’로 분류하여 2편으로 구성되고, ‘외저설’은 ‘좌·우’, ‘상·하’로 나뉘어 ‘외저설 좌’의 ‘상·하’와 ‘외저설 우’의 ‘상·하’로 분류되어 총 4편으로 구성된다. 또한 각 편들은 강령을 밝힌 ‘경經’과 그것에 해당하는 사례를 모아 해설한 ‘전傳’으로 구성된다. 분량이 매우 방대한 관계로 이 책에서는 「내저설 상」의 「경經」 부분만을 해석하고, 그것에 해당하는 「전傳」의 내용은 역주로 처리하였다.

내저설 상
30-1

경經: 군주가 사용해야 할 것은 일곱 가지 술책이고, 살펴야 할 것은 여섯 가지 기미機微이다.

일곱 가지 술책이란 첫째, 여러 단서를 모아 대조해서 살피는 일을 말하고, 둘째, 반드시 벌하여 위엄을 분명하게 드러내는 일을 말하고, 셋째, 믿음성 있게 상을 주어 능력을 다하게 하는 일을 말하고, 넷째, 하나하나 의견을 들으며 아래의 실적을 추궁하는 일을 말하고, 다섯째, 의혹스러운 조서를 내려 거짓으로 일을 시키는 것을 말하고, 여섯째, 아는 것을 묻어두고 일에 대해 묻는 것을 말하며, 일곱째, 말을 반대로 하고 일을 거꾸로 하는 것을 말한다. 이 일곱 가지는 군주가 사용하는 것이다.

(經) 主之所用也七術,[1] 所察也六微.[2] 七術, 一日衆端參觀,[3] 二日必罰明威, 三日信賞盡能, 四日一聽責下,[4] 五日疑詔詭使,[5] 六日挾知而問,[6] 七日倒言反事.[7] 此七者, 主之所用也.

---

1 主之所用也七術(주지소용야칠술): '일곱 가지의 술七術'은 신하에게 사용하는 군주의 술책을 말함.

2 所察也六微(소찰야육미): '육미六微'는 군주가 명확하게 꿰뚫어 보아야 할 신하 쪽의 조짐 여섯 가지로 「내저설 하」 전편에서 서술하고 있음. '육미六微'는 첫째, 군주가 신하에게 권력을 빌려주어 권력이 신하의 손 안에 있는 일(權借在下), 둘째, 군신의 이해가 달라 신하가 외국의 힘을 빌리는 일(利異外借), 셋째, 유사한 사례를 핑계로 대며 군주를 속이는 일(託於似類), 넷째, 이해가 상반된 관계에 있는 일(利害有反), 다섯째, 아래와 위의 권세가 뒤섞여 내분이 생기는 일(參疑內爭), 여섯째, 적국이 끼어들어 내정의 임면에 관여하는 일(敵

國廢置)을 말함.

3　一日衆端參觀(일왈중단참관): '중단衆端'은 겉으로 드러나는 여러 가지 단서. '참관參觀'은 대조 비교하여 살펴봄.

4　四日一聽責下(사왈일청책하): '일청一聽'은 한 사람 한 사람씩의 의견을 일일이 청취함. '책하責下'는 신하가 일해 거둔 실적을 추궁함.

5　五日疑詔詭使(오왈의조궤사): '조詔'는 '명命'. (太田方) '의조疑詔'는 의혹스러운 조서를 내리거나 행동을 함.

6　六日挾知而問(육왈협지이문): '협挾'은 '지持' 또는 '장藏'. '협지이문挾知而問'은 군주 자신이 이미 아는 것을 감추고 신하가 허위를 말하는지 살핌.

7　七日倒言反事(칠왈도언반사): '도언倒言'은 말을 본의와 상반되게 하는 것. '반사反事'는 행동을 일의 실정과 상반되게 함.

經經1-참관參觀: 보거나 듣는 것에 (여러 단서들을) 대조해 보질 않으면 진실이 들리지 않고, 듣는 데 문호가 하나이면 신하가 가려서 (군주의 이목이) 막힌다.

그 사례로, 난쟁이의 꿈에 부뚜막 신을 보았다는 일, 애공哀公이 "여러 사람과 함께하면 미혹되지 않는다."고 일컫은 일이 있다. 그러므로 제齊나라 사람이 하백河伯을 보았다고 하고, 혜자惠子가 "그 절반을 잃었다."고 말한다. 그 우환의 사례로 수우豎牛가 숙손叔孫을 굶겨 죽인 일, 강을江乙이 초楚나라 속담을 말한 일이 있다. 사공嗣公은 잘 다스리려 했으나 (다스리는 방법을) 알지 못하여 적을 있게 하였으므로, 현명한 군주는 철판을 쌓듯이 주밀한 일을 추진하고, 온 저잣거리의 재앙을 살핀다.

(經一: 參觀) 觀聽不參則誠不聞, 聽有門戶則臣壅塞.[1] 其說在侏儒之夢見竈,[2] 哀公之稱"莫衆而迷".[3] 故齊人見河伯,[4] 與惠子之言"亡其半"也.[5] 其患在豎牛之餓叔孫,[6] 而江乙之說荊俗也.[7] 嗣公欲治不知,[8] 故使有敵, 是以明主推積鐵之類,[9] 而察一市之患.[10] '參觀'一.

---

1 聽有門戶則臣壅塞(청유문호즉신옹색): '유문호有門戶'는 「망징」의 '한 사람으로 문호를 삼는다用一人爲門戶'의 의미. '옹壅'은 신하가 가리는 것, '색塞'은 군주의 이목이 막히는 것.

2 其說在侏儒之夢見竈(기설재주유지몽견조): '설說'은 예증하기 위한 사례. '주유

侏儒'는 옛날 궁중에서 익살을 부리는 난쟁이 배우, '조竈'는 부엌 또는 부엌을 맡았다는 조왕신竈王神. '몽견조夢見竈'는 부엌 아궁이 앞에서 한 사람이 불을 쬐면 뒷사람이 볼 방법이 없음을 비유하여 군주 앞에서 누가 불을 쬐지나 않는지 경계하라는 내용.

3 哀公之稱 "莫衆而迷"(애공지칭막중이미): '애공哀公'은 춘추시대 노魯나라의 왕(기원전 494~468 재위)으로 성은 희姬, 이름 장將, 정공定公의 아들. 재위 중 공자 孔子가 위衛나라에서 노나라로 돌아왔으나 그를 등용할 수 없었고, 대내적으로 공족公族의 세 가문인 삼환三桓의 세력이 강하고, 대외적으로 오吳와 제齊나라의 공격으로 국력을 펴지 못함. 월越나라의 도움을 받아 계손씨季孫氏·숙손씨叔孫氏·맹손씨孟孫氏의 삼환씨三桓氏를 제거하려다 오히려 축출되어 죽음. 애공哀公이 '여러 사람과 함께하면 미혹되지 않는다莫衆而迷.'고 말한 것에 대해, 공자는 권세가 막강한 신하의 비위를 맞추기 위해 그와는 다른 의견을 내지 않기 때문에 모두 한목소리를 낼 경우에도 잘 살펴서 경계해야 한다고 조언함.

4 故齊人見河伯(고제인견하백): '하백河伯'은 중국 황하黃河에 있다는 물의 신水神. 제齊나라 사람이 왕에게 황하에 영험한 신이 있으니 보여주겠다고 하며 강가에 제단을 쌓고 얼마 후 큰 물고기가 뛰어오르자 그것을 가리켜 하백이라고 군주를 미혹시킨 일.

5 與惠子之言 "亡其半"也(여혜자지언망기반야): '혜자惠子'는 '혜시惠施'. 혜시는 명가名家의 학자로 전국시대 송宋나라 사람. 그는 위魏나라 혜왕惠王과 양왕襄王을 섬기며 재상의 자리에 있었는데, 제齊나라와 초楚나라와 연합해야 한다는 합종책合縱策을 주장하였으나, 반대로 그 두 나라를 정벌해야 한다는 장의張儀의 연횡책連橫策이 수용된 후 위나라를 떠나 초나라와 송나라로 건너감. "망기반亡其半"은, 왕이 제齊나라와 초楚나라를 정벌하는 것連橫이 모든 사람의 뜻이라고 말하자, 혜시가 찬성과 반대의 양론이 있는 상황에서 정벌을 찬성하는 것이 모든 사람의 뜻이라고 말하는 것은 곧 정벌을 반대하는 나라 안 반수의 의견을 잃는 것으로 이는 나라 안 백성의 반을 잃는 것이라고 말한 내용.

6 其患在豎牛之餓叔孫(기환재수우지아숙손): '숙손叔孫'씨는 계손季孫씨, 맹손孟孫씨와 더불어 삼환씨三桓氏의 하나로 노魯나라 정치의 중심 세력. '수우지아숙손豎牛之餓叔孫'은 숙손叔孫, 곧 노魯나라의 재상 숙손표叔孫豹는 그가 신임한 신하인 수우豎牛의 거짓말에 속아 그의 두 아들인 맹병孟丙과 중임仲壬을 죽게 하고, 이후 그 또한 병들어 누웠는데, 수우는 그가 아무 음식도 먹으려 하지 않는다는 거짓 소문을 내어 그를 굶겨 죽인 후 장사도 치르지 않고 그의 보물을

훔쳐 제齊나라로 달아난 일을 말함.

7 而江乙之說荊俗也(이강을지설형속야): '강을江乙'은 위魏나라 출신으로 후에 초楚나라를 섬김. '강을지형속江乙之說荊俗'은, 강을이 위나라의 사신으로 초나라에 가서 왕에게 '군자라면 다른 사람의 좋은 점을 숨기지 않고 다른 사람의 나쁜 점은 말하지 않는다.'는 초나라 풍습荊俗을 빗대어, 반란을 꾀하는 자가 있어도 말하지 않는 이러한 풍습은 나라가 위태롭게 될 것이라고 경고한 일을 말함.

8 嗣公欲治不知(사공욕치부지): '사공嗣公'은 위衛나라 평후平侯의 아들. 진秦나라에서 그를 폄하하여 '사군嗣君'이라고도 칭함.(津田鳳卿) '욕치부지欲治不知'는, 사공은 자신이 총애하는 자들이 자신의 이목을 가릴까 걱정되어 그들을 서로 견제하도록 하였는데, 이것이 더욱더 사공의 이목을 막게 된 일들을 발생하게 했다는 내용.

9 是以明主推積鐵之類(시이명주추적철지류): '적철積鐵'은 '주밀周密'(太田方), 곧 '추적철지류推積鐵之類'는 주도면밀하게 허술함이 없이 경계하는 일을 추진하는 것으로, 병사가 적의 화살에 대비해서 사방에 철판을 두르듯이 현명한 군주는 사방으로 간신들을 경계해야 할 것을 말함.

10 而察一市之患(이찰일시지환): '일시一市'는 '중구衆口'(太田方), 곧 '일시지환一市之患'은 온 시장 사람들이 거짓말을 하여 조성된 재앙으로, 거짓된 말을 한 사람이 하면 믿지 않지만 여러 사람이 하면 믿게 되는 것이라며, 위魏나라 방공龐恭이 자신을 신임하지 않은 왕에게 말한 것임.

경2-필벌必罰: 애정이 많으면 법이 서지 않고, 위엄이 적으면 아래가 위를 침범한다. 그러므로 형벌이 기필하지 않으면 금령이 행해지지 않는다.

그 사례로, 동안우董安于가 석읍石邑을 순시한 일과 자산子産이 유길遊吉을 가르친 일이 있다. 그러므로 중니仲尼는 서리가 내린 일과 은殷나라의 법이 길가에 재를 버린 자를 처형한 일에 대해 말하고, 행렬을 통솔하던 자가 악타樂池에게서 떠났으며, 공손앙公孫鞅이 가벼운 죄도 엄하게 다스렸다. 이 때문에 여수麗水의 금을 지키지 못하였고, 적택積澤의 불을 끄지 못하였다. 성환成歡은 지나치게 인자함이 제齊나라를 약화시킨다고 하였고, 복피卜皮는 자혜로움이 위魏나라 왕을 망하게 한다고 하였다. 관중管仲은 그 이유를 알았으므로 죽은 자에 대한 일을 단죄하고, 사공嗣公은 그 이유를 알았으므로 죄인을 샀다.

(經二: 必罰) 愛多者, 則法不立, 威寡者則下侵上. 是以刑罰不必, 則禁令不行. 其說在董子之行石邑,[1] 與子産之敎遊吉也.[2] 故仲尼說隕霜,[3] 而殷法刑棄灰,[4] 將行去樂池,[5] 而公孫鞅重輕罪.[6] 是以麗水之金不守,[7] 而積澤之火不救.[8] 成歡以太仁弱齊國,[9] 卜皮以慈惠亡魏王.[10] 管仲知之, 故斷死人,[11] 嗣公知之, 故買胥靡.[12] '必罰'二.

---

1 其說在董子之行石邑(기설재동자지행석읍): '동자董子'는 '동안우董安于'로, '동알우董閼于'로도 불리며 춘추시대 진晉나라 조앙趙鞅의 가신. 진나라에서 재상인

육경들에 의해 정사가 좌우될 때 대부 양영보梁嬰父가 지혜롭기로 소문난 동안우董安于의 재주를 알아보고 시기하여 경쟁자인 지씨에게 고변했는데 그 사실을 안 조앙의 장자 조맹이 그 화가 미칠 것을 우려하자, 이를 눈치챈 동안우가 주인의 근심을 덜어주고자 목을 매고 죽어 자신의 시신을 여항에 걸게 함으로써 지씨의 의심을 풀고 동맹하게 만듦. 후일 위기에서 벗어난 조씨는 한씨, 위씨와 함께 진나라를 나누어 사직을 일으킴. '석읍石邑'은 오늘날 협서성陝西省 남북부 황하黃河의 서안西岸. (張覺) '동자지행석읍董子之行石邑'은, 동안우가 태수가 되어 석읍을 순시하던 중 깊고 장벽같이 치솟은 산골 물에 다다랐는데, 너무 깊어 사람이나 짐승이 모두 조심하여 빠져 죽은 일이 없었다는 이야기를 듣자, 법을 이와 같이 엄정하게 집행하여 위반하지 못하도록 하겠다고 다짐한 내용.

2 與子產之敎遊吉也(여자산지교유길야): '자산(子產, 기원전 580?~522)'은 춘추시대 정鄭나라 사람으로 자가 자산 또는 자미子美, 성은 국國, 이름은 교僑. 공손교公孫僑 또는 공손성자公孫成子로도 불림. 자국子國의 아들로 정나라 목공穆公의 후손으로 태어나 기원전 543년 내란을 진압하여 재상이 되었고 정鄭나라 간공簡公 23년 정경正卿이 되어 집정執政함. 중국 최초의 성문법을 정하여 법치를 통해 인습적인 귀족정치를 배격하는 개혁정치를 하고, 농지를 정리하고 전부田賦를 설정하여 국가재정을 강화함. '유길遊吉'은 자산子產과 같이 목공穆公의 후손인 유游씨로 이름은 길吉, 자는 대숙大叔으로 자산의 뒤를 이어 재상에 오름. '자산지교유길子產之敎遊吉'은, 자산이 임종할 때 유길에게 엄한 자세로 사람을 대하라고 유언했지만 유길이 그 말을 따르지 않자 정나라에는 도둑들이 많아져 큰 화근이 되었는데, 후에 유길이 자산의 말을 듣지 않은 걸 후회했다는 내용.

3 故仲尼說隕霜(고중니설운상): '중니仲尼'는 공자孔子의 자, 「오두」 참조. '중니설운상仲尼說隕霜'은 노魯나라 애공哀公이 『춘추春秋』에 12월에 서리가 내렸는데도 콩이 시들지 않는다고 기록한 이유를 묻자, 공자가 하늘이 도를 잃으면 초목도 자연의 이치를 거스르는데 군주의 경우 또한 그러하다며 애공을 경계시킨 내용. 『춘추春秋』는 경문經文이 1,800여 조條, 1만 6500자로 이루어진 최초의 편년체編年體 역사서로, 춘추시대 노魯나라 은공隱公부터 애공哀公까지 12공公 242년간의 기록을 담고 있음.

4 而殷法刑棄灰(이은법형기회): 제자 자공子貢이 공자에게 길에 재를 버리는 일은 가벼운 일인데 이를 처벌하는 은殷나라의 법은 너무 무거운 것 아니냐고 묻자, 공자는 재를 버리는 쉬운 일을 가지고 누구나 두려워하는 일에 걸리지

않게 하는 것이 나라를 다스리는 도라고 대답한 내용.

5 將行去樂池(장행거악타): '장행將行'은 '무리를 이끄는 자', '지池'의 음은 '타'. (蒲阪圓) '장행거악타將行去樂池'는, 전국시대에 지금의 하북성河北省 정현定縣 부근에 자리한 중산국中山國의 재상인 악타樂池가 백 대의 수레를 이끌고 조趙나라에 사신으로 갈 적에 지혜로운 식객에게 행렬을 통솔하도록 했는데 가는 도중 행렬이 어지러워지므로 이를 식객에게 문책하자, 식객은 상벌을 내리는 권력이 없으면 통솔할 수 없다고 대답하고 물러났다는 내용.

6 而公孫鞅重輕罪(이공손앙중경죄): '공손앙公孫鞅'은 상앙商鞅, 위앙衛鞅, 상군商君으로 불림. 「남면」 참조. 그는 가벼운 죄를 무겁게 처벌하면 가벼운 죄뿐만 아니라 무거운 죄도 없어진다는 '형벌로 형벌을 없앤다.'이형거형以刑去刑'를 주장함.

7 是以麗水之金不守(시이여수지금불수): 초楚나라 남쪽 지방 여수麗水라는 강에서 사금이 많이 나왔는데 이를 훔치는 자가 많았으므로, 나라에서 사금을 훔치다 걸리면 몸을 찢어 죽이는 형벌을 내린다고 했지만 많은 이가 죽어 나가도 그러한 일이 그치지 않았다는 내용. 곧, 사금을 훔치는 자들이 자신은 잡히지 않을 것이라는 생각에서 그러한 행동을 했다는 내용.

8 而積澤之火不救(이적택지화불구): 노魯나라 사람들이 사냥을 위해 지금의 산동성山東省 곡부曲阜 지역에 해당하는 적택積澤이라는 곳에 불을 놓았는데, 그 불길이 도성으로 향하자 애공哀公이 불안하여 직접 불을 끄러 나서는데도 정작 신하들은 사냥에만 정신이 팔려 있었음. 애공이 그 까닭을 묻자, 공자가 무릇 사냥은 즐거우면서 벌을 받는 일도 없지만 불을 끄는 일은 고통스럽고 상도 받지 못하니 이러한 일이 발생했다고 대답한 내용. 공자는 불을 끄는 모든 자에게 상을 줄 나라의 여력이 없으므로 벌로 다스려야 한다고 생각하고 불을 끄지 않는 자는 적에게 항복하거나 도망친 죄로, 짐승을 쫓는 자는 금지 구역에 들어간 죄로 다스리겠다고 하자 그 명령이 두루 알려지기도 전에 불이 꺼졌다는 내용.

9 成歡以太仁弱齊國(성환이태인약제국): 성환成歡이란 사람이 제齊나라 왕에게 신하인 설공薛公 전영田嬰과 전씨田氏 일족에게 지나치게 인자하거나 동정하면 군사와 정치가 어지러워져 나라가 망할 것이라고 경계시킨 내용.

10 卜皮以慈惠亡魏王(복피이자혜망위왕): '위왕魏王'은 위魏나라 혜왕惠王. 혜왕이 신하인 복피卜皮에게 자신에 대한 평판을 묻자, 혜왕의 너무 인자한 정치는 잘못이 있어도 벌하지 못하고, 공을 세우지 않아도 상을 주게 되므로 나라를 망하게 할 것이라고 대답한 내용.

11 故斷死人(고단사인): '사인死人'은 시체. 제齊나라 환공桓公이 장례를 치를 때 베나 비단, 재목 등 재화를 너무 많이 낭비하는 후장 습관을 염려하자 관중管仲은 모든 일은 명예와 이익을 위한 일이라 조언함. '단사인斷死人'은 관중의 조언을 듣고 환공이 관곽을 지나치게 만들면 시체를 파헤쳐 욕보이고 상주를 처벌하겠다고 명령. 관중管仲과 환공桓公에 대해서는 「남면」 참조.

12 故買胥靡(고매서미): '서미胥靡'는 중죄인. '매서미買胥靡'는 위衛나라 사공嗣公이 나라를 다스릴 때 한 죄인이 위魏나라로 도망친 후 양왕襄王의 부인을 치료하여 낫게 해주었다는 소식을 듣고 법률의 확립을 위해 양왕에게 좌씨左氏라는 고을을 주고 도망친 죄인을 사려 했다는 내용.

경3-상예賞譽: 상을 주고 칭찬하는 데에 야박하고 속이면 아래는
일을 하려 하지 않고, 상을 주고 칭찬하는 데에 후하고 신뢰할 수 있
으면 아래는 죽음을 가볍게 여긴다.

그 사례로, 문자文子가 "마치 사슴과 같다."고 일컬은 일이 있다.
그러므로 월越나라 왕은 궁전을 불태우고, 오기吳起는 수레의 끌채에
의지하였고, 이회李悝는 활쏘기로 송사를 결단하였고, 송宋나라 숭문崇
門 사람들은 몸이 말라서 죽었다. 구천句踐은 그 이유를 알았으므로 성
난 두꺼비를 보고 예를 올렸고, 소후昭侯는 그 이유를 알았으므로 낡은
바지를 간직해 두었다. 후히 상을 내리는 것은 사람들을 맹분孟賁과 전
저專諸처럼 되게 하여 아낙네가 누에를 치고 어부가 뱀장어를 잡을 수
있게 하는데, 이로써 그 효과를 본받을 만하다.

(經三: 賞譽) 賞譽薄而謾者下不用, 賞譽厚而信者下輕死. 其
說在文子稱"若獸鹿".1 故越王焚宮室,2 而吳起倚車轅,3 李悝斷
訟以射,4 宋崇門以毀死.5 句踐知之, 故式怒蛙,6 昭侯知之, 故藏
弊袴.7 厚賞之使人爲賁 · 諸也,8 婦人之拾蠶,9 漁者之握鱣,10 是
以效之. '賞譽'三.

---

1 其說在文子稱"若獸鹿"(기설재문자칭약수록): '문자文子'는 '윤문자尹文子'.(尹桐
陽) '윤문자尹文子'의 '윤문'은 복성複姓으로 추정되며 이름과 생몰년 미상으로
제나라 선왕宣王과 그의 아들인 민왕湣王과의 문답이 『설원說苑』과 『여씨춘추呂
氏春秋』 등에 전해지고, 송견宋鈃, 전병田騈 등과 함께 공손룡公孫龍에게 배운 제

나라의 처사處士로 추정됨. 『윤문자尹文子』는 「대도상大道上」「대도하大道下」 2편의 1권이 전해지며, 그 내용은 정치의 대요를 논하면서 허정虛靜으로써 위정爲政의 근원을 삼음. 그 사상은 노자老子의 무위자연無爲自然을 중심으로 명가名家와 법가法家의 사상이 담겨 있음. '약수록若獸鹿'은, 신하가 상과 칭찬을 좋아하는 것이 마치 사슴이 풀을 찾는 것과 같다고 문자가 말한 내용.

2 故越王焚宮室(고월왕분궁실): '월왕越王'은 월나라 구천句踐. 명신名臣 범려范蠡와 문종文種은 그를 보좌하여 오吳나라 등을 멸하고 월나라를 춘추시대 패권국가로 만듦. 구천이 오나라를 공격하려 하자 문종은 승리하려면 상벌의 시행이 확실하다는 것을 보여주어야 한다고 말했다. 이에 구천은 일부러 궁에 불을 지르고 상벌의 효과를 시험해 보았다는 내용.

3 而吳起倚車轅(이오기의거원): '오기吳起'는 춘추시대 위衛나라 좌씨左氏 사람. 노나라에서 증자曾子에게 배우고 위衛나라로 건너가 문후文侯를 섬기고, 문후가 죽자 초楚나라로 건너가 도왕悼王의 재상이 되어 법치를 확립한 인물. 「오두」 참조. 오기가 위나라 서하수西河守로 있을 때 접경지역에 있는 진秦나라의 성채가 마음에 걸려 그것을 없애고자 하였는데, 수레를 북문 밖에 세워두고 남문 밖으로 옮기면 상을 주겠다고 포고한 후 옮긴 자에게 상을 내려 상의 시행이 확실함을 보여줌으로써 하루아침에 진나라의 성채를 빼앗았다는 내용.

4 李悝斷訟以射(이회단송이사): '이회(李悝, 기원전 455~395)'는 전국시대 위魏나라의 법가사상가로 농지개척 기술에 정통하고, 곡물을 사서 저장貯藏하여 곡가穀價를 조절하는 평적법平糴法을 창시創始한 인물. 그는 위魏나라 문후文侯의 재상을 지내면서 변법개혁을 적극 추진하여 귀족들의 세습 특권을 폐지하고, 법치를 강조하여 중국 최초의 성문법인 「도법盜法」, 「적법賊法」, 「수법囚法」, 「포법捕法」, 「잡법雜法」, 「구법具法」의 6편으로 이루어진 『법경法經』을 저술했다고 하나 실전됨. 그의 노력으로 위나라는 전국시대 초기 강국의 하나가 됨. '단송이사斷訟以射'는, 백성들이 활을 잘 쏘길 바란 이회가 송사를 활쏘기로 결정하겠다고 포고하자 모든 사람이 활쏘기를 익혔으므로 진나라와의 전쟁에서 승리했다는 내용.

5 宋崇門以毀死(송숭문이훼사): 송宋나라 숭문崇門 사람들이 부모상을 치르느라 몸이 수척해지자 군주가 이를 보고 효심이 깊다 하여 상으로 벼슬을 내리자 이듬해 상을 당하여 말라죽는 자가 열 사람이 넘었다는 내용.

6 故式怒蛙(고식노와): '식式'은 동사로 수레 앞턱의 가로대를 잡고 경례한다는 의미의 '식軾'. 백성들이 죽음을 가벼이 여기고 오吳나라와 싸우길 바란 월越나라 왕 구천句踐은 나들이하다 성난 개구리를 보고 기운이 가득하다며 경의를

표하고 칭찬하였는데 이듬해 스스로 목을 바치겠다는 자가 열 사람이 넘었다는 내용.

7 故藏弊袴(고장폐고): '폐고弊袴'는 해진 바지. 한韓나라의 소후昭侯가 다 낡은 바지를 잘 간직하므로 시종이 그 이유를 묻자, 군주란 웃고 찡그리는 표정도 나타내지 말아야 하는데 해진 옷을 간직한다는 것은 그보다 의미가 더욱 큰 것이라 하고 공을 세운 이에게 주기 위해 간직하겠다고 한 내용.

8 厚賞之使人爲賁 · 諸也(후상지사인위분제야): '분賁'은 맹분孟賁으로 「수도」 참조. '제諸'는 '전제專諸'로 춘추시대 오吳나라 당읍堂邑 사람, 전설제(鱄設諸, 기원전 ?~515)라고도 함. 오吳나라 공자公子 광光이 오나라 왕인 요僚를 죽이려고 하자 오자서伍子胥는 광에게 전제를 추천하였는데, 광이 연회를 열어 요僚를 초청하자 전제는 고기 뱃속魚腹에 비수를 숨기고 다가가 요를 찔러 죽였으며, 그 역시 요의 측근에 의해 죽음.

9 婦人之拾蠶(부인지습잠): 아낙네가 애벌레를 보면 소름끼치지만 이득이 있으므로 그것을 예사롭게 친다는 의미.

10 漁者之握鱔(어자지악전): 어부가 뱀을 보면 놀라지만 이득이 있으므로 장어를 움켜잡는다는 내용.

경4-일청─聽: 한 사람 한 사람의 의견을 들으면 어리석거나 지혜로운 것이 섞이지 않고, 아래의 실적을 추궁하면 신하들(의 유능과 무능)이 섞이지 않는다.

그 사례로, '정鄭을 찾은 일'과 '피리를 불게 한 일'이 있다. 그 우환의 사례로, 신자申子가 조소趙紹와 한답韓沓에게 시험 삼아 시켜 본 일이 있다. 그러므로 공자 범氾은 하동河東 땅을 할애하는 것을 논의하였고, 응후應侯는 상당上黨 지역의 군사를 이동시킬 것을 모의하였다.

(經四: 一聽) 一聽則愚智不分,¹ 責下則人臣不參.² 其說在索鄭與吹竽.³ 其患在申子之以趙紹 · 韓沓爲嘗試.⁴ 故公子氾議割河東,⁵ 而應侯謀弛上黨.⁶ '一聽'四.

---

1 一聽則愚智不分(일청즉우지부분): '분分'은 '분紛'.(陶鴻慶) '불분不紛'은 섞이지 않음.

2 責下則人臣不參(책하즉인신불삼): '불삼不參'은 '불분不紛'과 같은 의미.

3 其說在索鄭與吹竽(기설재색정여취우): '색정索鄭'은, 위魏나라 혜왕惠王이 본래 하나의 나라였다는 이유로 정鄭나라에 합병을 요구했지만 정나라는 같은 이유를 들어 위나라의 요구를 물리친 일. '취우吹竽'는, 제齊나라 선왕宣王이 많은 사람이 피리 부는 것을 좋아하여 사람들이 앞다투어 청원하자 기뻐하며 부양미를 내려주었는데, 그뒤에 즉위한 민왕湣王은 독주를 좋아하자 엉터리 연주자들은 모두 떠나게 되었다는 내용의 예.

4 其患在申子之以趙紹 · 韓沓爲嘗試(기환재신자지이조소한답위상시): '신자申子'는 '신불해(申不害, 기원전 385?~337)로 정鄭나라 경京 지역 사람. 한韓나라 소후昭侯는 정나라를 멸망시킨 후 그를 재상으로 기용하여 개혁을 진행하였음.「정법」참조. 조趙나라가 위魏나라를 치려고 신불해에게 사신을 보내 원군을 요청

하자 신불해는 원군을 보내자니 조나라와 내통했다는 군주의 의심을 살 것 같고, 안 보내자니 조나라에 미움을 살 것 같아서 측근인 조소趙紹와 한답韓沓을 시켜 군주의 의중을 살핀 후 전달했다는 내용의 예.

5 故公子氾議割河東(고공자범의할하동): 제齊·한韓·위魏 세 나라 연합군이 함곡관函谷關에 이르자 진秦나라 소왕昭王은 재상인 누완樓緩에게 하동河東 땅을 떼어주고 강화 문제를 의논하였는데, 누완은 사직의 중요한 일이고 공족에게도 책임이 있는 일이니 공자 범氾을 불러 의논해야 한다고 말함. 이에 소왕은 공자 범에게도 알리고 하동을 떼어주고 강화하기로 결정했다는 내용.

6 而應侯謀弛上黨(이응후모이상당): '응후應侯'는 진秦나라 소왕昭王을 섬긴 재상 범저范雎로 응應 땅에 봉해져 응후應侯라고 함. 「난언」 참조. '이弛'는 '사謝'.(張覺) '상당上黨'은 한韓나라 영토로 지금의 산서성山西城 동남부. 응후가 왕이 상당上黨을 탐하기 위해 주둔시켰던 군사를 옮겨 동양東陽 지역을 공략하여 조趙나라의 도읍인 한단邯鄲을 취해야 한다는 의견을 내자 왕이 이를 수용했다는 내용.

경5-궤사詭使: 자주 만나보고 오랫동안 기다리게 하면서 등용하지 않으면, 간악한 자는 바로 사슴 떼처럼 흩어져 버린다. 사람에게 일을 시키면서 그에게 (여러 것을) 물으면 개인적인 사사로움을 팔지 못한다.

그러므로 방경龐敬은 공대부公大夫를 돌려보내고, 대환戴驩은 덮개를 씌운 수레輼車를 감시하라고 명하고, 주周나라 군주는 일부러 옥비녀를 잃어버리고, 상商나라의 재상은 쇠똥을 논하였다.

(經五: 詭使) 數見久待而不任,[1] 姦則鹿散. 使人間他則不鬻私.[2] 是以龐敬還公大夫,[3] 而戴驩詔視輼車,[4] 周主亡玉簪,[5] 商太宰論牛矢.[6] ‘詭使’五.

---

1 數見久待而不任(삭견구대이불임): ‘대待'는 ‘시侍'.(陶鴻慶) ‘구시久侍'는 군주가 자신의 곁에 오래 두고 기다리게 하는 것.

2 使人間他則不鬻私(사인문타즉불육사): ‘사使'는 할 줄 모른 체하며 시험 삼아 이것저것을 시킴. ‘문間'은 모른 체하며 이것저것을 물음. ‘육鬻'은 ‘수售'.(『舊注』)

3 是以龐敬還公大夫(시이방경환공대부): ‘방경龐敬'은 ‘방공龐恭'과 같은 인물로 위魏나라의 신하. ‘공대부公大夫'는 20등급의 품계 중 13번째인 벼슬. ‘환還'은 소환하였다가 돌려보냄. 방경이 현령으로 있을 때 감독관인 공대부를 소환하였다가 아무 말하지 않고 그냥 순찰하도록 돌려보냈는데, 그 외의 단속반들이 둘 사이에 어떤 말이 오간 줄 알고 서로 믿지 않고 간악한 일을 하지 않았다는 내용.

4 而戴驩詔視輼車(이대환조시온거): ‘온거輼車'는 덮개가 있어 누워서 쉴 수 있게 만든 ‘와거臥車'.(尹桐陽) 송宋나라 재상 대환戴驩이 시종에게 심부름을 시키며

죄를 다스리는 옥리의 집에 온거를 타고 온 사람이 있는지 보고 오라면서 옥리가 뇌물을 받는지 감시하게 하였다는 내용.

5 周主亡玉簪(주주망옥잠): 주周나라 군주가 잃어버린 옥비녀를 관리들에게 찾게 하였지만 그들이 찾지 못하자 직접 다른 사람을 시켜 찾게 함으로써 관리들의 직무 태만을 꾸짖었다는 내용.

6 商太宰論牛矢(상태재논우시): '상商'은 송宋나라로 송나라는 상나라의 후예임. '태재太宰'는 재상을 말함.(松平康國) '시矢'는 '시屎'(張覺), 곧 '우시牛矢'는 쇠똥. 송나라 재상이 젊은 시종에게 저잣거리의 남문 밖에 우마차가 많다는 사실을 미리 알아오게 한 후 남문 밖에 쇠똥이 많다며 관리들의 직무 태만을 꾸짖었다는 내용.

경6-협지挾智: 아는 것을 묻어두고 질문하면 알지 못하던 것도 알게 되고, 한 가지 사물을 깊이 알게 되면 숨겨진 많은 것들이 모두 밝게 드러난다.

그 사례로, 한韓나라 소후昭侯가 자신의 손톱 한 개를 주먹에 쥐고 찾게 한 일이 있다. 그러므로 오로지 남문南門의 일만으로 세 고장(동ㆍ서ㆍ북)의 일도 알았다. 주周나라 군주가 굽은 지팡이를 찾아내자 여러 신하들이 두려움에 떨었고, 복피卜皮는 가신庶子들을 부리고, 서문표西門豹는 거짓으로 수레의 굴레 빗장을 잃어버린 척하였다.

（經六: 挾智）挾智而問,[1] 則不智者至,[2] 深智一物, 衆隱皆變.[3] 其說在昭侯之握一爪也.[4] 故必南門而三鄕得.[5] 周主索曲杖而群臣懼,[6] 卜皮事庶子,[7] 西門豹詳遺轄.[8] '挾智'六.

---

1 挾智而問(협지이문): '지智'는 '지知'로 다음 구절의 경우도 마찬가지임.(顧廣圻)

2 則不智者至(즉불지자지): '지至'는 '지知'(顧廣圻) 또는 '득得'.(張覺) 두 해석 모두 가능함.

3 衆隱皆變(중은개변): '변變'은 '변辨'.(陶鴻慶) 곧 명백히 밝혀진다는 의미.

4 其說在昭侯之握一爪也(기설재소후지악일조야): '소후昭侯'는 한韓나라 소후昭侯. 소후가 측근의 성실 여부를 살피기 위해 자신의 자른 손톱 하나를 쥐고 잃은 척하면서 그것을 찾을 것을 독촉하자 좌우 측근들이 자신의 손톱을 잘라 바쳤다는 내용.

5 故必南門而三鄕得(고필남문이삼향득): 한韓나라 소후昭侯가 사람을 시켜 미리 남문 밖에 누런 송아지가 벼 묘를 먹고 있는 사실을 안 후, 이 사실을 숨겨두고 관리들에게 짐승이 논밭에 들어가 어린 싹을 먹는 숫자를 조사하라 명령을

내리자 관리들이 세 지방을 조사하여 보고하였다. 그러나 소후는 철저하게 조사하지 못했으니 다시 살펴보라고 명령하자 관리들이 나가 보니 남문 밖의 송아지가 어린 싹을 뜯고 있는 것을 발견하고 소후가 모든 것을 알아차린다고 생각하여 직무에 충실하게 되었다는 내용.

6 周主索曲杖而群臣懼(주주색곡장이군신구): 주周나라 군주가 굽은 지팡이를 관리들에게 찾게 하였지만 그들이 찾지 못하자 직접 다른 사람을 시켜 찾게 함으로써 관리들의 직무 태만을 꾸짖었다는 내용.

7 卜皮事庶子(복피사서자): '사事'는 '사使'. (王先愼) 전국시대 진秦, 위魏나라 등에서는 가신家臣을 '서자庶子'라 칭함. (張覺) 혜왕惠王은 복피卜皮가 현령으로 있을 때 감찰관이 부정을 저지르자 가신을 시켜 그의 애첩과 밀통하게 하여 그의 비밀을 알아낸 일을 말함.

8 西門豹詳遺轄(서문표양유할): '양詳'은 '양佯'과 같음. (顧廣圻) 서문표西門豹가 위魏나라 문후文侯 때 업鄴 땅의 장관슈으로 있으면서, 수레의 굴레 빗장을 잃어버린 척하고 관리들에게 찾게 하였지만 그들이 찾지 못하자 직접 다른 사람을 시켜 찾게 함으로써 관리들의 직무 태만을 꾸짖었다는 내용.

경7-도언倒言: 말을 거꾸로 하고 일을 반대로 함으로써 의심스러운 것을 시험해보면 간악한 실정을 알 수 있다.

그러므로 산양군山陽君은 규수樛豎를 속여 노하게 하였고, 요치淖齒는 진秦나라의 사신으로 위장하게 하였고, 제齊나라 사람은 난을 일으키려 하였고, 자지子之는 거짓으로 흰 말이라고 하였고, 자산子産은 소송하는 자를 따로 분리시켰고, 사공嗣公은 관문을 통과하게 하였다.

이상, 경經.

(經七: 倒言) 倒言反事, 以嘗所疑, 則姦情得. 故陽山謾樛豎,¹ 淖齒爲秦使,² 齊人欲爲亂,³ 子之以白馬,⁴ 子産離訟者,⁵ 嗣公過關市.⁶ '倒言'七.

右經.

---

1 故陽山謾樛豎(고양산만규수): '양산陽山'은 '산양군山陽君'으로 위魏나라 사람이다. 『제책齊策』과 『위책魏策』 모두에 기록되어 있는데 '산양은 위나라에 속한 인물山陽屬魏'로 주석함.(蒲阪圓) 위나라의 재상이었던 산양군은 왕이 자신을 의심하는 생각이 들자 왕을 시중드는 측근인 규수를 일부러 비방해 왕이 자신을 의심하는 본심을 알아내었다는 내용.

2 淖齒爲秦使(요치위진사): '요치淖齒'는 초楚나라 경양왕頃讓王의 장수. 연나라의 장수 악의樂毅가 임치臨淄에서 제나라 군대를 대파시키자 민왕閔王은 거莒로 달아나고 초나라 장수인 요치淖齒가 제나라를 구함. 제나라 민왕은 이 일로 요치淖齒를 제상齊相에 임명하지만 요치는 연과燕瓜와 제나라를 나누려는 속셈으로 민왕을 살해함. 요치가 제나라 왕이 자기를 미워한다는 말을 전해 듣고 자신의 측근을 진나라의 사자로 위장시켜 그것을 알아내게 했다는 내용.

3 齊人欲爲亂(제인욕위난): 난을 일으키려고 한 제齊나라 사람이 들킬까 두려워 자신의 심복을 내쫓아 궁궐로 들어가게 하여 그 실정을 알아보게 하였다는 내용.

4 子之以白馬(자지이백마): 자지(子之, 기원전?~314)는 전국시대 연燕나라의 정치인으로 키가 8척에 달하고 몸이 비대했으며 날아가는 새를 맨손으로 잡았다고 함. 연나라 왕 쾌噲는 자지를 상국으로 임명한 뒤 녹모수鹿毛壽의 말을 듣고 태자 평平을 폐하고 자지에게 왕위를 선양함. 자지가 왕위에 오른 뒤 개혁정책을 실시하자 이에 불만을 품은 연왕 쾌의 세자 평平과 장군 시피市被가 난을 일으켰으나 패하여 죽음. 제나라의 장군 광장匡章이 연나라를 공격하자 자지에게 불만이 많았던 연나라 백성들이 광장을 도움으로써 자지는 패하여 죽음. 자지子之가 측근들의 성실성을 시험하기 위해 거짓으로 문 밖으로 달려나간 것이 백마가 아닌가라고 묻자 그 중 한사람이 나갔다 들어와서 보고하길 백마가 있었다고 한 내용.

5 子産離訟者(자산리송자): 정鄭나라의 자산子産은 송사가 있을 때 당사자들을 떼어 놓고, 심문할 때 상대방의 진술을 뒤집어 다른 쪽에 알려주는 방법을 써서 다툼의 진상을 알아내었다는 내용.

6 嗣公過關市(사공과관시): '관시關市'는 관문 또는 관문지기. 위衛나라의 사공嗣公이 관문의 관리들이 부정을 저지르지 않나 알아보기 위해 사람을 시켜 나그네처럼 관문을 지나가게 한 일을 말함.

연횡책 連橫策

연횡책은 중국 전국시대 진秦나라 장의張儀가 주장한 외교정책이다. 장의는 합종책合縱策을 주장한 소진蘇秦과 더불어 귀곡 선생鬼谷先生으로부터 가르침을 받았다. 소진의 주선으로 진秦나라에서 벼슬살이를 하게 되어 혜문왕惠文王 때 재상이 되었다.

전국시대는 모든 나라가 생존이라는 이름 하나로 전쟁을 치르던 시기였으므로 한 나라의 단독적인 힘으로는 생존하기 어려웠고, 각국은 서로의 이해관계에 따라 연합과 대립을 반복하였다. 연횡책과 합종책은 당시 가장 강성한 진秦나라와의 관계를 중심으로 나온 외교정책이다. 장의가 주장한 연횡책은 전국 6국이 진나라와 화친하여 공존을 주장한 외교정책이다. 이와는 반대로 소진은 약소한 6국이 연합하는 '합종合縱'의 정책을 통해 진나라에 대항하자고 주장하였다.

장의의 연횡책이 받아들여져 위·조·한 등 동서로 잇닿은 6국이 진나라를 중심으로 동맹을 맺었다. 장의의 육국유세六國遊說는 한때 크게 효과를 거둠으로써 6국이 진나라에 성의를 보이고 친선을 도모하였다. 하지만 진나라 혜왕惠王이 죽고 무왕武王이 즉위한 후 장의와 무왕이 불화하여 장의가 위나라로 망명하였고, 연횡책은 무너지고 6국이 다시 진나라에 대항하는 형세가 전개되었다.

内儲設下―六微

군주가 꿰뚫어야 할
신하의
여섯 가지 조짐

　　'저설儲說'이란 편명은 앞장에서 밝혔듯이 군주에게 진언하기 위해
설명의 사례를 마련해 둔다는 의미인데, '육미六微'의 부제는 군주
가 잘 살펴보아야 할 '신하의 여섯 가지 기미機微'를 말한다. 이 편
또한 강령을 밝힌 '경經'과 그것에 해당하는 사례를 모아 해설한
'전傳'으로 구성되어 있는데, 분량이 매우 방대한 관계로 「경經」
부분만을 해석하고 그것에 해당하는 「전傳」의 내용은 역주로 처리
한다.

(경) 여섯 가지의 기미六微란, 첫째, 권력이 신하에게 있는 일을 말하고, 둘째, 이해가 달라 외국의 힘을 빌리는 일을 말하고, 셋째, 유사한 일에 의탁하는 일을 말하고, 넷째, 이익과 해가 반대로 되는 일을 말하고, 다섯째, 세력이 엇비슷하여 내분이 일어나는 일을 말하며, 여섯째, 적국이 관여하여 (대신들을) 폐출廢黜하고 임용任用하는 일을 말한다. 이 여섯 가지는 군주가 살펴야 할 일이다.

(經) 六微,¹ 一曰權借在下,² 二曰利異外借,³ 三曰託於似類,⁴ 四曰利害有反,⁵ 五曰參疑內爭,⁶ 六曰敵國廢置.⁷ 此六者, 主之所察也.

---

1 六微(육미): '육미六微'는 군주가 명확하게 꿰뚫어 보아야 할 신하 쪽의 여섯 가지 조짐.

2 一曰權借在下(일왈권차재하): '권차權借'란 군주가 신하에게 권세를 빌려주는 것. 곧 신하가 군주의 권세로 자신의 이익을 위해 휘두르는 기미가 있는지를 잘 살펴야 함.

3 二曰利異外借(이왈이이외차): '이이利異'는 군주와 신하의 이익이 다름. '외차外借'는 신하가 외국의 세력을 빌림. 곧 군주와 이해가 다른 신하가 자신의 이익을 위해 외국으로부터 세력을 빌리는 기미가 있는지를 잘 살펴야 함.

4 三曰託於似類(삼왈탁어사류): '사류似類'는 신하가 군주를 속이기 위해 내세운 유사한 일. 곧 자신의 이익을 위해 신하가 군주의 판단을 흐리게 할 목적으로 유사한 일을 꾸미는 기미가 있는지를 잘 살펴야 함.

5 四曰利害有反(사왈이해유반): 이해는 상반된 것이므로, 일이 발생하면 이익을 얻고 손해를 입는 두 정황의 상반된 기미를 잘 살펴야 함.

6 五曰參疑內爭(오왈참의내쟁): '참參'은 '참잡參雜'의 '참參'(梁啓雄) 또는 '병幷'.(張

覺) '의疑'는 '의儗', '비比'. (陳奇猷) '참의參疑'는 신하들 간의 세력이 엇비슷하여 서로 견주면서 이로 인해 내분이 발생할 기미가 있는지를 잘 살펴야 함.

7 六曰敵國廢置(육왈적국폐치): '폐치廢置'는 폐출廢黜과 임용任用. 곧 적국이 내정에 관여하며 신하의 임면을 좌지우지하는 기미가 있는지를 잘 살펴야 함.

경1-권차權借: 권세란 다른 사람에게 빌려줄 수 없다. 위가 그 하나를 잃으면 신하는 그것을 쓰길 백 배로 한다. 그러므로 신하가 (군주의 권세를) 빌릴 수 있으면 세력이 강해지고, 세력이 강해지면 안과 밖이 (그를 위해) 쓰이고, 안과 밖이 쓰이면 군주는 막힌다.

그 사례로, 노담老聃이 물고기를 잃지 말 것을 말한 적이 있다. 그러므로 군주가 (신하와) 말을 오래도록 하고, 좌우 측근들이 (군주가) 땀을 닦게 한 일을 뽐낸다. 그 우환의 사례로, 서동胥僮이 여공厲公에게 간단한 일과 주후州侯에 대한 똑같은 말과 연燕나라 사람이 똥물을 뒤집어쓴 일이 있다.

(經一: 權借) 權勢不可以借人. 上失其一, 臣以爲百. 故臣得借則力多, 力多則內外爲用, 內外爲用則人主雍. 其說在老聃之言失魚也.[1] 是以人主久語,[2] 而左右鬻懷刷.[3] 其患在胥僮之諫厲公,[4] 與州侯之一言,[5] 而燕人浴矢也.[6] ‘權借’一.

---

1 其說在老聃之言失魚也(기설재노담지언실어야): ‘노담(老聃, ?~?)’은 이름이 이이李耳, 담聃은 그의 자, 일명 태상노군太上老君이라고도 칭함. 초楚나라 고현(苦縣, 지금의 河南省) 여향厲鄕 곡인리曲仁里 사람으로 춘추시대春秋時代 말기 주周나라 장서실藏書室을 관리하던 수장실守藏室의 사관이었음. 일설에는 공자孔子가 그에게 예禮에 관한 가르침을 받았다는 이야기가 전함. 주나라가 쇠퇴하자 서방西方으로 떠나는 도중 서역의 관문지기 윤희尹喜의 요청으로 현재 『노자老子』내지 『도덕경道德經』으로 불리는 상上·하下 2편의 책을 저술하였다고 전함. 통행본 『노자』 36장에 "물고기는 연못 밖으로 나오면 살 수 없고, 나라의 이로운 그릇은 남에게 보여서는 안 된다(魚不可脫於淵, 國之利器不可以示人)."라는 내

용이 나오는데, 여기서 말하는 '실어失魚'의 의미와는 다름. 「전傳」에 의하면 연못이란 군주의 권력을, 물고기란 신하를 의미하는데, 물고기인 신하가 군주의 권력이란 연못에서 벗어나 자신이 권력을 잡으면 군주가 다시 그를 붙잡을 수 없다는 경계의 내용.

2 是以人主久語(시이인주구어): 군주와 신하가 오랜 시간 이야기를 나누면 사람들은 그를 군주와 친하다고 생각하기 때문에 그 신하의 권세가 된다는 내용.

3 而左右鬻懷刷(이좌우육회쇄): '육鬻'은 자랑하며 뽐냄. '회懷'는 '궤饋'의 가차로 '사賜'(高亨), '궤饋'는 '향餉'으로 '여子'의 의미.(陳奇猷) '쇄刷'는 '식拭'으로 씻거나 닦는 데 사용하는 물건 곧 수건의 일종(顧廣圻), 『장본藏本』에는 '위尉'로 되어 있는데 내용상의 차이는 없음. 곧 군주가 좌우 측근에게 땀을 닦도록 신하에게 수건을 내린 일도 그 신하의 권세로 작용한다는 내용.

4 其患在胥僮之諫厲公(기환재서동지간려공): '서동胥僮'은 진晉나라 여공厲公이 아끼던 애첩愛姬의 오빠로 경卿의 지위에 이름.(陳啓天) '여공厲公'은 이름이 주포州蒲 또는 수만壽曼으로 기원전 580년에서 573년까지 재위한 춘추시대 진晉나라 군주. 곧 진晉나라 여공의 재위 시절에 6경六卿의 지위가 너무 높고 권세가 강하자 서동胥僮과 장어교長魚矯가 그들 모두를 제거할 것을 간하였지만, 여공은 3경卿만을 제거하고 차마 나머지 3경卿을 제거하지 못하였는데, 후에 남은 3경卿이 힘을 모아 여공을 죽인 일을 말함.

5 與州侯之一言(여주후지일언): '일언一言'은 '일구一口'.(太田方) '주후州侯'는 초楚나라 양왕襄王 때의 재상. 『전국책』「초책楚策」에 장신莊辛이 양왕에게, 양왕이 주후州侯를 왼쪽에, 하후夏侯를 오른쪽에 두고 언릉군鄢陵君과 수릉군壽陵君을 봉련鳳輦에 배승시켜 음란하고 사치한 일에 몰두하며 국정을 돌보지 않음으로써 영도郢都가 위태롭게 될 것이라고 간하는 내용이 나옴. 곧 초나라 왕이 재상인 주후州侯가 정치를 전횡하는 것 같아 좌우 측근들에게 물어도 모두가 한결같게 한 사람의 입에서 나오는 것처럼 전횡한 일이 없다고 대답한 일을 말함.

6 而燕人浴矢也(이연인욕시야): '이而'는 '여與'.(太田方) '시矢'는 '시屎'.(張覺) '욕시浴矢'는 똥물로 목욕을 한다는 말로 당시 도깨비에 홀렸을 때 똥물을 뒤집어쓰면 낫는다는 풍습이 있었음. 곧 '연燕나라 사람 이계李季의 처가 남편이 일찍 귀가하자 통정한 남자에게 벌거벗고 머리를 풀어헤치고 뛰어나가도록 했는데, 이를 본 이계가 집안 사람들에게 누구인지를 묻자 모두 못 보았다고 하자 자신이 도깨비에 씌웠다고 하여 똥물을 뒤집어쓴 일을 말함.

경2-이이利異: 군주와 신하의 이익이 다르기 때문에 신하들에게 충이란 없으며, 따라서 신하의 이익이 서면 군주의 이익은 없어진다. 그래서 간신인 자는 적국의 군대를 불러들여 안(의 경쟁자)을 제거한다. 나라 밖의 일을 내세움으로써 군주를 현혹하고, 오로지 그 사적인 이익만을 이루고 나라의 재앙은 돌아보지 않는다.

그 사례로 위衛나라 사람인 부부가 복을 기원한 이야기가 있다. 그러므로 대헐戴歇은 자제들의 일을 논의하고, 삼환三桓은 소공昭公을 공격하고, 공숙公叔은 제齊나라 군대를 안으로 들이고, 적황翟黃은 한韓나라 군사를 불러들이고, 재상인 비嚭는 대부인 종種을 달래고, 대성오大成午는 신불해申不害를 가르치고, 사마회司馬喜는 조趙나라 왕에게 고하고, 여창呂倉은 진秦나라와 초楚나라를 꾀하고, 송석宋石은 위衛나라 군주에게 편지를 보내고, 백규白圭는 포견暴譴을 가르쳤다.

(經二: 利異) 君臣之利異, 故人臣莫忠, 故臣利立而主利滅. 是以姦臣者, 召敵兵以內除. 舉外事以眩主, 苟成其私利, 不顧國患. 其說在衛人之夫妻禱祝也.[1] 故戴歇議子弟,[2] 而三桓攻昭公,[3] 公叔內齊軍,[4] 而翟黃召韓兵,[5] 太宰嚭說大夫種,[6] 大成牛教申不害,[7] 司馬喜告趙王,[8] 呂倉規秦·楚,[9] 宋石遺衛君書,[10] 白圭教暴譴.[11] '利異'二.

1　其說在衛人之夫妻禱祝也(기설재위인지부처도축야): 부인이 베 백 필만 내려달라고 기원하는 것을 남편이 듣고 너무 작은 것을 기원한다고 핀잔을 주니 부

인이 그것보다 더 크면 당신이 첩을 들일 것이라고 대답한 일로, 부부 간에도 이해가 다름을 지적한 내용.

2 故戴歇議子弟(고대헐의자제): 초楚나라 왕이 자제들을 이웃나라에 벼슬을 시키려고 하자 신하인 대헐戴歇이 나서서 공자들이 이웃나라에 등용되면 그들을 위하여 일하고 그들과 결탁할 것이라고 반대한 일.

3 而三桓攻昭公(이삼환공소공): '삼환三桓'은 춘추시대 노魯나라 환공桓公의 아들로서 중손씨(仲孫氏. 후에 孟孫氏로 불림), 숙손씨叔孫氏, 계손씨季孫氏 세 대부를 가리킴. 기원전 562년 삼환씨는 노나라를 무너뜨리고 분권정치를 시행하였는데, 그 중 계손씨의 세력이 가장 강했음. '소공昭公'은 노魯나라 양공襄公의 아들로 이름은 조稠, 기원전 541년부터 기원전 510년까지 재위하였으며 삼환씨를 제거하려다 실패하여 제齊나라로 망명한 후 귀국하지 못하고 객사함.

4 公叔內齊軍(공숙납제군): '납內'은 '납納'.(陳啓天) '공숙公叔'은 한韓나라의 재상으로, 한나라 왕이 평소 존중하던 공중公仲을 재상으로 삼을까 두려워하여 왕에게 한韓과 제齊가 연합하여 위魏나라를 공략해야 한다는 계략을 낸 후 한나라로 제나라 군대를 끌어들여 왕을 겁박하고 자신의 지위를 굳건히 한 일.

5 而翟黃召韓兵(이적황소한병): 위魏나라의 신하인 적황翟黃이 자신과 친밀한 한韓나라의 군대를 끌어들여 위나라를 공격하게 한 후 화평을 맺게 하여 자신의 지위를 높인 일.

6 太宰嚭說大夫種(태재비세대부종): '태재太宰'는 재상相에 해당하는 관직명. '비嚭'는 백비伯嚭 또는 백희帛喜로 불린 오吳나라의 재상. '세說'는 설득시키려 달랜다는 뜻. '종種'은 월越나라 대부로 성은 문文, 이름은 종種, 자는 소금少禽 또는 자금子禽으로 초楚나라 사람임. 월왕越王 구천句踐을 도와 오吳나라를 멸하는 공을 세우지만 후에 모함으로 인해 구천이 내린 칼로 자결함. 곧 월나라가 오나라를 이긴 후 오나라 왕이 항복을 고하지만 대부 문종이 반대하자, 오나라의 백비가 문종에게 편지를 써 달래길 '토끼가 다 잡히면 좋은 개는 삶아지고 적국이 멸하면 계략을 내는 신하는 죽게 될 것'이니 오나라를 풀어주어 월나라를 괴롭혀야 한다고 설득한 일.

7 大成牛教申不害(대성우교신불해): '우牛'는 '오午'의 잘못.(盧文弨) 『사기』에 '조趙나라 성후成侯 3년에 대성오가 재상이 되었다'는 기록이 있음.(太田方) '신불해申不害'는 정鄭나라 경京 지역 사람. 한韓나라 소후昭侯가 정나라를 멸망시킨 후 그를 재상으로 기용하여 개혁을 진행함. 「정법」 참조. 대성오가 한韓나라의 신불해에게 한나라의 힘으로 자신을 조趙나라의 요직에 맡도록 도와주면 자신 또한 신불해를 도와줌으로써 둘 다 두 개의 나라를 가질 수 있다고 한 일.

8 司馬喜告趙王(사마희고조왕): 사마희司馬喜가 중산군中山君의 신하이면서도 몰
래 조趙나라 왕에게 중산의 계략을 고하여 자신의 이익을 꾀한 일.

9 呂倉規秦·楚(여창규진초): 여창呂倉이 위魏나라의 신하이면서도 자신과 친밀
하게 지내던 진秦나라와 초楚나라에게 위나라를 공격하게 한 후 화평을 청하
여 자신의 지위를 높인 일.

10 宋石遺衛君書(송석유위군서): 위魏나라 장수 송석宋石이 대치중이던 초楚나라
장수 위군衛君에게 편지를 보내 싸움을 하면 둘 다 막대한 피해를 입을 것인데
두 나라 군주를 위해 싸우지 말고 서로를 위해 싸움을 피하자고 한 일.

11 白圭教暴譴(백규교포견): 위魏나라의 재상 백규白圭가 한韓나라의 재상 포견暴
譴에게 한나라의 힘으로 자신이 위나라에서 정사를 오래 볼 수 있도록 도와주
면 자신 또한 포견을 도와 한나라에서 정사를 오래 맡을 수 있게 도와주겠다
고 한 일.

경3-사류似流: 유사한 일은, 군주가 처벌을 실수하게 하는 원인이지만 대신들에게는 사사로움을 이루는 원인이다. 그러므로 문지기가 물을 버려서 이야夷射가 주살되고, 제양군濟陽君 스스로가 거짓을 꾸며서 두 사람이 죄를 받고, 사마희司馬喜가 원건爰騫을 죽이자 계신季辛이 주살되고, 정수鄭袖가 냄새가 싫다고 말하자 새사람이 코를 베이고, 비무기費無忌가 극완郤宛을 속이자 영윤이 주살하고, 진수陳需가 장수張壽를 죽이자 서수犀首가 달아났다. 그러므로 여물 곳간을 불태우자 중산中山의 군주가 죄를 주고, 나이 많은 유자를 죽이자 제양군濟陽君이 상을 주었다.

(經三: 似流) 似類之事, 人主之所以失誅, 而大臣之所以成私也. 是以門人捐水而夷射誅,[1] 濟陽自矯而二人罪,[2] 司馬喜殺爰騫而季辛誅,[3] 鄭袖言惡臭而新人劓,[4] 費無忌敎郤宛而令尹誅,[5] 陳需殺張壽而犀首走.[6] 故燒芻廥而中山罪,[7] 殺老儒而濟陽賞也.[8] '似流'三.

---

1 是以門人捐水而夷射誅(시이문인연수이이야주): '문인門人'은 '문자門者'와 같은 뜻으로 문을 지키는 문지기. (陳奇猷) '야射'의 음은 '야夜'. (津田鳳卿) 곧 제齊나라의 궁 안에서 왕을 모시는 중대부中大夫의 직책에 있었던 이야夷射가 왕의 술시중을 들다가 취기가 심해 잠시 나와 행랑채 문에 기대어 쉬고 있을 때 절름발이 문지기가 이야에게 남은 술을 청하자 이야가 거절하였는데, 문지기는 오줌을 눈 것처럼 그곳에 물을 버린 후 이튿날 왕이 묻자 이야가 있었다고 대답하여 그를 처형당하게 한 일.

2 濟陽自矯而二人罪(제양자교이이인죄): '제양濟陽'은 위魏나라 제양 지방을 다스리던 제양군濟陽君.(張覺) 곧 제양군濟陽君이 자기와 사이가 좋지 못한 두 신하를 제거하기 위하여 거짓으로 왕명을 꾸며 그들이 자기를 공격하도록 계략을 세웠는데, 이후 왕이 그 소식을 듣고 제양군과 사이가 좋지 않은 두 사람을 처형시킨 일.

3 司馬喜殺爰騫而季辛誅(사마희살원건이계신주): 중산국中山國의 관리인 원건爰騫과 계신季辛은 서로 원한을 품은 사이인데 계신을 미워한 사마희司馬喜가 원건을 몰래 죽이자 왕은 그와 원한관계에 있던 계신의 짓으로 판단하여 그를 처형시킨 일.

4 鄭袖言惡臭而新人劓(정수언악취이신인의): '정수鄭袖'는 초楚나라 회왕懷王의 애첩.(浦阪圓) '신인新人'은 초나라 왕이 새로 얻은 미녀. '의劓'는 코를 베는 의형劓刑의 형벌. 곧 초나라 왕의 애첩인 정수鄭袖는 왕이 새로운 미녀를 얻자 그녀에게 왕 앞에서는 반드시 코를 가리라고 가르친 후 이를 이상히 여긴 왕이 그 이유를 정수에게 물었는데, 정수는 새로운 미녀가 왕의 냄새가 싫다고 하였다고 대답하여 왕이 새로운 미녀의 코를 베어버리게 한 일. 일설에는 정수가 새로운 미녀에게 왕이 그녀의 코만 밉다고 하였으므로 왕에게 총애를 오래 받으려면 코를 가리라고 했다고 함.

5 費無忌教郤宛而令尹誅(비무기교극완이영윤주): '기忌'는 『좌전』에 '극極'으로 되어 있는데 서로 통용됨.(王先愼) 초楚나라 평왕平王이 총애한 신하.(張覺) '극완郤宛'은 초楚나라 좌윤左尹으로 행실이 강직하고 온화하였다고 함.(尹桐陽) '영윤令尹'은 초楚나라 재상의 관직을 말함. 곧 영윤과 가까웠던 비무기費無忌는 영윤이 새로운 부하인 극완郤宛을 아끼자 극완의 집에서 연회를 베풀게 한 후, 극완에게 영윤이 무기를 좋아하니 집안에 무기를 진열하라고 속였는데, 이를 보고 살해 위협을 느낀 영윤이 크게 노하여 군대를 보내서 극완을 죽인 일.

6 陳需殺張壽而犀首走(진수살장수이서수주): '진수陳需'는 위魏나라의 재상인 '전수田需'.(顧廣圻) '서수犀首'는 전국시대 위魏나라 음진陰晉 사람인 공손연(公孫衍, ?~?)의 호. 그는 종횡가縱橫家를 대표하는 인물로 기원전 324년 합종책을 처음으로 제안하였으나 진秦나라의 위협과 이간책으로 큰 성과를 거두지 못함. 위魏나라로 들어가 양왕襄王 원년 산동 6국이 진秦나라에 대항해 연합하자는 합종책合縱策을 올려 장의張儀의 연횡책에 맞섰으며, 초楚나라, 한韓나라, 월越나라, 연燕나라, 위魏나라 등의 승상丞相에 임명됨. 곧 위魏나라의 신하인 서수犀首와 장수張壽는 사이가 좋지 않았는데 새로 들어온 전수田需 또한 서수를 싫

어하여 사람을 시켜 몰래 장수를 죽이자, 서수는 위나라 왕이 원한관계에 있던 자신이 저지른 일이라 판단할 것이라고 생각하고 도망간 일. 「전」에는 위나라 왕이 서수를 처벌하였다고 함.

7 故燒芻廥而中山罪(고소추피이중산죄): '추피芻廥'는 말이나 소에게 먹일 여물을 저장하는 곳간인 여물광. 곧 중산中山의 신분이 미천한 공자와 사이가 좋지 않았던 신하가 미천한 공자를 위하는 척하며 일부러 왕에게 그의 말이 여위었으니 말 먹이를 더 줄 것을 권한 후 몰래 사람을 시켜 여물 곳간에 불을 질렀는데, 말 먹이를 더 줄 것을 허락하지 않았던 왕이 미천한 공자의 소행으로 여기고 그를 처형한 일.

8 殺老儒而濟陽賞也(살노유이제양상야): 제양군濟陽君과 늙은 유생이 사이가 좋지 않았고 제양군의 식객 또한 늙은 유생에게 사사로운 원한이 있었는데, 식객은 자신의 사적인 원한을 풀기 위해 늙은 유생을 죽인 후 제양군에게 그의 은덕을 갚기 위해서 늙은 유생을 죽인 것이라 말하자 제양군이 앞뒤 정황을 살펴보지도 않고 그에게 상을 내린 일.

내저설 하
31-5

경4-유반有反: 어떤 일이 생겨서 이득이 되는 것이 있다면 반드시 주관자가 있어서 (그 일을) 주관한 것이고, 손해나는 것이 있다면 반드시 반대로 그것을 살펴야 한다. 그러므로 현명한 군주가 논의하는 것은, 나라가 손해를 입으면 그 이득을 얻은 자를 살피고 신하가 손해를 입으면 그 반대된(이익을 본) 자를 살핀다.

그 사례로는 초楚나라 군사가 이르자 진수陳需가 재상이 되고, 기장종자가 귀해지자 창고를 지키는 관리가 조사받은 일이 있다. 그러므로 소해휼昭奚恤이 띠를 파는 자를 잡아들이고, 희후僖侯가 그 다음 자리를 문초하고, 문공文公의 머리카락이 고기구이에 감기고, 양후穰侯가 황제를 세울 것을 청하였다.

(經四: 有反) 事起而有所利, 其尸主之,¹ 有所害, 必反察之. 是以明主之論也, 國害則省其利者, 臣害則察其反者. 其說在楚兵至而陳需相,² 黍種貴而廩吏覆.³ 是以昭奚恤執販茅,⁴ 而不僖侯譙其次,⁵ 文公髮繞炙,⁶ 而穰侯請立帝.⁷ '有反'四.

---

1 其尸主之(기시주지): '尸'는 '主主'로 '군주君'.(王先愼, 松皐圓) '시尸'는 '군주君'의 의미가 아닌 일의 주모자를 말함.(張覺) '시尸'란 옛날에는 그 일을 주관하는 사람을 말하며, '기시주지其尸主之'란 반드시 주관자가 있어서 일을 주도하는 것을 말함.(陳奇猷)

2 其說在楚兵至而陳需相(기설재초병지이진수상): 곧 위魏나라의 신하인 '진수陳需'가 자신과 친근한 초楚나라의 군대를 위나라로 끌어들인 후 자청하여 강화를 맺음으로써 위나라의 재상이 된 일.

3 黍種貴而廩吏覆(서종귀이름리복): '복覆'은 자세히 조사하다는 의미의 '심찰審察'.(『이아(爾雅)』, 太田方) 곧 한韓나라 소후昭侯 때 기장 값이 올라서 창고를 담당한 관리를 살피게 한 일.

4 是以昭奚恤執販茅(시이소해휼집판모): '소해휼昭奚恤'은 성이 '소昭', 이름이 '해휼奚恤'인 초楚나라 선왕宣王 때의 영윤슈尹.(尹桐陽) 곧 창고 지붕에 불이 나자 소해휼이 지붕을 이는 띠풀을 파는 장사꾼을 잡아들여 심문한 일.

5 而不僵侯譙其次(이불희후초기차): '희후僵侯'는 한韓나라 소후昭侯로 소리후昭釐侯라고도 함. 그는 기원전 358년부터 333년까지 재위하였고 기원전 351년에 신불해申不害를 재상으로 임용하여 정치 개혁을 단행함. 곧 한韓나라 소후昭侯의 국 속에 생간이 들어 있자 소후가 주방장의 다음 차서에 있는 사람이 주방장이 되려고 꾸민 일로 판단하고 그를 꾸짖은 일. 또 다른 사례로는 한나라 소후가 목욕탕 속에서 자갈이 나오자 목욕탕을 담당하는 자의 다음 차서로 있는 자를 불러 문책한 일.

6 文公髮繞炙(문공발요적): '문공(文公, 기원전 636~628 재위)은 진晉나라의 군주로 춘추시대 오패五覇의 한 사람. 이름은 중이重耳이고 진晉나라 헌공獻公의 차남이자 태자 신생申生의 아우임. 곧 진나라 문공이 고기구이에 머리카락이 감겨 있는 것을 보고 요리사를 시기한 사람이 한 짓으로 판단하고 색출하여 처벌한 일. 일설에는 진晉나라 평공平公 때의 일이라고 함.

7 而穰侯請立帝(이양후청립제): '양후穰侯'는 위염(魏冉, 기원전?~265)으로 진秦나라 소양왕昭襄王의 외삼촌. 양穰 땅에 봉해져 양후穰侯라 함. 「초현진」 참조. 곧 양후가 진秦나라의 재상으로 있을 때 진나라 왕을 황제로 옹립하려 했지만 세력이 강한 제齊나라가 반대하자, 제나라 왕을 동제東帝라 부르는 조건으로 진나라의 청을 들어줄 것을 요청한 일.

경5-참의參疑: 서로 세력이 엇비슷한 형세는 난이 일어나는 원인
이 되므로 현명한 군주는 그것을 조심한다.

이런 까닭으로 진晉나라의 여희驪姬가 태자 신생申生을 죽이고, 정
鄭나라의 왕후가 독약을 쓰고, 위衛나라의 주우州吁가 그 군주인 완完
을 살해하고, 공자 근根이 동주東周를 취하고, 왕자 직職이 지나치게 총
애를 받았기에 상신商臣이 마침내 난을 일으키고, 엄수嚴遂와 한외韓廆
가 다투었기에 애후哀侯가 마침내 자객을 우연히 만나고, 전상田常과
감지闞止, 대환戴驩과 황희皇喜가 서로 적대하였기에 송군宋君과 간공簡
公이 살해되었다. 그 사례로 호돌狐突이 '두 가지의 좋아하는 것'을 일
컬은 일과 정소鄭昭가 '아직 태어나지 않았다.'고 대답한 일이 있다.

(經五: 參疑) 參疑之勢, 亂之所由生也, 故明主慎之. 是以晉
驪姬殺太子申生,[1] 而鄭夫人用毒藥,[2] 衛州吁殺其君完,[3] 公子根
取東周,[4] 王子職甚有寵而商臣果作亂,[5] 嚴遂 · 韓廆爭而哀侯果
遇賊,[6] 田常 · 闞止 · 戴驩 · 皇喜敵而宋君 · 簡公殺.[7] 其說在狐
突之稱'二好',[8] 與鄭昭之對'未生'也.[9] '參疑'五.

---

1 是以晉驪姬殺太子申生(시이진여희살태자신생): '여희驪姬'는 춘추시대 진晉나라
헌공獻公이 여융驪戎을 정벌하여 얻은 미녀. 곧 여희驪姬의 지위가 높아져 정부
인과 비길 만한 세력을 지니자 자신의 아들인 해제奚齊를 태자의 자리에 앉히
고자 태자로 있었던 신생申生을 모함하여 죽인 일.

2 而鄭夫人用毒藥(이정부인용독약): 곧 정鄭나라의 군주인 도공悼公(尹桐陽)이 총
애하던 미인의 자식을 후계자로 삼으려 하자 그것을 두려워한 왕후가 독약을

써서 군주를 죽인 일.

3 衛州吁殺其君完(위주우살기군완): '위주우衛州吁'는 춘추시대 위衛나라 환공桓公의 공자로 군대를 장악하여 기원전 719년 형을 죽여 자립하고 같은 해 신하인 석작石碏에게 살해됨. '완完'은 위衛 나라 환공桓公의 이름.(張覺) 곧 위나라 군주의 총애를 받은 공자 주우가 세력을 키워 그 군주를 살해한 일.

4 公子根取東周(공자근취동주): '공자 근公子根'은 주周나라 위왕威公의 작은아들로 동주東周 혜공惠公으로 불림. 곧 주周나라 현왕顯王 2년인 기원전 367년에 서주西周의 위공威公이 죽은 후 작은 아들 근根이 형인 조朝와 겨루어 동부 지역을 탈취해서 서주에서 분리된 동주東周의 소국을 세운 일.

5 王子職甚有寵而商臣果作亂(왕자직심유총이상신과작난): '왕자 직王子職'은 '상신商臣'의 서제庶弟.(尹桐陽) '상신商臣'은 초楚나라 성왕成王의 장자로 후에 아버지를 죽이고 즉위한 초楚나라 목왕穆王.(『校注』) 곧 초楚나라 성왕成王이 서출인 왕자 직職을 태자로 삼으려다 장남인 상신商臣에게 살해당한 일.

6 嚴遂・韓廆爭而哀侯果遇賊(엄수한외쟁이애후과우적): '엄수嚴遂'는 한韓나라 애후(哀侯, 기원전 376~370 재위)의 신하로「한책韓策」에서는 '엄중자嚴仲子'로 되어 있음.(陳奇猷) '한외韓廆'는 한韓나라 애후哀侯의 상국相國으로 섭정함. 곧 한韓나라 애후哀侯는 엄수嚴遂를 총애하였고, 한외韓廆와 사이가 나빴던 엄수嚴遂가 자객을 시켜 조정 안에서 한외를 암살하려다 한외뿐만 아니라 우연히 애후까지 자객에 의해 죽은 일.

7 田常・闞止・戴驩・皇喜敵而宋君・簡公殺(전상감지대환황희적이송군간공살): '간공簡公'은 춘추시대 말기 제齊나라 도공悼公의 아들로 성이 여呂, 이름은 임壬, 간簡은 시호임. 도공이 피살되고 그가 제나라 군주로 추대되었으나 재위 4년 만에 전상田常에게 살해됨. 그는 즉위하자 전부터 총애하던 감지闞止에게 정치를 맡겼고, 대부인 어앙御鞅이 그와 전상은 서로 양립할 수 없다고 간언하였지만 끝내 듣지 않았고, 재위 4년에 전상이 감지를 살해하자 간공은 서주舒州로 도망갔지만 결국 전상에게 살해당함. '전상田常'은 전걸田乞의 아들로 간공簡公 때 감지闞止와 더불어 좌左・우상右相을 맡은 제나라 신하.「난언」,「이병」 참조. '대환戴驩'은 宋송 환후桓侯의 재상으로 황희皇喜와 정사 일을 다투고 서로 미워함. '황희皇喜'의 자字는 자한子罕. '송군宋君'은 宋송나라의 성이 자子, 이름이 병兵인 군주 환후桓侯로, 3년을 재위했으며 '벽공辟公', '벽병辟兵'으로도 불림. 춘추와 전국시대에 두 명의 자한子罕이 있었는데, 춘추시대의 자한은 宋송나라의 현신賢臣인 악희樂喜이고, 여기서 말하는 자한은 전국시대 宋송나라 찬역簒逆 신하로 자字가 자한인 황희皇喜임. 그는 일찍이 송나라의 6경(六

卿: 右師, 左師, 司馬, 司徒, 司城, 司寇)의 하나인 '사성'(宋나라 武公의 이름이 '司空'인 관계로 피휘하여 '司城'으로 바뀜. 『左傳』「桓公 6年」참조)으로 임명되어 토목과 건축의 공정을 관장하는 직책을 맡았는데, 기원전 370년 송나라 환후를 폐하고 정권을 탈취함.

8 其說在狐突之稱'二好'(기설재호돌지칭이호): '호돌狐突'은 자字가 백행伯行으로 진晉나라 문공文公의 외조부이자 태자 신생申生의 사부. 그는 진晉나라 헌공獻公이 여융麗戎을 정벌하여 얻은 미녀 여희驪姬를 부인으로 삼자 나라에 우환이 생길 것을 예견하고 병을 칭하여 6년간 조정에 나오지 않았다고 함. '이호二好'는 '군주가 여자를 좋아하는 것과 내시를 좋아하는 것'. 곧 호돌狐突이 '군주가 여자를 좋아하면 태자가 위태롭고 내시를 좋아하면 재상이 위태롭다'고 말한 일.

9 與鄭昭之對'未生'也(여정소지대미생야): '미생未生'은 정鄭나라 군주가 태자를 세운 후 태자의 인물됨에 대해 신하인 정소鄭昭에게 묻자 대답한 말로, 곧 군주가 호색하면 나중에 총애하는 여인의 자식을 후계자로 삼을 것이기 때문에 태자를 세웠어도 '(태자가) 아직 태어나지 않았다'고 한 이야기.

내저설 하
31-7

경6-폐치廢置: 적이 힘쓰는 것은 명찰함을 어지럽혀서 잘못하게 하는 데 있는데, 군주가 (이것을) 살피지 못하면 적국이 (내정에 관여하여 대신들을) 폐출廢黜하고 임용任用한다.

그러므로 문왕文王이 비중費仲에게 뇌물을 주고, 진秦나라 왕이 초楚나라의 사신을 걱정하고, 여저黎且가 중니仲尼를 떠나게 하고, 간상干象이 감무甘茂를 막았다. 그러므로 자서子胥가 말을 널리 퍼뜨려 자상子常이 등용되고, 미녀를 들여서 우虞와 괵虢이 망하고, 거짓으로 편지를 떨어뜨려서 장굉萇宏이 죽고, 닭과 돼지 피를 써서 회鄶의 호걸들이 모두 살해되었다.

(經六: 廢置) 敵之所務, 在淫察而就靡,¹ 人主不察, 則敵廢置矣. 故文王資費仲,² 而秦王患楚使,³ 黎且去仲尼,⁴ 而干象沮甘茂.⁵ 是以子胥宣言而子常用,⁶ 內美人而虞·虢亡,⁷ 佯遺書而萇宏死,⁸ 用雞豭而鄶桀盡.⁹ '廢置'六.

1　在淫察而就靡(재음찰이취미): '음淫'은 '란亂', '미靡'는 '비非'.(王先慎) '취就'는 '성成'.(陳啓天)

2　故文王資費仲(고문왕자비중): '문왕文王'은 이름이 희창姬昌. 상商나라 주왕紂王 때 서백西伯에 책봉되었고 백창伯昌이라고도 함. 「난언」참조. '비중費仲'은 아부와 영합에 능한 상商나라 주紂 임금의 총신寵臣으로, 재물 욕심이 커서 주 임금이 문왕西伯昌, 주문왕周文王을 투옥시키자 문왕의 신하들이 그에게 미녀와 보물, 명마 등을 바쳐 빼낼 수 있었다고 함.

3　而秦王患楚使(이진왕환초사): 진秦나라 왕이 초楚나라 사신의 현명함이 자신에

게 화근이 될 것을 두려워하자, 신하들이 그와 몰래 친밀히 사귄다면 초나라에서 반드시 그가 외국과 내통한다고 의심하여 주살할 것이라고 조언한 일.

4 黎且去仲尼(여저거중니): '여저黎且'는 춘추시대 제齊나라 대부로 『사기』 「공자세가孔子世家」에 '여저黎鉏'로 되어 있음. 곧 공자가 노魯나라에서 정치할 때 백성들이 길에 떨어진 물건도 줍지 않았는데, 노나라와 접한 제齊나라의 경공景公이 이를 보고 노나라가 강성해지는 것을 걱정하자 여저黎且가 공자를 떠나게 하는 것은 깃털을 불어 날리는 것만큼 쉽다고 대답하며 '두터운 봉록과 높은 지위'로 공자를 맞고, 노나라 군주에게는 '여악女樂'을 보내 군주를 미혹시켜 정치에 나태해지도록 하는 계책을 냄. 그러면 공자가 간언할 것이고 향락에 빠진 군주가 그의 간언을 반드시 무시할 것이어서 공자는 반드시 노나라를 떠날 것이라고 한 일.

5 而干象沮甘茂(이간상저감무): '감무(甘茂, ?~?)'는 전국시대 초楚나라 하채下蔡 사람으로 사거史擧 선생에게 백가百家의 이론을 배움. 진秦나라에서 혜문왕惠文王을 섬기고 무왕武王 때 좌상左相이 되었고, 소양왕昭襄王 때 참언讒言을 받자 제齊나라로 건너가 상경上卿이 되었으며 나중에 위魏나라에서 죽음. 곧 초楚나라 왕이 감무甘茂를 도와 진秦나라 재상을 시키려 하자 신하인 간상干象이 감무가 너무 어질기 때문에 초나라에는 좋지 않은 일이라며 왕의 계략을 막은 일.

6 是以子胥宣言而子常用(시이자서선언이자상용): '자서子胥'는 이름이 운, 자가 자서子胥인 오자서伍子胥로 춘추시대 초楚나라 사람이었는데 오吳나라에 망명하여 대부大夫를 지냄. 「용인」 참조. '자상子常'은 이름이 낭와囊瓦, 초나라 장왕莊王의 아들이자 자낭子囊의 손자로 초나라에서 재상을 지냄. 곧 오나라가 초나라를 정벌할 때 오자서가 초나라의 현자인 공자 자기(子期, 이름은 結)를 상대하지 않기 위하여 '자기가 등용되면 공격하고 자상이 등용되면 퇴각할 것'이라는 거짓 소문을 퍼뜨려 초나라에서 자상을 등용하자 공격하여 물리친 일.

7 內美人而虞 · 虢亡(납미인이우곽망): '납內'은 '납納'. 곧 진晉나라 헌공獻公이 우虞와 괵虢 땅을 치기 위해 두 나라 왕에게 미인을 보내 마음을 현혹시켜 정치를 어지럽힌 일.

8 佯遺書而萇宏死(양유서이장굉사): '장굉(萇宏, 기원전 ?~492년)'은 춘추시대 주周나라 경왕景王과 경왕敬王 때 사람으로 '장홍萇弘' 또는 자가 숙叔이라 장숙萇叔으로도 불린다. 공자孔子가 일찍이 그에게서 악樂을 배웠다고 전함. 경왕 28년 진晉나라의 대부 범길사范吉射, 중행인中行寅과 함께 난을 도모하였는데, 이 일로 진나라에서 주나라 왕실을 문책하자 주나라 사람에 의해 촉蜀 땅에서 죽게

됨. 곧 진晉나라의 자字가 숙향叔向인 대부 양설힐羊舌肹이 장핑을 제거하기 위하여 그가 진나라와 결탁한 것처럼 거짓으로 쓴 편지를 주나라 조정에 떨어뜨리자 주나라에서 장핑을 처형한 일.

9 用雞猳而鄶桀盡(용계가이회걸진): '계가雞猳'는 닭과 돼지, 여기서는 닭과 돼지의 피를 말함. '회鄶'는 지금 하남성河南省 밀현密縣 동남쪽에 위치한 작은 나라로 기원전 769년 정鄭나라에 의해 멸망당함. 곧 회나라를 공격하기 위하여 정鄭나라 환공桓公이 회나라의 모든 호걸들의 이름을 기입한 가짜 문서를 만들어 그들이 자신과 맹약을 맺은 것처럼 닭과 돼지 피를 뿌려 가장하자 회나라 임금이 내란의 조짐이라 생각하고 명단에 있는 사람들을 모두 죽인 일.

경─묘공廟攻: '참의參疑'와 '폐치廢置'의 일은, 현명한 군주라면 나라 안으로 그것을 단절하고 나라 밖으로 그것을 시행한다. 그 권세가 가벼운 자에게 자금을 지원해주고 그 세력이 약한 자를 돕는데, 이것을 일러 '조정 안에서 세운 적을 공격하는 책략인 묘공廟攻'이라 한다. 여러 가지 단서를 살피고 비교하는 참오參伍의 방법이 처음부터 나라 안에서 쓰이고, 보고 듣는 정탐觀聽의 방법이 또한 나라 밖에서 행해진다면 적의 속임수를 간파할 수 있다.

그 사례로 진秦나라의 난쟁이가 혜문군惠文君에게 알려준 일이 있다. 그러므로 양자襄疵는 업鄴을 침략할 것이라 알려주고, 사공嗣公은 현령에게 방석을 내려주었다.

이상, 경經.

(經: 廟攻) '參疑'·'廢置'之事, 明主絶之於內而施之於外. 資其輕者,[1] 輔其弱者,[2] 此謂'廟攻'.[3] 參伍旣用於內,[4] 觀聽又行於外,[5] 則敵僞得.[6] 其說在秦侏儒之告惠文君也.[7] 故襄疵言襲鄴,[8] 而嗣公賜令蓆.[9] '廟攻'.[10] 右經.

---

1 資其輕者(자기경자): '기경자其輕者'는 적국의 신하이면서 군세가 얕은 자. 곧 적국의 지위가 가벼운 자에게 자본을 대어 힘을 키워줌으로써 자신의 편으로 만든 후 적국을 공략하는 책략.

2 輔其弱者(보기약자): '기약자其弱者'는 적국의 신하이면서 세력이 약한 자. 곧 적국의 세력이 약한 자를 도와 힘을 강하게 만들어 줌으로써 이후 자신의 편으로 만든 후 적국을 공략하는 책략.

3 此謂'廟攻'(차위묘공): '廟'는 조정. '攻'은 '그 계획을 탈취하여 이루지 못하게 하는 것'.(太田方) '묘공廟攻'은 조정 안에서 행해지는 논의가 천 리 밖의 적을 공격하기 때문에 '묘공'이라 말함. 곧 조정 안에서 논의되는 적을 공격하여 이기는 책략을 말함.

4 參伍旣用於內(참오기용어내): '참오參伍'에 대해 「팔경」에서는 "여러 가지 단서를 살피고 비교하는 참오參伍의 방법이란, 단서를 살핌으로써 모의를 활성화하고, 단서를 헤아림揆伍으로써 과실을 묻는 것이다(參伍之道, 行參以謀多, 揆伍以責失. 行參必折, 揆伍必怒)."라고 함. '내內'는 나라 안을 다스리는 내정內政.

5 觀聽又行於外(관청우행어외): '관청觀聽'은 적의 동태를 보고 듣고 파악하는 정탐 활동.

6 則敵僞得(즉적위득): '적위敵僞'는 적국이 꾸미는 속임수의 책략. '득得'은 적의 속임수를 알아차려서 간파할 수 있다는 의미.

7 其說在秦侏儒之告惠文君也(기설재진주유지고혜문군야): '주유侏儒'는 옛날 궁중에서 익살을 부리는 난쟁이 배우. '혜문군惠文君'은 혜왕惠王으로 법치일원주의자인 상앙商鞅을 등용하여 변법을 실행한 진秦나라 효공孝公의 아들. 곧 초楚나라의 난쟁이 배우가 초나라 왕과 측근들과 은밀히 친하면서 초나라가 꾀하는 일이 있으면 진나라 혜문군에게 알려준 일.

8 故襄疵言襲鄴(고양자언습업): 곧 위魏나라 업鄴 지방의 현령인 양자襄疵가 조趙나라 군주의 측근들과 친하게 지내며 조나라가 위나라를 침공하려는 계획을 세울 때마다 위나라에 알렸는데, 위나라가 그의 첩보를 통해 매번 그에 대한 대비책을 세움으로써 조나라가 포기한 일.

9 而嗣公賜令席(이사공사령석): '사공嗣公'은 위衛나라 평후平侯의 아들. 진秦나라에서 그를 폄하하여 '사군嗣君'이라고도 칭함.(津田鳳卿) '석席'은 짚이나 왕골로 짠 자리. 위衛나라 사공嗣公이 지방 현령 측근에 사람을 배치시켜 현령의 이불 밑에 까는 자리가 매우 낡은 것을 알고서 현령에게 자리를 하사하자 그가 군주에게 신통력이 있다고 감탄한 일.

10 廟攻(묘공): 왕선신王先愼은 조용현趙用賢 본본의 『한비자』에 입각하여 본편 '묘공廟攻'의 내용을 「경經」의 일곱 번째에 해당하는 내용으로 보았으나, 본편의 내용은 앞에 나온 경의 내용을 부연 설명하는 보론 형식의 「경經」에 해당하는 글임.

難
勢

세치勢治에 대한
시비를 가리기 위해
논쟁함

　'난세難勢'라는 편명은 '세勢에 대한 시비를 가리기 위해 논쟁을 한다'는 의미이다. 한비자에 앞선 선행 법가인 신도愼到의 세치론을 소개하고, 이에 반론하는 현능賢能에 의한 인치주의의 입장을 소개하는 2단계의 과정을 거친 후, 다시 세치론의 입장에서 한비자가 반론을 제기하는 3단계의 구성과 논리로 이루어져 있다. 신도가 제시한 '자연의 세'와 더불어 한비자는 '인위의 세' 개념을 제출하여 법가의 세치론을 진일보 발전시켰다.

신자慎子가 말하길, "나는 용은 구름을 타고, 오르는 뱀은 안개에 노닐지만, 만약 구름이 걷히고 안개가 개이면 용과 뱀은 지렁이와 개미와 같은데, 그 타고 오를 것을 잃었기 때문이다. 현명한 사람이 오히려 어리석은 사람에게 굴복하는 것은 권세權가 가볍고 지위位가 낮기 때문이며, 어리석은 사람이 현명한 사람을 굴복시킬 수 있는 것은 권세가 크고 지위가 높기 때문이다. 요堯가 필부였다면 세 사람도 다스릴 수 없지만, 걸桀은 천자였기에 천하를 어지럽힐 수 있었는데, 나는 이것으로써 권세勢와 지위位는 의지하기에 충분하지만 현명함賢과 지혜智는 따르기에 부족하다는 것을 안다. 대저 활은 약하지만 화살이 높이 올라가는 것은 바람을 탔기 때문이고, 자신은 어리석어도 명령이 실행되는 것은 많은 사람에게서 도움을 얻기 때문이다. 요堯가 노예의 처지에서 명령을 내린다면 백성들은 듣지 않겠지만, 남면南面의 지위에 이르러 천하의 왕 노릇을 하였기에 명령을 내리면 실행되고 금하면 그쳤던 것이다. 이것으로 미루어 보면, 현명함賢과 지혜智는 많은 수의 백성을 복종시키기에 충분하지 않고, 권세勢와 지위位는 현명한 자를 굴복시키기에 충분하다."고 하였다.

慎子曰,[1] "飛龍乘雲, 騰蛇遊霧,[2] 雲罷霧霽, 而龍蛇與螾螘同矣,[3] 則失其所乘也.[4] 賢人而詘於不肖者,[5] 則權輕位卑也, 不肖而能服於賢者,[6] 則權重位尊也. 堯爲匹夫,[7] 不能治三人, 而桀爲天子,[8] 能亂天下, 吾以此知勢位之足恃而賢智之不足慕也. 夫弩弱而矢高者, 激於風也,[9] 身不肖而令行者, 得助於衆也. 堯教於隸屬而民不聽,[10] 至於南面而王天下,[11] 令則行, 禁則止. 由此觀之, 賢智未足以服衆, 而勢位足以詘賢者也."

---

1 慎子曰(신자왈): '신자慎子'는 중국 전국시대戰國時代 조趙나라 사람인 신도(慎到, 기원전 395?~315)로 선진先秦 사상사에서 처음으로 '도道'와 '법法'의 관계를 논하고 세계관적 차원에서 '법치'의 합리성을 논증한 인물로 도법론道法論의 맹아. 기원전 4세기 무렵 제齊나라 선왕宣王과 혼왕湣王 때 직하稷下의 학사學士, 추연鄒衍, 순우곤淳于髡, 접여接子, 환연環淵 등과 함께 상대부上大夫를 지냄. 『사기』「노자한비열전老子韓非列傳」에서는 그가 "황로도덕黃老道德의 술術을 익혔다."고 기록함. 『사기』에는 『십이론十二論』을 저술하였다는 기록이 있고, 『한서』「예문지藝文志」에는 법가류 문헌으로 분류하여 『신자慎子』 42편이 있다는 기록이 있지만, 현재 「위덕威德」·「인순因循」·「민잡民雜」·「덕립德位」·「군인君人」·「지충知忠」·「군신君臣」 7편과 일련의 일문佚文들만 남아 있음. 신도 사상의 요지는 도법론道法論, 인순론因循論, 세치론勢治論이라 할 수 있고, 한비자의 '도를 따르고 법을 전일全一하게 한다.(因道全法)「대체大體」는 법치사상의 세계관은 신도의 도법론을 계승한 것임.

2 騰蛇遊霧(등사유무): '등사騰蛇'는 전설 속의 신사神蛇. 『순자』「권학勸學」에서는 '발이 없고 날아다닌다騰蛇無足而飛'고 함.

3 而龍蛇與蚓蟻同矣(이룡사여인의동의): '인의蚓蟻'는 지렁이와 개미.

4 則失其所乘也(즉실기소승야): '즉則'은 '이以'.(齊燕銘, 裵學海) 바로 뒷문장에 나오는 두 개의 '즉則'도 같은 용법.

5 賢人而詘於不肖者(현인이굴어불초자): '굴詘'은 '굴屈'로 굴복屈服시킴.(陳奇猷)

6 不肖而能服於賢者(불초이능복어현자): '어於'는 동사와 목적어 구조의 조사로 '복어현服於賢'은 '복현服賢'.

7 堯爲匹夫(요위필부): '요堯'는 성군의 상징적 인물. 「오두」 참조.

8 而桀爲天子(이걸위천자): '걸桀'은 폭군의 상징적 인물. 「오두」 참조.

9 激於風也(격어풍야): '격어풍激於風'은 바람의 힘에 의해 부딪쳐 화살이 남. 즉 화살이 바람의 흐름을 타고 나는 것.

10 堯敎於隷屬而民不聽(요교어례속이민불청): '교敎'는 뒤에 나오는 '명령令'의 의미. 또는 '교敎'는 '효效'와 같아서 위가 아래에 베풀어 본받게 함.(陳奇猷) '예속 隷屬'은 뒤의 '남면南面'의 지위와 대구되어 노예의 처지.

11 至於南面而王天下(지어남면이왕천하): '남면南面'은 예전에 임금이 남쪽을 향해 앉아 신하들의 조례朝禮를 받았던 데서 기원한 용어.

어떤 이가 신자愼子의 말에 대응하며 말하길, "나는 용은 구름을 타고, 오르는 뱀은 안개에 노닐지만, 나는 용과 뱀이 구름과 안개의 세勢에 의탁하지 않는다고는 생각하지 않는다. 비록 그렇다 하더라도 현명함賢을 버려두고 오로지 권세勢에만 맡겨도 충분히 다스려질 수 있는가? 나는 아직 보지 못하였다. 대저 구름과 안개의 세勢가 있어서 타고 노닐 수 있는 것은 용과 뱀의 자질이 훌륭하기 때문이다. 지금 구름이 성하게 일더라도 지렁이는 탈 수 없고, 안개가 짙게 끼더라도 개미는 놀 수 없는데, 대저 성한 구름과 짙은 안개의 세가 있더라도 타고 놀 수 없는 것은 지렁이나 개미의 자질이 모자라기 때문이다. 지금 걸桀과 주紂가 남면南面의 지위에서 천하의 왕 노릇을 하면서, 천자의 위세威를 구름이나 안개로 삼았어도 천하가 큰 혼란을 면하지 못하는 것은 걸과 주의 자질이 모자라기 때문이다.

또한 그 사람(신자)은 요가 세勢로써 천하를 잘 다스렸다고 하는데, 그 세勢가 걸의 세勢와 무엇이 달라 천하를 혼란시킨 것인가? 대저 세勢라는 것은 반드시 현명한 자만이 그것을 이용하도록 하고 어리석은 자는 그것을 이용하지 못하도록 할 수 있는 것이 아니며, 현명한 자가 그것을 이용하면 천하가 다스려지고 어리석은 자가 그것을 이용하면 천하는 혼란해진다. 사람의 성정을 보면 현명한 자가 적고 어리석은 자가 많기 때문에, 위세威勢라는 이로움으로써 세상을 어지럽히는 어리석은 사람을 돕는다면 세로써 천하를 어지럽히는 자가 많아질 것이고 세로써 천하를 다스리는 자는 적을 것이다. 대저 세란 것은 다스리는 데 편리하나 어지럽히는 데에도 이로우므로, 『주서周書』에서, '호랑이를 위하여 날개를 달지 말라. 장차 날아서 마을로 들어가 사람을 골라 먹으려 할 것이다.'고 말한다. 대저 어리석은 자를 세에 타게 하는 것은 바로 호랑이에게 날개를 달아주는 격이다. 걸과 주는 높은 누대와 깊은 연못을 만들어 백성의 힘을 고갈시키고 포락炮烙의 형벌을 만들어 백성의 생명을 손상시켰는데, 걸과 주가 멋대로 나쁜 짓을 할 수 있었던 것은 남면하는 위세가 날개가 되었기 때문이다. 만약에 걸과 주가 필부였다면 행동 하나도 미처 시작하지 못하고 죽는 형벌에 처했졌을 것이다. 세란 호랑이와 늑대 같은 마음을 길러서 난폭한 일을 이루게 하는 것으로, 이것은 천하의 큰 우환이다.

세란 다스림治과 혼란함亂에서 본래 일정한 자리가 있지 않는데, 오로지 세만을 말하며 천하를 족히 다스릴 수 있다고 하는 것은 그 지혜가 이르는 것이 얕기 때문이다. 대저 좋은 말과 견고한 수레일지라도 노예에게 그것을 부리게 한다면 다른 사람의 웃음거리가 되지만 왕량王良에게 그것을 부리게 한다면 하루에 천 리를 가는데, 수레와 말이 다르지 않으면서 혹자는 천 리에 이르고 혹자는 다른 사람의 웃음거리가 되는 것은 교巧와 졸拙이 서로 거리가 멀기 때문이다. 지금 나라의 군주 지위로써 수레를 삼고 세로써 말을 삼으며, 호령으로써 고삐를 삼고 형벌로써 채찍을 삼아서 요와 순에게 부리게 한다면 천하가 다스려지고 걸과 주에게 그것을 부리게 한다면 천하가 혼란해지는데, 현명함과 어리석음이 서로 거리가 멀기 때문이다. 대저 빨리 달려서 먼 곳에 이르려 하면서도 왕량에게 맡겨야 됨을 알지 못하고, 이익을 증진하고 손해를 제거하려 하면서도 현명하고 능력이 있는 사람에게 맡겨야 됨을 알지 못하는데, 이것은 유추할 줄 모르는 우환이다. 대저 요와 순 또한 백성을 잘 다스리는 왕량이다."라고 하였다.

應愼子曰,[1] "飛龍乘雲, 騰蛇遊霧, 吾不以龍蛇爲不託於雲霧之勢也. 雖然, 夫釋賢而專任勢,[2] 足以爲治乎? 則吾未得見也. 夫有雲霧之勢而能乘遊之者, 龍蛇之材美之也.[3] 今雲盛而蚓弗能乘也, 霧醲而螘不能遊也,[4] 夫有盛雲醲霧之勢而不能乘遊者, 蚓螘之材薄也. 今桀・紂南面而王天下,[5] 以天子之威爲之雲霧, 而天下不免乎大亂者, 桀・紂之材薄也. 且其人以堯之勢以治天下也,[6] 其勢何以異桀之勢也, 亂天下者也? 夫勢者, 非能必使賢者用之, 而不肖者不用之也. 賢者用之則天下治, 不肖者用之則天下亂. 人之情性, 賢者寡而不肖者衆, 而以威勢之利濟亂世之不肖人,[7] 則是以勢亂天下者多矣, 以勢治天下者寡矣. 夫勢者, 便治而利亂者也, 故『周書』曰,[8] '毋爲虎傅翼,[9] 將飛入邑, 擇人而食之.' 夫乘不肖人於勢, 是爲虎傅翼也. 桀・紂爲高臺深池以盡民力, 爲炮烙以傷民性,[10] 桀・紂得乘四行者,[11] 南面之威爲之翼也. 使桀・紂爲匹夫, 未始行一而身在刑戮矣. 勢者, 養虎狼之心而成暴亂之事者也, 比天下之大患也. 勢之於治亂, 本末有位也,[12] 而語專言勢之足以治天下者, 則其智之所至者淺矣. 夫良馬固車, 使臧獲御之則爲人笑[13], 王良御之而日取千里,[14] 車馬非異也, 或至乎千里, 或爲人笑, 則巧拙相去遠矣. 今以國位爲車, 以勢爲馬, 以號令爲轡, 以刑罰爲鞭筴, 使堯・舜御之則天下治, 桀・紂御之則天下亂, 則賢不肖相去遠矣. 夫欲追速致遠, 不知任王良, 欲進利除害, 不知任賢能, 此則不知類之患也. 夫堯・舜亦治民之王良也."

---

1 應愼子曰(응신자왈): 한비자가 다음의 논의를 이끌기 위하여 유가의 현치賢治 입장에서 자문자답 형식으로 신자愼子의 세치에 반론을 제기하는 내용.

2 夫擇賢而專任勢(부석현이전임세): 『건도본乾道本』의 '택擇'을 『장방본張榜本』에 의거해 '석釋'으로 고침.

3 龍蛇之材美之也(용사지재미지야): '재材'는 '재才'로 자질.

4 霧醲而蝝不能遊也(무농이의불능유야): '농醲'은 '후厚'(陳啓雄), '농濃'.(陳啓天)

5 今桀·紂南面而王天下(금걸주남면이왕천하): '남면南面'은 군주는 남쪽을 향하여 앉기 때문에 '군주의 자리' 또는 '군주가 됨'을 의미.

6 且其人以堯之勢以治天下也(차기인이요지세이치천하야): '기인其人'은 신자愼子를 말함.

7 而以威勢之利濟亂世之不肖人(이이위세지리제난세지불초인): '이而'는 '여如'.(陳啓雄) '제濟'는 '조助'.(陳奇猷)

8 故『周書』曰(고주서왈): 『주서周書』는 『주사기周史記』로, 유가에서 『상서尙書』를 정리하고 산일한 부분이라는 의미에서 『일주서逸周書』라고도 함. 체제는 『상서』와 비슷하며 현재 10권이 전함. 사마천은 『사기史記』로, 『화식열전』과 반고班固의 『한서』「예문지」에서는 『주서周書』로, 허신許愼의 『설문해자』에서는 『일주서』라고 함.

9 毋爲虎傅翼(무위호부익): '부傅'는 '부附'(尹桐陽), 곧 붙임.

10 爲炮烙以傷民性(위포락이상민성): '포락炮烙'은 '포격炮格'.(段玉裁) 궁전 뜰에 기름칠을 한 구리기둥을 걸쳐 놓고 그 밑에 숯불을 피워 놓고는 건너가게 하고, 미끄러져 떨어지면 그대로 타 죽게 하는 형벌로, 은殷나라 주왕紂王과 그의 애첩인 미녀 달기妲己가 그 형벌을 즐겼다고 전함. 나중에 주周나라 문왕文王이 되는 서백西伯이 자기가 소유한 낙서洛西 땅을 바치며 포락의 형벌을 폐지할 것을 진언하여 없어졌다고 함. '성性'은 '생生'(陶鴻慶), '민성民性'은 백성의 생명.

11 桀·紂得乘四行者(걸주득승사행자): '승사행乘四行'은 '성사행成肆行'(『우평본(迂評本)』)으로, 멋대로 행동함을 이름.

12 本末有位也(본말유위야): '말末'은 '미末'.(顧廣圻) '위位'는 사물이 일정하게 처한 자리.

13 使臧獲御之則爲人笑(사장획어지칙위인소): '장획臧獲'은 노비.(『순자荀子』「왕패王覇」: 臧獲, 奴婢也.)

14 王良御之而日取千里(왕량어지이일취천리): '왕량王良'은 춘추시대 조趙나라 간자簡子를 섬긴, 말을 잘 탄 명인. 「비내」참조. '취取'는 '취趣'.(尹桐陽)

이것에 대해 다시 응대하여 말하길, "그 사람愼子은 세勢로써 관리를 다스리기에 충분하다고 믿고, 객은 '반드시 현명한 사람을 기다리고 나서야 다스려진다.'고 말하지만 그렇지 않다. 무릇 세勢란 명칭은 하나지만 (그 양상은) 변화하여 무수한 것이다. 세가 반드시 자연에 대한 것이라면 세에 대해 논할 게 없다. 내가 말하고자 한 세란 사람이 만든 것이다. 지금 말하길, '요堯와 순舜이 세를 얻어 다스리고 걸桀과 주紂가 세를 얻어 어지럽혔다'고 하는데, 나도 요나 순이 그렇지 않다고는 하지 않겠다. 비록 그렇다 하더라도 사람이 만들어낸 것이 아니다. 대저 요와 순이 태어나 군주의 지위에 있을 때, 비록 열 명의 걸과 주가 있어도 어지럽힐 수 없었던 것은 세勢에 의해 다스렸기 때문이며, 걸과 주 역시 태어나 군주의 지위에 있을 때 비록 열 명의 요와 순이 있어도 다스릴 수 없었던 것은 세勢에 의해 어지러웠기 때문이다. 그러므로 말하길, '세에 의해 다스려지면 어지럽힐 수 없고, 세에 의해 어지러워지면 다스릴 수 없다.'라고 한다. 이것은 자연의 세이며 사람이 만들어낸 것이 아니다. 이에 내가 말하고자 하는 바는 사람들이 만들어낸 세만 일컬을 뿐인데, 현명한 사람이 어찌 소용 있겠는가?"

무엇으로써 그러함을 밝히겠는가? 객이 말하길, "사람 가운데 창과 방패를 파는 자가 있었는데, 그 방패의 견고함을 자랑하며 '어떤 물건도 뚫을 수가 없다'고 하고 잠시 후에 또한 그 창을 자랑하여 말하기를 '나의 창이 날카로워 어떤 물건도 뚫지 못하는 것이 없다'라고 하였다. 어떤 사람이 그 말에 응대하여 말하기를 '너의 창으로써 너의 방패를 뚫는다면 어떻게 되는가?'라고 하자 그 사람은 응답할 수가 없었다고 한다. 뚫을 수 없는 방패와 뚫지 못할 것이 없는 창은 개념상으로 양립할 수 없다고 생각된다. 무릇 현인의 길이란 세勢가 금할 수 없고, 권세의 길이란 금하지 못하는 게 없는데, 금할 수 없는 현賢으로써 금하지 못하는 게 없는 세勢와 더불어 한다는데, 이것은 모순矛楯된 주장이다. 대저 현賢과 세勢가 서로 받아들일 수 없음 또한 분명하다.

또한 대저 요·순이나 걸·주는 천세에 한 번 나는데, 이는 차례로 이어져 끊이지 않고 계속해서 태어난다고 하는 것이다. 세상의 다스림이란 중등 정도에서 끊이지 않는데, 내가 논하려 하는 세는 중등의 자질 정도이다. 중등의 군주란 위로는 요·순에 미치지 못하고 아래로는 또한 걸·주는 되지 않는다. 법을 지키고 세를 지닌다면 다스려지고 법을 어기고 세를 잃어버린다면 혼란해진다. 지금 세를 폐기하고 법을 어기면서 요·순을 기다려, 요·순이 나타나면 이내 다스려지겠지만 이는 천 년이 어지러웠다가 한번 다스려지는 것이고, 법을 지키고 세를 지니면서 걸·주를 기다려 걸·주가 나타나면 이내 어지러워지겠지만 이는 천 년 다스려졌다가 한번 어지러워지는 것이다. 또한 대저 천 년 다스려졌다가 한번 어지러워지는 것과 한 번 다스려졌다가 천 년 어지러워지는 것은, 마치 빠른 말을 타고 서로 다른 방향으로 달리는 것과 같아서 서로 내달리면 역시 멀어진다. 무릇 바로잡는 방법을 폐기하고 길이를 재는 자와 양을 재는 되의 수단을 없애고 해중奚仲에게 수레를 만들게 하면 바퀴 하나도 완성할 수 없다. 포상의 장려와 형벌의 위엄이 없이 세를 놓아두고 법을 버리면, 요·순에게 집집마다 찾아다니며 달래면서 사람들에게 말을 잘하도록 해도 세 집을 다스릴 수 없을 것이다. 대저 세가 충분히 쓰일 만함 또한 분명한데도 '반드시 현명한 자를 기다려야 한다.'고 말하는 것은 역시 옳지 않다.

　또한 대저 백 일 동안 먹지 않고 기름진 쌀밥과 고기반찬을 기다린다면 굶주린 자가 살지 못하는데, 요·순과 같은 현자를 기다려 지금 세상의 백성을 다스리려 한다면, 이는 마치 기름진 쌀밥과 고기반찬을 기다리며 굶주림을 구한다는 이야기와 같다. 무릇 '좋은 말과 견고한 수레라도 노예가 그것을 부리면 다른 사람의 웃음거리가 되지만, 왕량王良이 그것을 부리면 하루에 천 리를 간다.'고 말하지만, 나는 그렇다고 생각하지 않는다. 대저 월越나라 사람 중에 헤엄을 잘 치는 자를 기다려서 중원中原의 물에 빠진 사람을 구한다면, 월나라 사람이 헤엄을 잘 친다 하더라도 물에 빠진 자를 구제하지 못한다. 저 옛날의 왕량을 기다려 지금의 말을 부린다는 것 또한 월나라 사람이 물에 빠진 자를 구제한다는 것과 같은 이야기로, 역시 할 수 없다는 것이 분명하다. 무릇 좋은 말과 견고한 수레를 오십 리마다 하나씩 배치하고 중등의 마부에게 그것을 부리도록 하면, 잇달아 빠르게 달려 멀리 이를 수 있어 천 리가 하루에 도달할 수 있는데, 어찌하여 반드시 옛날의 왕량을 기다려야 하는가! 또한 말을 부리는 데 왕량을 시키지 않으면 반드시 노예를 시켜 실패할 것이라고 하고, 나라를 다스리는 데 요순을 시키지 않으면 반드시 걸주를 시켜서 어지럽힐 것이라고 한다. 이것은 먹는 것이 단맛 나는 엿과 꿀이 아니면 반드시 쓴맛 나는 고들빼기나 두루미냉이라고 하는 것과 같다. 이는 곧 쓸데없는 말을 쌓고 핑계를 포개어 놓으며 이치를 벗어나 방법을 잃은 양극단의 논의인데, 어찌 (내 말이) 도리를 잃은 말이라 힐난할 수 있겠는가? 객의 논의는 나의 견해에 미치지 못한다."라고 한다.

復應之曰,[1] "其人以勢爲足恃以治官.[2] 客曰,[3] '必待賢乃治,' 則不然矣. 夫勢者, 名一而變無數者也.[4] 勢必於自然, 則無爲言於勢矣.[5] 吾所爲言勢者, 言人之所設也.[6] 今曰,[7] '堯·舜得勢而治, 桀·紂得勢而亂,' 吾非以堯·舜爲不然也. 雖然, 非人之所得設也. 夫堯·舜生而在上位, 雖有十桀·紂不能亂者, 則勢治也, 桀·紂亦生而在上位, 雖有十堯·舜而亦不能治者, 則勢亂也. 故曰, '勢治者則不可亂, 而勢亂者則不可治也.' 此自然之勢也, 非人之所得設也. 若吾所言, 謂人之所得勢也而已矣, 賢何事焉?" 何以明其然也? 客曰,[8] "人有鬻矛與楯者,[9] 譽其楯之堅, '物莫能陷也', 俄而又譽其矛曰, '吾矛之利, 物無不陷也.' 人應之曰, '以子之矛, 陷子之楯, 何如?' 其人弗能應也. 以爲不可陷之楯, 與無不陷之矛, 爲名不可兩立也.[10] 夫賢之爲勢不可禁,[11] 而勢之爲道也無不禁,[12] 以不可禁之賢與無不禁之勢, 此矛楯之說也. 夫賢·勢之不相容亦明矣. 且夫堯·舜·桀·紂千世而一出, 是比肩隨踵而生也.[13] 世之治者不絕於中,[14] 吾所以爲言勢者, 中也. 中者, 上不及堯·舜, 而下亦不爲桀·紂. 抱法處勢,[15] 則治, 背法去勢, 則亂. 今廢勢背法而待堯·舜, 堯·舜至乃治, 是千世亂而一治也. 抱法處勢而待桀·紂, 桀·紂至乃亂, 是千世治而一亂也. 且夫治千而亂一, 與治一而亂千也, 是猶乘驥·駬而分馳也,[16] 相去亦遠矣.[17] 夫棄隱栝之法,[18] 去度量之數,[19] 使奚仲爲車,[20] 不能成一輪. 無慶賞之勸, 刑罰之威, 釋勢委法, 堯·舜戶說而人辯之,[21] 不能治三家. 夫勢之足用亦明矣, 而曰'必待賢', 則亦不然矣. 且夫百日不食以待粱肉,[22] 餓者不活, 今待堯·舜之賢乃治當世之民, 是猶待粱肉而救餓之說也. 夫曰'良馬固車,

臧獲御之則爲人笑, 王良御之則日取乎千里', 吾不以爲然. 夫待
越人之善海游者, 23 以救中國之溺人, 24 越人善游矣, 而溺者不濟
矣. 夫待古之王良以馭今之馬, 亦猶越人救溺之說也, 不可亦明
矣. 夫良馬固車, 五十里而一置, 25 使中手御之, 26 追速致遠, 27 可
以及也, 而千里可日至也, 何必待古之王良乎! 且御, 非使王良
也, 則必使臧獲敗之, 治, 非使堯 · 舜也, 則必使桀 · 紂亂之. 此
味非飴 · 蜜也, 28 必苦菜 · 亭歷也. 29 此則積辯累辭, 30 離理失
術, 31 兩未之議也, 32 奚可以難夫道理之言乎哉?33 客議未及此論
也."34

---

1 復應之日(부응지왈): '지之'는 신자愼子의 세치勢治 주장에 대해 현능賢能의 정치
를 주장한 입장. 이하의 내용은 3단계(1단계는 신자의 세치勢治의 주장, 2단계는 현능
정치의 입장에서 신자의 세치를 반박한 내용, 3단계는 신자의 세치 주장에 대한 반박에 대한 한비
자의 반론)로 구성된 「난세」의 3단계로 한비자의 주장임.

2 其人以勢爲足恃以治官(기인이세위족시이치관): '기인其人'은 신자愼子를 말함.
'관官'은 '관방官方'으로 국가를 가리키는 것張覺이라 보기도 함.

3 客曰(객왈): '객客'은 현능 정치의 입장에서 신자 세치勢治를 반박한 인물.

4 名一而變無數者也(명일이변무수자야): '자연지세自然之勢'와 '인설지세人設之勢'
가 있음을 말함.(王先愼)

5 則無爲言於勢矣(즉무위언어세의): '위爲'는 '용用'.(張覺)

6 言人之所設也(언인지소설야): 나면서부터 부여받는 자연의 추세는 자연지세自
然之勢, 사람이 만들어 낸 것人設之勢은 권세, 국법 등의 지배력을 의미함.

7 今日(금왈): 인용 내용은 신자의 세치를 반박한 인물의 말.

8 客曰(객왈): '객客'은 한비자, 이하의 인용은 현능賢能의 정치를 전제로 세치勢
治와의 양립을 주장한 내용에 대해 한비자가 '현賢'과 '세勢'가 양립할 수 없음
을 빗대어 말한 내용임.

9 人有鬻矛與楯者(인유육모여순자): '순楯'은 '순盾'과 통함.

10 爲名不可兩立也(위명불가양립야): '위명爲名'은 부사어로 쓰여(張覺) 논리적인 '정의상', '명목상', '개념상'이란 의미.

11 夫賢之爲勢不可禁(부현지위세불가금): '세勢'는 '도道'(陶鴻慶). '위爲'와 '세勢'사이에 '도야道也'가 빠짐.(陳奇猷)

12 而勢之爲道也無不禁(이세지위도야무불금): '위도爲道'는 존재하는 양상 내지 이치.

13 是比肩隨踵而生也(시비견수종이생야): '비견수종比肩隨踵'은 어깨를 나란히 하고 발뒤꿈치를 따른다는 의미로, 차례로 이어져 끊이지 않는다는 뜻.

14 世之治者不絕於中(세지치자부절어중): '부절어중不絕於中'의 '중中'은 중등의 자질, 중등의 자질을 지닌 평범한 군주들이 일반적으로 계속해서 이어져 왔다는 의미.

15 抱法處勢(포법처세): 법을 지키고 세를 지닌다는 뜻, '포抱'와 '처處'는 뒤의 '배법거세背法去勢'의 '배背'와 '거去'의 대구.

16 是猶乘驥‧駬而分馳也(시유승기이이분치야): '기驥'와 '이駬'는 천 리를 달릴 수 있는 준마. 기驥와 이駬는 주周 목왕穆王의 팔준마八駿馬의 하나인 '적기赤驥'와 '녹이騄駬, 綠耳', 그 외는 화류華騮, 백의白義, 유륜踰輪, 거황渠黃, 도려盜驪, 산자山子임. '분치分馳'는 말이 서로 다른 방향으로 달림.

17 相去亦遠矣(상거역원의): '상거相去'는 준마가 서로 다른 방향으로 달리게 내몰림.

18 夫棄隱栝之法(부기은괄지법): '은괄隱栝'은 활이나 휜 물건을 바로잡는 틀인 도지개, '은괄지법隱栝之法'은 곧 도지개에 기대어 휜 물건을 바로잡는 방법을 말함.

19 去度量之數(거도량지수): '도량度量'은 길이를 재는 자와 양을 재는 되, '수數'는 수단 내지 방법.

20 使奚仲爲車(사해중위거): 해중奚仲은 임중任仲으로도 불리며 우禹 임금 때 수레를 만들던 유명한 장인. 「용인」 참조.

21 堯‧舜尸說而人辯之(요순호세이인변지): '요순堯‧舜' 앞에 '사使'가 있어야 함.(尹桐陽) 앞 구절의 사례('無'慶賞之勸)에 의하면 '요순堯舜' 앞에 '유有'가 있어야 함.(陳奇猷) '호세尸說'는 집집마다 찾아다니며 달램.

22 且夫百日不食以待粱肉(차부백일불식이대양육): '양육粱肉'은 기름진 쌀밥과 고기반찬으로 사치스러운 음식을 뜻함.

23 夫待越人之善海游者(부대월인지선해유자): '해海'자는 빼야 함.(盧文弨) '해海'는 '유游'자가 잘못 겹친 것.(王先愼)

24 以救中國之溺人(이구중국지익인): ‘중국中國’은 서쪽 변방의 월나라와 거리가 먼 중앙의 중원中原.

25 五十里而一置(오십리이일치): ‘치置’는 ‘역驛’.(陳奇猷) 오십 리마다 역참을 하나씩 두거나, 오십 리마다 좋은 말 한 필과 견고한 수레를 배치한다는 해석이 모두 가능함.

26 使中手御之(사중수어지): ‘중수中手’는 일반의 실력을 지닌 중등의 사람.

27 追速致遠(추속치원): ‘추속追速’은 말을 바꾸어 잇달아 달림.

28 此味非飴·蜜也(차미비이밀야): ‘미味’는 동사로 음식물을 먹는 것을 가리킴.(張覺) ‘이飴’와 ‘밀蜜’은 단맛이 나는 엿과 꿀.

29 必苦菜·亭歷也(필고채정력야): ‘고채苦菜’는 씀바귀, 고들빼기, ‘정력亭歷’은 ‘정력葶藶’으로 두루미냉이(중국에서 나는 꿀풀과의 여러해살이 풀. 가을에 붉은 자주색의 작은 꽃이 이삭 모양으로 피고, 뿌리는 감자 모양의 흰 덩이줄기로 봄과 가을에 따서 절여 먹음)로 이시진李時珍의 『본초강목本草綱目』에서 달고 쓴 2가지 맛이 있다고 함.(陳奇猷)

30 此則積辯累辭(차즉적변누사): ‘적변누사積辯累辭’는 쓸데없는 말을 쌓고 핑계를 포개어 놓음.

31 離理失術(이리실술): ‘이리離理’는 사물의 이치, ‘술術’은 수단 내지 방법.

32 兩末之議也(양미지의야): ‘미末’는 ‘말末’의 잘못, ‘양말兩末’은 ‘양단兩端’.(陶鴻慶) 곧 양극단(兩極端).

33 奚可以難夫道理之言乎哉(해가이난부도리지언호재): ‘난難’은 (韓非子 자신의 말이 도리를 잃은 말이라) 힐난함. ‘부夫’는 ‘실失’.(陳奇猷)

34 客議未及此論也(객의미급차론야): ‘차론此論’은 한비자의 견해 또는 학설.

제19장 | 문변

問
辯

쓰임에 도움이
되지 않는
변론을 비판함

'문변問辯'이란 편명은 '변론을 비판한다'는 의미이다. 여기서 '문問'은 「난세難勢」의 '난難'과 같은 의미로 의문을 나타내거나 비판 또는 논쟁한다는 의미이다. '변辯'은 논리가 정연하지 못한 궤변 유형의 변론을 가리킨다. 묻고 답변하는 형식을 취하여 실제로 쓰임에 도움이 되지 않는 변론의 문제점을 비판하며 실용주의적 측면에서 법술정치의 중요성을 강조하고 있다.

어떤 이가 "변론은 어찌 생기는가?"라고 물었다. 대답하여 "군주가 명석하지 못한 데서 생긴다."고 하였다. 묻는 이가 "군주가 명석하지 못해서 변론이 생긴다는 것은 무엇인가?"라고 하였다.

대답하여 말하길 "현명한 군주의 명령이란 말 가운데 가장 귀중한 것이고, 법이란 일 가운데 가장 적절한 것이다. 말에는 두 가지 귀중함이 없고 일에는 두 가지 적절함이 없기 때문에 말하고 행동하는 데에 법령을 따르지 않는 것은 반드시 금한다.

만약 법령이 없어도 속임수에 대처하며 변화에 대응하고 이득을 내며 일을 헤아릴 수 있다면, 군주는 반드시 그 말을 채택하고 그 실적을 따진다. 말이 합당하면 큰 이득이 있고 합당하지 않으면 중벌이 있으므로, 어리석은 자는 죄를 두려워하여 감히 말하지 못하고 지혜로운 자는 쟁론하지 않는데, 이것이 변론이 없게 된 연유이다. 어지러운 세상에서는 그렇지 않은데, 군주가 명령하여도 백성은 고전 학문으로써 이를 비난하고 관부에 법이 있어도 백성은 사사로운 행위로 이를 위배하며, 군주는 도리어 그 법령을 거두어들이고 학자들의 지혜와 행동을 높이는데, 이것이 세상이 고전 학문을 중시하는 이유이다.

무릇 말과 행동은 공적과 쓰임功用으로써 그 목표를 삼는 것이다. 대저 끝이 날카로운 화살을 숫돌에 갈아 아무렇게나 쏘더라도 그 끝이 가는 털 하나를 맞히지 못하는 것은 아니지만, 활을 잘 쏘는 자라고 일러 말할 수 없는 것은 일정하게 정해진 과녁이 없기 때문이다. 다섯 치 되는 과녁을 마련하여 열 걸음 멀어져서 당기더라도 예羿나봉몽逢蒙이 아니면 반드시 맞힐 수 있는 것은 일정한 표적이 있기 때문이다. 그러므로 일정한 표적이 있으면 예나 봉몽이 다섯 치 되는 과녁을 맞히는 것으로써 솜씨가 좋다고巧 하지만 일정한 표적이 없으면 아무렇게나 쏘아서 가는 털을 맞힌다고 하더라도 서투르다고拙 한다.

지금 (군주가) 말을 듣고 행동을 관찰할 때에 업적과 쓰임功用을 그 목표로 삼지 않는다면, 비록 말을 지극히 살피고 행동이 견실하더라도 아무렇게나 쏘는 화살과 같다. 그러므로 혼란한 세상의 (군주가) 말을 들을 때에 알기 어려운 것을 잘 살핀다 하고 널리 꾸미는 것을 능변하다 하며, (군주가) 행동을 관찰할 때에 군중과 떨어진 것을 현명하다 하고 위를 침범하는 것을 강직하다고 한다. 군주는 '능변하거나' '잘 살피는' 말을 좋아하며 '현명하고' '강직한' 행동을 존중하므로, 대저 법法과 술術을 쓰는 사람이 버리고 취할 행위의 기준을 세우고 서로 논쟁하는 논의의 시비를 가릴지라도 그것을 바로잡지 못한다. 이 때문에 유가의 복장을 한 자와 허리에 칼을 찬 자는 많아도 경전耕戰하는 병사는 적으며, 견백堅白과 무후無厚의 설이 유행하고 고시하여 지키도록 한 법령이 준수되지 않는다. 그러므로 말하기를 '군주가 밝지 못하면 변론이 생긴다.'고 한다.

或問曰, "辯安生乎?" 對曰, "生於上之不明也" 問者曰, "上之不明, 因生辯也, 何哉?" 對曰, "明主之國, 令者言最貴者也, 法者事最適者也. 言無二貴, 法不兩適, 故言行而不軌於法令者必禁.[1] 若其無法令而可以接詐應變・生利揣事者,[2] 上必采其言而責其實.[3] 言當則有大利, 不當則有重罪, 是以愚者畏罪而不敢言, 智者無以訟, 此所以無辯之故也. 亂世則不然, 主上有令, 而民以

文學非之,⁴ 官府有法, 民以私行矯之, 人主顧漸其法令而尊學者
之智行,⁵ 此世之所以多文學也.⁶ 夫言行者, 以功用爲之的彀者
也.⁷ 夫砥礪殺矢而以妄發,⁸ 其端未嘗不中秋毫也,⁹ 然而不可謂
善射者, 無常儀的也.¹⁰ 設五寸之的,¹¹ 引十步之遠, 非羿 · 逄蒙
不能必中者,¹² 有常也.¹³ 故有常則羿 · 逄蒙以五寸的爲巧, 無常
則以妄發之中秋毫爲拙.¹⁴ 今聽言觀行, 不以功用爲之的彀, 言雖
至察,¹⁵ 行雖至堅,¹⁶ 則妄發之說也. 是以亂世之聽言也, 以難知
爲察, 以博文爲辯, 其觀行也, 以離群爲賢, 以犯上爲抗.¹⁷ 人主
者說'辯' · '察'之言,¹⁸ 尊'賢' · '抗'之行, 故夫作法術之人, 立取舍
之行, 別辭爭之論,¹⁹ 而莫爲之正. 是以儒服 · 帶劍者衆,²⁰ 而耕
戰之士寡,²¹ 堅白 · 無厚之詞章,²² 而憲令之法息.²³ 故曰, '上不
明, 則辯生焉'."

---

1 故言行而不軌於法令者必禁(고언행이불궤어법령자필금): '궤軌'는 법령에 의거
해 순리에 따름.

2 若其無法令而可以接詐應變 · 生利揣事者(약기무법령이가이접사응변생리췌사
자): '접接'은 '응應', '접사接詐'는 속임수에 대처함.

3 上必采其言而責其實(상필채기언이책기실): '책責'은 '구求'. (梁啓雄)

4 而民以文學非之(이민이문학비지): '문학文學'은 고전 학문.

5 人主顧漸其法令而尊學者之智行(인주고점기법령이존학자지지행): '고顧'는 '반
反', '점漸'은 '잠潛'. (梁啓雄) '잠潛'은 은밀하게 소장하거나 거두어들임.

6 此世之所以多文學也(차세지소이다문학야): '다多'는 중重히 여김.

7 以功用爲之的彀者也(이공용위지적구자야): '공용功用'은 공적과 쓰임, '적的'은
과녁, '곡彀'은 과녁 한가운데의 점, '적곡'은 과녁으로 해석.

8 夫砥礪殺矢而以妄發(부지려살시이이망발): '지려砥礪'는 숫돌에 연마鍊磨하는
것, '살시殺矢'는 생명을 취할 목적으로 날카롭게 간 화살, '망발妄發'은 제멋대

로 함부로 쏘는 것.

9 其端未嘗不中秋毫也(기단미상부중추호야): '기단其端'은 화살 끝, '중中'은 맞히다, 적중시키다는 동사, '추호秋毫'는 가을철에 털을 갈아서 가늘어진 짐승의 털이란 뜻으로, '몹시 작음'을 비유함.

10 無常儀的也(무상의적야): '상常'은 일정하다는 의미, '의적儀的'은 헤아릴 수 있는 과녁, '상의적'은 일정하게 정해진 과녁을 말함.

11 設五寸之的(설오촌지적): '오촌五寸'은 다섯 치.

12 非羿 · 逢蒙不能必中者(비예봉몽불능필중자): 예羿는 후예後羿 또는 이예夷羿라고 하며, 활의 명수라고 전해지는 전설상의 인물. 요堯 임금 때 하늘에 열 개의 해가 나타나서 곡식과 초목이 다 말라죽어 사람들이 굶주리게 되자 예가 활로 아홉 개의 해를 떨어뜨렸다고 전해짐. 봉몽逢蒙은 방몽逢蒙이라고도 하며 예羿의 제자로 활쏘기의 명수. 방몽은 예羿에게 활 쏘는 법을 다 배운 후 그를 죽였다는 전설이 전해짐.

13 有常也(유상야): '상常'은 앞서 나온 '상의적常儀的'을 말함.

14 無常則以妄發之中秋毫爲拙(무상즉이망발지중추호위졸): '무상無常'의 '상常'은 앞서 나온 '상의적常儀的'을 말함.

15 言雖至察(언수지찰): '지찰至察'은 사물에 대해 살피는 지식이 매우 풍부함.

16 行雖至堅(행수지견): '지견至堅'은 자신이 믿는 신조를 매우 굳건하게 지켜나감.

17 以犯上爲抗(이범상위항): '항抗'은 자신의 주장을 굽히지 않는 강직함.

18 人主者說'辯' · '察'之言(인주자열변찰지언): '열說'은 '열悅'.(陳啓天)

19 別辭爭之論(별사쟁지론): '사쟁辭爭'은 자신들의 주장을 내세워 서로 다투며 논쟁을 벌이는 것. '별別'은 시비를 가리는 것.

20 是以儒服 · 帶劍者衆(시이유복대검자중): '유복자儒服者'는 유학자의 무리를, '대검자帶劍者'는 협객의 무리를 말함.

21 而耕戰之士寡(이경전지사과): '경전지사耕戰之士'는 평소에는 농사를 짓다가 전쟁이 일어나면 군사로 참전하는 백성.

22 堅白 · 無厚之詞章(견백무후지사장): '견백무후지사堅白無厚之詞'는 '단단한 돌과 흰 돌은 하나가 아닌 둘이라는 논리堅白'와 '면적은 넓이만 있지 두께가 없다는 논리無厚'의 궤변의 말이나 글. '장章'은 '드러날 창彰'과 같음.(津田鳳卿)

23 而憲令之法息(이헌령지법식): '식息'은 '그치다'는 의미로 '현시해서 지키라고 한 법憲令之法'이 지켜지지 않는 것을 말함.

邪之者而
枉士认加
臣所武之

제20장 | 정법

定
法

군주가 법과
술이 결합된
법술法術의 정치를
해야 하는 이유

'정법定法'이란 '법도를 정한다'는 의미이다. 선행법가인 신불해申不害가 주장한 술치론과 공손앙公孫鞅이 제출한 법치론의 불가분성을 논의한 내용이다. 한비자가 법과 술을 결합한 법술法術정치의 필요성을 설명하고 있다는 점에서 그의 법술정치론의 기원을 살펴볼 수 있는 글이다.

묻는 자가 말하길, "신불해申不害와 공손앙公孫鞅이 두 학파의 말 중에 누가 나라에 긴요한가?"라고 하였다.

그에 응대하여 말하길, "이는 가늠할 수가 없다. 사람이 먹지 않으면 열흘이 되면 죽고, 큰 추위가 왕성할 때 입지 않으면 역시 죽는다. 그것은 입고 먹는 것 중 사람에게 무엇이 긴요한가에 대해 말한다면 하나도 없어서는 안 되는 것으로, 모두가 생명을 유지하는養生 도구다. 지금 신불해는 술術을 말하고 공손앙은 법法을 말한다. 술術이란 담당할 수 있는 능력에 따라서 관직을 주고, 명분에 따라서 실질을 따지며, 죽고 살리는殺生 권한을 장악하여 여러 신하의 능력을 심사하는 것인데, 이것은 군주가 장악해야 하는 것이다. 법法이란 고시된 법령은 관청官府에 명시되고 형벌刑罰은 민심에 관철되어, 상賞이 법령을 준수한 사람에게 내리고 벌罰이 법령을 어긴 사람에게 가해지는 것인데, 이것은 신하가 반드시 준수해야 하는 것이다. 군주가 술術이 없다면 위에서 가려지게 되고 신하가 법을 준수하지 않는다면 아래에서 어지러워지는데, 이것法·術은 하나라도 없으면 안 되는 모두가 제왕의 도구다."라고 하였다.

問者曰, "申不害·公孫鞅,[1] 此二家之言孰急於國?" 應之曰, "是不可程也. 人不食, 十日則死, 大寒之隆, 不衣亦死. 謂之衣食孰急於人, 則是不可一無也, 皆養生之具也.[2] 今申不害言術而公孫鞅爲法. 術者, 因任而授官,[3] 循名而責實,[4] 操殺生之柄, 課群臣之能者也, 此人主之所執也. 法者, 憲令著於官府,[5] 刑罰必於民心, 賞存乎愼法, 而罰加乎姦令者也, 6 此臣之所師也. 7 君無術則弊於上, 8 臣無法則亂於下, 此不可一無, 皆帝王之具也."

---

1 申不害·公孫鞅(신불해·공손앙): 신불해(기원전 385?~337)는 정鄭나라 경京 지역 사람. 한韓나라 소후昭侯가 정나라를 멸망시킨 후 그를 재상으로 기용하여 개혁을 진행함. 그의 사상에 대하여 사마천은 『사기』 「노자한비열전老子韓非列傳」에서 "황로黃老에 근본을 두고 형명刑名을 주로 했다"고 기술함. 『사기』에서는 『신자申子』 2편이라 하고 『한서漢書』 「예문지藝文志」에서는 6편이라고 하지만 이른 시기에 실전되고, 현재 『오자吳子』, 『상군자商君子』, 『시자尸子』와 함께 분류되어 『군서치요群書治要』 36권에 「대체大體」와 여러 문헌에 산재한 일문佚文만이 전함. 그는 무위無爲의 통치술을 주장하고 중앙집권적 전제군주제를 옹호하고 도가와 법가의 주요 이론을 결합하여 '군인남면지술君人南面之術', '무위이치無爲而治', '술치術治'를 강조함. 공손앙(기원전 390?~338?)은 전국戰國시대에 활동한 상앙商鞅, 상군商君 또는 위왕衛鞅으로도 불림. 자세한 내용은 「남면」 참조.

2 皆養生之具也(개양생지구야): '양생養生'은 몸과 마음이 병들지 않게 잘 보전하여 천수를 누릴 수 있도록 생명을 잘 지킴. '구具'는 수단이나 도구.

3 因任而授官(인임이수관): '인임因任'은 신하가 담당할 수 있는 능력에 말미암는 것. '임任'은 '능能'. (太田方)

4 循名而責實(순명이책실): '순명循名'은 신하가 자발적으로 개진한 의견이나 명분에 따르는 것. '책실責實'은 신하가 거둔 실제 성과가 자신이 개진한 의견과 부합하는지 검증하여 따지는 것.

5 憲令著於官府(헌령저어관부): '헌령憲令'은 나라에서 내건 법령. '저著'는 모두가 알 수 있게 분명하게 드러내는 것.

6 而罰加乎姦令者也(이벌가호간령자야): '간姦'은 '간奸'과 통하여 '어긴다犯'는 의미. (津田鳳卿)

7 此臣之所師也(차신지소사야): '사師'는 '순循'. (張覺)

8 君無術則弊於上(군무술즉폐어상): '폐弊'는 '폐폐蔽'(津田鳳卿)로 군주의 보고 듣는 눈과 귀가 가려진다는 의미.

묻는 자가 말하길, "다만 술術만이 있고 법法이 없거나, 다만 법만이 있고 술이 없으면 안 된다고 하는 것은 무엇 때문인가?"라고 하였다.

응대하여 말하길, "신불해申不害는 한韓나라 소후昭侯를 보좌하는 사람이다. 한韓나라는 진晉나라에서 갈라져 나온 나라이다. 진晉나라의 옛 법이 아직 폐지되지 않았는데 한韓나라의 새로운 법이 또 생겨나고, 앞선 군주의 명령이 미처 거두어들이지 못하였는데 뒤따른 군주의 명령이 또 내려졌다. 신불해申不害는 그 법을 장악하지 못하고 그 내건 법령을 하나로 통일하지 못하여 간악한 일들이 많아졌다. 그러므로 이득이 옛 법과 이전의 명령에 있으면 그것을 따르고, 이득이 새 법과 이후의 명령에 있으면 그것을 따랐는데, 이득은 옛 것과 새 것이 상반되고 이전의 것과 이후의 것이 서로 어긋났으므로, 곧 신불해가 비록 열 번이나 소후昭侯에게 술術을 쓰게 하였지만 간신들은 오히려 그 말을 속이는 것이 있었다. 그러므로 만승의 강국인 한韓나라에 의탁하여 17년이나 있으면서 패왕霸王에 이르지 못한 것은, 비록 위에서 술術을 썼지만 법이 관리들에게 힘써 바르게 지켜지지 못한 재앙 때문이다.

공손앙公孫鞅이 진秦나라를 다스릴 때 '고발하는 제도告'와 '연좌시키는 제도坐'를 갖추어 그 실질을 따지고 열 집이나 다섯 집을 연좌시켜 그 죄를 살피게 하였으며, 상은 후하고 믿음 있게 시행하고 형벌은 무겁고 확실하게 시행하였다. 그러므로 백성은 힘써 일하며 지치더라도 쉬지 않았고 적을 쫓으며 위태롭더라도 물러서지 않았으므로 그

나라는 부유하고 군대가 강하였지만, 술術로써 간신을 알아내지 못했기에 그 부강함은 신하에게만 도움을 주었을 뿐이다.

효공孝公과 상군商君이 죽음에 이르게 되어 혜왕惠王이 즉위하자 진秦나라의 법이 아직 폐지되지 않았는데 장의張儀가 진나라로써 한韓나라와 위魏나라로부터 이득을 취하였다. 혜왕이 죽고 무왕武王이 즉위하자 감무甘茂가 진나라로써 주실周室로부터 이득을 취하였다. 무왕이 죽고 소양왕昭襄王이 즉위하자 양후穰侯는 한나라와 위나라를 넘어 동쪽으로 제齊나라를 공격하였는데 5년 동안 진나라는 한 자의 땅도 더하지 못하였으나 도리어 (양후는) 도읍陶邑의 봉지를 확장하였다. 응후應侯는 한韓나라를 8년 동안 공격하여 여남汝南의 봉지를 성취하였다. 이때부터 진나라에 등용된 여러 사람들은 모두가 응후나 양후와 같은 부류였다. 이로써 싸워 이기면 대신들이 존중되고 땅을 더하면 개인의 봉지만 서는데, 이는 군주가 술術로써 간신을 알아내지 못했기 때문이다.

상군이 비록 열 번이나 법을 바로잡는다 하더라도 신하들은 도리어 자기의 밑천으로 이용한다. 그러므로 강한 진나라의 발판을 타고서도 수십 년이 되어도 제왕에 이르지 못한 것은 법이 비록 관리들에게 힘써 바르게 지켜지더라도 군주가 위에서 술術을 갖추지 못한 재앙 때문이다."고 하였다.

問者曰, "徒術而無法,[1] 徒法而無術, 其不可何哉?" 對曰, "申不害, 韓昭侯之佐也.[2] 韓者, 晉之別國也.[3] 晉之故法未息, 而韓之新法又生, 先君之令未收, 而後君之令又下. 申不害不擅其法,[4] 不一其憲令, 則姦多. 故利在故法前令則道之,[5] 利在新法後令則

道之. 利在故新相反, 前後相勃,⁶ 則申不害雖十使昭侯用術, 而
姦臣猶有所諛其辭矣. 故託萬乘之勁韓, 七十年而不至於霸王
者,⁷ 雖用術於上, 法不勤飾於官之患也.⁸ 公孫鞅之治秦也, 設告
相坐而責其實,⁹ 連什伍而同其罪,¹⁰ 賞厚而信, 刑重而必. 是以
其民用力勞而不休, 逐敵危而不却, 故其國富而兵強, 然而無術
以知姦, 則以其富強也資人臣而已矣. 及孝公・商君死,¹¹ 惠王卽
位,¹² 秦法未敗也, 而張儀以秦殉韓・魏.¹³ 惠王死, 武王卽位,¹⁴
甘茂以秦殉周.¹⁵ 武王死, 昭襄王卽位,¹⁶ 穰侯越韓・魏而東攻
齊,¹⁷ 五年而秦不益一尺之地, 乃城其陶邑之封.¹⁸ 應侯攻韓八
年,¹⁹ 成其汝南之封.²⁰ 自是以來, 諸用秦者皆應・穰之類也. 故
戰勝則大臣尊, 益地則私封立, 主無術以知姦也. 商君雖十飾其
法, 人臣反用其資. 故乘強秦之資數十年而不至於帝王者,²¹ 法不
勤飾於官,²² 主無術於上之患也."

---

1 徒術而無法(도술이무법): '도徒'는 '단但', '독獨'. (梁啓雄)

2 韓昭侯之佐也(한소후지좌야): '한韓나라 소후昭侯'는 기원전 358년 즉위하였고
기원전 351년에 신불해申不害를 재상으로 임명하여 정치개혁을 실행한 군주.

3 晉之別國也(진지별국야): 한韓나라는 조趙나라, 위魏나라와 더불어 진晉나라에
서 갈라져 나온 나라이므로 '별국別國'이라 함.

4 申不害不擅其法(신불해불천기법): '천擅'은 '전專'.

5 故利在故法前令則道之(고이재고법전령즉도지): '도道'는 '유由'와 같아서 '종從'의
의미. (梁啓雄)

6 前後相勃(전후상발): '발勃'은 '패悖'의 가차假借. (王先愼, 顧廣圻) '패悖'는 '위
違'. (梁啓雄)
'상패相悖'는 서로 어긋남.

7 七十年而不至於霸王者(칠십년이불지어패왕자): '칠십七十'은 '십칠十七'이 되어야

함.(顧廣圻)

8 法不勤飾於官之患也(법불근식어관지환야): '식飾'은 '칙飭'의 가차(劉文典), '치
治'.(梁啓雄) '근칙勤飭'은 성실한 태도로 바르게 준수하는 것.

9 設告相坐而責其實(설고상좌이책기실): '상相'은 없어야 함, '고告'는 간악함을 고
발하는 것, '좌坐'는 '죄辠'로 죄를 떠넘기는 연좌連坐를 말함.(梁啓雄) 즉, '고좌
告坐'는 간악함을 고발하는 제도와 죄를 연좌시키는 제도.

10 連什伍而同其罪(연십오이동기죄): '동同'은 '사司' 또는 '사伺'(梁啓雄)로 서로 죄
를 짓지 않도록 살피게 한다는 의미.

11 及孝公·商君死(급효공상군사): '효공(孝公, 기원전 381~338)'은 헌공獻公의 아들
로 이름은 거량渠梁. 기원전 361년부터 338년까지 재위하였으며 위魏나라에
서 온 상앙商鞅을 등용하여 변법을 시행하여 진나라가 천하를 통일하는 기초
를 다진 인물.

12 惠王即位(혜왕즉위): '혜왕惠王'은 효공孝公의 아들로 이름은 사駟. 기원전 338
년 즉위하여 27년간 재위함.

13 而張儀以秦殉韓·魏(이장의이진순한위): '장의(張儀, 기원전?~310?)'는 전국시대
위魏나라 사람. 종횡가縱橫家로 합종책合從策을 제창한 소진蘇秦과 더불어 귀곡
선생鬼谷先生을 스승으로 모시고 유세술遊說術을 배움. 진秦나라를 중심으로 동
서橫를 잇는 6국이 동맹을 맺는 연횡책連衡策을 주장하고 그 성과로 진秦나라
혜왕惠王에 의해 무신군武信君에 봉해진 후 재상이 됨. 진秦나라 무왕武王 때 진
나라를 떠나 위나라의 재상이 되었지만 1년 후 죽음. '순殉'은 '순徇으로, '영營'
또는 '구求'의 의미로, 장의가 한韓나라와 위魏나라에 연횡책을 유세하여 혜왕
惠王에 의해 무신군武信君과 재상에 임명된 것을 말함.(梁啓雄)

14 武王即位(무왕즉위): '무왕武王'은 혜왕惠王의 아들로 이름은 탕蕩, 기원전 310
년 즉위하여 4년간 재위함.

15 甘茂以秦殉周(감무이진순주): '감무(甘茂, 기원전 ?~?)'는 전국시대 초楚나라 하채
下蔡 사람으로 하채下蔡의 사거 선생史擧先生에게서 백가百家의 학설을 배우고,
촉후蜀侯의 반란을 평정한 공로로 진나라의 좌상左相이 됨. 소양왕昭襄王 때 모
함을 받아 제齊나라로 가서 상경上卿이 되었음. '주周'는 주실周室로 주 왕조의
도성 읍락인 지금의 하남성河南省 낙양洛陽 일대를 가리킴. 진나라 무왕 3년에
무왕이 낙양洛陽 일대 삼천三川의 땅을 얻어 주나라 왕실周室을 엿본다면 죽어
도 여한이 없겠다고 감무에게 말하자, 이를 기회로 감무는 무왕의 절대적인
신임을 받으며 의양宜陽을 공격하여 주실을 취함. 무왕은 감무가 의양을 함락
후 주周에 이르러 죽음.

16 昭襄王卽位(소양왕즉위): '소양왕昭襄王'은 혜왕惠王의 아들이자 무왕武王의 이복 동생으로 이름은 직稷. 기원전 306년 즉위하여 56년간 재위함.

17 穰侯越韓·魏而東攻齊(양후월한위이동공제): '양후穰侯'는 위염(魏冉, 기원전?~265)으로 진秦나라 소양왕昭襄王의 외삼촌. 양穰 땅에 봉해져 양후穰侯라 함. 「초현진」참조. 『사기』「양후열전穰侯列傳」에 의하면, 소양왕 36년에 양후가 객경客卿인 조竈와 의논하여 제齊나라를 공격해서 강剛, 수壽 두 지역을 탈취해 서 그의 영지인 도읍을 확장하고자 하였다고 함.

18 乃城其陶邑之封(내성기도읍지봉): '성城'은 '성盛'. (張覺)

19 應侯攻韓八年(응후공한팔년): '응후應侯'는 '범저(范雎, 기원전?~255)' 또는 '범저范 且'라고도 하고, 전국시대 위魏나라 사람. 진秦나라로 달아나 소양왕昭襄王을 섬 기며 상국相國을 지냈고, 소양왕 41년에 응應 지역에 봉해져 응후應侯라고 함. 「난언」참조.

20 成其汝南之封(성기여남지봉): '여남汝南'은 여수汝水의 남쪽. (尹棟陽) 『사기』「범 저열전范雎列傳」에, 소양왕 42년에 동쪽으로 한韓나라의 소곡少曲과 고평高平을 공격하고 43년에는 분형汾陘을 공격한 것으로 볼 때, 범저의 응성應城은 여주 汝州 노산현魯山縣에 있음. (梁啓雄)

21 故乘强秦之資數十年而不至於帝王者(고승강진지자수십년이부지어제왕자): '자 資'는 '자藉'. (梁啓雄) '자藉'는 깔개 또는 발판.

22 法不勤飾於官(법불근식어관): '불不'은 '수雖'이어야 함. (顧廣圻)

묻는 자가 말하길, "군주가 신자申子의 술術을 쓰고 관리가 상군商君의 법法을 행하면 되겠는가?"라고 하였다.

응대하여 말하길, "신자申子는 술術에 아직 완전하지 않고 상군은 법法에 아직 완전하지 않다. 신자가 말하길, '일을 처리할 때 직분을 넘지 않고, 비록 알더라도 말하지 말라'고 하였다. '일을 처리할 때 직분을 넘지 않음'은 직분을 지키는 것을 말하는 것으로 옳지만, '알더라도 말하지 말라 함'은 잘못을 이르는 것이다. 군주는 온 나라의 눈으로 보기 때문에 보는 것이 군주보다 밝지 못하고, 온 나라의 귀로 들으므로 듣는 것이 군주보다 밝지 못하다. 만약 알면서도 말하지 않는다면 군주는 더욱이 무엇에서 빌리겠는가?

상군商君의 법에 이르길, '(적의) 머리를 하나 베면 작위 한 계급을 올리며 관리가 되기를 원하면 50석의 벼슬에 앉히고, (적의) 머리를 둘 베면 작위 두 계급을 올리며 관리가 되기를 원하면 100석의 벼슬에 앉힌다.'고 한다. 관작의 승진과 머리를 벤 공이 서로 균형이 잡혀 있다. 지금 법에 있어 '머리를 베면 의원이나 장인匠人이 되게 하겠다.'고 말한다면, 집은 지어지지 않고 병은 낫지 않는다. 대저 장인이란 손재주가 교묘하고 의원이란 약을 짓는데, 머리 벤 공을 가지고 그것을 시킨다면 그 능력에 합당하지 않다. 지금 관의 일을 처리하는 것은 지능이고 머리를 베는 것은 용력이 가해지는 것이다. 용력이 가해지는 것으로 지능을 쓰는 관의 일을 처리함은 머리를 벤 공을 가지고 의원이나 장인을 삼는 것이다. 그러므로 '두 사람은 법과 술에서 모두 완벽하지 못하다'고 말한다."라고 하였다.

問者曰, "主用申子之術, 而官行商君之法, 可乎?" 對曰, "'申子未盡於法也.'¹ 申子言, '治不踰官,² 雖知弗言.' '治不踰官', 謂之守職也可, '知而弗言', 是謂過也.³ 人主以一國目視, 故視莫明焉,⁴ 以一國耳聽, 故聽莫聰焉. 今知而弗言, 則人主尙安假借矣?⁵ 商君之法曰, '斬一首者爵一級, 欲爲官者爲五十石之官, 斬二首者爵二級, 欲爲官者爲百石之官.' 官爵之遷與斬首之功相稱也.⁶ 今有法曰, '斬首者令爲醫 · 匠', 則屋不成而病不已.⁷ 夫匠者手巧也, 而醫者齊藥也,⁸ 而以斬首之功爲之, 則不當其能. 今治官者, 智能也, 今斬首者, 勇力之所加也. 以勇力之所加而治智能之官, 是以斬首之功爲醫 · 匠也. 故曰, '二子之於法術, 皆未盡善也'."

---

1 申子未盡於法也(신자미진어법야): '신자申子'는 신불해申不害. '어於'와 '법法' 사이에 '술야, 상군미진(術也, 商君未盡)'의 6자가 빠짐.(顧廣圻, 盧文弨, 陳奇猷, 陳啓天, 梁啓雄 등) 곧 '미진未盡'은 완전하지 않음.

2 治不踰官(치불유관): '유관踰官'은 맡은 직무의 권한을 뛰어넘어 월권을 행사함.

3 是謂過也(시위과야): '과過'는 앞의 '가可'와 대구로 봄.

4 故視莫明焉(고시막명언): '언焉'은 '어지於之'.

5 則人主尙安假借矣(즉인주상안가차의): '안安'은 '하何'와 같음.(梁啓雄) '가차假借'는 군주가 백성의 이목을 빌려 의지하는 것.

6 官爵之遷與斬首之功相稱也(관작지천여참수지공상칭야): '천遷'은 '등登'(梁啓雄), 곧 승진. '상칭相稱'은 서로 대응하여 균형이 잡혀 있음.

7 則屋不成而病不已(즉옥불성이병불이): '이已'는 병이 그치거나 낫는 '제유制愈'의 의미.(張覺)

8 而醫者齊藥也(이의자제약야): '제齊'는 '제劑'.(唐敬杲)

제21장 | 궤사

詭使

상반된 내용을
행하는 모순적
통치행위를 비판함

'궤사詭使'라는 편명은 '서로 반대되는 것을 행한다.'는 의미이다.
여기서 '궤詭'는 속인다는 의미가 아니라 '상반되다' 또는 '서로 거스르
다'는 의미이다. 즉, 군주 자신이 받드는 것과 실제로 행하는 것이 실
제 정치에서 모순되어 상반된 형태로 나타나는 것을 지적하는 내용이
다. 백성이 바라는 것과 군주가 행하는 통치수단과의 괴리현상, 군주
에게 도움이 되는 사람을 배척하고 그에게 피해를 입히는 사람을 칭
찬하는 모순적 행위 등을 격하게 비판한다.

성인이 정치 수단으로 삼는 것은 세 가지인데, 첫째가 '이익利'이고 둘째가 '위세威'이며 셋째가 '명분名'이다. 대저 이익이란 백성을 얻기 위한 것이고, 위세란 명령을 행하기 위한 것이고, 명분이란 위와 아래가 함께하는 원칙이다. 이 세 가지가 아니면 비록 (그 밖의 다른 것이) 있더라도 급하지 않다. 지금 이익이 있지 않는 게 아니지만 백성이 감화되지 않고, 위세가 존재하지 않는 게 아니지만 아래는 듣고 따르지 않고, 관에 법이 없는 게 아니지만 다스림이 명분에 합당하지 않다. 세 가지가 존재하지 않는 게 아니지만 세상이 한번 다스려지고 한번 어지러워지는 것은 무엇 때문인가? 대저 위가 귀하게 여기는 것과 그 다스림의 수단으로 삼는 것이 상반되기 때문이다.

聖人之所以爲治道者三, 一曰'利', 二曰'威', 三曰'名'. 夫利者, 所以得民也, 威者, 所以行令也, 名者, 上下之所同道也.[1] 非此三者, 雖有不急矣. 今利非無有也, 而民不化上, 威非不存也, 而下不聽從, 官非無法也, 而治不當名.[2] 三者非不存也, 而世一治一亂者, 何也? 夫上之所貴, 與其所以爲治相反也.

---

1 上下之所同道也(상하지소동도야): '동도同道'는 함께 지켜야 할 도리 내지 원칙. '도道'는 '유由'. (物雙松)

2 而治不當名(이치부당명): '명名'은 법이 정한 명분으로 곧 법.

무릇 위가 다스리는 것은 형벌 때문이지만, 지금 사사로이 의를 행하는 자가 있어 존경을 받는다. 나라가 존립하는 것은 안정되고 평온한 것 때문이지만, 떠들썩하게 조장하며 말하고 음흉하게 남을 헐뜯고 아첨하는 자가 임용된다. 나라의 사방 영토 안이 잘 듣고 따르게 하는 것은 믿음과 은덕 때문이지만, 사악한 지혜를 가지고 나라를 뒤엎어 망하게 할 자가 쓰인다. 명령이 행해지는 것과 위엄이 서는 것은 잘 받들면서 공손히 삼가며 위를 따르는 것 때문이지만, 바위틈에 살며 세상을 비방하는 자가 이름을 드날린다. 곡식 창고가 충실한 것은 논밭을 갈아 농사짓는 근본의 일에 힘쓰기 때문이지만, 비단을 짜고 자수하고 새기고 그려 넣는 등 말단의 일에 종사하는 자가 부유하다. 명성이 이루어지고 영토가 넓어지는 것은 싸우는 병사들 때문이지만, 지금 죽은 전사의 고아가 굶주려 길에서 걸식하고, 웃음을 파는 광대나 술시중을 드는 무리들이 수레를 타고 비단옷을 입는다. 상과 봉록은 백성들의 힘을 다 쓰게 하고 아랫사람이 목숨을 거는 일과 바꾸는 이유에서지만, 지금 싸워 이기고 (성을) 공격하여 빼앗은 병사들은 고생만 하고 포상의 혜택을 받지 못하고, 점을 치고 손금을 보고 교활하게 홀리며 앞에서 마음에 드는 말만 하는 자는 날마다 하사받는다.

위가 법도와 법률을 장악함은 살리고 죽이는 권력을 갖는 이유에서지만, 지금 법도를 지키고 법률을 받드는 사람이 충심으로 위와 만나려 해도 만날 수가 없고, 교묘하게 달콤한 언사를 행하고 간악한 일을 행함으로써 요행으로 세상을 훔치려는 자가 (군주를) 자주 모신다. 법에 의거해서 곧게 말하고 명분名과 실질實을 서로 맞추어 법도에 따라서 간악한 사람을 처벌하는 것은 위를 위해 다스리려는 이유에서지만, 더욱더 사이가 소원해지고, (군주에게) 아첨하고 비위를 맞추며 (군주의) 뜻만을 따르며 하고 싶은 대로 하게 내버려두어 세상을 위태롭게 하는 자가 친근하게 된다. 조세를 다 걷고 백성의 힘을 전일함은 어려움에 대비하여 창고를 채우기 위한 이유에서지만, 사졸들이 일을 피하여 몸을 숨기거나 위세 있는 가문에 의탁함으로써 요역과 부세를 면제받고 있는데도 위에서 잡지 못하는 자가 수만을 헤아린다.

무릇 좋은 전답이나 훌륭한 주택을 벌여 놓는 것은 사졸들을 싸우게 하기 위한 이유에서지만, 광야의 전장에서 머리가 잘리고 배가 찢기고 뼈가 흩어진 자들은 몸둘 집도 없이 몸은 죽어 밭 사이에서 없어지는데 딸이나 누이가 예쁜 자, 대신과 측근은 공이 없는 자들이면서도 집을 골라 받고 전답을 가려 먹는다. 포상과 이득이 한결같게 위로부터 나오는 것은 아랫사람들을 잘 다스리기 위한 이유에서지만, 갑옷 입고 싸우는 병사들은 관직을 얻지 못하고 일을 피해 은둔한 사람들이 존중되며 이름을 드날린다. 위가 이로써 가르침을 삼는다면 명성이 어찌 낮아지지 않을 수가 있겠으며 지위가 어찌 위태롭지 않을 수가 있겠는가?

무릇 명성이 낮아지고 자리가 위태롭게 되는 것은 반드시 아래가 법령을 따르지 않거나 다른 마음을 지니고 사학私學에 힘쓰며 세상을 거스르는 자들 때문이지만, 그 행동을 금하지 않고 그 무리를 부수어 패거리를 해산시키지 않고서 오히려 그들을 따르며 존중하는데, 이것은 일을 맡아서 하는 자의 잘못이다.

(옛날에) 위가 염치(도덕)를 내세운 이유는 아랫사람을 독려하기 위해서지만, 지금의 사대부들은 더럽고 추한 치욕을 부끄러워하지 않고

벼슬을 하며, 딸과 누이로써 군주와 사적인 관계를 맺은 집안은 차례를 기다리지 않고 벼슬을 한다. 상을 내리는 것은 존중함을 표시하기 위한 것이지만 싸움에 공이 있는 병사는 빈천하고, 측근과 광대의 무리가 지나치게 우대받는다. 이름과 칭호가 진실로 신뢰할 수 있음은 권위를 통하게 하기 위해서지만, 군주는 가려져 막혀 있어서 측근의 여자들이 알선하고 아울러 행하며 여러 관리들이 관작을 주관하여 사람을 천거하는데, 일을 맡아서 하는 자의 잘못이다. 대신들이 사람을 관직에 앉히고 아랫사람과 먼저 무리 짓길 도모하는데 오직 불법만을 행하고 위세와 권리가 아래에 있으면 군주는 낮아지고 대신이 존중된다.

凡上所治者[1], 刑罰也, 今有私行義者尊. 社稷之所以立者,[2] 安靜也, 而謀險讒諛者任.[3] 四封之內所以聽從者,[4] 信與德也,[5] 而陂知傾覆者使.[6] 令之所以行, 威之所以立者, 恭儉聽上,[7] 而嚴居非世者顯.[8] 倉廩之所以實者, 耕農之本務也, 而綦組·錦繡·刻畫爲末作者富.[9] 名之所以成, 城池之所以廣者, 戰士也, 今死之孤飢餓乞於道, 而優笑酒徒之屬乘車衣絲.[10] 賞祿, 所以盡民力易下死也, 今戰勝攻取之士勞而賞不霑, 而卜筮·視手理·狐蟲爲順辭於前者日賜.[11] 上握度量,[12] 所以擅生殺之柄也, 今守度奉量之士欲以忠嬰上而不得見,[13] 巧言利辭行姦軌以倖偸世者數御.[14] 據法直言, 名刑相當,[15] 循繩墨,[16] 誅姦人, 所以爲上治也, 而愈疏遠, 諂施順意從欲以危世者近習.[17] 悉租稅, 專民力, 所以備難充倉府也, 而士卒之逃事狀匿·附託有威之門,[18] 以避徭賦, 而上不得者萬數. 夫陳善田利宅,[19] 所以屬戰士也, 而斷頭裂腹·播

骨乎平原野者, 無宅容身, 身死田奪,²⁰ 而女妹有色,²¹ 大臣左右
無功者, 擇宅而受,²² 擇田而食. 賞利一從上出, 所以善削下也,²³
而戰介之士不得職,²⁴ 而閒居之士尊顯.²⁵ 上以此爲敎, 名安得無
卑, 位安得無危? 夫卑名危位者, 必下之不從法令·有二心務私
學, 反逆世者也, 而不禁其行, 不破其群以散其黨, 又從而尊之,
用事者過矣.²⁶ 上之所以立廉恥者, 所以屬下也,²⁷ 今士大夫不
羞汙泥醜辱而宦, 女妹私義之門不待次而宦.²⁸ 賞賜之所以爲重
也,²⁹ 而戰鬪有功之士貧賤, 而便辟優徒超級.³⁰ 名號誠信,³¹ 所
以通威也, 而主揜障,³² 近習女謁並行,³³ 百官主爵遷人, 用事者
過矣. 大臣官人, 與下先謀比周, 雖不法行,³⁴ 威利在下則主卑而
大臣重矣.³⁵

---

1 凡上所治者(범상소치자):'범국지소이치자凡國之所以治者'가 되어야 함.(陳奇猷)

2 社稷之所以立者(사직지소이립자): '사직社稷'은 토지신土地神과 곡식신穀食神. 나라의 안녕安寧을 기원하기 위해 군주가 사직단社稷壇을 세워 두 신에게 제사祭祀를 지냈기에 '국가의 기반', '국가'라는 의미로 쓰임.

3 而讒險讒諛者任(이조험참유자임): '이而'는 역접. '조譟' 떠들썩하게 조장하며 말이 많은 것, '험險'은 음흉한 것, '참讒'은 거짓을 꾸며 헐뜯는 것, '유諛'는 아첨하는 것.

4 四封之內所以聽從者(사봉지내소이청종자): '사봉四封'은 영토의 사방 경계. '사봉지내四封之內'는 나라의 사방 영토 안.

5 信與德也(신여덕야): '신信'은 벌을 믿음 있게 시행하는 것, '덕德'은 상을 주어 치하하는 것.(「二柄」: 慶賞之謂德)

6 而陂知傾覆者使(이피지경복자사): '피지陂知'는 간사한 지혜, '경복傾覆'은 뒤집어 엎어서 망하게 하는 것.

7 恭儉聽上(공검청상): '공恭'은 다른 사람을 잘 받드는 것, '검儉'은 자신은 넉넉하지 않은 것.

8 而巖居非世者顯(이암거비세자현): '암거비세자巖居非世者'는 숨어 살며 세상 밖으로 나오지 않고 당시의 사회정치를 비판하는 은둔자를 말함.

9 而綦組·錦繡·刻畫爲末作者富(이기조금수각화위말작자부): '기조綦組'는 화려한 비단을 짜는 것, '금수錦繡'는 비단에 화려한 수를 놓는 것, '각화刻畫'는 새기고 그려 넣는 것.

10 而優笑酒徒之屬乘車衣絲(이우소주도지속승거의사): '우소優笑'는 웃음을 파는 광대나 배우. '주도酒徒'는 측근에서 술시중을 드는 자. '사絲'는 값비싼 명주옷으로 곧 비단옷을 말함. 「팔간八姦」에서 한비자는 군주가 조심해야 할 두 번째 대상으로 가까이 있는 자在旁들 중의 하나로 '우소'를 지목함.

11 而卜筮·視手理·狐蠱爲順辭於前者日賜(이복서시수리호충위순사어전자일사): '복서卜筮'는 점을 치는 것, '수리手理'는 손의 잔금 곧 손금, '충蠱'은 미혹할 '고蠱'자의 잘못.(俞樾) '호고狐蠱'는 여우처럼 홀리는 것. '순사順辭'는 군주의 비위를 거스르지 않는 부드러운 말.

12 上握度量(상악도량): '도량度量'은 법도와 법률. '도량'은 법률과 제도.(張覺)

13 今守度奉量之士欲以忠嬰上而不得見(금수도봉량지사욕이충영상이부득현): '영嬰'은 '촉觸'(陳奇猷) 또는 '응應'.(尹桐陽)

14 巧言利辭行姦軌以倖偸世者數御(교언리사항간궤이행투세자삭어): '교巧' 뒤에 나오는 '언言'과 '행行'을 꾸미는 부사. '궤軌'는 '간악할 귀宄'로 '간궤姦軌'는 간악한 일.

15 名刑相當(명형상당): '명형名刑'은 '명형名形', '명실名實', '형명刑名', '형명形名'은 같은 의미.

16 循繩墨(순승묵): '승묵繩墨'은 먹줄, 곧 법도.

17 諂施順意從欲以危世者近習(첨시순의종욕이위세자근습): '첨시諂施'는 아첨하며 좋아하는 척 비위를 맞추는 것, '순의順意'는 군주의 말이 옳고 그른지를 밝히지 않고 무조건 따르는 것, '종욕從欲'은 군주가 자신의 욕구에 따라 멋대로 하게 두는 것, '근습近習'은 군주의 가까운 측근이 되는 것.

18 而士卒之逃事狀匿·附託有威之門(이사졸지도사장닉부탁유위지문): '장狀'은 '장藏'으로 '장닉狀匿'은 장닉藏匿 또는 은닉隱匿.

19 夫陳善田利宅(부진선전리택): '진陳'은 전시하여 베풀어 놓음. '선陳'과 '리利'는 훌륭해서 이롭다는 의미.

20 身死田奪(신사전탈): '탈奪'은 없어짐.

21 而女妹有色(이여매유색): '여매女妹'는 딸과 누이女與妹를 말함.(于鬯)

22 擇宅而受(택택이수): '택택擇宅'은 좋은 집을 선택해서 받음. 바로 뒷문장의 '택전擇田'은 비옥해서 좋은 경작지만을 선택해서 받음.

23 所以善剸下也(소이선제하야): '제剸'는 '제制'로 '선제善剸'는 잘 다스림.

24 而戰介之士不得職(이전개지사부득직): '전개지사戰介之士'는 「오두」 등에 나오는 개사介士와 같은 의미로 중무장한 갑병甲兵.

25 而閒居之士尊顯(이한거지사존현): '한거지사閒居之士'는 일과 사람을 피해 은둔한 사람.

26 用事者過矣(용사자과의): '용사자用事者'는 군주의 정치를 보좌하며 실무를 보는 자.

27 所以屬下也(소이속하야): '속屬'은 '힘쓸 려勵'의 잘못.(王念孫)

28 女妹私義之門不待次而宦(여매사의지문불대차이환): '여매사의지문女妹私義之門'은 딸이나 누이를 군주에게 시집보내 군주와 사적으로 밀접한 관계를 맺은 집안.

29 賞賜之所以爲重也(상사지소이위중야): 금본今本에는 '사賜'자 아래 '지之'자가 없는데 잘못임.(顧廣圻) 건도본乾道本에 의해 '지之'자를 보완함. '지之'는 주격조사, '중重'은 귀중함, 존중함을 의미.

30 而便辟優徒超級(이편벽우도초급): 「팔간」에서는 총애하는 미녀를 '편피호색便僻好色'이라 하는데 '편벽便辟'은 '편피便僻', '편폐便嬖'와 같은 뜻으로 아첨과 미모로 군주에게 총애를 받는 자를 말함. '우優'는 배우 또는 광대. '초급超級'은 위계를 초월하여 파격적인 대우를 받는 것.

31 名號誠信(명호성신): '명호名號'는 명칭과 칭호, '성신誠信'은 진실로 신뢰할 수 있게 하는 것. 즉, 이름에 걸맞는 실제적인 내용과 권위를 지님.

32 而主掩障(이주엄장): '엄장掩障'은 가려져 막혀 있는 것.

33 近習女謁並行(근습녀알병행): '근습녀近習女'는 군주가 총애하는 측근의 여자. '알병행謁並行'은 군주에게 알현을 주선하고 알현한 내용이 실제로 행해지는 것.

34 雖不法行(수불법행): '수雖'는 '유唯'(尹桐陽), '유행불법唯行不法'이 되어야 함.(陳奇猷)

35 威利在下則主卑而大臣重矣(위리재하즉주비이대신중의): '위威'는 처벌하는 위세, '리利'는 상을 주는 권리.

무릇 법을 세운다는 것은 사사로움私을 폐하기 위한 것이고, 법령이 행해지면 사사로운 방법私道이 폐해진다. 사사로움이라는 것은 법을 어지럽히는 근원이다. 선비 가운데 다른 마음으로 사사로운 학문을 하면서 바위틈이나 구덩이 속에 거처하고 누군가에 몸을 의탁하여 숨어서 깊은 생각에 잠기어 크게는 세상을 비난하고 작게는 인심을 현혹하는데, 위에서는 금지하지 못하고 오히려 존중하길 명예롭다 하고 재화로써 곤궁한 실상을 도와주므로, 이는 공이 없어도 이름이 드러나고 수고롭지 않아도 부유한 것이다. 이와 같다면 선비 가운데 다른 마음을 가지고 사사로운 학문을 하는 자가 깊이 생각을 하고 지식으로 속이려 하고 더불어 법령을 비방함으로써 어찌 세상과 서로 반대되는 것을 찾지 않으려 할 수 있겠는가?

　무릇 위를 어지럽히고 세상을 반대하는 자는 언제나 선비 가운데 다른 마음을 가지고 사사로운 학문을 하는 자다. 그러므로 『본언本言』에 이르기를, "다스려지는 까닭은 법에 있고, 나라가 어지럽게 되는 까닭은 사사로움에 있기 때문에, 법이 서게 되면 사사로운 일을 할 수 없게 된다."고 한다. 그러므로 말하길, "사사로움에 말미암으면 어지러워지고 법에 말미암으면 다스려진다."고 한다. 위에서 그 장악할 방법이 없으면 지혜로운 자는 사사로운 말을 쓰고 현명한 자는 사사로운 의도를 갖는다. 위에서 사사로운 은혜를 베풀면 아래에서 사적인 욕심을 가지며, 성인과 지혜로운 자가 무리를 이루어 온갖 말들을 조작해서 법을 어기며 위를 상대한다. 위에서 금지하거나 막지 못하면서 그것을 따르며 존중하는데, 이것은 아랫사람을 가르쳐서 위의 말을 듣지 않게 하고 법을 따르지 않게 한다. 그러므로 현자는 드러난 이름만으로 살고 간악한 사람은 상에 의지하여 부유해진다. 이로써 위는 아래를 이기지 못하게 된다.

夫立法令者以廢私也, 法令行而私道廢矣. 私者所以亂法也. 而士有二心私學・巖居窘路・託伏深慮,1 大者非世, 細者惑下, 上不禁, 又從而尊之以名, 化之以實,2 是無功而顯, 無勞而富也. 如此, 則士之有二心私學者, 焉得無深慮・勉知詐與誹謗法令,3 以求索與世相反者也? 凡亂上反世者, 常士有二心私學者也. 故 『本言』曰,4 "所以治者, 法也, 所以亂者, 私也, 法立則莫得爲私 矣." 故曰, "道私者亂,5 道法者治." 上無其道, 則智者有私詞, 賢 者有私意. 上有私惠, 下有私欲, 聖智成群, 造言作辭, 以非法措 於上.6 上不禁塞, 又從而尊之, 是教下不聽上・不從法也. 是以 賢者顯名而居, 姦人賴賞而富. 賢者顯名而居, 姦人賴賞而富, 是 以上不勝下也.

---

1 而士有二心私學・巖居窘路・託伏深慮(이사유이심사학암거담로탁복심려): '암 거巖居'는 바위틈 사이에 거처함. '로路'는 '처處'.(劉文典) '담窘'은 '작은 구덩이 坎'.(梁啓雄) '담처窘處'는 구덩이를 파고 거처함. '탁복託伏'은 누군가에 몸을 의 탁하여 숨어 사는 것. '심려深慮'는 깊은 생각에 잠김.
2 化之以實(화지이실): '화化'는 '화貨'.(梁啓雄) '실實'은 곤궁한 실정.
3 焉得無深慮・勉知詐與誹謗法令(언득무심려면지사여비방법령): 의문사 '언焉'은 뒷문장까지 관계함. '지知'는 '지智'.(陳啓天) '면지사勉知詐'는 자신이 아는 지식 으로 남을 속이려 드는 데 힘쓰는 것.
4 故『本言』曰(고본언왈): 『본언本言』은 한비자가 당시 열람한 고서의 명칭.(太田方)

5 道私者亂(도사자란): '도道'는 '유由'.(津田鳳卿) 뒤의 '도법자치道法者治'의 '도道'
도 같음.

6 以非法措於上(이비법조어상): '어於'는 동사와 목적어 사이에 있는 조사. '조措'
는 군주를 상대한다는 '조처하다, 처리하다'는 의미.

邪 之 者 而
枉 士 认 加
臣 所 武 之

제22장 | 육반

여섯 가지의
상반된 괴리현상과
중형주의

　'육반六反'이란 편명은 '여섯 가지의 상반된 괴리현상'이라는 의미
이다. '반反'은 「궤사詭使」의 '궤詭'와 같은 뜻이다. 군주에게 이롭지 않
지만 세상에서 존중되는 여섯 가지 유형의 인간상과 군주에게 이롭지
만 세상에서 존중받지 못하는 여섯 가지의 인간상을 대조하며 논의한
다. 말미에 중형重刑주의를 비판하는 논리와 이에 대한 한비자의 대응
논리가 보이는데, 공적인 이익과 사적인 이익 사이의 괴리현상을 간
파하며 중형주의를 옹호하는 한비자의 입장이 명쾌하게 나타나 있다.

죽음을 두려워하고 재난을 멀리하는 것은 항복하여 도망치는 백성인데 세상은 그를 존중하여 '생명을 귀하게 여기는 선비'라 말하고, 앞선 시대의 도를 배우고 그것에 상응하는 자신의 방식을 세우는 것은 법을 어기는 백성인데 세상은 그를 존중하여 '고전 학문을 익힌 선비'라 말하고, 도처로 놀면서 잘 먹고 사는 것은 식량을 탐하는 백성인데 세상은 그를 존중하여 '능력이 있는 선비'라 말하고, 말이 편곡되고 지식으로 속이는 것은 거짓으로 속이는 백성인데 세상은 그를 존중하여 '변설에 능한 지식이 있는 선비'라 말하고, 칼을 써서 공격하고 죽이는 것은 포악하고 오만한 백성인데 세상은 그를 존중하여 '용맹함을 연마한 선비'라 말하며, 적을 살려주고 간악함을 은닉하는 것은 죽음을 당해야 하는 백성인데 세상은 그를 존중하여 '명예를 지키는 선비'라 말한다. 이 여섯 종류의 백성은 세상이 칭찬하는 것이다.

위험한 상황에 달려가 따라 죽으며 신의를 다하는 것은 절의를 지키려다 죽은 백성인데 세상은 그를 폄훼하여 '계산을 잘못한 백성'이라 말하고, 식견이 적고 명령에 잘 따르는 것은 법을 온전하게 지키는 백성인데 세상은 그를 폄훼하여 '촌스럽고 궁벽한 백성'이라 말하고, 힘써 농사지어 먹는 것은 이득을 산출하는 백성인데 세상은 그를 폄훼하여 '능력이 부족한 백성'이라 말하고, 인정이 많고 순수한 것은 마음이 바르고 착한 백성인데 세상은 그를 폄훼하여 '고지식하고 어리석은 백성'이라 말하고, 명령을 중히 여기고 일을 신중히 처리하는 것은 위를 존경하는 백성인데 세상은 그를 폄훼하여 '겁이 많고 두려워하는 백성'이라 말하며, 역적을 꺾고 간악함을 막는 것은 위를 밝게 하는 백성인데 세상은 그를 폄훼하여 '아첨하고 남을 헐뜯는 백성'이라 말한다. 이 여섯 종류는 세상이 폄훼하는 것이다.

간악하고 거짓되어 무익한 백성이 여섯 종류인데 세상이 그를 칭찬하는 것이 저와 같고, 농사짓고 전쟁에 나가는 유익한 백성이 여섯 종류인데 세상이 그를 폄훼하는 것이 이와 같은데, 이것을 일러 '여섯 가지 상반된 것六反'이라 한다.

벼슬을 하지 않은 인사가 개인의 이익을 좇으면 세상은 그를 칭찬하고, 군주는 헛된 명성을 듣고 그를 예우하는데, 예우가 있는 곳에 이익이 반드시 가해진다. 백성이 개인적인 해가 되기 때문에 그를 헐뜯으면 군주는 세속적인 평가에 가려 그를 천시하는데, 천시가 있는 곳에 해로움이 반드시 가해진다. 그러므로 명예와 상은 사적인 잘못을 하여 당연히 벌을 받아야 하는 백성에게 주어지고, 비난과 해로움은 공적인 선행을 하여 마땅히 상을 받아야 하는 인사에게 주어지므로 나라가 부강해지길 바라더라도 이루어질 수 없다.

畏死遠難,[1] 降北之民也, 而世尊之曰'貴生之士'. 學道立方,[2] 離法之民也, 而世尊之曰'文學之士,' 遊居厚養, 牟食之民也,[3] 而世尊之曰'有能之士,' 語曲牟知,[4] 僞詐之民也, 而世尊之曰'辯智之士,' 行劍攻殺,[5] 暴憿之民也,[6] 而世尊之曰'磏勇之士,'[7] 活賊匿姦, 當死之民也, 而世尊之曰'任譽之士'.[8] 此六民者, 世之所譽也. 赴險殉誠,[9] 死節之民, 而世少之曰'失計之民'也,[10] 寡聞從令, 全法之民也, 而世少之曰'樸陋之民'也,[11] 力作而食, 生利之民也, 而世少之曰'寡能之民'也, 嘉厚純粹,[12] 整穀之民也,[13] 而世少之曰'愚戇之民'也, 重命畏事, 尊上之民也, 而世少之曰'怯懾

之民’也, 挫賊遏姦, 明上之民也, 而世少之日‘讕諕之民’也. 此六
者, 世之所毁也. 姦僞無益之民六, 而世譽之如彼, 耕戰有益之民
六,¹⁴ 而世毁之如此, 此之謂‘六反’. 布衣循私利而譽之,¹⁵ 世主聽
虛聲而禮之, 禮之所在, 利必加焉. 百姓循私害而訾之,¹⁶ 世主壅於
俗而賤之, 賤之所在, 害必加焉. 故名賞在乎私惡當罪之民, 而
毁害在乎公善宜賞之士, 索國之富强, 不可得也.

---

1 畏死遠難(외사원난): ‘원遠’은 건도본乾道本에는 없으며 조용현본趙用賢本에 의
해 보완함.(顧廣圻, 王先慎 등)

2 學道立方(학도립방): ‘학도學道’는 앞선 시대에 내세운 도. ‘방方’이란 「해로」에
서 ‘내외가 상응하고 언행이 서로 걸맞음(所謂方者, 內外相應也, 言行相稱也)’이
라 함.(陳奇猷) 곧 자신이 배운 도와 상응하는 방법 내지 방식.

3 牟食之民也(모식지민야): ‘모牟’는 ‘애愛’ 또는 ‘모恈’로, 곧 탐내어 아낀다는 의
미.(梁啓雄)

4 語曲牟知(어곡모지): ‘곡曲’은 요사스럽고 편곡하다는 ‘사곡邪曲’, 곧 올바르지
못한 궤변, ‘모지牟知’는 「궤사」의 ‘힘써 지식으로 속인다勉知詐’는 것과 같은 의
미, 곧 지식을 가지고 속이는 것을 좋아하는 것.(梁啓雄)

5 行劍攻殺(행검공살): ‘행行’은 ‘용用’.(梁啓雄) ‘행行’을 ‘사私’의 잘못으로 보아 사
적인 검으로 다른 사람을 공격하고 죽인다는 의미로도 해석.(陳奇猷)

6 暴憿之民也(폭요지민야): ‘요憿’는 ‘오傲’.(王先慎) ‘폭오暴傲’는 포악하고 오만함.

7 而世尊之日‘磏勇之士’(이세존지왈염용지사): ‘염磏’은 ‘려礪’.(洪頤煊) ‘염용磏勇’
은 용맹함을 갈고 닦음.

8 而世尊之日‘任譽之士’(이세존지왈임예지사): ‘임任’은 ‘보保’.(張覺) ‘임예任譽’는
명예를 지킴.

9 赴險殉誠(부험순성): ‘순殉’은 ‘순徇’.(陳奇猷) ‘순성殉誠’은 따라 죽으면서 자신의
신의를 다함. 곧 위난을 피하지 않고 생명을 다해 종사한다는 의미.

10 而世少之日‘失計之民’也(이세소지왈실계지민야): ‘소少’는 앞의 ‘존尊’과 대구되
어 헐뜯거나 폄훼함. ‘실계失計’는 이해의 계산을 잘못함.

11 而世少之曰'樸陋之民'也(이세소지왈박누지민야): '박누樸陋'는 촌스럽고 볼품없음.

12 嘉厚純粹(가후순수): '가후嘉厚'는 친밀함을 두터이 하는 것을 기뻐함. 곧 인정이 많음.

13 整穀之民也(정곡지민야): '정整'은 '정正', '곡穀'은 '선善'.(王先愼) '정곡整穀'은 곧 마음이 바르고 착함.

14 耕戰有益之民六(경전유익지민육): '경전耕戰'과 '농전農戰'과 같은 의미로 평상시에는 정착하여 농사를 짓고, 전쟁이 일어나면 군사로 참전함.

15 布衣循私利而譽之(포의순사리이예지): '순循'은 '인因', '순順'.(梁啓雄) '포의布衣'는 벼슬하지 않는 재야의 인사.

16 世主壅於俗而賤之(세주옹어속이천지): '옹壅'은 '폐蔽', '장障', '격隔'.(梁啓雄) 곧 군주의 이목이 세상의 평판에 가려져 판단이 흐려짐.

육반
46-3

지금 군주와 신하간의 관계에는 자식과 부모 사이의 은애의 정이 없는데, 의義를 행하여 아래의 잘못을 막으려 한다면 그 관계에는 반드시 틈이 있다. 또한 부모가 자식에 대해서 아들을 낳으면 서로 축하하지만 딸을 낳으면 죽인다. 이처럼 다같이 부모의 품속에서 나왔지만 아들은 축하를 받고 딸이 죽게 되는 것은, 훗날의 편의를 고려하며 먼 이익長利을 계산했기 때문이다. 그러므로 부모가 자식에 대해서도 오히려 계산하는 마음으로써 상대하는데, 하물며 부자간의 은애의 정도 없는 관계는 어떠하랴?

今上下之接,¹ 無子父之澤,² 而欲以行義禁下, 則交必有郤矣.³ 且父母之於子也, 産男則相賀, 産女則殺之. 此俱出父母之懷衽, 然男子受賀, 女子殺之者, 慮其後便, 計之長利也. 故父母之於子也, 猶用計算之心以相待也, 而況無父子之澤乎?

---

1 今上下之接(금상하지접): '접接'은 '교交'.(陳奇猷)
2 無子父之澤(무자부지택): '택澤'은 부자간에 나누는 혜택이란 의미로 '은애恩愛의 정'으로 해석.
3 則交必有郤矣(즉교필유극의): '극郤'은 '극隙'과 같은 글자로 '틈'.

지금 학자들이 군주에게 말하는 것이 모두 이익을 추구하는 마음을 버리고 서로 사랑하는 길로 나아가야 한다고 하는데, 이것은 군주가 부모의 친함보다 더하다는 걸 요구하는 것이며, 이것은 은애를 논하기에 충분하지 않고 속이고 거짓된 것으로 현명한 군주는 받아들이지 않는다.

성인의 다스림이란 법이 금하는 것을 살피는 것이며, 법이 금하는 것을 분명하게 밝히면 관직이 다스려진다. 반드시 상벌로 하고 상벌에 어떠한 치우침이 없으면 백성들은 힘써 일한다. 관직이 다스려지면 나라가 부유하게 되고, 나라가 부유하게 되면 군대가 강해져서 패왕의 일이 이루어진다.

패왕이란 군주의 큰 이득이다. 군주는 큰 이득을 품고서 정사를 살피므로 관직에 임명된 자는 능력에 맞고 상벌에는 사사로움이 없다. 백성들에게 그것을 분명하게 이해시킴으로써 힘을 다하길 죽음에 이를 정도로까지 한다면 공적을 세울 수 있고 작록을 얻을 수 있게 되며, 작록을 얻으면 부귀를 얻는 일이 이루어진다. 부귀란 신하의 큰 이득이다. 신하는 큰 이익을 품고 일에 종사하므로 위험을 무릅쓰고 행동하며, 죽음에 이를지라도 힘을 다하되 원망하지 않는다. 이를 일러 '군주가 인자하지 않고 신하가 충성스럽지 않다는 원리를 깨닫는다면 천하의 패왕이 될 수 있다.'고 한다.

今學者之說人主也, 皆去求利之心, 出相愛之道, 是求人主之過於父母之親也, 此不熟於論恩, 詐而誣也, 故明主不受也. 聖人

之治也, 審於法禁, 法禁明著, 則官治. 必於賞罰, 賞罰不阿,[1] 則
民用.[2] 官治則國富, 國富則兵强, 而霸王之業成矣. 霸王者, 人
主之大利也. 人主挾大利以聽治,[3] 故其任官者當能, 其賞罰無私,
使士民明焉,[4] 盡力致死, 則功伐可立而爵祿可致,[5] 爵祿致而富貴
之業成矣. 富貴者, 人臣之大利也. 人臣挾大利以從事, 故其行危
至死, 其力盡而不望. 此謂, '君不仁臣不忠,[6] 則可以霸王矣'.

---

1 賞罰不阿(상벌불아): '불아不阿'는 한쪽으로 치우침이 없다는 뜻. 「유도」에서는
법에는 어떠한 귀함도 있을 수 없다고 하며 '법은 귀함에 치우치지 않고 먹줄
은 휘어진 것을 잰다 하여 굽혀지지 않는다(法不阿貴, 繩不撓曲).'고 한다.

2 則民用(즉민용): '용用'은 공을 쌓기 위해 힘을 다해 일한다는 의미.

3 人主挾大利以聽治(인주협대리이청치): '협挾'은 가슴에 품는다는 의미. '청치聽
治'는 정사를 살피는 곧 정치政治.

4 使士民明焉(사사민명언): '명언明焉'은 군주가 추구하는 정치의 취지를 분명하
게 이해시킨다는 '명어지明於之'.

5 則功伐可立而爵祿可致(즉공벌가립이작록가치): '벌伐'은 '공功'의 의미로, '공벌
功伐'은 공적功績을 말함.

6 君不仁 臣不忠(군부인신불충): 군주와 신하가 서로의 이익을 위해 맺어진 계
약 관계임을 인식하는 것. 「난일」에서는 '신하는 사력을 다함으로써 군주와 거
래하고, 군주는 작록爵祿을 내보여서 군주와 거래한다. 군주와 신하의 사이는
아버지와 자식 간의 친밀한 관계가 아니며 이익을 계산하는 데서 나온 것이다
(臣盡死力以與君市, 君垂爵祿以與臣市, 君臣之際, 非父子之親也, 計數之所出也).'
라고 말함.

무릇 간악함이 반드시 알려지면 대비하고 반드시 처벌되면 그칠 것이며, 알려지지 못하면 방자해지고 처벌하지 않으면 행해진다. 대저 사소한 재화라도 잘 보이지 않는 어두운 곳에 벌여 놓으면 비록 증삼曾參이나 사추史鰍라도 의심을 받을 수 있고, 백금百金을 시장에 걸어 놓으면 비록 큰 도둑이라 할지라도 취하지 않는다. 알려지지 못하면 증삼이나 사추도 잘 보이지 않는 어두운 곳에서는 의심받을 수 있지만, 반드시 알려진다면 큰 도둑도 시장에 내건 금을 취하지 않는다. 그러므로 현명한 군주가 나라를 다스리는데 그 지키는 눈들을 많이 두고 그 죄를 무겁게 하며, 백성을 법으로 금하지, 청렴으로 그치게 하지 않는다.

어머니가 자식을 사랑함은 아버지의 배가 되지만 아버지의 명령이 자식에게 행해지는 것은 어머니의 열 배가 되며, 관리가 백성에 대해 애정이 없지만 명령이 백성에게 행해지는 것은 아버지의 만 배가 된다. 어머니가 사랑을 쌓아도 명령이 통하지 않지만 관리가 위엄을 부리면 백성이 듣고 따르므로, 위엄과 애정의 계책 또한 결정될 수 있다. 또한 부모가 자식에게 바라는 것은 움직일 때면 그가 안전하고 이롭기를 바라고, 행동할 때면 그가 죄를 멀리하길 바란다. 군주가 백성에 대해서는 어려울 때면 그 목숨을 바치게 하고 평안할 때면 그 힘을 다하길 바란다. 부모가 두터운 애정으로 자식을 안전하고 이로운 곳에 두고자 하지만 듣지 않고, 군주가 애정이나 이득이 없이 백성이 죽을힘을 쓰길 구하지만 명령은 행해진다. 현명한 군주는 이것을 알고 있으므로 은애하는 마음을 기르지 않고 위엄을 부릴 권세를 더한다.

그러므로 어머니가 사랑을 두터이 하는 곳에 자식들이 대부분 실패하는 것은 사랑을 행하였기 때문이고, 아버지가 애정이 박하여 볼기를 치며 가르치지만 자식들 대부분이 훌륭한 것은 엄격하였기 때문이다.

夫姦必知則備, 必誅則止, 不知則肆, 不誅則行. 夫陳輕貨於幽隱,¹ 雖曾 · 史可疑也,² 懸百金於市,³ 雖大盜不取也. 不知則曾 · 史可疑於幽隱, 必知則大盜不取懸金於市. 故明主之治國也, 衆其守而重其罪, 使民以法禁而不以廉止. 母之愛子也倍父, 父令之行於子者十母, 吏之於民無愛, 令之行於民也萬父母. 父母積愛而令窮, 吏用威嚴而民聽從, 嚴 · 愛之筴亦可決矣.⁴ 且父母之所以求於子也, 動作則欲其安利也, 行身則欲其遠罪也. 君上之於民也,⁵ 有難則用其死, 安平則盡其力. 親以厚愛關子於安利而不聽,⁶ 君以無愛利求民之死力而令行. 明主知之, 故不養恩愛之心而增威嚴之勢. 故母厚愛處, 子多敗, 推愛也,⁷ 父薄愛教笞, 子多善, 用嚴也.

---

1 夫陳輕貨於幽隱(부진경화어유은): '경화輕貨'는 보잘 것 없이 사소한 재화, '유은幽隱'은 잘 보이지 않는 어둡고 감춰진 곳.

2 雖曾 · 史可疑也(수증사가의야): '증曾 · 사史는 증삼曾參과 사추史鰌로 효성과 충직을 상징하는 대표적인 인물. 「수도」 참조.

3 懸百金於市(현백금어시): '금金'은 무게 단위로 선진先秦시대 황금 20냥 또는 24냥으로 1일鎰을 삼았고 1일이 1금金이라 하였음.

4 嚴 · 愛之筴亦可決矣(엄애지협역가결의): '협筴'은 계책, 곧 위엄의 계책과 애정의 계책 중 어떤 것을 쓸 것인가가 결정될 수 있는 의미.

5 君上之於民也(군상지어민야): 앞의 '부모지소이구어자야(父母之所以求於子也)'

와 대구되는 문장으로 보고 '지之'와 '어於' 사이에 '소이구所以求' 3자를 보완하
여 해석함.

6 親以厚愛關子於安利而不聽(친이후애관자어안리이불청): '관關'은 '치置', '조
措'(高亨) 또는 '입入'.(梁啓雄)

7 推愛也(추애야): '추推'는 '행行'.(『舊注』)

육반
46-6

지금 나라 안 백성들이 살림을 꾸려가면서 서로가 굶주림과 추위를 참고 서로가 수고롭고 고생스러워도 성실하게 일하여, 비록 전쟁의 어려움이나 기근의 재앙을 만나도 따뜻하게 입고 맛있는 음식을 먹는 것은 반드시 이러한 (인내한) 집안이며, 서로가 입고 먹는 것을 탐하길 좋아하고 서로가 베풀며 편하게 즐기다가 날씨가 가물어 흉년이 들면 처를 시집보내고 자식을 팔아먹는 것은 반드시 이러한 (즐긴) 집안이다. 그러므로 법法을 방법으로 삼으면 처음엔 고생스럽지만 장기적으로 이롭고, 인仁을 방법으로 삼으면 구차스럽게 즐기다가 뒤에 궁해진다. 성인은 그 (법과 인의) 가볍고 무거움을 저울질하여 큰 이득을 베풀므로 법을 쓰고 서로가 참으며, 어진 사람仁人이 서로 동정하는 것을 버린다.

학자들은 형벌을 경감하라고 말하는데, 이것은 어지럽게 하고 망하게 하는 술책術이다. 무릇 상벌이 확실하다는 것은 권하고 금하기 위함이다. 상이 두터우면 바라는 것을 빨리 얻게 되고 벌이 무거우면 싫어하는 것을 빨리 금하게 된다. 대저 이로움을 바라는 자는 반드시 해로움을 싫어하고 해로움이란 이로움의 반대인데, 바라는 것에 반한다면 어찌 싫어함이 없을 수 있겠는가? 다스려지기를 바라는 자는 반드시 어지러워짐을 싫어하고 어지러워짐이란 다스림의 반대이다. 그러므로 다스려지기를 깊이 바라는 자는 그 상이 반드시 두텁고 어지러워짐을 매우 싫어하는 자는 그 벌이 반드시 무겁다. 지금 형벌을 가볍게 하자고 하는 자는 어지러워짐을 싫어함이 깊지 않거나 그 다스리고자 함이 또한 심하지 않는데, 이것은 단지 계책이 없을 뿐만 아니라 더구나 법과 덕에 따른 행위도 없는 것이다. 이런 이유에서 현명함과 어리석음, 아둔함과 지혜로움의 방법은 상과 벌의 가볍고 무거움에 있다고 한다.

또한 무릇 무거운 형벌(중형)이란 것은 사람에게 죄를 주기 위함이 아니다. 현명한 군주의 법이란 헤아리는 법도이다. 도적을 다스림은 (처벌하기 위해) 법도로 다스린다는 것이 아니라 바로 사람을 죽인 죄를 다스리는 것이다. 도둑에게 형벌을 내리는 것은 (처벌하기 위해) 형벌로 다스린다는 것이 아니라 바로 죄수의 죄를 다스린다는 것이다. 그러므로 말하길, '하나의 간악한 죄를 엄중하게 벌주면 나라 안의 사악함이 그친다.'고 하는데, 이것이 바로 다스리는 방법이다. 무거운 벌을 받는 자는 도둑이요, 애통해하고 두려워하는 자는 선량한 백성이다. 다스려지기를 바라는 자가 어찌 중형에 대해 의문을 갖겠는가!

대저 두터운 상과 같은 것은 마치 공적에 대해서만 상을 주는 것이 아니라 온 나라에 권장하는 것이다. 상을 받은 자는 이득을 달게 여기며 아직 상을 받지 못한 자는 공을 세우려 하는데, 이는 한 사람의 공적에 보답함으로써 나라 안의 많은 사람들을 권장하는 것인데, 다스려지기를 바라는 자가 어찌 두터운 상에 대해 의문을 갖겠는가!

지금 다스림을 알지 못하는 자들이 모두 말하길, '벌을 무겁게 하면 백성을 해치고, 형벌을 가볍게 하면 간악함을 그치게 할 수 있는데, 무엇 때문에 반드시 무겁게 해야 하는가?'라고 한다. 이것은 다스림에 대해 살피지 못하는 것이다. 대저 무겁게 해야 그만두는 자는 가볍게 하면 그치질 않고, 가볍게 해도 그만두는 자는 무겁게 하면 당연히 그친다. 그러므로 위가 중형을 실행하면 간악함이 모두 그치고, 간악함이 모두 그친다면 이것이 어찌 백성을 해치는 것이겠는가?

이른바 무거운 형벌(중형)이란 것은 간악한 자가 이롭게 되는 것은 미미하나 위가 그것에 가하는 것은 큰데, 백성은 작은 이로움 때문에 큰 죄를 무릅쓰려 하지 않으므로 간악함이 반드시 그치는 것이다. 이른바 가벼운 형벌(경형)이란 것은 간악한 자가 이롭게 되는 것은 크나 위가 그것에 가하는 것은 작은데, 백성이 그 이익만을 좋아하고 죄를 업신여기므로 간악함이 그치지 않는다. 그러므로 옛 성인이 이르기를 '산에서는 넘어지지 않지만 개밋둑에서 넘어진다.'고 하였다. 산이란 크므로 사람은 그것을 조심하지만 개밋둑은 썩 작으므로 사람이 그것을 쉽게 여긴다. 지금 형벌을 가볍게 한다면 백성은 반드시 그것을 쉽게 여길 것이다. 죄를 범하여도 처벌하지 않는다면 이는 나라를 (죄짓는 데로) 내몰아 버려두는 것이고, 죄를 범하여 처벌한다면 이는 백성을 위해서 함정을 만든 것이다. 이런 이유로 죄를 가볍게 처벌하는 것은 백성의 개밋둑이 된다. 그러므로 죄를 가볍게 하는 것으로 백성을 다스리는 방법으로 삼는다면 나라를 어지럽히지 않으면 백성의 함정을 만드는 것인데, 이것은 곧 백성을 다치게 하는 것이라 말할 수 있다.

今家人之治産也,[1] 相忍以飢寒, 相强以勞苦,[2] 雖犯軍旅之難,[3] 饑饉之患, 溫衣美食者, 必是家也, 相憐以衣食,[4] 相惠以佚樂, 天饑歲荒,[5] 嫁妻賣子者, 必是家也. 故法之爲道, 前苦而長利, 仁之爲道, 偸樂而後窮.[6] 聖人權其輕重, 出其大利,[7] 故用法之相忍, 而棄仁人之相憐也. 學者之言皆曰輕刑, 此亂亡之術也. 凡賞罰之必者, 勸‧禁也. 賞厚則所欲之得也疾, 罰重則所惡之禁也急. 夫欲利者必惡害, 害者, 利之反也, 反於所欲, 焉得無惡? 欲治者必惡亂, 亂者, 治之反也. 是故欲治甚者, 其賞必厚矣, 其惡亂甚者, 其罰必重矣. 今取於輕刑者, 其惡亂不甚也, 其欲治又不甚也, 此非特無術也,[8] 又乃無行.[9] 是故決賢不肖·愚知之美,[10] 在賞罰之輕重. 且夫重刑者, 非爲罪人也. 明主之法, 揆也.[11] 治賊, 非治所揆也,[12] 所揆也者, 是治死人也.[13] 刑盜, 非治所刑也,[14] 治所刑也者, 是治胥靡也.[15] 故曰, '重一姦之罪而止境內之邪,' 此所以爲治也. 重罰者, 盜賊也, 而悼懼者,[16] 良民也. 欲治者奚疑於重刑! 若夫厚賞者, 非獨賞功也, 又勸一國. 受賞者甘利, 未賞者慕業,[17] 是報一人之功而勸境內之衆也, 欲治者何疑於厚賞! 今不知治者皆曰, '重刑傷民, 輕刑可以止姦, 何必於重哉?' 此不察於治者也. 夫以重止者, 未必以輕止也, 以輕止者, 必以重止矣. 是以上設重刑者而姦盡止, 姦盡止, 則此奚傷於民也? 所謂重刑者, 姦之所利者細, 而上之所加焉者大也, 民不以小利蒙大罪,[18] 故姦必止者也. 所謂輕刑者, 姦之所利者大, 上之所加焉者小也, 民慕其利而傲其罪,[19] 故姦不止也. 故先聖有諺曰,[20] '不蹪於山, 而蹪於垤.' 山者大, 故人順之,[21] 垤微小, 故人易之也. 今輕刑罰, 民必易之. 犯而不誅, 是驅國而棄之也, 犯而誅之, 是爲民設陷也. 是故輕罪者, 民之垤也. 是以輕罪之爲民道也, 非亂國也, 則設民陷也, 此則可謂傷民矣.

---

1 今家人之治産也(금가인지치산야): '가인家人'은 '민가民家'(津田鳳卿)로 나라 안 백성 또는 '서인庶人'으로 보통의 주민.(陳奇猷)

2 相强以勞苦(상강이노고): '강强'은 '면勉'.(梁啓雄)

3 雖犯軍旅之難(수범군려지난): '범犯'은 '조遭'.(梁啓雄)

4 相憐以衣食(상련이의식): '련憐'은 '애愛', '애득愛得'. (陳奇猷)

5 天饑歲荒(천기세황): '천기天饑'는 날씨가 가뭄, '세황歲荒'은 수확이 거침, '천기세황天饑歲荒'은 곧 날씨가 가물어 흉년이 듦.

6 偸樂而後窮(투락이후궁): '투偸'는 '구차苟且'. (陳奇猷) '투락偸樂'은 구차스럽게 일시적으로 즐김.

7 出其大利(출기대리): '출出'은 '사舍'. (陳奇猷)

8 此非特無術也(차비특무술야): '특特'은 '독獨'. (梁啓雄)

9 又乃無行(우내무행): '행行'은 법과 덕에 따라 행동함. (梁啓雄) '행行'을 '이利'의 오자로 보기도 함. (陳奇猷)

10 是故決賢不肖 · 愚知之美(시고결현부초우지지미): '미美'는 '책策'의 잘못. (俞樾)

11 揆也(규야): '규揆'는 헤아림으로 죄의 형량을 헤아리는 법도度. (『廣雅』 「釋詁」, 張覺)

12 非治所揆也(비치소규야): 처벌할 목적에서 법도로 다스리는 것이 아니라는 의미.

13 是治死人也(시치사인야): 사람을 죽인 죄를 다스린다는 의미.

14 非治所刑也(비치소형야): 처벌할 목적에서 형벌로 다스리는 것이 아니라는 의미.

15 是治胥靡也(시치서미야): '서미胥靡'는 죄인으로, 이 문장에서는 죄지은 자의 죄를 가리킴.

16 而悼懼者(이도구자): '도구悼懼'는 애통해하고 두려워함.

17 未賞者慕業(미상자모업): '업業'은 공적.

18 民不以小利蒙大罪(민불이소리몽대죄): '몽蒙'은 '모冒'. (梁啓雄)

19 民慕其利而傲其罪(민모기리이오기죄): '오傲'는 '만慢'. (梁啓雄)

20 故先聖有諺曰(고선성유언왈): '언諺'은 '언言'의 오자. (松皋圓)

21 故人順之(고인순지): '순順'은 '신愼'. (顧廣圻)

노자의 말에 이르기를 "만족할 줄 알면 욕되지 않고 그칠 줄 알면 위태롭지 않다."고 한다. 도대체 위태롭고 욕되다는 이유로 만족 밖의 것을 구하지 않은 자는 노자뿐이다. 만약 백성을 만족시켜 다스릴 수 있다고 생각한다면 이것은 백성이 모두 노자와 같이 될 수 있다는 것이다. 그러므로 걸桀은 귀하게 천자의 지위에 있었지만 (천자 지위의) 존엄함에 만족해하지 않았고, 부유함이 나라 안에 있었지만 (나라 안 재화의) 보물에 만족해하지 않았다. 군주된 자가 비록 백성을 만족시키더라도 천자가 될 수 있도록 하기에 충분할 수 없는데, 걸이 반드시 천자로서 만족해하지 않고서 비록 백성을 만족시켰다 하더라도 어떻게 다스려졌다고 할 수 있겠는가? 그러므로 현명한 군주가 나라를 다스릴 때에는 그때에 맞게 일함으로써 재물을 쌓고, 그 세금과 부역을 잘 따져서 빈부를 고르게 하고, 그 관작과 녹봉을 후하게 내림으로써 현명함과 능력을 다하게 하고, 그 형벌을 엄중히 함으로써 간사함과 사악함을 금하며, 백성에게 노력함으로써 부를 얻게 하고, 일로써 귀하게 되게 하고, 잘못함으로써 벌을 받게 하고, 공적으로써 상을 받게 해서 자혜로움을 내릴 것이라고 생각하지 않게 하는데, 이것이 제왕의 정치이다.

老聃有言曰,[1] "知足不辱, 知止不殆". 夫以殆辱之故而不求於足之外者,[2] 老聃也. 今以爲足民而可以治, 是以民爲皆如老聃也. 故桀貴在天子而不足於尊,[3] 富有四海之內而不足於寶.[4] 君人者雖足民, 不能足使爲天子, 而桀未必以天子爲足也, 則雖足民, 何

可以爲治也?⁵ 故明主之治國也, 適其時事以致財物,⁶ 論其稅賦
以均貧富,⁷ 厚其爵祿以盡賢能, 重其刑罰以禁姦邪, 使民以力得
富, 以事致貴, 以過受罪, 以功致賞, 而不念慈惠之賜,⁸ 此帝王
之政也.

---

1 老聃有言曰(노담유언왈): 노담老聃은 초楚나라 고현苦縣 출신으로 도가道家의
창시자인 노자老子로 알려진 성이 이李, 이름은 이耳인 인물. 춘추시대春秋時代
말기 주周나라의 장서실 관리직인 수장실의 사관守藏室史이었다고 전해짐. 이
하의 인용문은 『노자』 44장에 나옴.

2 夫以殆辱之故而不求於足之外者(부이태욕지고이불구어족지외자): '고故'는 연고,
이유, '족지외足之外'는 만족하는 이상의 것.

3 故桀貴在天子而不足於尊(고걸귀재천자이부족어존): '걸桀'은 중국 하夏나라의
마지막 왕. '천자天子'는 천자의 자리, 지위. '존尊'은 천자라는 지위의 존엄함.

4 富有四海之內而不足於寶(부유사해지내이부족어보): '사해四海'는 나라에서 봉한
네 곳의 바다, 온 세상, 천하. '사해지내四海之內'는 나라에서 봉한 네 곳의 바
다 안, 곧 자신이 다스리는 나라 안.

5 何可以爲治也(하가이위치야): 백성이나 군주는 모두 만족할 줄 모르는 존재이
므로 어느 하나라도 충족시켜 주지 못하는 정치는 세상의 혼란을 멈추게 하는
근본적인 정치방법이 아님을 반문하여 역설한 문장.

6 適其時事以致財物(적기시사이치재물): '적기시適其時'는 계절의 변화 등 그때에
맞는지 살피는 것.

7 論其稅賦以均貧富(논기세부이균빈부): '논論'은 잘 따져보고 결정하는 것, '세稅'
는 세금, '부賦'는 부역.

8 而不念慈惠之賜(이불념자혜지사): '자혜지사慈惠之賜'는 정에 이끌려 공도 없는
데 상을 내리는 것. 앞 문장의 '사민이력득부使民以力得富'의 '사使'가 여기까지
이어짐.

상앙(商鞅, 기원전 390년경? ~ 338)의 변법

　전국칠웅戰國七雄 중에서 진秦나라는 정치, 경제, 문화 수준이 상대적으로 가장 낮은 나라였다. 기원전 361년에 즉위한 효공孝公은 진나라의 부국강병을 위해 상앙에게 제도 개혁의 권한을 부여하였다. 상앙은 제도를 개혁하는 법령을 만들었지만 백성들이 과연 새 법령을 지킬 수 있을까 하는 우려를 하였다. 이에 상앙은 도성의 남문 밖에 석 장丈 높이의 나무를 세우게 하고 '이 나무를 성 북쪽으로 메고 가는 자에게는 금 10냥을 상으로 내린다.'는 영을 내렸다. 하지만 백성들이 의심하여 시행하지 않자 상금을 50냥까지 올렸고, 약속대로 상금을 지급하며 새로운 법령이 엄격하게 시행되고 있음을 보여줌으로써 백성들의 신뢰를 얻었다.

　상앙의 변법 성공에 대하여, 『사기史記』「상군열전商君列傳」에서는 "상앙의 새로운 법이 시행된 지 10년이 되자 진나라 백성들은 모두 기뻐하였다. 길에 떨어진 물건을 몰래 줍지 않았고, 산에는 도적이 없어졌으며, 생활이 풍족해졌다. 백성들은 전쟁에 나가서는 용감했고 사사로운 싸움에는 부끄러워했으며, 향읍이 모두 잘 다스려졌다."며 상앙의 업적을 칭송하였다. 이러한 상앙의 변법은 약 백여 년 뒤 진시황이 천하통일의 대업을 이루는 토대가 되었다.

　진나라 효공 때 상앙의 변법이 두 차례 시행되었다. 기원전 359년(일설에는 356년)에 시행된 제1차 변법의 주요 내용은, 『법경』을 수정 보완한 『진율秦律』의 공포와 법치의 시행, 군공軍功의 장려와 귀족들의 특권 박탈, 중농억상重農抑商의 경제 정책'을 시행하는 것이었고, 기원전 350년에 시행된 제2차 변법의 주요 내용은 '정전제井田制의 폐지, 호구에 따른 세금징수와 도량형의 통일, 현제縣制의 설치와 권력의 중앙집중화, 군軍의 징집'을 시행하는 것이었다.

　상앙이 두 번째 개혁을 단행하던 시기에 태자가 죄를 범하자, "나라의 법령은 누구를 막론하고 다 지켜야 한다. 만일 이것이 지켜지지 않으면 백성들이 법령과 나라의 말을 믿지 않을 것이다."라고 하면서 태자의 스승에게 죄를 물어, 하나는 코를 베고 하나는 얼굴에 범죄자의 문신을 새겼다. 이처럼 그는 법치를 엄격하게 시행하여 두 차례의 변법을 성공시키고 약소국 진나라를 10년 만에 일약 강대국으로 만들었다. 그러나 효공이 병으로 죽고 태자가 효혜왕孝惠王으로 즉위하자 상앙의 변법 개혁은 크게 위축되었고, 평소 그에게 반감을 지니고 있던 귀족들에 위해 모반의 죄목을 뒤집어쓰고는 수레에 사지가 묶여 찢겨 죽는 거열형車裂刑에 처해졌다.

邪之者而
枉士认加
臣所武之

제23장 | 팔설

여덟 가지의
잘못된 세속 관념과
법치의 필연성

　'팔설八說'이란 편명은 '여덟 가지의 잘못된 세속 관념에 대한 설명' 이라는 의미이다. 궤사詭使와 육반六反과 맥락을 같이하는 편으로, 군 주나 나라에 이익이 되지 않는 여덟 가지 인간의 부류를 유형별로 설 명하면서 법치의 필연성을 적극적으로 개진하는 내용이다.

사귄 지 오래된 친구라 하여 사사로움을 행하면 이를 일러 '버리지 않는다.'라고 하고, 공공의 재화를 나누어 주면 이를 일러 '어진 사람이다.'라고 하고, 봉록을 가벼이 하고 몸을 소중히 여기면 이를 일러 '군자이다.'라고 하고, 법을 왜곡하고 친족을 두둔하면 이를 일러 '덕에 따라 행동한다.'라고 하고, 관직을 버리고 사교를 소중히 하면 이를 일러 '의협심이 있다.'라고 하고, 세상을 떠나 위를 피하면 이를 일러 '고상하여 지조를 지킨다.'라고 하고, 서로 다투며 법령을 거스르면 이를 일러 '강한 재목이다.'라고 하며, 은혜를 베풀며 사람들을 모으면 이를 일러 '민심을 얻었다.'라고 한다. 버리지 않는 자란 관리이지만 간악함을 저지르고, 어진 자란 공공의 재물에 손실을 입히고, 군자란 백성이지만 부리기 어렵고, 덕을 행하는 자란 법제를 훼손하고, 의협심이 있는 자란 관직을 헛되게 하고, 고상하게 지조를 지키는 자란 백성이지만 일하지 않고, 강직한 재목이란 자는 명령을 해도 실행하지 않고, 민심을 얻은 자란 군주를 고립시킨다.

　이러한 여덟 종류의 사람은 필부가 사사로이 칭찬하는 것이지만 군주에게는 커다란 재앙이 된다. 이 여덟 가지에 반하는 사람은 필부가 사사로이 비난하는 것이지만 군주에게는 공적인 이익이 된다. 군주가 사직의 이해를 살피지 않고 필부가 사사로이 칭찬하는 것을 따른다면 나라에 위태로움과 어지러움이 없길 바라더라도 이루어질 수 없다.

　　爲故人行私謂之'不棄',[1] 以公財分施謂之'仁人', 輕祿重身謂之

'君子', 枉法曲親謂之'有行',² 棄官寵交謂之'有俠',³ 離世遁上謂
之'高傲',⁴ 交爭逆令謂之'剛材',⁵ 行惠取衆謂之'得民'. 不棄者吏
有姦也, 仁人者公財損也, 君子者民難使也, 有行者法制毁也, 有
俠者官職曠也,⁶ 高傲者民不事也,⁷ 剛材者令不行也, 得民者君上
孤也. 此八者, 匹夫之私譽, 人主之大敗也. 反此八者, 匹夫之私
毁, 人主之公利也. 人主不察社稷之利害, 而用匹夫之私譽,⁸ 索
國之無危亂, 不可得矣.

---

1 爲故人行私謂之'不棄'(위고인행사위지불기): '고인故人'은 예부터 사귄 지 오래
된 친구.

2 枉法曲親謂之'有行'(왕법곡친위지유행): '왕법枉法'은 법을 왜곡함. '곡曲'은 '아
阿'(藤澤南岳)로, '곡친曲親'은 친족을 두둔하거나 친족의 이익에 부합함. '유행
行'은 정의를 행함, 또는 법과 덕에 따라 행동함.(梁啓雄)

3 棄官寵交謂之'有俠'(기관총교위지유협): '총寵'은 소중히 여기거나 중시한다는
의미의 '존尊'.(梁啓雄) '유협有俠'은 '의리 내지 의협심義氣이 있음'.(張覺)

4 離世遁上謂之'高傲'(이세둔상위지고오): '둔상遁上'은 군주의 부름을 피해 숨음.
'오傲'는 군주에 굴복하지 않고 자신의 지조를 지킴.

5 交爭逆令謂之'剛材'(교쟁역령위지강재): '강재剛材'란 아래에 있으면서 위와 다
투므로 그 명령이 행해지지 않음을 말함.(王先愼) 즉 자신의 생각이 강하여 위
가 상대하기 힘든 인물을 말함.

6 有俠者官職曠也(유협자관직광야): '광曠'은 '공空'.(梁啓雄)

7 高傲者民不事也(고오자민불사야): '사事'는 '직職', '임任'.(梁啓雄) 곧 '불사不事'는
군주가 내린 직책이나 벼슬을 거부하고 직무를 수행하지 않음.

8 而用匹夫之私譽(이용필부지사예): '용用'은 '청취聽取', '청종聽從'.(張覺) 곧 군주
가 필부들이 사사로이 칭찬하는 평판을 듣고 따름.

통찰력을 지닌 사람인 연후라야 알 수 있는 것을 법령으로 삼을 수 있는데, 무릇 백성은 모든 것을 다 살피지 못하기 때문이다. 현명함을 지닌 사람인 연후라야 행할 수 있는 것을 법으로 삼을 수 없는데, 무릇 백성은 모두 다 현명하지 못하기 때문이다. 양주楊朱와 묵적墨翟은 천하가 통찰력을 지녔다고 하지만 천 년 동안의 혼란을 끝내 해결하지 못했는데, 비록 통찰력을 지녔더라도 관직의 우두머리로 삼을 수 없다. 포초鮑焦와 화각華角은 천하가 현명함을 지녔다고 하지만 포초는 나무를 안고 말라 죽었으며 화각은 강에 몸을 던져 죽었는데, 비록 현명함을 지녔더라도 경·전耕·戰의 전사로 삼을 수 없다. 그러므로 군주가 통찰력을 지녔다고 하는 것은 지혜로운 자가 변설을 다하고, 군주가 높인다고 하는 것은 능력이 있는 자가 행동을 다할 수 있게 한다.

지금 세상 군주들은 쓸데없는 변설을 가리켜 통찰력을 지녔다 하고, 공적과는 거리가 먼 행동을 높여서 나라의 부강을 구하더라도 할 수가 없다. 널리 배워서 변설과 지혜가 공자나 묵자와 같더라도 공자나 묵자와 같은 자가 농사를 지을 수 없다면 나라에 무슨 도움이 되겠는가? 효행을 닦고 욕심이 적은 것이 증삼曾參이나 사추史鰌와 같더라도 증삼이나 사추와 같은 자가 전쟁에 나가 싸우지 않는다면 나라에 무슨 득이 되겠는가? 필부에게는 사적인 편의가 있지만 군주에게는 공적인 이득이 있다. 일을 하지 않아도 살기가 넉넉하고 벼슬하지 않아도 이름을 드러내는 것, 이것이 사적인 편리이며, 고전문학을 폐지하고 법도를 밝히며 사적인 편리를 막아서 오로지 공적에 힘쓰게 하는 것, 이것이 공적인 이득이다. 법을 설치하여 백성을 인도하면서 또 한편으로 고전문헌을 귀하게 여긴다면 백성들이 법을 본받기에 의혹이 생기며, 공적에 부합하는 상을 수여하여 백성을 권면하면서 또 한편으로 수행修行을 높인다면 백성들이 이득을 내는 일에 게을리한다. 대저 고전문학을 귀하게 여김으로써 법을 의혹하게 하고 수행을 높여서 공적을 의혹하게 한다면 나라의 부강을 구하더라도 얻을 수가 없다.

察士然後能知之,[1] 不可以爲令,[2] 夫民不盡察. 賢者然後能行之, 不可以爲法, 夫民不盡賢. 楊朱·墨翟,[3] 天下之所察也, 干世亂而卒不決, 雖察而不可以爲官職之令.[4] 鮑焦·華角,[5] 天下之所賢也, 鮑焦木枯,[6] 華角赴河,[7] 雖賢不可以爲耕戰之士. 故人主之所察, 智士盡其辯焉, 人主之所尊, 能士盡其行焉. 今世主察無用之辯, 尊遠功之行, 索國之富强, 不可得也. 博習辯智如孔·墨, 孔·墨不耕耨, 則國何得焉? 修孝寡欲如曾·史,[8] 曾·史不戰攻, 則國何利焉? 匹夫有私便, 人主有公利. 不作而養足, 不仕而名顯, 此私便也,[9] 息文學而明法度,[10] 塞私便而一功勞, 此公利也. 錯法以道民也,[11] 而又貴文學, 則民之所師法也疑, 賞功以勸民也, 而又尊行修, 則民之産利也惰. 夫貴文學以疑法, 尊行修以貳功,[12] 索國之富强, 不可得也.

---

1 察士然後能知之(찰사연후능지지): '찰사察士'는 사물을 똑똑히 살필 수 있는 통찰력을 지닌 사람.

2 不可以爲令(불가이위령): '령令'은 '법法'.(王先愼)

3 楊朱·墨翟(양주묵적): 양주楊朱는 묵자墨子보다 나중이고, 맹자孟子보다는 앞선 전국시대 초기에 활동한 인물(기원전 440?~360?). 위魏나라 사람으로 자는 자거子居이며 양생楊生, 양자楊子, 양자거楊子居로도 불린다. "양주와 묵적의 말이 천하에 가득하다."는 맹자의 말로 미루어 볼 때 양주 학파가 당시에 매우 융성했음을 짐작할 수 있음. 그는 묵자의 겸애兼愛와 상현尙賢을 반대하고 "자신을 중시하고重己", "목숨을 귀하게 여길 것貴生"을 주장하고, 터럭 하나를 뽑아 천하가 이롭더라도 하지 말라며 자기만의 쾌락을 주장한 위아설爲我說을 옹호함. 묵적墨翟은 묵가의 시조로 춘추春秋 말엽 전국戰國 초기에 활동한 인물(기원전 479?~381?). 지배자가 자신의 이익만을 추구하는 약탈이나 백성을 살상하는 전쟁에 반대하는 비공非攻, 타인을 사랑하고 자신과 타인의 이익을 서로 높이는 겸애兼愛, 재화·노동력의 소비를 금지하는 절용節用, 현인賢人을 존중하는 상현尙賢 사상을 주장하며 당시 유가儒家와 더불어 현학顯學으로 불리며 사회적인 영향력이 컸음. 그는 천하天下에 이익이 되는 것을 북돋우고 천하의 해가 되는 것을 제거하는 것을 정치의 주요 사상으로 삼음.

4 雖察而不可以爲官職之令(수찰이불가이위관직지령): '령令'은 법령을 의미하는 것(張覺)이 아닌 관직의 우두머리를 말함.

5 鮑焦·華角(포초화각): 포초鮑焦는 주周나라 때의 은사隱士로, 스스로 밭을 갈아서 먹고 우물을 파서 마시며 아내가 짠 베옷이 아니면 입지 않았다고 전해지는 강직한 인물의 상징. 자공子貢이 그에게 나라도 임금도 인정하지 않는 자가 어찌 그 이익을 받느냐고 조롱하자 "염사廉士는 나아감을 신중히 하고 물러섬을 가벼이 하며, 현인은 쉽게 부끄러워하고 죽음을 가벼이 한다."라고 하고서 나무를 안은 채 서서 말라 죽었다고 전해짐. 화각華角은 미상(顧廣圻), 『열사전列士傳』에 나오는 양각羊角인 듯함.(尹棟陽)

6 鮑焦木枯(포초목고): '목고木枯'는 포초가 나무를 안고 말라 죽은 것을 말함.

7 華角赴河(화각부하): '부하赴河'는 화각이 강에 몸을 던져 죽은 것으로 해석.

8 修孝寡欲如曾·史(수효과욕여증사): '증曾'은 증삼曾參으로 효심이 지극한 인물.'사史'는 사어史魚로 충직한 신하의 상징적 인물. 이들에 대한 자세한 내용은 「수도」 참조.

9 此私便也(차사편야): '사편私便'은 사적인 편리便利를 도모하는 것.

10 息文學而明法度(식문학이명법도): '문학文學'은 유가에서 받드는 『시詩』, 『서書』, 『예禮』, 『악樂』 등과 같은 고전문헌을 익히는 것.

11 錯法以道民也(조법이도민야): '조錯'는 '조措', '조법錯法'은 법을 제정하여 조치하는 것. '도道'는 '도導'. '도민道民'은 백성을 인도하는 것. (陳啓天)

12 尊行修以貳功(존행수이이공): '행수行修'는 고전문학을 배우고 따르는 '수행修行'. '이貳'는 앞문장에 나오는 '의疑'의 뜻으로, '의법疑法'과 '이공貳功'은 법과 공적을 의혹하게 하는 것.

띠에 꽂은 홀이나 무무武舞를 출 때 쓰는 방패와 도끼는 끝이 꼬부
라진 긴 창이나 쇠로 만든 작살과 상대가 안 되고, 오르고 내리며 빙
돌아 걷는 예를 행하는 몸동작은 새벽부터 대낮까지 달리는 동작에
미치지 못하며, (예에 따라) 「이수狸首」의 노래를 부르며 활을 쏘아 과녁
에 맞추는 것은 (전시에) 가장 힘이 센 쇠뇌를 빠르게 쏘는 것을 당해내
지 못하며, 성곽을 지키고 전거戰車를 막는 (옛날의) 전쟁방법은 수공水
攻과 화공火攻을 쓰는 (현재의) 전쟁방법만 못하다. 옛 사람은 덕德을 소
중히 여기고 중세에는 지智를 쫓고 지금은 힘力을 겨룬다. 옛날에는 일
이 적어서 도구가 수수하고 허름하여 정교하지 못하여 조개 가래를
쓰고 통나무 수레를 타는 자가 있었다. 옛날에는 사람이 적어 서로 친
숙하고, 물자가 많아 이익을 경시하고 양보를 쉽게 했으므로 예를 다
해 사양하며 천하를 물려주는 자가 있었다. 그렇다면 읍하고 사양하
는 예를 행하고 자애로운 은혜를 높이며 어짊의 두터움에 의한 것은
모두 소박한 시대의 정치이다. 일이 많은 시대에 살면서 일이 적었던
시대의 도구를 쓴다 함은 지혜로운 자가 대비하는 것이 아니다. 크게
다투는 세대를 맞이해 예를 다해 사양하는 법도를 따르는 것은 성인
의 정치가 아니다. 그러므로 지혜로운 자는 소박한 수레를 타지 않으
며, 성인은 소박한 시대의 정치를 행하지 않는다.

搢笏干戚,[1] 不適有方鐵銛,[2] 登降周旋,[3] 不逮日中奏百,[4]「狸
首」射侯,[5] 不當强弩趨發,[6] 干城距衝,[7] 不若埋穴伏橐.[8] 古人亟
於德,[9] 中世逐於智,[10] 當今爭於力. 古者寡事而備簡, 樸陋而不

盡,¹¹ 故有挑銚而推車者.¹² 古者人寡而相親, 物多而輕利易讓,
故有揖讓而傳天下者.¹³ 然則行揖讓, 高慈惠, 而道仁厚,¹⁴ 皆推
政也.¹⁵ 處多事之時, 用寡事之器, 非智者之備也. 當大爭之世,
而循揖讓之軌, 非聖人之治也. 故智者不乘推車, 聖人不行推政
也.

---

1 搢笏干戚(진홀간척): '홀笏'은 신하가 군주를 만날 때 조복朝服에 갖추어 손에
쥐던 얄팍하고 길쭉한 물건으로 신하의 신분身分에 따라 상아象牙, 나무 등 재
질이 다름. '진홀搢笏'은 홀을 띠에 꽂음. '간척干戚'은 무무武舞의 하나인 간척
무干戚舞를 출 때 왼손에 잡는 방패干, 오른손에 잡는 도끼戚를 가리킴.

2 不適有方鐵銛(부적유방철섬): '적適'은 '대적할 적敵'.(顧廣圻) '유방有方'은 '추모
酋矛'.(孫詒讓) 곧 끝이 구부러진 긴 창. '철섬鐵銛'은 쇠로 만든 작살.

3 登降周旋(등강주선): '등강주선登降周旋'은 오르고 내리거나登降 빙 돌아 걸으며
周旋 예禮를 행하는 몸동작을 말함. 즉, '등강登降'은 오르고 내리는 '승강升降'
을, '주선周旋'은 걸음걸이를 빙 돌아 걷는 '주선周還'. '등강주선登降周旋'은 '옛
예古禮'를 가리키는데 『예기』 「악기樂記」에 "승강升降, 상하上下, 주선周還, 석습
裼襲은 예의 문식이다禮之文也."라는 내용이 나옴.(太田方)

4 不逮日中奏百(체일중주백): '일중日中'은 동트는 무렵의 아침부터 대낮까지, '주
奏'는 '주走'와 통함.(太田方) 『순자』 「의병議兵」에 의하면 위魏나라에는 무졸武卒
선발제도로 새벽부터 대낮까지 백 리를 달릴 수 있는지 시험하는 항목이 있다
고 함.

5 「狸首」射侯(이수사후): 「이수狸首」는 제후가 천자와 모이게 된 것을 즐거워하는
노래인 악시樂詩로 『시경詩經』에서 누락되어 현재 전하지 않음. 『예기』 「악기樂
記」에 의하면 천자天子의 시를 「추우騶虞」, 제후諸侯의 시를 「이수狸首」, 경대부卿
大夫의 시를 「채빈采蘋」, 사士의 시를 「채번采繁」이라 함. '후侯'는 과녁의 뜻으로
'사후射侯'는 활을 쏠 때 쓰던 과녁. 천자의 과녁은 하얀 바탕에 곰 문양, 제후
의 과녁은 붉은 바탕에 큰 사슴 문양, 대부의 과녁은 호랑이나 표범 문양, 사
의 과녁은 사슴이나 돼지의 문양을 그려 넣음.(『의례儀禮』 「향사례鄕射禮」)

6 不當强弩趨發(부당강노촉발): '강노强弩'는 가장 위력이 큰 활로 쇠뇌, '촉(趨)'은

'빠를 촉促'으로 '촉발趨發'은 빠르게 쏘는 것.

7 干城距衝(간성거충): '간干'은 '막아 지킬 한扞'(津田鳳卿), '거距'는 '막을 거拒'.(陳啓天) '충衝'은 '충거衝車'.(太田方) '충거衝車'란 전쟁에서 성곽을 부수기 위해 쓰이는 수레인 전거戰車를 말함.

8 不若堙穴伏橐(불약인혈복고): '인堙'은 '인湮'으로 물을 대는水灌 것.(陳奇猷) '인혈堙穴'은 땅굴을 파서 그곳으로 물을 대어 공격하는 수공水攻. '복고伏橐'의 '고橐'는 '풀무 탁橐'.(王渭) '복탁伏橐'은 풀무를 성곽 밑에 숨겨 두었다 불을 질러 공격하는 화공(火攻).

9 古人亟於德(고인극어덕): '극亟'은 '급急'(太田方)으로 앞세워 중요하게 생각함.

10 中世逐於智(중세축어지): '축逐'은 '경競'(太田方)으로 다투어 좇음.

11 樸陋而不盡(박누이부진): '진盡'은 일의 정교함.(太田方)

12 故有挑銚而推車者(고유요조이추거자): '요조挑銚'는 옛 농기구로 조개껍데기로 만든 가래를 말함. '추推'는 '순박할 추椎'.(顧廣圻) '추거推車'는 바퀴를 나무로 만든 소박한 수레 또는 사람이 직접 밀어서 움직이던 원시적인 수레.

13 故有揖讓而傳天下者(고유읍양이전천하자): '읍양揖讓'은 읍하고 사양하는 동작으로, 예를 다해 사양한다는 의미.

14 而道仁厚(이도인후): '도道'는 의존함.

15 皆推政也(개추정야): '추推'는 '추椎'.(盧文弨) '추정推政'은 통나무로 된 손수레를 밀고 다니던 시대의 소박한 정치.

법은 일을 규제하는 수단이며 일은 성과를 드러내는 수단이다. 법이 제정되면 어려움이 있을 수 있지만 그 어려움을 헤아려 일이 이루어진다면 그 법을 제정하고, 일이 이루어지면 폐해가 있을 수 있지만 그 폐해를 헤아려 성과가 많다면 그 일을 실행한다. 어려움이 없는 법이나 폐해가 없는 공적은 천하에 없다. 그러므로 천 장 길이의 도시를 빼앗고 십만의 많은 군사를 깨뜨릴 때 사상자가 군사의 삼분의 일이나 되고, 갑옷과 무기가 찢기거나 꺾이고 사졸들이 죽거나 다치더라도 전쟁해서 이겨 땅을 얻는 것을 축하하는 것은 그 작은 손해를 내어주고 더 큰 이득을 계산하기 때문이다. 대저 머리를 감을 때 버리는 머리털이 있고 병을 치료할 때 피와 살을 상한다. 만약 사람이 그 어려움을 보고 그 일을 그만두려 한다면 이는 술術이 없는 사람이다.

옛 성인이 이르길 '원을 그리는 자는 닳고 물에는 파도가 있는데, 내가 그것을 바꾸고자 해도 어찌 할 방법이 없구나!'라고 하였는데, 이것은 저울질하는 것權에 통달한 말이다. 그러므로 이론說이 반드시 서게 된 논리가 있더라도 실제와 요원한 것이 있고 견해를 밝히는 말이 서툴러도 쓰임에 긴급한 것이 있으므로 성인은 폐해가 없는 말을 구하지 않고 바뀌지 않는 일에 힘쓴다. 사람이 저울衡이나 말石에 마음을 쓰지 않음은 곧고 청렴해서 이득을 멀리하기 때문이 아니라, 말石은 사람을 위해 많거나 적을 수 없고 저울은 사람을 위해 가볍거나 무거울 수 없어서 바라더라도 얻을 수가 없으므로 사람이 마음을 쓰지 않는다. 현명한 군주의 나라는 관원이 감히 법을 왜곡하지 않고 관리가 감히 사사롭지 않아서 뇌물이 행하여지지 않는데, 이는 나라 안의 일

들이 모두 저울과 말과 같이 행해지기 때문이다. 이에 만일 신하들 중
에 간악한 자가 있으면 반드시 알려지고 알려진 자는 반드시 처벌된
다. 이러므로 도가 있는 군주는 청렴결백한 관리를 찾지 않고 반드시
알아내는 術술에 힘쓴다.

法所以制事, 事所以名功也.¹ 法立而有難, 權其難而事成, 則
立之, 事成而有害, 權其害而功多,² 則爲之. 無難之法, 無害之
功, 天下無有也. 是以拔千丈之都,³ 敗十萬之衆, 死傷者軍之
乘,⁴ 甲兵折挫,⁵ 士卒死傷, 而賀戰勝得地者, 出其小害計其大利
也. 夫沐者有棄髮, 除者傷血肉.⁶ 爲人見其難,⁷ 因釋其業, 是無
術之事也.⁸ 先聖有言曰, '規有摩而水有波,⁹ 我欲更之, 無奈之
何!', 此通權之言也.¹⁰ 是以說有必立而曠於實者,¹¹ 言有辭折出而
急於用者,¹² 故聖人不求無害之言, 而務無易之事. 人之不事衡石
者,¹³ 非貞廉而遠利也, 石不能爲人多少, 衡不能爲人輕重, 求索
不能得, 故人不事也. 明主之國, 官不敢枉法, 吏不敢爲私, 貨賂
不行, 是境內之事盡如衡石也. 此其臣有姦者必知,¹⁴ 知者必誅.
是以有道之主, 不求淸潔之吏, 而務必知之術也.

---

1 事所以名功也(사소이명공야): '명공名功'은 공적을 이름나게 함.

2 權其害而功多(권기해이공다): '공다功多'는 공적이 폐해弊害보다 많음.

3 是以拔千丈之都(시이발천장지도): '장丈'은 길이의 단위로 열 자. '천장지도千丈
之都'는 성곽의 길이가 천 길에 이르는 도시.

4 死傷者軍之乘(사상자군지승): '승乘'은 '수垂'.(津田鳳卿) '수垂'는 반 또는 3분의
1을 말함.

5 甲兵折挫(갑병절좌): '절折'은 갑옷甲이 찢기는 것, '좌挫'는 무기兵가 꺾임.

6 除者傷血肉(제자상혈육): '제除'는 병을 제거함.(陳奇猷) 곧 병을 치료하기 위해 절개할 때 피가 나고 살이 찢기는 것을 말함.

7 爲人見其難(위인견기난): '위爲'는 가정조사로 '약若'.(太田方)

8 是無術之事也(시무술지사야): '사事'는 '사士'(王先愼), '환患'(陳奇猷), '행위行爲'(張覺).

9 規有摩而水有波(규유마이수유파): '규規'는 원을 그리는 제도기. '마摩'는 '마磨'와 같아 닳아 없어짐. '수유파水有波'는 『문자文子』에 '물이 비록 평형을 이루지만 반드시 파도가 일고, 저울이 비록 바르지만 반드시 차이가 있다(水雖平必有波, 衡雖正必有差).'라는 내용과 같은 의미. 또 '수水'를 수준水準 측량에 쓰이는 계측기水準儀로 보아서, '규規'는 원을 바르게 하기 위한 것이고, '수水'는 평형을 취하기 위한 것이라고 보는 견해(張覺)도 있음.

10 此通權之言也(차통권지언야): '권權'은 원칙에 따르지 않고 그 이익과 손해를 저울질하여 판단하는 임기응변.

11 是以說有必立而曠於實者(시이설유필립이광어실자): '설유필립說有必立'은 학설 내지 이론說에는 반드시 서게 된 이치나 논리가 있음. '광曠'은 기약 없이 요원하다는 '구久', '원遠'(梁啓雄)의 의미로 실용에 무익함을 말함.

12 言有辭拙而急於用者(언유사졸이급어용자): '언유사졸言有辭拙'은 견해를 밝히는 이론상의 언어가 서투름이 있음. '급急'은 긴급하게 필요함.

13 人之不事衡石者(인지부사형석자): '사事'는 '사사事事'로 '일일이 마음을 쓰는 일'.(梁啓雄) '석石'은 고대의 양을 재는 용기로 10두斗는 1석石.(張覺)

14 此其臣有姦者必知(차기신유간자필지): '기其'는 '약若'.

자애로운 어머니가 어린 자식을 대할 때 그 사랑보다 더 앞서는 것이 없다. 그러나 어린 자식이 잘못된 행위를 하면 그에게 스승을 따르게 하고, 나쁜 병이 들면 그에게 의사를 섬기게 한다. 스승을 따르지 않으면 형벌에 빠질 것이고, 의사에게 치료를 받지 않으면 죽을지도 모른다. 자애로운 어머니가 비록 사랑할지라도 형벌이나 죽음으로부터 구원하는 것에 무익하다면 자식을 보존케 하는 것은 사랑이 아니다. 자식과 어머니의 본성은 사랑이고 신하와 군주의 저울은 계산이다. 어머니가 사랑으로써 집안을 보존할 수 없는데 군주가 어찌 사랑으로써 나라를 유지할 수 있겠는가?

　현명한 군주가 부강해지는 방법에 통달하면 바라는 것을 얻을 수 있다. 그러므로 정치를 조심스럽게 하는 것은 부강해지는 방법이다. 그 법이 금지하는 것을 밝히고 그 모의하는 계책을 살피는데, 법이 밝으면 안으로는 변란이 일어나는 우환이 없고, 계책이 적합하면 밖으로는 죽거나 포로가 되는 재앙이 없게 된다. 그러므로 나라를 보존하는 것은 인의仁義가 아니다. 인자함이란 사랑으로 은혜를 베풀어 재물을 가볍게 여기는 것이고, 난폭함이란 마음이 잔인하여 처벌을 쉽게 내리는 것이다. 사랑으로 은혜를 베푼다면 차마 하지 못하고, 재물을 가볍게 여긴다면 주기를 좋아한다. 마음이 잔인하면 증오하는 마음이 아래에 나타나고, 처벌을 쉽게 내리면 함부로 죽이는 것이 사람들에게 가해진다. 차마 하지 못하면 처벌하는 데에 사면하는 경우가 많아지고, 주기를 좋아하면 상을 줌에 공이 없는 경우가 많아진다. 증오하는 마음이 나타나면 아래가 그 위를 원망하고, 함부로 처벌하면 백성이 장차 신의를 저버리고 등지게 된다. 그러므로 어진 사람이 자리에 있으면 아래는 방자해져 법이 금하는 것을 가볍게 위반하고 요행을 탐하며 위에 바라고, 난폭한 사람이 자리에 있으면 법령이 제멋대로 시행되어 신하와 군주가 불화하고, 백성이 원망하여 반란의 마음이 생긴다. 그러므로 '인자한 자나 난폭한 자는 모두 나라를 망치는 자들이다.'고 말한다.

慈母之於弱子也, 愛不可爲前.[1] 然而弱子有僻行,[2] 使之隨師, 有惡病, 使之事醫. 不隨師則陷於刑, 不事醫則疑於死. 慈母雖愛, 無益於振刑救死,[3] 則存子者非愛也. 子母之性, 愛也, 臣主之權, 筴也.[4] 母不能以愛存家, 君安能以愛持國? 明主者通於富强, 則可以得欲矣. 故謹於聽治,[5] 富强之法也. 明其法禁, 察其謀計,[6] 法明則內無變亂之患, 計得則外無死虜之禍.[7] 故存國者, 非仁義也. 仁者, 慈惠而輕財者也, 暴者, 心毅而易誅者也.[8] 慈惠, 則不忍, 輕財, 則好與. 心毅, 則憎心見於下,[9] 易誅, 則妄殺加於人.[10] 不忍, 則罰多宥赦,[11] 好與, 則賞多無功. 憎心見, 則下怨其上, 妄誅, 則民將背叛. 故仁人在位, 下肆而輕犯禁法,[12] 偸幸而望於上, 暴人在位, 則法令妄而臣主乖,[13] 民怨而亂心生. 故曰, 仁·暴者, 皆亡國者也.

---

1 愛不可爲前(애불가위전): 이보다 앞세울 만한 것이 없다는 뜻으로 그 사랑의 지극함을 나타냄.(兪樾)

2 然而弱子有僻行(연이약자유벽행): '벽행僻行'은 옳지 못한 행실인 '사행邪行'.

3 無益於振刑救死(무익어진형구사): '진振'은 '증拯'으로(太田方), 뒤에 나오는 '구

救’와 같은 의미.

4 筴也(책야): ‘책筴’은 계산을 말함.(太田方) ‘책策’자와 같음.

5 故謹於聽治(고근어청치): ‘청聽’과 ‘치治’는 같은 의미로 ‘청치聽治’는 곧 정치.

6 察其謀計(찰기모계): ‘모계謀計’는 모의하여 내놓는 계책.

7 計得則外無死虜之禍(계득즉외무사로지화): ‘득得’은 적합하게 들어맞는 것.

8 心毅而易誅者也(심의이이주자야): ‘심의心毅’는 마음이 잔인한 것, ‘이주易誅’는 형벌을 쉽게 내리는 것.

9 則憎心見於下(즉증심현어하): ‘현見’은 ‘현現’.

10 則妄殺加於人(즉망살가어인): ‘망살妄殺’은 함부로 사람들을 잘못 죽이는 것.

11 則罰多宥赦(즉벌다유사): ‘유사宥赦’는 너그럽게 죄를 용서하는 것, 곧 사면赦免.

12 下肆而輕犯禁法(하사이경범금법): ‘금법禁法’은 앞서 나온 ‘법금法禁’의 도치.

13 則法令妄而臣主乖(즉법령망이신주괴): ‘괴乖’는 군신간의 불화를 말함.(太田方)

좋은 음식을 갖출 수 없으면서 굶주린 사람에게 먹기를 권하는 것은 굶주린 사람을 살릴 수 없는 것이며, 풀밭을 개간하여 곡식을 생산할 수 없으면서 곡식을 꾸어 주거나 상을 내리라고 권하는 것은 백성을 부유하게 할 수 없다. 지금 학자들의 말이란 근본적인 일에 힘쓰지 않고 말단적인 일을 좋아하고, 공허한 성인의 말을 이야기함으로써 백성들을 기쁘게 하는 것만 알고 있는데, 이것은 먹기만을 권하는 공허한 말이다. 먹기만을 권하는 공허한 말은 현명한 군주라면 받아들이지 않는다.

不能具美食而勸餓人飯,[1] 不爲能活餓者也, 不能辟草生粟而勸貸施賞賜,[2] 不爲能富民者也. 今學者之言也, 不務本作而好末事, 知道虛聖以說民,[3] 此勸飯之說. 勸飯之說, 明主不受也.

---

1 不能具美食而勸餓人飯(불능구미사이권아인반): '미사美食'는 좋은 음식, 또는 '미美'를 '갱羹'의 잘못으로 보고 고기와 나물을 넣어 끓인 국물이 있는 음식으로 해석.(陶鴻慶) '미사美食'는 국과 밥.

2 不能辟草生粟而勸貸施賞賜(불능벽초생속이권대시상사): '벽辟'은 개간하다는 의미로 '벽闢'과 통함. '벽초辟草'는 풀만 있는 황무지를 개간한다는 의미. '대시貸施'는 재물을 베풀거나 꾸어주는 것, '상사賞賜'는 상을 하사하는 것.

3 知道虛聖以說民(지도허성이열민): '열說'은 '열悅'의 의미로 사역동사.

글이 간단하면 제자들이 논쟁하고, 법이 소략하면 백성들이 송사를 손쉽게 여기기 때문에 성인이 쓴 글은 반드시 논점을 선명하게 드러내고, 현명한 군주가 제정한 법은 반드시 일의 사항을 상세하게 한다. 사려를 다해 이해득실을 미루어 헤아리기란 지혜로운 자라도 하기 어려운 것이며, 사고하거나 헤아리지 않고 앞의 말을 가지고 뒤의 성과를 구하기란 어리석은 자라도 하기가 쉬운 것이다. 현명한 군주는 어리석은 자도 하기 쉬운 것을 생각하지 지혜로운 자라도 하기 어려운 것을 추구하지 않는다. 그러므로 지력과 노력을 쓰지 않아도 나라가 다스려지는 것이다.

書約而弟子辯,¹ 法省而民訟簡,² 是以聖人之書必著論, 明主之法必詳事. 盡思慮, 揣得失, 智者之所難也, 無思無慮, 挈前言而責後功,³ 愚者之所易也. 明主慮愚者之所易,⁴ 以責智者之所難,⁵ 故智慮力勞不用而國治也.⁶

---

1 書約而弟子辯(서약이제자변): '변辯'은 글을 읽는 제자들이 입장을 달리하며 논쟁한다는 의미. 글이 간략하여 제자들이 배우기 쉽다는 의미로 해석하는 입장(太田方, 張覺)도 있으나, 뒤에 나오는 "현명한 군주가 제정한 법은 일의 사항을 상세하게 한다는 내용"과 맞지 않음.

2 法省而民訟簡(법생이민송간): '간簡'은 간단하게 손쉬운 것으로 생각한다는 의미. '송간訟簡'은 백성들의 쟁론을 용이하게 해결한다는 의미로 해석하는 입장(太田方, 張覺)도 있으나, 뒤에 나오는 "현명한 군주가 제정한 법은 일의 사항을 상세하게 한다는 내용"과 맞지 않아서 송사를 손쉽게 여긴다는 의미로 해석.

3 挈前言而責後功(설전언이책후공): ‘책責’은 ‘구求’. (『묵자墨子』 「경상經上」: 廬, 求也.)

4 明主廬愚者之所易(명주려우자지소이): ‘廬’는 다음 문장에 나오는 ‘책責’과 같은 뜻. (張覺)

5 以責智者之所難(이책지자지소난): ‘이以’는 ‘불不’이 되어야 함. (顧廣圻) ‘책責’은 ‘구求’.

6 故智廬力勞不用而國治也(고지려역로불용이국치야): ‘지려智廬’는 지혜로 계략을 내는 것, ‘역로力勞’는 힘을 써서 하는 수고로움.

제24장 | 팔경

나라를 다스리는
여덟 가지
통치강령과 통치술

　'팔경八經'이란 편명은 '나라를 다스리는 여덟 가지 통치강령'이라
는 의미이다. 군주가 나라를 다스리는 여덟 가지 통치강령과 그에 해
당하는 통치술을 밝힌 내용이다. '나라를 다스리는 여덟 가지의 통치
술'은, '인정人情에 근거하고', '다수의 지혜와 능력을 모으고', '난이 일
어날 소지를 없애고', '많은 단서를 살펴서 논의의 진상을 이해하고',
'빈틈없이 치밀하게 비밀을 지키며 일을 처리하고', '말을 들은 후 그
쓰임과 공적을 살피고', '법에 의해 관리의 권한을 조절하고', '사사로
운 은애를 베풀며 군주의 권위를 허술하게 하지 않는 것'을 말한다.
「수도」,「이병」,「양권」등과 더불어 군주론에 해당한다.

인정因情 : 무릇 천하의 다스림은 반드시 인정에 근거해야 한다. 인정이란 좋아하고 싫어함이 있기 때문에 상과 벌을 쓸 수 있고, 상과 벌을 쓸 수 있으면 금령禁令이 확립될 수 있어 다스리는 방법이 갖추어진다. 군주는 권력의 자루柄를 잡음으로써 권세의 자리에 있게 되므로 명령하면 행해지고 금지하면 그친다. 병柄이라는 것은 죽이고 살리는 지배력이고, 세勢란 것은 뭇사람을 이겨내는 바탕이다. 임면함에 법도가 없으면 권위가 더럽혀지고, 상벌을 아래와 함께하면 위세가 나뉜다. 이로써 현명한 군주는 애정을 품지 않고 의견을 들으며, 기쁨을 남기지 않은 채 일을 계획한다. 그러므로 의견을 들을 경우 실제와 비교해 살펴보지 않으면 권력이 간악한 자에게 나누어지고, 사리를 밝히는 능력智力을 쓰지 않으면 군주는 신하에 의해 궁지에 몰리기 때문에 현명한 군주가 통치력을 행사함은 하늘같고, 사람을 쓰는 것은 귀신같이 한다. 하늘과 같으면 비난받지 않고 귀신과 같으면 곤란하지 않다.

세가 행해지고 가르침이 엄격하면 어기거나 배반하지 않고, 비난과 칭찬이 한결같으면 의론되지 않는다. 그러므로 현명함에 상을 주고 포악함에 벌함은 선을 드러내는 지극한 방법이고, 포악함에 상을 주고 현명함에 벌을 주는 것은 악을 드러내는 지극한 방법으로, 이것을 일러 동조하는 자는 상주고 달리하는 자는 벌한다고 하는 것이다. 상은 후히 하는 것만 같은 것이 없어서 백성에게 그것을 이롭다고 느끼게 하고, 칭찬은 아름답게 하는 것만 같은 것이 없어서 백성에게 그것을 영예롭다고 느끼게 하며, 벌은 무겁게 하는 것만 같은 것이 없어서 백성에게 그것을 두렵다고 느끼게 하고, 비난은 싫어하게 하는 것만 같은 것이 없어서 백성에게 그것을 부끄럽다고 느끼게 한다. 그런 연후에 그 법을 한결같게 시행하여 사적인 것을 금하고 처벌하여 신하들이 공적과 죄상을 방해하지 않고, 상벌이 반드시 그것을 가려낼 줄 알게 되면 그것을 가려내어 아는 방법이 완비되었다 한다.

(因情) 凡治天下, 必因人情. 人情者, 有好惡, 故賞罰可用, 賞罰可用, 則禁令可立而治道具矣. 君執柄以處勢,[1] 故令行禁止. 柄者, 殺生之制也,[2] 勢者, 勝衆之資也.[3] 廢置無度則權瀆,[4] 賞罰下共則威分.[5] 是以明主不懷愛而聽, 不留說而計.[6] 故聽言不參, 則權分乎姦, 智力不用,[7] 則君窮乎臣. 故明主之行制也天,[8] 其用人也鬼.[9] 天則不非, 鬼則不困. 勢行敎嚴, 逆而不違, 毁譽一行而不議.[10] 故賞賢罰暴, 擧善之至者也, 賞暴罰賢, 擧惡之至者也, 是謂賞同罰異. 賞莫如厚, 使民利之, 譽莫如美, 使民榮之, 誅莫如重, 使民畏之, 毁莫如惡, 使民恥之. 然後一行其法, 禁誅於私. 家不害功罪,[11] 賞罰必知之,[12] 知之道盡矣.[13]

---

1 君執柄以處勢(군집병이처세): '집병執柄'은 권력의 자루를 잡는다는 의미, '처세處勢'는 권세를 사용할 수 있는 실질적인 위치에 있게 된다는 의미.

2 殺生之制也(살생지제야): '제制'는 죽이고 살리는 일을 제어할 수 있는 직분이나 수단, 즉 지배력.

3 勝衆之資也(승중지자야): '자資'는 정치적 토대를 갖추는 자원.

4 廢置無度則權瀆(폐치무도즉권독): '폐치廢置'는 사람을 쓰거나 버리는 '출척黜陟'의 의미(太田方). 곧 직분의 임명과 해임을 의미하는 임면任免을 말함.

5 賞罰下共則威分(상벌하공즉위분): '상벌하공賞罰下共'은 상벌을 내리는 대권을

신하와 함께 나누어 쥐고 있는 것.

6 不留說而計(부류열이계): '열說'은 군주가 기쁘게 느끼는 주관적 감정. 앞문장의 '애정愛'과 대구.

7 智力不用(지력불용): '지력智力'은 군주가 정사를 '애愛'와 '열說'의 주관적 감정에서 처리하는 것이 아닌 '청聽', '계計'의 자세에서 사려 깊게 처리하는 능력.

8 故明主之行制也天(고명주지행제야천): '천天'은 군주가 자신의 주관적 의지를 배제하고 하늘과 같이 객관적 자세에서 공정무사하게 처리하는 것을 비유.

9 其用人也鬼(기용인야귀): 한비자의 "사람을 부리는 네 가지 정치술用人四術"은, "관직에 맞는 직분을 분명하게 하고職責分明", "나아가고 물러남의 기준이 있게 하며進退有準", "개인의 전문적인 장점을 발휘시키고發揮專長", "진급은 순서 있게 공적에 따라 부여하는升遷有序"는 것으로, 주요 내용은 '형形'과 '명名'의 일치를 통한 직분과 직무를 부여하는 것임. '귀鬼'는 앞 문장의 '참參'과 '용用' 즉, 정사를 관장할 때 신하의 의견을 들으면 실제 수행한 업적과 비교해 살펴보고, 객관적 자세에서 사리 깊게 처리하는 능력智力을 발휘하는 것이 매우 뛰어난 것을 비유.

10 毀譽一行而不議(훼예일행이불의): '훼毀'는 벌을 주어 꾸짖는 것, '예譽'는 상을 주어 칭찬하는 것, '일행一行'은 상벌이 일정한 기준이 지켜지며 한결같게 시행되는 것, '의議'는 꾸짖고 칭찬하는 것에 대해 이러쿵저러쿵 의론되는 것.

11 家不害功罪(가불해공죄): '가家'는 중신, '해害'는 공과 죄를 살펴서 상벌을 시행하는 것을 방해하거나 간섭하는 것.

12 賞罰必知之(상벌필지지): 공이 있는 자는 반드시 알아내어 그에 대해 상을 주고, 죄가 있는 자는 반드시 알아내어 그에 대해 벌을 주는 것.(太田方)

13 知之道盡矣(지지도진의): '진盡'은 완전하게 모두 갖춘 것.

주도主道 : (한 사람의) 힘은 많은 사람을 맞서지 못하며 (한 사람의) 지혜는 모든 사물을 다 파악하지 못한다. 그 한 사람(의 힘과 지혜)을 쓰는 것은 온 나라(의 힘과 지혜)를 쓰는 것만 못하므로 지혜와 힘이 맞서면 무리를 지은 사람들이 이긴다. 추측이 들어맞으면 스스로가 지치고 맞지 않으면 과오를 짊어진다. 하등의 군주는 자기의 능력을 다하고, 중등의 군주는 다른 사람의 힘을 다하고, 상등의 군주는 다른 사람의 지혜를 다한다. 그러므로 일이 생기면 지혜를 모아 일일이 말을 들으며 공개적인 모임을 갖는다. 듣길 한 사람 한 사람 하지 않으면 뒤의 말이 앞의 말에 어긋나고, 뒤의 말이 앞의 말에 어긋나면 어리석은 자와 지혜 있는 자가 구분되지 않고, 공개적인 모임을 갖지 않으면 망설이며 결행하지 않고 결단을 내리지 못하고, 결단을 내리지 못하면 일이 지체된다. 군주 스스로가 하나의 의견을 취하면 골짜기를 따라 떨어지는 누가 없다. 그러므로 신하에게 의견을 말하게 하고 의견이 정해지면 책임을 묻는다. 이런 까닭에 의견이 진술된 날짜는 반드시 장부나 문서에 남긴다.

지혜를 모으면 일이 시작되면서 검증하고, 능력을 모으면 성과가 나타나면서 논의된다. 일의 성공과 실패는 증거가 있으며 상벌이 그것을 따른다. 일이 이루어지면 군주는 그 성과를 거두고 책략이 실패하면 신하는 그 죄를 짊어진다. 군주인 자는 부절을 맞추는 일도 오히려 직접 하지 않는데 하물며 힘쓰는 일을 하겠는가? 지혜를 쓰는 일도 오히려 직접 하지 않는데 하물며 헤아려 의견을 내는 일을 하겠는가? 그러므로 군주가 사람을 쓸 때 같은 의견을 취하지 않고, 의견이 같으면 군주는 책임을 묻는다. 신하들에게 서로 사용하게 하면 군주는 귀신과 같고, 귀신과 같으면 아래가 힘을 다하며, 아래가 힘을 다하면 신하는 군주에게 의존하지 않아 군주의 도가 완성된다.

(主道) 力不敵衆, 智不盡物.¹ 與其用一人, 不如用一國, 故智力敵而群物勝. 揣中則私勞,² 不中則任過. 下君盡己之能, 中君盡人之力, 上君盡 人之智. 是以事至而結智, 一聽而公會.³ 聽不一則後悖於前, 後悖於前則愚智不分, 不公會則猶豫而不斷,⁴ 不斷則事留. 自取一聽,⁵ 則毋隨墮壑之累.⁶ 故使之諷,⁷ 諷定而怒.⁸ 是以言陳之日, 必有筴籍.⁹ 結智者事發而驗,¹⁰ 結能者功見而謀.¹¹ 成敗有徵, 賞罰隨之. 事成則君收其功, 規敗則臣任其罪. 君人者合符猶不親,¹² 而況於力乎? 事智猶不親, 而況於懸乎?¹³ 故非用人也不取同,¹⁴ 同則君怒.¹⁵ 使人相用則君神,¹⁶ 君神則下盡. 下盡, 則臣上不因君, 而主道畢矣.

---

1 力不敵衆, 智不盡物(역부적중지부진물): '역力'은 '한 사람의 힘一人之力', '지智'는 '한 사람의 지혜一人之智'를 말함.(王先愼)

2 揣中則私勞(췌중즉사로): '췌중揣中'은 헤아려 추측한 것이 들어맞음.

3 一聽而公會(일청이공회): '일청一聽'은 한 사람 한 사람의 말을 듣는 것으로 두루 많은 사람들에게 논의하는 것을 말함.(太田方) '공회公會'는 공개적인 모임을 갖는 것.

4 不公會則猶豫而不斷(부공회즉유예이부단): '유예猶豫'는 망설이며 결행하지 않음.

5 自取一聽(자취일청): '자취自取'는 군주 스스로가 독자적으로 신하들이 개진한 의견 중 '하나의 의견一聽'을 취함.

6 則毋隨墮壑之累(즉무수타학지누): '무毋'는 '무無'와 통함. '수타학지누隨墮壑之累'
는 신하가 계획해서 파놓은 함정(골짜기)에 군주가 빠지는 폐弊

7 故使之諷(고사지풍): '풍諷'은 신하가 함축된 말로 암시하고 권고하는 것.(張覺)
곧 신하가 의견을 간하는 것.

8 諷定而怒(풍정이노): '풍정諷定'은 신하가 간한 의견이 채택됨. '노怒'는 '책
責'.(高亨)

9 必有笑籍(필유책적): '책笑'은 '책策'과 같음. '책적笑籍'은 장부나 문서.

10 結智者事發而驗(결지자사발이험): '사발이험事發而驗'은 지혜가 모이면 일이 시
작된 후에 그 일이 옳고 그른지 실수가 없는지 곧바로 검증한다는 의미.

11 結能者功見而謀(결능자공현이모): '공현이모功見而謀'는 능력이 모이면 성과가
나타난 후에 그 일을 맡은 자가 성공 또는 실패인지, 얻고 잃은 것은 무엇인
지 곧바로 논의한다는 의미. '현見'은 '현現'.

12 君人者合符猶不親(군인자합부유불친): '부符'는 고대에 대나무, 나무, 동銅, 옥
등으로 만든 일종의 계약의 신표인 부절符節로, 그것을 반으로 쪼개어 군주와
신하가 나누어 가지고 있다가 후에 신하가 개진한 의견과 실적의 부합 여부를
판단하는 증거. '불친不親'은 군주 자신이 직접 하지 않음.

13 而況於懸乎(이황어현호): '현懸'은 '현췌懸揣'의 의미로, 생각하여 헤아린 책략
을 내는(개진하는) 것을 말함.

14 故非用人也不取同(고비용인야불취동): '비非'는 '기其'(松皐圓, 津田鳳卿)로 군주
를 말함.

15 同則君怒(동즉군노): '노怒'는 '책責'.

16 使人相用則君神(사인상용즉군신): '군신君神'의 '신神'은 앞 문단에 나오는 '기용
인야귀其用人也鬼(그 사람을 쓰는 것은 귀신같이 한다)'의 '귀鬼'와 같은 의미.

팔경
48-3

기란起亂 : 신하와 군주의 이익이 다르다는 것을 아는 자는 왕이
되고, 같다고 여기는 자는 위협을 당하며, 더불어 일을 함께 하는 자
는 살해당한다. 그러므로 현명한 군주는 공公·사私의 구분을 살피고
이利·해害의 소재를 살펴서, 간신이 이에 편승하는 것이 없다. 난이
생기는 원인에는 여섯 가지가 있는데, 태후, 황후와 희첩, 서출, 형제,
대신, 명성이 드러난 현인들이다. 관리를 임명하고 신하를 책망하면
태후가 방종하지 않고, 예를 시행함에 등급을 달리 하면 황후와 희첩
이 맞서지 않고, 권세를 나누어 나란하게 하지 않으면 서출과 적자가
다투지 않고, 권력과 지위를 잃지 않으면 형제들이 침범하지 않고, 아
래가 한 가문으로 모이지 않으면 대신이 가리지 못하며, 금지하고 상
을 주는 것이 틀림없이 행해지면 명성이 드러난 현인들이 어지럽히지
못한다.

신하에게는 두 가지 말미암는 데가 있는데 나라 밖과 나라 안을
말한다. 밖이란 두려움을 말하고 안이란 총애함을 말한다. 두려워하
는 곳에서 요구하면 받아들이고 총애하는 곳에서 말하면 들어주는데,
이는 난신들이 말미암는 곳이다. 외국의 요구로 배치된 여러 관리들
에 대해서는 그와 친밀한 자나 그의 뇌물에 가려 이간하려는 자들에
게 죄를 물어 처벌한다면 밖은 (그들이 배치한 관리들에게) 기대지 못하며,
작위와 녹봉은 공적에 따르고 (총애하는 자에게) 청탁하는 자를 함께 처
벌하면 안은 (총애하는 자로부터) 말미암지 못한다. 밖에서 기대지 못하고
안에서 말미암지 못하면 온갖 간악한 행위가 끊긴다.

관리는 등급이 순차적으로 나아가 큰 임무에 이름으로써 (임무를) 훤하게 안다. 그 위치가 높고 큰 임무를 맡은 자는 '3절三節'로써 제어하는데, (세 가지는) '인질質'을 말하고 '위무鎭'를 말하며 '고정固'을 말한다. 부모와 친척과 처자는 인질質이고, 작위와 녹봉을 두텁고 확실히 하는 것은 위무鎭이고, 여러 가지 단서를 대조하여 책임을 묻는 것은 고정固이다. 현자는 인질에서 그치지만 탐욕은 위무에서 교화되고 간악하고 사악함은 고정에서 중단된다. 용인하여 제거하지 않으면 아래의 신하가 위의 군주가 되고, 작은 잘못이 제거되지 않으면 큰 벌이 있게 되므로 명분名과 실질實이 부합하면 민첩하고 빠르게 실행한다. 살려서 일을 해치고 죽여서 명성을 손상시킨다면 독이 든 음식을 사용하고, 그렇지 않다면 그 원수에게 넘겨주는데, 이를 일러 드러나지 않게 악을 제거하는 것이라 한다.

'덮어 가리는 것翳'을 '속이는 것詭'이라 말하고, '속이는 것詭'은 '원칙을 바꾸는 것易'이라 말한다. 공적이 드러나서 상주고 죄가 드러나서 벌하면 속임수는 이에 그친다. (군주의) 옳고 그름(의 판단)이 새나가지 않고 (간신이) 진언한 간언이 통하지 않으면 '원칙을 바꾸는 것'은 이에 쓰이지 못한다.

부형父兄과 어진 인재가 도성을 떠나 나라에서 쫓겨나는 것을 '떠도는 화'라고 말하는데, 그것은 인접한 적을 많이 돕게 되는 재앙이 된다. 형을 받은 사람이 군주와 측근이 되는 것을 '허물이 없이 친숙한 적'이라 말하는데, 그것은 분노를 발산하고 모욕감은 응어리진 마음이 생기게 되는 재앙이 된다. 분노를 감추고 죄를 간직하면서도 발산하지 않음은 '난을 더욱 늘리는 것'이라 말하는데, 그것은 요행을 바라며 경거망동하는 사람이 일어나게 되는 재앙이 된다. 대신 양쪽이 거듭 저울질을 지속하지만 한쪽으로 치우치지 않는 것을 '화에 말려드는 것'이라 말하는데, 그것은 중신의 가세가 융성하여 겁살당하는 재난이 만들어지게 되는 재앙이 된다. 거칠고 경솔하게 처신하여 스스로가 신묘하게 보이지 못하는 것을 '권위를 다하는 것'이라고 말하는데, 그것은 역적이 독살하는 난을 일으키게 되는 재앙이 된다. 군주가 이 다섯 가지 재앙을 알지 못하면 겁살당하는 일이 생긴다.

관리를 파면하고 임용하는 일이 안에서 생기면 다스려지고 밖에서 생기면 어지러워진다. 그러므로 현명한 군주는 공적으로써 안을 논하고 이득으로써 밖을 돕기 때문에, 나라가 다스려지고 적은 어지러워진다. 즉, 난이 일어나는 길은, 신하가 미움을 사면 나라 밖의 힘을 일으켜 (재앙을 조성하므로) 마치 눈앞이 아찔한 것과 같고, 신하가 총애를 받으면 나라 안의 힘을 일으켜 (재앙을 조성하므로) 마치 독약을 먹는 것과 같다.

(起亂) 知臣主之異利者王, 以爲同者劫, 與共事者殺.[1] 故明主審公私之分,[2] 審利害之地,[3] 姦乃無所乘. 亂之所生六也, 主母,[4] 後‧姬,[5] 子姓,[6] 弟兄, 大臣, 顯賢.[7] 任吏責臣,[8] 主母不放, 禮施異等, 後‧姬不疑,[9] 分勢不貳,[10] 庶‧適不爭, 權籍不失,[11] 兄弟不侵, 下不一門,[12] 大臣不擁,[13] 禁賞必行, 顯賢不亂. 臣有二因,[14] 謂外‧內也. 外曰畏, 內曰愛. 所畏之求得, 所愛之言聽, 此亂臣之所因也. 外國之置諸吏者,[15] 結誅親暱重帑,[16] 則外不籍矣,[17] 爵祿循功, 請者俱罪, 則內不因矣. 外不籍, 內不因, 則姦宄塞矣.[18] 官襲節而進,[19] 以至大任, 智也.[20] 其位至而任大者, 以三節持之,²¹ 曰質, 曰鎮,²² 曰固.²³ 親戚妻子,²⁴ 質也, 爵祿厚而必, 鎮也, 參伍貴帑,²⁵ 固也. 賢者止於質, 貪饕化於鎮,²⁶ 姦邪窮於固. 忍不制則下上,²⁷ 小不除則大誅, 而名實當則徑之.²⁸ 生害事, 死傷名, 則行飮食,²⁹ 不然, 而與其讎, 此謂除陰姦也.³⁰ 醫曰詭,³¹ 詭曰易.³² 見功而賞, 見罪而罰, 而詭乃止. 是非不泄, 說諫不通, 而易乃不用. 父兄賢良播出曰遊禍,³³ 其患鄰敵多資. 僇辱之人近習曰狎賊,³⁴ 其患發忿疑辱之心生.³⁵ 藏怒持罪而不發曰增亂, 其患徼幸妄擧之人起. 大臣兩重提衡而不踦曰卷禍,³⁶ 其患家隆劫殺之難作. 脫易不自神曰彈威,³⁷ 其患賊夫酖毒之亂起.³⁸ 此五患者, 人主之不知, 則有劫殺之事. 廢置之事,³⁹ 生於內則治, 生於外則亂. 是以明主以功論之內, 而以利資之外, 故其國治而敵亂. 卽亂之道, 臣憎則起外若眩, 臣愛則起內若藥.⁴⁰

---

1 與共事者殺(여공사자살): '사事'는 상벌의 일로 '공사共事'는 군주와 신하가 상벌의 권한을 함께 행사하는 것. 앞의 첫 문단에서 '상벌을 내리는 대권을 신하와 함께 나누어 쥐면 위세가 나뉜다賞罰下共則威分'고 한 것과 같은 의미.

2 故明主審公私之分(고명주심공사지분): 『한비자』에서 '공公'은 '국國', '군주君主', '사私'는 '가家', '신하臣下'와 상응.

3 審利害之地(심리해지지): '지地'는 '경境'(物雙松), '소재所在'를 말함.(津田鳳卿)

4 主母(주모): 어린 군주의 어머니로 곧 태후를 지칭함.

5 後 · 姬(후희): 처와 첩, 곧 황후와 후궁인 희첩.

6 子姓(자성): 옛날에는 '자손子孫'은 '성姓' 또는 '자성子姓'이라 함.(王引之) 아래 '서출과 적자가 다투지 않는다庶適不爭.'는 문장에 근거할 때 여기서 자성子姓은 서출庶出을 가리킴.(梁啓雄)

7 顯賢(현현): 세상에 명성이 드러난 현인 내지 학자.

8 任吏責臣(임리책신): '임리任吏'는 법에 의거하여 관리를 임명하는 것, '책신責

臣'은 군주의 위세로 신하를 몹시 책망하는督責 것.

9 後·姬不疑(후희불의): '의疑'는 '의擬'. (津田鳳卿) 곧 황후와 희첩이 서로 비슷하여 필적匹敵함. (張覺)

10 分勢不貳(분세불이): '이貳'는 '병幷', '배配', '의擬', '필匹'과 같은 뜻. (張覺)

11 權籍不失(권적부실): '적籍'은 '조阼'의 가차로 '위位'와 같은 뜻. (梁啓雄)

12 下不一門(하불일문): '일一'은 '일壹', '동同'으로 '취聚'와 같음. (梁啓雄) 곧 신하들이 한 권신가문으로 모여들어 작당하지 못하게 함.

13 大臣不擁(대신불옹): '옹擁'은 신하들이 권신과 한통속이 되어 관리의 추천과 임용을 맡거나 그를 옹호하여 군주를 가로막는다는 뜻.

14 臣有二因(신유이인): '인因'이란 신하들이 역량을 키우기 위해 의지하는 바탕 내지 원인.

15 外國之置諸吏者(외국지치제리자): 외국의 요구에 의해 나라 안에 배치된 관리들.

16 結誅親暱重帑(결주친닐중탕): '결結'은 '힐詰'. (孫詒讓) '결주結誅'는 그 죄를 물어 처벌함. '친닐親暱'은 외국의 요구에 의해 배치된 관리들과 친밀한 자, '중탕重帑'은 후한 뇌물에 가려 적국을 위해 이간하려는 자. (陳奇猷)

17 則外不籍矣(즉외부적의): '자籍'는 기댄다는 '차藉'의 의미로 적국이 자신의 요구로 임명된 신하들에게 의지함.

18 則姦宄塞矣(즉간귀색의): '귀宄'는 바르지 않은 행위로, '간귀姦宄'는 간악하고 바르지 않은 온갖 나쁜 행위 또는 행하는 자. '색塞'은 '폐閉'(陳奇猷)로 온갖 비행이 일어나지 못하고 막히거나 끊김.

19 官襲節而進(관습절이진): '습襲'은 '인因'. (張覺) '절節'은 '급級'과 같아서 '습절襲節'은 '습급襲級'. (王先謙) 곧 관리는 한 단계씩 순차적으로 등급이 승진한다는 의미.

20 智也(지야): 임무에 관한 지식이 많아 임무를 훤하게 꿰뚫는다는 '명지明智'.

21 以三節持之(이삼절지지): '삼절三節'은 세 가지의 제어 내지 제약하는 방법.

22 曰鎭(왈진): '진鎭'은 '안安', '무撫'. (張覺) 곧 진정시키거나 위로함.

23 曰固(왈고): '고固'는 '고정固定'. (張覺) 움직이지 못하게 견고하게 붙박음.

24 親戚妻子(친척처자): 여기서 '친척親戚'은 부모와 친지를 말함.

25 參伍貴帑(참오귀탕): '참오參伍'는 여러 가지 단서를 비교 대조함. '귀탕貴帑'은 '책노責怒'의 잘못. (王先慎) 여기서 '책責'과 '노怒'는 같은 의미로 책임을 물

음.(陳奇猷)

26 貪饕化於鎮(탐도화어진): '탐도貪饕'는 음식이나 재물을 탐하는 욕심, 곧 탐욕. '화化'는 탐욕이 교화됨.

27 忍不制則下上(인부제즉하상): '인忍'은 '용인容忍'.(陳奇猷) '하상下上'은 아래의 신하가 위의 군주가 됨을 말함.

28 而名實當則徑之(이명실당즉경지): '명名'은 죄에 해당하는 명분 곧 죄명, '실實'은 죄를 저지른 실질, '경徑'은 민첩하고 빠르게 실행한다는 '첩속捷速'.(梁啓雄)

29 則行飲食(즉행음식): '행行'은 '용用'.(梁啓雄) '용음식用飲食'은 '음식에 독을 사용함' 또는 '독이 든 음식을 사용함'의 해석이 모두 가능.

30 此謂除陰姦也(차위제음간야): '제간음除陰姦'은 앞의 '용음식用飲食'의 내용에 의거해 '드러나지 않게 간악함을 제거한다'는 의미로 해석함.

31 醫曰詭(의왈궤): '의醫'는 마땅히 덮어 가린다는 의미의 '예翳'가 되어야 함.(俞樾) 곧 '예翳'는 '엄엄掩', '장障', '폐폐蔽'.(梁啓雄)

32 詭曰易(궤왈역): '역易'은 '시비의 원칙을 바꿈' 곧 '변칙을 행함'.

33 父兄賢良播出曰遊禍(부형현량파출왈유화): 여기서 '부형父兄'은 군주의 숙부와 백부와 형제를 가리킴.(張覺) '파播'는 '파월播越'의 '파播'.(太田方) '파출播出'은 도성을 떠나 외국으로 쫓겨남. '유화遊禍'는 '떠도는 화'로, 초楚나라의 오자서伍子胥가 오吳나라로 가서 그에 의해 초나라가 화를 당한 것 등과 같은 사례를 말함.

34 僇辱之人近習曰狎賊(육욕지인근습왈압적): '육욕僇辱'은 형벌의 모욕을 받음. '근습近習'은 군주의 측근.

35 其患發忿疑辱之心生(기환발분의욕지심생): '의疑'는 '응凝'.(陳奇猷)

36 大臣兩重提衡而不踦曰卷禍(대신양중제형이부기왈권화): '제형提衡'은 저울질을 지속하고 있는 상태. '기踦'는 한쪽으로 치우침(偏重).(陳奇猷)

37 脫易不自神曰彈威(탈이불자신왈탄위): '탈이脫易'는 거칠고 가벼이 보임. '탄彈'은 '분할分割'(陳奇猷), '탄殫'(王先謙), '도掉'(張覺) 등으로 봄.

38 其患賊夫酖毒之亂起(기환적부짐독지란기): '짐독酖毒'은 짐酖새라는 독조毒鳥의 깃털을 술에 담가 만든 독.

39 廢置之事(폐치지사): '폐치廢置'는 관리를 폐하고 임용하는 것으로, 곧 관리의 파면과 임용을 말함.

40 臣愛則起內若藥(신애즉기내약약): '기내起內'는 나라 안의 지지 세력들의 힘을 일으켜서 재앙을 조성한다는 의미. '약藥'은 앞에 나온 짐독(酖毒).

입도立道 : 여러 가지 단서를 살피고 비교하는 참오參伍의 방법이
란, 단서를 살핌으로써 모의를 활성화하고, 단서를 헤아림揆伍으로
써 과실을 묻는 것이다. 단서를 살피면 반드시 (모의의 타당성을) 확인할
수 있고, 단서를 헤아리면 반드시 (과실을) 책임지게 한다. 확인하지 않
는다면 신하는 군주를 가볍게 보고, 책임을 묻지 않으면 신하들은 서
로 무리를 짓는다. 그 증거를 확인하면 많고 적음을 충분히 알 수 있
고, 앞서 책임을 물으면 그 무리를 짓는 데에 이르지 못한다. 보고 듣
는 실제 위세는 그 증거가 어떤 무리에게 있으면 무리를 짓지 않는 다
른 편에 상을 주고, 고발하지 않는 자를 처벌할 때 그와 같이 한 무리
도 벌을 준다. 의견(말)은 여러 가지 단서를 종합해서 살펴보아야 하는
데 반드시 헤아리길 지리地利로써 하고, 논의하길 천시天時로써 하고,
검증하길 물리物理로써 하고, 살피길 인정人情으로써 한다. 이 네 가지
증거가 부합하면 바로 그 논의의 진상을 볼 수 있다.

말을 비교하고 살펴서 그 진실을 알아내고, 시각을 바꾸어서 그
꾸밈을 살핀다. 나타난 것을 잡아서 비상한 일을 살핀다. 측근에게 한
가지만 일하게 하여서 힘쓰도록 하고, 말을 거듭하여 멀리 간 사자를
두렵게 한다. 지난 일을 들어서 그전의 일을 모두 깨닫게 하고, 가까
이 하여 그 속을 알아내고, 멀리 두어서 그 밖을 알아내고, 분명한 것
을 파악하여 분명하지 않은 것을 묻는다. 거짓으로 속여 오만방자한
행위를 끊고, 말을 뒤집어 하여 의심나는 것을 시험하고, 논리를 반대
로 펴서 드러나지 않는 악을 알아낸다. 간쟁諫爭하는 관리를 두어 독
단적인 행위를 바로잡고, 관리를 발탁해 배치하여서 간악한 움직임을

살핀다. 분명하게 설명하여 잘못을 피하게 유도하고, 겸손하게 맞이
하여 정직한지 아첨하는지를 살핀다. 이미 들은 것을 사용하여 아직
드러나지 않은 것을 알고, 서로 싸우게 하여서 무리를 흩뜨린다. 한
가지 일을 깊게 이해하여 사람들의 마음을 경계시키고, (고의로) 다른
말을 흘려 그 생각을 바꾸게 한다. 비슷하여 혼동하기 쉬우면 그 검증
한 것들을 맞추어 보고, 진언에 과실이 있으면 그 책임을 밝힌다. 죄
를 알아내면 형벌을 내려 위세를 없애고, 드러나지 않게 사람을 시켜
수시로 순시하게 하여 실정을 살피고, 서서히 바꾸어 같은 무리를 떼
어 놓는다.

　　아래를 단속하여 그 위에 미치게 하고, 재상은 조정 신하들을 단
속하고, 조정 신하는 그 관속들을 단속하고, 군관은 그 사병들을 단속
하고, 파견한 사신은 그 수행원을 단속하고, 현령은 그 가신들을 단속
하고, 왕후와 희첩은 궁녀들을 단속하는데, 이것을 일러 조리에 통달
한 방법이라고 한다. 말이 알려지고 일이 새어나가면 術은 행해지지
못한다.

　　(立道) 參伍之道,[1] 行參以謀多, 撲伍以責失. 行參必折,[2] 撲伍
必怒.[3] 不折則瀆上, 不怒則相和.[4] 折之徵足以知多寡, 怒之前不
及其衆. 觀聽之勢, 其徵在比周而賞異也,[5] 誅毋謁而罪同.[6] 言會
衆端, 必撲之以地, 謀之以天, 驗之以物, 參之以人. 四徵者符,[7]
乃可以觀矣.[8] 參言以知其誠, 易視以改其澤.[9] 執見以得非常.
一用以務近習,[10] 重言以懼遠使. 擧往以悉其前,[11] 卽邇以知其
內, 疏置以知其外, 握明以問所闇. 詭使以絶黷泄,[12] 倒言以嘗所
疑,[13] 論反以得陰姦,[14] 設諫以綱獨爲,[15] 擧錯以觀姦動.[16] 明說以

誘避過, 卑適以觀直詔.¹⁷ 宣聞以通未見,¹⁸ 作鬪以散朋黨. 深一以警衆心, 泄異以易其慮. 似類則合其參,¹⁹ 陳過則明其固.²⁰ 知罪辟罪以止威,²¹ 陰使時循以省衰,²² 漸更以離通比.²³ 下約以侵其上,²⁴ 相室約其廷臣,²⁵ 廷臣約其官屬, 兵士約其軍吏,²⁶ 遣使約其行介,²⁷ 縣令約其辟吏,²⁸ 郎中約其左右,²⁹ 後姬約其宮媛,³⁰ 此之謂條達之道.³¹ 言通事泄則術不行.

---

1 參伍之道(참오지도): '삼參'은 삼三, '오伍'는 오五로 여러 가지 단서를 말하는데, 그 내용이 확장 되어 '참參'은 비교되어 살피는 방법, '오伍'는 짝을 맞추어 보며 살피는 방법을 의미함. 즉, '참오參伍'는 여러 가지 단서를 비교하며 살피고 짝을 맞추어 보며 살피는 비교 · 검증 방법.

2 行參必折(행참필절): '절折'은 따로따로 갈라진다는 '분이分異'(太田方, 陳奇猷), 곧 분석한다는 '석析'의 의미.

3 揆伍必怒(규오필노): '노怒'는 책임을 묻는 '책責'.(陳奇猷) 즉, 규오揆伍는 반드시 그 실패의 책임을 묻는다는 뜻.

4 不怒則相和(불노즉상화): '상화相和'는 서로 패거리를 지으며 화합함.

5 其徵在比周而賞異也(기징재비주이상이야): '비주比周'는 무리를 짓고 서로를 위하는 패거리, '이異'는 무리를 짓지 않는 다른 편.

6 誅毋謁而罪同(주무알이죄동): '알謁'은 간악함을 고발한다는 '고告'의 의미로 앞 문장의 고발을 듣는 '청聽'의 내용.

7 四徵者符(사징자부): '네 가지 증거四徵者'는 앞의 지地, 천天, 물物, 인人. 천은 천시天時, 지는 지리地利, 물은 물리物理, 인은 인정人情.(松皐圓)

8 乃可以觀矣(내가이관의): '관觀'은 앞의 '관觀' · '청聽'을 모두 포괄함.

9 易視以改其澤(역시이개기택): '개改'는 '깊이 생각하고 관찰하는' '고攷'의 잘못.(王先愼) '택澤'은 신하가 꾸며 만든 일.

10 一用以務近習(일용이무근습): '일용一用'은 한 가지 일에 전념케 함.

11 擧往以悉其前(거왕이실기전): '실悉'은 이전의 사례를 분석하며 앞서 있었던 일에 대해 모두 깨닫게 함.

12 詭使以絕黷泄(궤사이절독설): '궤사詭使'는 「내저설 상」에 나오는 '자주 만나보고 오랫동안 기다리게 하면서 등용하지 않으면, 간악한 자는 바로 사슴 떼처럼 흩어져버린다. 사람에게 일을 시키면서 그에게 (여러 가지를) 물으면 개인적인 사사로움을 팔지 못한다.'는 의미.(梁啓雄) '설泄'은 '설渫'과 통하여 '오만함慢'.(松皐圓) '독黷'은 '독瀆'과 통함.(陳奇猷) 곧 '독설黷泄'은 오만방자한 행위.

13 倒言以嘗所疑(도언이상소의): '상嘗'은 '시試'.(陳奇猷)

14 論反以得陰姦(논반이득음간): '논반論反'은 '도언倒言'과 대구되어 '반론反論'이 되어야 함.(俞樾)

15 設諫以綱獨爲(설간이강독위): '간諫'은 '간하여 잘못을 바로잡게 하는 관리諫爭之官'.(太田方) '강綱'은 비위나 잘못을 바로잡는다는 의미의 '규정糾正'을 말함.(陳奇猷) '독위獨爲'는 독단적인 행위.

16 擧錯以觀姦動(거조이관간동): '거조擧錯'는 '거조擧措'.(陳奇猷) '설간設諫'과 대구되어 '관리를 발탁하여 배치함拔安置'.(張覺)

17 卑適以觀直諂(비적이관직첨): '비적卑適'은 군주가 신하의 의중을 살피기 위해 자세를 낮추며 신하를 맞이한다는 의미로 해석.

18 宣聞以通未見(선문이통미견): '선宣'은 '용用', '통通'은 '지知'.(張覺)

19 似類則合其參(사류즉합기참): '사류似類'는 비슷하여 군주가 혼동하기 쉬움.

20 陳過則明其固(진과즉명기고): '고固'는 '고故'.(王先愼) '고固'는 '고故'가 아닌 과실을 밝혀 책임을 추궁하며 움직이지 못하게 하는'고정固定'의 의미.(陳奇猷)

21 知罪辟罪以止威(지죄벽죄이지위): 건도본乾道本에는 '지知' 다음에 '죄罪'자가 없으나 도장본道藏本에 의거해 '죄罪'자를 보완함. '벽辟'은 '형刑'.(太田方)

22 陰使時循以省衰(음사시순이생쇠): '시순時循'은 '시순時巡'.(梁啓雄) '쇠衰'는 '충衷'으로 '성誠'의 의미.(太田方)

23 漸更以離通比(점갱이리통비): '점갱漸更'은 관리들 간의 밀접한 교류관계를 서서히 바꾼다는 의미. '통비通比'는 패거리를 이루어 서로 무리를 짓는 '붕당비주朋黨比周'를 말함.(太田方)

24 下約以侵其上(하약이침기상): '하약下約'은 하속의 단속 방법. '침侵'은 '점진漸進'.(『설문說文』) 곧 하속의 단속 방법이 점차 군주에 이르게 됨. 위가 아래를 단속하는 정점에는 군주가 있음.

25 相室約其廷臣(상실약기정신): '상실相室'은 '재상宰相'.(陳奇猷) '정신廷臣'은 조정의 신하.

26 兵士約其軍吏(병사약기군리): 위가 아래를 단속하는 것이므로 '병사兵士'와 '군

리軍吏'는 위치가 서로 바뀜.(松皐圓, 陳奇猷 등) '군리軍吏'는 군관.

27 遣使約其行介(견사약기행개): '행개行介'는 사신의 수행을 보좌하는 사람, 곧 수행원.

28 縣令約其辟吏(현령약기벽리): '벽리辟吏'는 현령이 임용한 가신 내지 관리.

29 郎中約其左右(낭중약기좌우): '낭중郎中'은 군주를 가까이에서 보좌하는 관리로, 군주의 통보나 경호의 일을 하며, 신하들의 사정이 모두 낭중을 통해 군주에게 보고됨.(張覺)

30 後姬約其宮媛(후희약기궁원): '궁원宮媛'은 궁녀.

31 此之謂條達之道(차지위조달지도): '조달지도條達之道'는 조리나 맥락이 막힘이 없이 트여 있는 방법.

주밀周密 : 현명한 군주가 힘써야 할 일은 비밀을 철저히 지키는 데 있다. 이런 까닭으로 (군주가) 좋아하는 기색을 드러내면 (신하는 자신의) 은덕을 팔고, 노여운 기색을 드러내면 (신하는 자신이 주장한 위세에 처벌한 것이라고 하여) 권위가 갈린다. 그러므로 현명한 군주가 하는 말은 틈새를 가로막아 새어나가지 않고, 비밀을 철저히 지켜 겉으로 드러나지 않는다. 그러므로 하나로써 열을 얻는 것은 하등의 방법이고 열로써 하나를 얻는 것은 상등의 방법이다. 현명한 군주는 상등과 하등의 방법을 겸행하므로 간악함을 놓치는 일이 없다. 오伍·여閭·연連·현縣이 이웃하여 잘못을 고발하면 상을 주고 잘못을 놓치면 처벌한다. 위가 아래에 대해 아래가 위에 대해서도 역시 마찬가지이다. 이런 까닭으로 위와 아래, 귀하고 천함이 서로 경외하길 법으로써 하고 서로 인도하길 이익으로써 한다. 백성들의 본성에는 삶의 실질이 있고 삶의 명예가 있다. 군주인 자는 어질고 지혜롭다는 명예를 지니고 상과 벌이라는 실질을 지닌다. 명분과 실질이 모두 이르게 되므로 복되고 선하다는 소문이 반드시 들린다.

(周密) 明主, 其務在周密.[1] 是以喜見則德償,[2] 怒見則威分.[3] 故明主之言隔塞而不通, 周密而不見. 故以一得十者,[4] 下道也, 以十得一者, 上道也. 明主兼行上下,[5] 故姦無所失. 伍·官·連·縣而鄰,[6] 謁過賞, 失過誅. 上之於下, 下之於上, 亦然. 是故上下貴賤相畏以法,[7] 相誨以和.[8] 民之性, 有生之實, 有生之名. 爲君者有賢知之名,[9] 有賞罰之實. 名實俱至,[10] 故福善必聞矣.[11]

1 其務在周密(기무재주밀): '주밀周密'은 일처리가 주도면밀하여 기밀이 새어 나가지 않게 비밀을 철저히 지킴.

2 是以喜見則德償(시이희현즉덕상): '현見'은 '현現' 또는 '시示'. 「내저설 하」에 "군주가 상을 주려고 하는 대상을 미리 내보이면 신하는 그것을 팔아 (자신이 상을 주자고 하였기 때문에) 자신의 은덕으로 받은 것이라 하고, 군주가 벌을 주려고 하는 대상을 미리 내보이면 신하는 그것을 팔아 (자신이 처벌을 주장하였기 때문에 처벌된 것이라고) 위세를 부린다. 그러므로 '나라를 다스리는 예리한 무기는 다른 사람에게 보일 수 없다.'고 말한다.(君先見所賞則臣鬻之以爲德, 君先見所罰則臣鬻之以爲威. 故曰, '國之利器, 不可以示人')". '상償'은 '상을 받은 사람에게서 보답을 취하는 것取償於人'(陳奇猷), '회복恢復'.(梁啓雄) '덕상德償'은 자신의 덕을 내세워 상을 받은 대상에게서 보답을 받으려는 것.

3 怒見則威分(노현즉위분): '노현怒見'은 군주가 처벌할 기미를 보임. '위분威分'은 신하가 주장해서 처벌한 것이 됨으로써 군주와 신하가 권위를 더불어 함으로써 갈림.

4 故以一得十者(고이일득십자): '일一'은 군주 개인으로, '이일득십以一得十'은 군주 혼자서 열 사람을 감시함.

5 明主兼行上下(명주겸행상하): "군주 자신의 지혜와 능력(智·能)을 버리고 사람을 임명하는 것이 최상의 방법이고, 현명한 군주가 어떤 때 자신의 지혜와 능력(智·能)을 쓰는 것은 하등의 방법이다. 그러므로 '상등과 하등의 방법을 겸행한다.'고 말한다."(太田方)

6 伍·官·連·縣而鄰(오관련현이린): 오伍·관官·연連·현縣은 행정단위. '오伍'는 『제어齊語』와 『관자管子』「소광小匡」에 나오는 '궤軌'로 5집을 합친 단위. '관官'은 '려閭'의 잘못이며 '려閭'는 '리里'로 50집을 합친 단위. 연連은 200집을 합친 단위.(陳奇猷)

7 是故上下貴賤相畏以法(시고상하귀천상외이법): '외畏'는 공경하고 두려워하는 '경외敬畏'의 의미.

8 相誨以和(상회이화): '화和'는 '리利'.(王先愼) 곧 '상 賞'을 말함.

9 爲君者有賢知之名(위군자유현지지명): '지知'는 '지智'.(陳啓天)

10 名實俱至(명실구지): '지至'는 '득得'.(張覺)

11 故福善必聞矣(고복선필문의): '복福'은 상賞을 장려하여 복을 내리는 것.(張覺)

청법聽法, 참언參言 : 듣고서 맞추어 보지 않으면 아래에 책임을 추궁할 수 없고, 말은 실효성을 추궁하지 않으면 사악한 변설이 위를 가린다. 말이라 하는 것은 많이 함으로써 믿게 되는데, 그렇지 않은 것에 대해 열 사람이면 의심스럽다고 말하고, 백 사람이면 그렇다고 하며, 천 사람이면 (그렇다는 믿음에서 전적으로) 벗어날 수 없게 된다. 말을 더듬는 자가 그것을 말하면 의혹하고 말을 유창하게 하는 자가 그것을 말하면 믿는다. 간악한 자가 위를 좀먹을 때 많은 사람에게서 도움을 받으며 변설에 신뢰를 더하면서 유사한 예로써 자신의 사사로움을 위장한다. 군주가 분노가 커서 증거를 맞추는 일을 기다리지 않으면, 그 형세는 아래를 돕는다. 도를 체득한 군주는 의견을 들으면 그 쓰임을 추궁하고 그 공적을 매기며, 공적이 매겨지면 그것에 따라 상벌이 실행되므로 쓸모없는 변설이 조정에 머물지 못한다. 일을 맡은 자의 지혜가 직무를 수행하기에 부족하면 관직에서 내쫓고 관인을 빼앗는다.

주장이 과장되면 끝까지 추궁하기 때문에 간악이 드러나 책망을 받는다. 이유 없이 들어맞지 않으면 거짓말한 것이 되고 거짓말하면 벌을 받는다. 신하의 말에는 반드시 실천이 있고 주장에는 반드시 쓰임을 따지므로, 무리지은 붕당에서 한 말은 위에서 듣지 않는다. 무릇 (신하의 진언을) 듣는 방법이란 신하들이 충성스럽게 논의한 것으로써 간악함을 듣고 폭넓게 논의한 것 중에 하나만을 받아들이므로, 군주가 지혜롭지 못하면 간악한 자가 의탁할 수 있다. 현명한 군주의 방법은 기뻤다면 (자신을 기쁘게 한) 그 받아들인 것(의 허실)을 찾아보고, 노여웠다면 (자신을 화나게 한) 그 꾸며댄 것(의 시비)을 살펴보며, 자신의 감정이

변한 이후에 (다시) 논하여 비난과 칭찬, 공과 사의 검증을 한다. 많이 간언함으로써 지혜를 드러냄은 군주 스스로에게 하나를 취하게 해서 (자신의) 죄를 피하려는 것인데, 그러므로 많이 간언하는 것은 실패하면 군주가 취한 것이 되기 때문이다. 군주에게 말을 덧붙여서 장차 그렇게 될 것이라고 도모함이 없고, 한 말이 이후의 일과 들어맞는지 부합시키기 위하여 속이는 말인지 진실한 말인지 알아낸다. 현명한 군주의 방법은, 신하에게 두 가지 간언을 할 수 없게 하고 반드시 한 가지 의견만을 책임지게 하며, 제멋대로 간언할 수 없게 하고 반드시 그 단서들을 맞추어 보므로 간악함이 나아갈 방법이 없다.

(聽法, 參言) 聽不參則無以責下, 言不督乎用則邪說當上.[1] 言之爲物也以多信, 不然之物, 十人云'疑',[2] 百人'然乎',[3] 千人不可解也.[4] 吶者言之疑, 辯者言之信. 姦之食上也,[5] 取資乎衆, 籍信乎辯,[6] 而以類飾其私.[7] 人主不豎忿而待合參,[8] 其勢資下也. 有道之主聽言, 督其用, 課其功, 功課而賞罰生焉, 故無用之辯不留朝. 任事者知不足以治職,[9] 則放官收璽.[10] 說大而誇則窮端, 故姦得而怒. 無故而不當爲誣, 誣而罪臣. 言必有報,[11] 說必責用也, 故朋黨之言不上聞. 凡聽之道, 人臣忠論以聞姦, 博論以內一,[12] 人主不智則姦得資.[13] 明主之道, 已喜則求其所納, 已怒則察其所構, 論於已變之後,[14] 以得毀譽公私之徵. 衆諫以效智,[15] 使君自取一以避罪, 故衆之諫也敗君之取也. 無副言於上以設將然,[16] 今符言於後以知謾誠語.[17] 明主之道, 臣不得也兩諫, 必任其一語, 不得擅行, 必合其參, 故姦無道進矣.[18]

1 言不督乎用則邪說當上(언부독호용즉사설당상): '독督'은 '책責'.(陳奇猷) '당當'은 '폐蔽'.(津田鳳卿)

2 十人云'疑'(십인운의): '운의云疑'는 열 사람이 그렇지 않은 것을 그렇다고 말하면 반신반의하며 '의심스럽다고疑' 말하는 것.

3 百人'然乎'(백인연호): 백 사람이 그렇지 않은 것을 그렇다고 말하면 열 사람이 말하는 것보다 훨씬 더 수긍하며 가능하다고 생각하여 '그렇다然乎'고 하는 것.

4 千人不可解也(천인불가해야): 천 사람이 말하면 그렇지 않은 것도 그렇다고 완전히 믿게 된다는 의미. '불가해不可解'는 믿음에서 완전히 벗어날 수 없을 정도로 믿게 된다는 의미.

5 姦之食上也(간지식상야): '식食'은 '식蝕'과 통함.(陳啓天) 곧 좀먹음.

6 籍信乎辯(자신호변): '자籍'는 '조助'.(王先愼) 변설에 신용이 있음을 거드는 것助. 곧 많은 사람의 도움을 받아 군주에게 자신의 변설이 믿을 만한 것임을 신뢰하게 함.

7 而以類飾其私(이이류식기사): '식飾'은 자신의 사적인 목적을 감출 수 있게 거짓으로 꾸미는 것.

8 人主不壓忿而待合參(인주불염분이대합참): '염壓'은 '포飽'로, 확장하여 '성盛'의 의미.(陳奇猷) '합참合參'은 증거를 맞추며 비교 검증하는 일.

9 任事者知不足以治職(임사자지부족이치직): '지知'는 '지智'.(陳啓天)

10 則放官收璽(즉방관수새): '방放'은 방출로 '방관放官'은 면직을 말함.(太田方)

11 言必有報(언필유보): '보報'는 실천하다는 의미의 '복復'.(陳奇猷)

12 博論以內一(박논이내일): '내內'는 '납納'.(王先謙)

13 人主不智則姦得資(인주부지즉간득자): '지智'와 '지知'는 본서에서 통용됨. '자資'는 의지 또는 의탁함.(張覺)

14 論於已變之後(논어이변지후): '이변지후已變之後'는 군주 자신의 (기쁘고 화났던) 감정이 변한 이후. 곧 평정을 유지한 이후.

15 衆諫以效智(중간이효지): '효지效智'는 신하가 많은 계책을 간언하며 자신이 지혜롭다는 것을 드러내는 것.

16 無副言於上以設將然(무부언어상이설장연): '설장연設將然'은 미래에는 그렇게 될 것이라 가정하고 도모함.

17 今符言於後以知謾誠語(금부언어후이지만성어): '금今'은 사역의 '영令'. (盧文弨) '만성어謾誠語'는 속이는 말과 진실한 말.

18 故姦無道進矣(고간무도진의): '도道'는 '유由'. (松皐圓)

임법任法, 유병類柄 : 관리의 (권력이) 두터움은 법을 업신여기기 때문이고, 법이 쇠망함은 군주가 어리석기 때문이다. 위가 어리석고 법도가 없으면 관리가 제멋대로 하고, 관리가 제멋대로 하므로 봉록이 후해지는 데 제한이 없고, 봉록이 후해지는 데 제한이 없으면 징세가 많아지고, 징세가 많아지므로 부유해진다. 관리가 부유해지고 막중해짐은 혼란한 일이 일어나는 원인이 된다. 현명한 군주의 길은 직무를 감당할 자를 기용하고 관직에 전념할 자를 칭찬하며 공을 세운 자를 장려하는 것이다. 말이 법도에 맞으면 군주는 기뻐하고 모두가 반드시 이롭게 되고, 맞지 않으면 군주는 노여워하고 모두가 반드시 해롭게 되는데, 이렇다면 사람들이 부형을 사사로이 하지 않고 그 원수라 하더라도 나아가게 한다.

세가 법을 실행하기에 충분하고 봉록이 일을 맡기기에 충분하면 사사로움이 생길 이유가 없기 때문에, 백성이 수고롭게 고생하면서도 관에 부여한 임무를 가볍게 한다. 일을 맡은 자가 권한이 막중하지 않아도 그 영예로움이 반드시 작위에 있도록 하고, 관직에 있는 자가 사사로움이 없고 이득이 반드시 봉록에 있도록 하므로, 백성은 작위를 존중하고 봉록을 중히 여긴다. 작위와 봉록은 상을 주는 것이고 백성이 상을 주는 것을 중히 여기면 나라는 다스려진다. 형벌의 번다함은 명예가 잘못되었기 때문이고, 상과 명예가 일치하지 않으면 백성들이 의심하는데, 백성들이 명예를 소중히 여기는 것과 상을 소중히 여기는 것은 균등하다. 상을 받은 자 또한 그것에 대해 비방을 받는다면 장려하기에 부족하고, 벌을 받은 자 또한 그것에 대해 칭찬을 받는다면 금지하기에 부족한데, 현명한 군주의 길은 상이 반드시 공공의 이익에서 나오고 명예가 반드시 군주를 위하는 데 있다. 상과 명예는 궤적을 같게 하고, 비난과 형벌은 실행을 함께해야 한다. 그런즉 백성에게는 포상 밖에서 영예가 없고, 중벌이 있는 자에게는 반드시 악명이 있으므로 백성은 두려워한다. 형벌은 금하기 위한 것인데, 백성이 금지당하는 것을 두려워하면 나라는 다스려진다.

(任法, 類柄) 官之重也, 毋法也,¹ 法之息也,² 上闇也. 上闇無度, 則官擅爲, 官擅爲, 故奉重無前³, 奉重無前, 則徵多,⁴ 徵多故富. 官之富重也, 亂功之所生也.⁵ 明主之道, 取於任,⁶ 賢於官,⁷ 賞於功.⁸ 言程,⁹ 主喜, 俱必利,¹⁰ 不當, 主怒, 俱必害, 則人不私父兄而進其讐讎. 勢足以行法, 奉足以給事, 而私無所生, 故民勞苦而輕官.¹¹ 任事者毋重,¹² 使其寵必在爵,¹³ 處官者毋私, 使其利必在祿, 故民尊爵而重祿. 爵祿, 所以賞也, 民重所以賞也, 則國治. 刑之煩也, 名之繆也,¹⁴ 賞譽不當則民疑, 民之重名與其重賞也均. 賞者有誹焉,¹⁵ 不足以勸, 罰者有譽焉, 不足以禁, 明主之道, 賞必出乎公利, 名必在乎爲上. 賞譽同軌, 非誅俱行.¹⁶ 然則民無榮於賞之內(外),¹⁷ 有重罰者必有惡名, 故民畏. 罰, 所以禁也, 民畏所以禁, 則國治矣.

---

1 毋法也(무법야): '毋'는 '無'(梁啓雄), '무법毋法'은 법이 제 기능을 못하도록 하는 것.

2 法之息也(법지식야): '식息'은 '망亡', '멸滅'의 의미로 해석.

3 故奉重無前(고봉중무전): '봉奉'은 녹봉의 '봉俸'(吳汝綸), '전前'은 '전翦'(『校注』)

으로 제한한다는 의미. '무전無前'은 제한하려는 저항이 없음을 말함.

4 則徵多(즉징다): '징徵'은 세금을 거두어들인다는 의미.

5 亂功之所生也(난공지소생야): '공功'은 '사事'. (梁啓雄)

6 取於任(취어임): '어於'는 목적격 조사, '취取'는 기용하다는 의미, '임任'은 직무를 수행할 재능이 있는 자.

7 賢於官(현어관): '현賢'은 존경하여 대우하는 것, '관官'은 직무를 충실히 수행하는 관리.

8 賞於功(상어공): '상賞'은 '권장하다'는 의미로 상을 주어 장려함.

9 言程(언정): 법도. '정程'은 뒤의 '부당不當'과 호응관계로 법도에 맞는다는 '당當'의 의미.

10 俱必利(구필리): '구俱'는 추천자와 추천받은 자 모두. (張覺)

11 故民勞苦而輕官(고민노고이경관): '경관輕官'은 관에서 부여한 임무를 가볍게 여김. (陳奇猷)

12 任事者毋重(임사자무중): '자者'는 건도본乾道本에 '야也'로 되어 있으나 뒤의 '처관자處官者'와의 대구로 보아 사부총간본四部叢刊本에 근거해 고침. '무중毋重'은 일을 맡은 권한이 크지 않은 것을 말함.

13 使其寵必在爵(사기총필재작): '총寵'은 '영榮'으로 영예로움. 뒤에 '작록을 존중한다는尊爵' 표현이 나옴.

14 名之繆也(명지무야): '무繆'는 '무·류謬'와 통함. 벌을 받은 자가 명예롭다고 여김.

15 賞者有誹焉(상자유비언): '유有'는 '우又'(陳奇猷), '언焉'은 '어지於之'.

16 非誅俱行(비주구행): '비非'는 '비誹'와 같음. (津田鳳卿)

17 然則民無榮於賞之內(연즉민무영어상지내): 이 문장에 탈락한 구절이 있다는 왕위王渭의 견해에 따라 장각張覺은 이 문장을 '然則民無榮於賞之(外, 有非於罰之)內'로 보완하여 '그렇다면 백성에게 포상과 부합하지 않은 명예는 없고, 처벌과 서로 부합하는 비방은 있다'고 해석. 여기서는 '내內'를 '외外'로 보아 해석함.

주위主威, 행의行義 : 의를 행하여 보이면 군주의 권위가 갈리고, 인자하게 정사를 돌보면 법제는 허물어진다. 백성은 규제하기 때문에 위를 두려워하고, 위는 위세로써 아래를 내려본다. 아래가 제멋대로 법을 어기면서 군주를 가볍게 여기는 풍조에서 영예롭다면 군주의 권위가 갈린다. 백성은 법으로써 위를 범하기 어렵고 위는 법으로써 인자함을 굽히기 때문에 아래가 드러내놓고 베풀기를 즐기면서 뇌물에 의한 정치에 힘쓰면 이로써 법령은 무너진다. 사사로운 행위가 존중되어 군주의 권위에 버금가고 뇌물의 정치가 행해져서 법이 의혹된다. 그것을 받아들이면 정치가 문란해지고 그것을 받아들이지 않으면 군주가 비방을 받기 때문에 군주가 자리에서 얕보이고 법은 관리들 사이에서 어지럽혀지는데, 이것을 가리켜 일정한 규칙이 없는 나라라고 말한다.

현명한 군주의 길은 신하가 의로움을 행하여 영예를 이룰 수 없게 하고, 가문의 이로움을 가지고 공적을 삼을 수 없게 한다. 공적과 명성이 생겨나는 곳은 반드시 나라의 법에서 나오고, 법이 벗어난 곳에서는 비록 어려운 일을 행함이 있어도 드러내지 못하므로 백성에게는 사사로운 명성이 없다. 법도를 마련하여 백성을 다스리고, 상벌을 확실히 하여 백성의 능력을 다하게 하고, 비난과 칭찬을 명확히 하여 권장하거나 막아서 명호·상벌·법령의 세 가지가 짝하므로 대신들이 일을 행하면 군주를 높이고 백성들이 공적을 세우면 위를 이롭게 하는데, 이것을 가리켜 도가 있는 나라라고 말한다.

(主威, 行義) 行義示則主威分, 慈仁聽則法制毀.¹ 民以制畏上, 而上以勢卑下, 故下肆很觸而榮於輕君之俗,² 則主威分. 民以法難犯上, 而上以法撓慈仁,³ 故下明愛施而務賕紋之政,⁴ 是以法令隳. 尊私行以貳主威,⁵ 行賕紋以疑法.⁶ 聽之則亂治, 不聽則謗主, 故君輕乎位而法亂乎官,⁷ 此之謂無常之國.⁸ 明主之道, 臣不得以行義成榮, 不得以家利爲功. 功名所生, 必出於官法,⁹ 法之所外, 雖有難行, 不以顯焉, 故民無以私名. 設法度以齊民, 信賞罰以盡能, 明誹譽以勸沮, 名號 · 賞罰 · 法令三隅,¹⁰ 故大臣有行則尊君, 百姓有功則利上, 此之謂有道之國也.

---

1 慈仁聽則法制毀(자인청즉법제훼): '청聽'은 '청정聽政'으로 정사를 돌봄.

2 故下肆很觸而榮於輕君之俗(고하사흔촉이영어경군지속): '흔很'은 '위違'로, '위촉違觸'은 법을 어김.

3 而上以法撓慈仁(이상이법요자인): '요撓'는 흔들어 굽힘. '요자인撓慈仁'은 법을 엄정하게 적용하며 인자함을 보이지 않는다는 의미.

4 故下明愛施而務賕紋之政(고하명애시이무구문지정): '애시愛施'는 인자함을 베풀기를 좋아한다는 의미. '문紋'은 '납納'.(孫詒讓) '구납賕納'은 뇌물을 주고받는 행위.

5 尊私行以貳主威(존사행이이주위): '이貳'는 '의擬'(陳奇猷)로, 곧 비기거나 버금간다는 의미. 또는 군주의 권위가 전일하지 못하고 갈린다는 의미의 해석도 무방함.

6 行賕紋以疑法(행구문이의법): '의疑'는 '의擬'.(陳奇猷) 또는 '의疑'는 의혹된다는 의미의 해석도 무방함.

7 故君輕乎位而法亂乎官(고군경호위이법난호관): '호乎'는 '어於'.

8 此之謂無常之國(차지위무상지국): '상常'은 '전법典法'.(張覺) '무상無常'은 일정한 규칙이나 법이 없음.

9 必出於官法(필출어관법): '관官'은 국가國家.(張覺)

10 名號 · 賞罰 · 法令三隅(명호상벌법령삼우): '명호名號'는 '비난과 칭찬誹譽'(津田鳳卿), 혹은 '명성名聲'을 말함.(張覺) '우隅'는 '우偶'의 오자.(劉文典)

邪之者而
枉士认加
臣所武之

제25장 | 오두

五
蠹

변법의 필연성과
나라의 이익을
갉아먹는 다섯 가지
부류의 좀벌레

'오두五蠹'라는 편명은 '나라를 갉아먹는 다섯 가지 부류의 좀벌레'
라는 의미이다. 한비자는 국가의 이익을 좀먹는 다섯 가지 부류의 인
간을 '학자儒家', '유세객言談者', '검객', '측근', '상공업에 종사하는 백성'
이라 주장하고, 그들이 국가의 이익을 좀먹는 행위에 대한 사례를 제
시하며 비판한다. 또한 시대에 따라 일이 다르므로 그에 대한 대비를
적합하게 해야 한다는 한비자의 변법變法 의식과 법치의 필요불가결
한 의미에 대하여 논증하는 성격의 글이다.

상고上古시대에는 사람이 적고 날짐승과 들짐승이 많았고, 사람들은 날짐승, 들짐승, 벌레, 뱀 등을 이기지 못하였다. 어느 성인이 나뭇가지를 얽어 집을 짓게 함으로써 여러 가지 해를 피하게 되자 백성은 기뻐하며 천하의 왕으로 삼고서 그를 일러 유소씨有巢氏라고 불렀다. 백성들은 나무와 풀의 열매, 큰 조개를 먹었는데 비린내 나고 악취로 뱃속과 위장이 상하여 병을 많이 앓았다. 어느 성인이 나무 부싯돌로 불을 일으켜 비린내를 없애자, 백성들이 기뻐하며 천하의 왕으로 삼고서 그를 일러 수인씨燧人氏라고 불렀다. 중고中古시대에는 천하에 큰 물난리가 나서 곤鯀과 우禹가 물길을 텄다. 근고近古시대에는 걸桀과 주紂가 난폭하여 탕湯과 무武가 정벌하였다.

지금 하후씨夏後氏의 시대에 나뭇가지를 얽거나 부싯돌을 긋는 자가 있다면 반드시 곤과 우에게 비웃음거리가 될 것이고, 은殷·주周의 시대에 물길을 트는 자가 있다면 반드시 탕과 무에게 비웃음거리가 될 것이다. 그런데 지금 이 시대에 요·순·탕·무·우의 도를 찬미하는 자가 있다면 반드시 새로운 성인에게 비웃음거리가 될 것이다. 그러므로 성인은 옛 것을 따르기를 기필하지 않고, 항상恒常적인 법을 본받지 않으며, 세상의 일을 논의하여 그 문제에 맞는 알맞은 대책을 세운다. 송宋나라 사람으로 어떤 밭갈이를 하는 자가 있었는데, 밭 가운데 나무 그루터기가 있어 토끼가 달리다 나무 그루터기에 부딪쳐 목이 부러져 죽자, 밭가는 쟁기를 버리고 나무 그루터기를 지키며 다시 토끼만을 얻길 기대하였다. 토끼는 다시 얻을 수 없었으며 자신은 송나라의 웃음거리가 되었다. 지금 선왕의 정치로써 세상의 백성을

다스리려 하는 것은 모두 나무 그루터기를 지키는 것과 같은 부류이
다.

上古之世, 人民少而禽獸衆, 人民不勝禽獸蟲蛇. 有聖人作,[1]
構木爲巢以避群害,[2] 而民悅之, 使王天下, 號之曰有巢氏.[3] 民食
果蓏蚌蛤,[4] 腥臊惡臭而傷害腹胃,[5] 民多疾病. 有聖人作, 鑽燧
取火以化腥臊,[6] 而民說之, 使王天下, 號之曰燧人氏.[7] 中古之
世, 天下大水, 而鯀·禹決瀆.[8] 近古之世, 桀·紂暴亂,[9] 而湯·
武征伐.[10] 今有構木鑽燧於夏後氏之世者,[11] 必爲鯀·禹笑矣,[12]
有決瀆於殷·周之世者, 必爲湯武笑矣.[13] 然則今有美堯·舜·
湯·武·禹之道於當今之世者,[14] 必爲新聖笑矣. 是以聖人不期
修古,[15] 不法常可,[16] 論世之事, 因爲之備.[17] 宋人有耕田者, 田中
有株, 兎走觸株, 折頸而死, 因釋其耒而守株, 冀復得兎. 兎不可
復得, 而身爲宋國笑. 今欲以先王之政, 治當世之民, 皆守株之類
也.

---

1 有聖人作(유성인작): '作작'은 출현하여 이하의 내용을 일으킴.

2 構木爲巢以避群害(구목위소이피군해): 나무 위에 짓게 한 집이어서 '소巢'라고
표현함.

3 號之曰有巢氏(호지왈유소씨): '유소씨有巢氏'는 전설상에 나오는 제왕帝王으로
대소씨大巢氏로도 불린다. 사람들에게 나무 위에 집을 지어 금수와 벌레, 뱀의
위협을 피할 수 있는 법을 가르쳐 주고, 낮에 도토리나 밤 등을 따 모았다가
저녁이면 나무 위에서 살게 했다고 전해짐.

4 民食果蓏蚌蛤(민식과라방합): '과果'는 목본식물의 과실, '라蓏'는 초본식물의
과실. '방蚌'은 '방蛘'으로 석패과의 펄조개, '합蛤'은 백합과의 대합조개.

5 腥臊惡臭而傷害腹胃(성조악취이상해복위): '성腥'은 비린내, '조臊'는 누린내.

6 鑽燧取火以化腥臊(찬수취화이화성조): '찬鑽'은 나무 구멍에 마찰을 일으켜 불을 얻는 도구, '수燧'는 부싯돌. '찬수鑽燧'는 나무 구멍을 뚫어 불을 얻는 부싯돌로 흐린 날에 불을 얻는 방법.

7 號之日燧人氏(호지왈수인씨): '수인씨燧人氏'는 중국 전설상의 황제로 복희씨伏羲氏, 신농씨神農氏와 더불어 삼황三皇의 한 사람으로 일컬어짐. 그는 나무를 마찰하여 불을 얻어 화식火食의 요리법을 가르쳐 주었다고 함.

8 而鯀·禹決瀆(이곤우결독): '곤鯀'은 하夏나라 우왕禹王의 아버지로, 요堯 임금의 명령으로 홍수를 다스리려 했지만 실패하여 순舜 임금에 의해 우산羽山으로 추방당하여 죽은 것으로『서경書經』과『사기史記』에서 전함. '우禹'는 하夏 왕조 시조로 성은 사姒, 이름은 문명文命, 전욱顓頊의 손자이고 곤鯀의 아들. 요堯 임금 때 대홍수가 발생하자 섭정인 순舜이 그에게 치수治水를 명령하자, 13년 동안 고생하며 치수 사업에 성공함으로써 천하를 9주州로 나누고, 순이 죽자 제위를 계승한 후 나라 이름을 하夏로 고치고 안읍安邑에 도읍했다고 전해짐. 그가 재위 10년 만에 회계會稽에서 죽자 그의 아들 계啓가 천자가 되었는데, 이때부터 천자 자리의 세습화가 시작됨. '결決'은 '틔우다', '흐르게 하다'는 의미, '독瀆'은 큰 하천. 강江, 하河, 회淮, 제濟는 4독瀆으로, 4독은 발원하여 바다로 흘러들어감.(『이아(爾雅)』「석수(釋水)」)

9 桀·紂暴亂(걸주폭란): '걸桀'은 하夏나라의 마지막 왕으로 이름이 계癸 또는 이계履癸. 그는 엄청난 장사로 53년간 재위하며 주지육림酒池肉林의 향락을 일삼고 포악한 정치를 하다 상商 부족의 탕湯에게 멸망함. 탕湯에게 쫓겨난 뒤 굶어 죽었다고 전해짐. '주紂'는 은殷나라의 마지막 임금으로 이름은 신辛. 그는 맨손으로 맹수와 싸워 때려죽일 정도로 용력이 뛰어났고 일찍이 동이東夷를 평정하였지만, 달기妲己의 미모에 빠져 술로 향락을 일삼고 세금과 부역을 과중하게 부과하였으며, 충신 비간比干을 죽이고 기자箕子를 옥에 가두는 등 폭군暴君의 대명사로 일컬어짐. 재위 33년 주周의 무왕武王에게 목야牧野에서 패하고 나라를 빼앗김.

10 而湯·武征伐(이탕무정벌): '탕湯'의 성姓은 자子, 이름은 이履 또는 천을天乙. 상족商族의 우두머리로 하나라의 걸桀을 쫓아낸 후 박뛰 땅에 도읍을 정하고 상나라를 세움. '무武'는 이름이 희발姬發. 문왕文王의 큰아들 백읍고伯邑考가 상商 주왕紂王에게 피살되어 둘째인 그가 왕위를 계승하여 3년간 재위한 후 93세에 죽음. 그는 강태공姜太公과 자신의 동생인 주공단周公旦과 소공석召公奭의 보좌를 받으며 목야牧野전투에서 승리하여 상 왕조를 멸망시킨 후 서주西周를

세움.

11 今有構木鑽燧於夏後氏之世者(금유구목찬수어하후씨지세자): '하후씨夏後氏'는 황제黃帝의 후예로 황하 중류에 위치한 하夏 부족의 창시자. 하夏 부족은 여러 부족을 융합해 부락씨족연맹체를 세워 중국 역사상 최초의 왕조가 됨.

12 必爲鯀·禹笑矣(필위곤우소의): '소笑'는 상고시대의 방법을 중고시대에 적용하는 어리석음에 대한 비웃음.

13 必爲湯·武笑矣(필위탕무소의): '소笑'는 중고시대의 방법을 근고시대에 적용하는 어리석음에 대한 비웃음.

14 今有美堯·舜·湯·武·禹之道於當今之世者(금유미요순탕무우지도어당금지세자): 순舜의 성은 우虞 또는 유우有虞로 이름은 중화重華. 『사기史記』에 의하면, 어린 나이에 어머니를 여읜 순은 장님인 아버지 고수瞽瞍가 후처로 들인 계모와 이복동생 상象이 죽이려 했음에도 효행의 도를 다했다고 전함. 당시 천자天子인 요는 순의 평판을 듣고 자신의 두 딸인 아황娥皇과 여영女英을 순에게 출가시키고 등용하였으며, 요가 죽자 천하의 인심이 섭정攝政한 순에게 기울어졌기 때문에 마침내 순이 요의 아들인 단주丹朱를 대신해 제위에 올랐다고 전함. 순 또한 상균商均이라는 아들이 현명하지 못해 치수사업에 공적이 큰 우禹가 재위를 계승하였다고 함.

15 是以聖人不期修古(시이성인부기수고): '수고修古'는 옛 것을 따른다는 '순고循古'.

16 不法常可(불법상가): '법法'은 본받을 '효效'.(梁啓雄) '상가常可'는 항상적으로 변하지 않는 옳음.

17 因爲之備(인위지비): '인因'은 세상의 일을 논의한 내용에 근거함. '위지비爲之備'는 그 근거에 적합한 대비책을 세움.

옛날에 남자들이 농사를 짓지 않아도 초목의 열매가 먹기에 충분하였고, 부녀자들이 옷감을 짜지 않아도 새나 짐승의 가죽이 옷을 해 입기에 충분하였다. 힘들여 일을 하지 않아도 먹을 것이 충분하였고, 백성들의 수가 적고 재화에 여유가 있어 백성들이 다투지 않았다. 그러므로 두터운 상을 주지 않고 무거운 벌을 쓰지 않아도 백성들은 저절로 다스려졌다. 지금 한 사람에게 다섯 자식이 있어도 많지 않지만 자식이 또 다섯 자식을 가져 조부가 아직 죽지 않았다면 스물다섯 명의 손자가 있게 된다. 그러므로 백성은 많아지고 재화는 부족하게 되어 힘들여 일을 해서 지치더라도 생활이 곤궁薄해지기 때문에 백성들은 다투게 되었고, 비록 상을 배로 주고 벌을 거듭하여도 혼란을 면할 수 없게 되었다.

古者丈夫不耕,[1] 草木之實足食也, 婦人不織, 禽獸之皮足衣也. 不事力而養足, 人民少而財有餘, 故民不爭. 是以厚賞不行, 重罰不用, 而民自治. 今人有五子不爲多, 子又有五子, 大父未死而有二十五孫.[2] 是以人民衆而貨財寡, 事力勞而供養薄,[3] 故民爭, 雖倍賞累罰而不免於亂.

---

1 古者丈夫不耕(고자장부불경): '장부丈夫'는 성인 남자. 옛날 남자의 신장이 1장丈 정도였기 때문에 장부라 함.(吳承洛)

2 大父未死而有二十五孫(대부미사이유이십오손): '대부大父'는 할아버지.

3 事力勞而供養薄(사력로이공양박): '공양供養'은 생활하는 데 들어가는 재화.

요堯가 천하에 왕 노릇을 하면서 지붕을 이은 짚 끝을 자르지 않고 참나무 서까래를 깎아 다듬지 않았으며, (먹는 것이) 현미나 기장밥이고 (마시는 것이) 명아주 잎과 콩잎으로 끓인 국이었으며, (입는 것이) 겨울에는 새끼사슴 가죽으로 된 갖옷을 입고 여름에는 갈포로 만든 옷이었는데, 비록 문지기의 옷과 생활도 이보다 부족하지 않았다. 우禹가 천하에 왕 노릇을 하면서 몸소 쟁기나 가래를 들고 백성에 앞장서서 일한 때문에 넓적다리에 흰 살이 없었고 정강이에 털이 나질 않았는데, 비록 노예의 노동도 이보다 고되지 않았다. 이로써 말하자면 무릇 옛날에 천자 자리를 물려주는 것은 문지기의 생활을 버리고 노예와 같은 고됨에서 벗어나는 것이므로, 천하를 전하는 것이 도량이 넓은 일이 아니다. 지금의 현령은 어느 날 갑자기 자신이 죽어도 자손이 여러 대에 걸쳐 수레를 탈 수 있으므로 사람들이 그것을 중히 여긴다. 그러므로 사람들이 자리를 물려줌에 있어 옛날의 천자 자리를 사양하기가 쉽지만 오늘의 현령 자리를 버리기가 어려운 것은 그 박하고 후한 실질이 다르기 때문이다.

무릇 산간에 살면서 골짜기의 물을 긷는 자는 제사일이면 물을 서로 보내주지만 늪가에 살면서 물로 고통을 받는 자는 사람을 사서 개천을 튼다. 그러므로 흉년이 든 이듬해 봄에는 어린 동생에게도 음식을 보내 주지 않지만, 풍년이 든 해 가을에는 소원한 손님에게도 반드시 먹이는데, 이는 골육을 소원히 하고 지나가는 나그네를 사랑해서가 아니라 (물자의) 많고 적음에 따라 마음이 다르기 때문이다. 그러므로 옛날에 재물을 가볍게 여긴 것은 어질어서가 아니라 재물이 많았기 때문이며, 지금 가지려고 다투는 것은 비루해서가 아니라 재화가 적기 때문이다. 천자의 자리를 가볍게 사양하는 것은 (인격이) 고상해서가 아니라 세가 박하기 때문이며, 관직을 심하게 다투는 것은 (인격이) 낮아서가 아니라 이권이 중하기 때문이다. 그러므로 성인은 (재화의) 많고 적음을 헤아리고 (이권의) 박하고 후함을 따져서 정치를 행한다. 따라서 벌이 가볍더라도 자애로운 것이 아니고 처형이 엄하더라도 잔혹한 것이 아니며 세속에 맞추어 행한다. 그러므로 일은 시대에 따르고 대비는 일에 적합하게 한다.

堯之王天下也,[1] 茅茨不翦,[2] 采椽不斲,[3] 糲粢之食,[4] 藜藿之羹,[5] 冬日麑裘,[6] 夏日葛衣,[7] 雖監門之服養,[8] 不虧於此矣. 禹之王天下也,[9] 身執耒臿以爲民先, 股無胈,[10] 脛不生毛, 雖臣虜之勞,[11] 不苦于此矣. 以是言之, 夫古之讓天子者, 是去監門之養, 而離臣虜之勞也, 古傳天下而不足多也.[12] 今之縣令, 一日身死, 子孫累世絜駕,[13] 故人重之. 是以人之於讓也, 輕辭古之天子, 難去今之縣令者, 薄厚之實異也. 夫山居而谷汲者, 膢臘而相遺以水,[14] 澤居苦水者, 買庸而決竇.[15] 故饑歲之春, 幼弟不饟,[16] 穰歲之秋, 疏客必食, 非疏骨肉愛過客也, 多少之心異也. 是以古之易財, 非仁也, 財多也, 今之爭奪, 非鄙也, 財寡也. 輕辭天子, 非高也, 勢薄也, 重爭土橐,[17] 非下也, 權重也. 故聖人議多少‧論薄厚爲之政. 故罰薄不爲慈, 誅嚴不爲戾, 稱俗而行也.[18] 故事因於世, 而備適於事.

1 堯之王天下也(요지왕천하야): '요堯'는 이름이 방훈放勳. 씨족사회 후기의 부족의 수령. 도陶에서 살다가 당唐으로 옮겨 살아 도당씨陶唐氏라고도 불림. 관청을 설치해 시령時令을 관장하고 역법曆法을 정했으며, 곤鯀에게 홍수를 다스리게 했지만 실패하자 사악四嶽에 물어 순舜을 선발하여 후계자로 정함. 50살에 순에게 섭정攝政하게 했고, 그가 죽자 순이 선양禪讓함.

2 茅茨不翦(모자불전): '모자茅茨'는 지붕을 이은 짚. '전翦'은 '전剪'. 띠풀로 엮어 만든 지붕의 처마 끝도 다듬지 않은 집의 소박한 외관을 말함.

3 采椽不斲(채연불착): '채연采椽'은 참나무 서까래. 서까래를 대패로 깎아 다듬지 않은 집의 소박한 골조를 말함.

4 糲粢之食(려자지사): 현미나 기장밥. '려糲'는 현미, '자粢'는 기장.

5 藜藿之羹(여곽지갱): 명아주 잎과 콩잎으로 끓인 국. '여곽藜藿'은 명아주 잎과 콩잎으로 아주 변변치 못한 음식을 말함.

6 冬日麑裘(동일예구): '예구麑裘'는 새끼 사슴 가죽으로 된 갖옷.

7 夏日葛衣(하일갈의): '갈의葛衣'는 갈포(칡 섬유로 짠 베)로 만든 옷.

8 雖監門之服養(수감문지복양): '복양服養'은 입을 것과 생활에 필요한 재화.

9 禹之王天下也(우지왕천하야): '우禹'는 하夏 왕조 시조로 성은 사姒, 이름은 문명文命.

10 股無胈(고무발): '발胈'은 하얀 살張覺, 가는 털.(梁啓雄) 즉 밖에서 힘들게 일하느라 넓적다리가 검게 그을려 하얀 살이 없다는 해석과 넓적다리에 살이 빠져 잔털이 없다는 해석이 모두 가능.

11 雖臣虜之勞(수신로지로): '신로臣虜'는 종이나 노예.

12 古傳天下而不足多也(고전천하이부족다야): '고古'는 '고故'자와 통함.(王先愼) '다多'는 도량이 넓거나 훌륭하다는 의미.

13 子孫累世絜駕(자손누세혈가): '혈絜'은 '맬 계繫', '혈가絜駕'는 멍에를 두른다는 의미로 말이 끄는 수레를 갖추는 것. '혈絜'은 '약約'.(尹桐陽) '혈가絜駕'는 '약거約車'.(張覺) 당시 높은 신분만이 마차를 탈 수 있어서 '혈가'는 부귀의 향유를 가리킴.

14 腰臘而相遺以水(누랍이상유이수): '누腰'는 음식 신에 대한 제사 또는 사냥 제사. 『설문說文』에 "누腰는 초나라 풍속으로 2월에 음식으로 제사지내는 것楚俗以二月祭飮食也."이라는 기록이 있음. '랍臘'은 납향臘享으로 섣달 납일臘日에 여러 신에게 지내는 제사. '누랍腰臘'은 제사. 제사일에 서로 물을 보내주는 풍습을 말함.

15 買庸而決竇(매용이결독): '용庸'은 '품팔이꾼 용傭'. (津田鳳卿) '매용買庸'은 사람을 고용하는 것. '결決'은 '틔우다', '흐르게 하다'는 의미, '독竇'은 큰 하천.

16 幼弟不餉(유제불향): '향餉'은 '향餉'과 같아서 모두 음식을 보내준다는 뜻.

17 重爭土橐(중쟁토탁): '중重'은 앞의 '경輕'과 대구되어 매우 심함. '토土'는 '사士'의 잘못으로 '사仕'와 같고, '탁橐'은 '탁托'과 통함. (王先愼) '사탁仕托'은 관의 업무를 맡은 자리, 곧 관직.

18 稱俗而行也(칭속이행야): '칭속稱俗'은 세속의 정황에 걸맞게 하는 것.

오두
49-5

무릇 옛날과 지금은 풍속이 다르고 새 시대와 옛 시대는 대비가 다르다. 만약 너그럽고 느긋한 정치로써 급박한 세상의 백성을 다스리려 한다면 마치 고삐나 채찍도 없이 사나운 말을 몰려는 것과 같은데, 이것은 알지 못하는 환란이다.

지금 유가와 묵가는 모두 "선왕은 천하를 아울러 사랑했으므로 백성을 보기를 부모와 같이 하였다."고 일컫는데, 무엇으로써 그러했음을 밝히겠는가? "법관이 형을 집행하면 군주가 그 때문에 악기를 들지 않았고, 사형 보고를 들으면 군주가 눈물을 흘렸다."고 말하는데, 이것이 선왕을 받드는 이유이다. 대저 군신의 관계를 부자의 관계와 같이 한다면 반드시 다스려진다고 하는데, 이로 미루어 말하자면 부자의 관계는 사이가 틀어지지 않는다는 것이다. 사람의 타고난 감정과 본성이란 부모보다 앞서지 않고, 모두가 부모에게서 사랑받는다고 반드시 다스려지지 않는데, 비록 사랑을 두텁게 하더라도 어찌 갑자기 분규가 발생하지 않겠는가? 지금 선대의 왕이 백성을 사랑한 것은 부모가 자식을 사랑하는 것에 미치지 못하고, 자식은 반드시 어지러워지지 않는다고 할 수 없는데 백성이 어떻게 갑자기 다스려지겠는가?

또 무릇 법으로 형을 집행하면서 군주가 그것 때문에 눈물을 흘렸다고 하는데, 이것은 인仁을 보인 것이지 인仁으로 다스렸다는 것이 아니다. 대저 눈물을 흘리며 형벌을 바라지 않는 것은 인仁이지만 처형하지 않을 수 없는 것은 법法이다. 선왕은 그 법法을 우위로 하고 그 눈물을 따르지 않았으니 인仁이 다스리는 수단이 될 수 없음은 분명하다.

또한 백성은 본래 권세勢에 굴복하고 적은 수만이 의로움義을 따를 수 있다. 중니는 천하의 성인으로 덕행을 수양하고 도를 밝히며 나라 안을 돌아다녔고, 나라 안에 그의 인仁을 좋아하고 그 의義를 찬미하여 따르는 사람이 70인이었다. 대개 인을 귀하게 여기는 자는 적고 의로울 수 있는 자이기는 어렵다. 그러므로 천하가 크지만 따르는 자가 70인뿐이었고 인 · 의를 행한 자는 중니 한 사람이었다. 노魯나라의 애공哀公은 하등의 군주이지만 남면南面하는 나라의 군주가 되자 나라 안의 백성들이 감히 신하이지 않길 거부하지 못했다. 백성이란 본래 권세에 굴복하며, 권세는 사람을 쉽게 복종시키므로, 중니仲尼가 도리어 신하가 되고 애공이 도리어 군주가 되었다. 중니가 그 의를 따르지 않고 그 세에 굴복한 것이다. 그러므로 의로써 하면 중니가 애공에게 복종하지 않지만 세에 의거하면 애공은 공자를 신하로 삼는다. 지금 학자들은 군주에게 말하길, 반드시 이기는 세에 의거하지 않고 인의를 힘써 행하면 왕 노릇을 할 수 있다고 하는데, 이것은 군주가 반드시 공자에게 미치고 세상의 평범한 백성들이 모두 공자의 여러 제자들과 같길 바라는 것인데, 이는 반드시 될 수 없는 이치이다.

夫古今異俗, 新故異備. 如欲以寬緩之政, 治急世之民,[1] 猶無轡策而御駻馬,[2] 此不知之患也.[3] 今儒 · 墨皆稱"先王兼愛天下, 則視民如父母," 何以明其然也? 曰, "司寇行刑,[4] 君爲之不擧樂, 聞死刑之報, 君爲流涕", 此所擧先王也. 夫以君臣爲如父子則必治, 推是言之, 是無亂父子也.[5] 人之情性莫先於父母, 父母皆見愛而未必治也, 君雖厚愛, 奚遽不亂? 今先王之愛民, 不過父母之愛子, 子未必不亂也. 則民奚遽治哉? 且夫以法行刑, 而君爲

之流涕, 此以效仁,⁶ 非以爲治也. 夫垂泣不欲刑者, 仁也, 然而
不可不刑者, 法也. 先王勝其法,⁷ 不聽其泣, 則仁之不可以爲治
亦明矣. 且民者固服於勢, 寡能懷於義. 仲尼,⁸ 天下聖人也, 修
行明道以遊海內, 海內說其仁,⁹ 美其義, 而爲服役者七十人.¹⁰ 蓋
貴仁者寡, 能義者難也. 故以天下之大, 而爲服役者七十人, 而
仁義者一人. 魯哀公,¹¹ 下主也, 南面君國,¹² 境內之民莫敢不臣.
民者固服於勢, 勢誠易以服人, 故仲尼反爲臣而哀公顧爲君.¹³ 仲
尼非懷其義, 服其勢也. 故以義則仲尼不服於哀公, 乘勢則哀公
臣仲尼.¹⁴ 今學者之說人主也, 不乘必勝之勢, 而務行仁義則可以
王, 是求人主之必及仲尼, 而以世之凡民皆如列徒,¹⁵ 此必不得之
數也.¹⁶

---

1 治急世之民(치급세지민): '급세急世'란 제후간의 세력 경쟁이 치열하여 전쟁이
빈발함으로써 국가의 존망이 기로에 서 있는 긴박한 사회 상황을 말함.

2 猶無轡策而御駻馬(유무비책이어한마): '비책轡策'은 고삐와 채찍, '한마駻馬'는
사나운 말.

3 此不知之患也(차부지지환야): '부비지환不知之患'은 현실의 긴박한 사회상황을
인식하지 못함으로써 국가의 안전을 위태롭게 만드는 환란.

4 司寇行刑(사구행형): '사구司寇'는 고대 형옥刑獄을 관장하는 최고 일급 관
리.(張覺)

5 是無亂父子也(시무난부자야): '난부자亂父子'는 아버지와 자식 간에 분규가 발
생하는 것.

6 此以效仁(차이효인): '효인效仁'은 인仁을 밝게 드러내 보이는 것.

7 先王勝其法(선왕승기법): '승勝'은 더 좋은 것이라고 생각했다는 의미.

8 仲尼(중니): '중니仲尼'는 공자(기원전 551~479)의 자, 이름은 구丘, 노魯나라 창
평향昌平鄉 추읍(鄒邑, 山東省 曲阜의 남동) 출신. 사상의 대강은 인仁이고, '극기복

례克己復禮'의 실천방식이 핵심임. 그는 인仁을 단지 도덕규범이 아닌 사회질서 회복에 결정적 역할을 할 수 있는 정치사상으로 주周 왕조 초기 천자시대의 제도로 복귀할 것을 주장함.

9 海內說其仁(해내열기인): '해내海內'는 나라 안, '열說'은 '열悅'.

10 而爲服役者七十人(이위복역자칠십인): '복역服役'은 제자가 되어 스승을 섬김.

11 魯哀公(노애공): 노魯나라 애공哀公은 월越나라의 도움을 받아 공족公族의 세 가문인 삼환三桓의 세력을 제거하려다 죽음.「내저설 상」참조.

12 南面君國(남면군국): '남면南面'은 예전에 임금이 남쪽을 향하여 앉아서 신하들의 조례朝禮를 받았던 데서 기원한 용어로 군주君主가 됨을 의미.

13 故仲尼反爲臣而哀公顧爲君(고중니반위신이애공고위군): '반反'과 '고顧'는 같은 뜻.

14 乘勢則哀公臣仲尼(승세즉애공신중니): '승乘'은 '의거하다', '이용하다'의 의미.

15 而以世之凡民皆如列徒(이이세지범민개여열도): '열도列徒'는 공자 제자의 반열에 들어서 문하생이 됨을 말함.

16 此必不得之數也(차필부득지수야): '수數'는 '리理'.(梁啓雄)

지금 불량한 자질을 지닌 자식이 있는데 부모가 꾸짖어도 고치려 하지 않고, 마을 사람들이 책망해도 움직이려 하지 않으며, 스승이나 어른이 가르쳐도 바꾸려 하지 않는다. 무릇 부모의 사랑, 마을 사람의 경계시키는 행위, 스승이나 어른의 지혜라는 세 가지의 아름다움이 그에게 가해졌는데도 끝내 움직이지 않고 그 정강이 털만큼도 고치려 하지 않는다. 관청의 관리가 관병을 이끌고 공공의 법을 내세워 간악한 사람들을 색출하려고 한 연후에야 두려운 나머지 그 의지가 변화하고 그 행동을 바꾼다.

그러므로 부모의 사랑이 자식을 가르치기에 부족하며 반드시 관청의 엄한 형벌을 기다려야 한다는 것은 백성들이 본래 사랑에는 교만해지고 위엄에는 따르기 때문이다. 그러므로 열 길 높이밖에 되지 않는 성을 누계樓季도 넘을 수 없는 것은 가파르기 때문이고, 천 길이나 되는 높은 산에서 절름거리는 암컷 양도 쉽게 칠 수 있는 것은 평평하기 때문이다.

그러므로 현명한 왕은 법을 험준하게 하고 형벌을 엄격하게 한다. 베나 비단이 얼마 되지 않는 길이면 평범한 사람들도 버려두지 않지만 잘 정련된 황금이 백 일鎰의 무게가 나가면 도척盜跖도 줍지 않는다. 반드시 해가 되지 않는다면 얼마 되지 않더라도 버려두지 않지만, 반드시 해가 된다면 백 일의 무게가 나가더라도 줍지 않는다. 그러므로 현명한 군주는 처벌을 틀림없이 한다.

그러므로 상은 후하고 확실하게 하여 백성들에게 그것을 이롭다고 하는 것만 같지 못하고, 벌은 중하고 반드시 행하게 하여 백성들이 두렵다고 하는 것만 같지 못하며, 법은 한결같고 확고하게 하여 백성이 알도록 하는 것만 같지 못하다. 그러므로 군주가 상을 베풀 때는 변경하지 않고 처벌을 행할 때는 용서가 없으며, 칭찬은 그 상을 도와주고 비난은 그 벌을 따르게 한다면 현명한 자나 어리석은 자 모두 그 힘을 다하게 된다.

今有不才之子,[1] 父母怒之弗爲改,[2] 鄉人譙之弗爲動, 師長教之弗爲變. 夫以父母之愛‧鄉人之行[3]‧師長之智, 三美加焉,[4] 而終不動, 其脛毛不改.[5] 州部之吏,[6] 操官兵, 推公法,[7] 而求索姦人, 然後恐懼, 變其節, 易其行矣. 故父母之愛不足以教子, 必待州部之嚴刑者, 民固驕於愛, 聽於威矣. 故十仞之城,[8] 樓季弗能踰者,[9] 峭也,[10] 千仞之山, 跛牂易牧者,[11] 夷也. 故明主峭其法而嚴其刑也. 布帛尋常,[12] 庸人不釋,[13] 鑠金百溢,[14] 盜跖不掇.[15] 不必害, 則不釋尋常, 必害手,[16] 則不掇百溢. 故明主必其誅也. 是以賞莫如厚而信, 使民利之, 罰莫如重而必, 使民畏之, 法莫如一而故,[17] 使民知之. 故主施賞不遷, 行誅無赦, 譽輔其賞, 毁隨其罰, 則賢‧不肖俱盡其力矣.

---

1 今有不才之子(금유부재지자): '부재不才'는 자질이나 재능이 부족한 것.

2 父母怒之弗爲改(부모노지불위개): '노怒'는 꾸짖을 '책責.'(高亨)

3 鄉人之行(향인지행): '행行'은 경계시키는 행위.

4 三美加焉(삼미가언): '언焉'은 '어지於之'.

5 其脛毛不改(기경모부개): '경모脛毛'는 정강이 털로 매우 적음을 나타냄.

6 州部之吏(주부지리): 각 행정구역 관청의 관리.

7 推公法(추공법): '추推'는 내세워 실행하는 '행行'.(乾道本注)

8 故十仞之城(고십인지성): '인仞'은 길이의 단위인 '길'로 여덟 자에 해당함.

9 樓季弗能踰者(누계불능유자): 누계樓季는 전국시대 위魏나라 문후文侯의 동생.(松皐圓) 발이 매우 빠른 인물.

10 峭也(초야): '초峭'는 가파르거나 높고 험준함.

11 跛牂易牧者(파장이목자): '장牂'은 암컷 양, '파장跛牂'은 다리를 절름거리는 암컷 양.

12 布帛尋常(포백심상): '심尋'은 길이의 단위인 '길'·'발'로 여덟 자, '상常'은 '심尋'의 두 배 되는 길이.(王先愼) '심상尋常'은 얼마 되지 않는 길이를 말함.

13 庸人不釋(용인불석): '용인庸人'은 보통의 평범한 사람.

14 鑠金百溢(삭금백일): '삭鑠'은 '금을 녹이는 것銷金', '일溢'은 '일鎰'로 스물넉 냥의 무게 단위.(陳奇猷) 잘 정련된 황금 2천4백 냥의 무게.

15 盜跖不掇(도척불철): '도척盜跖'은 춘추시대 유명한 도둑.「수도」 참조.

16 必害手(필해수): '수手'는 빼야 함.(陳奇猷) 앞 문장 '불필해不必害'와 대구.

17 法莫如一而故(법막여일이고): '고故'는 '고固'.(盧文弨)

오두
49-8

　유가는 고전문헌文으로써 법을 어지럽히고 협객은 무기武로써 금
령을 어기지만 군주는 그들을 아울러 예우하는데, 이것이 어지러워지
는 원인이다. 대저 법을 어긴 자는 벌을 받지만 여러 학자들은 고전학
문으로써 채용되고, 법이 금하는 것을 어긴 자는 처벌받지만 여러 협
객들은 사사로운 검으로써 길러진다. 그러므로 법이 그르다는 것이
군주가 취하는 것이고, 관리가 처벌하는 것이 군주가 부양하는 것이
다. 법과 취함, 위와 아래인 네 가지가 상반되어 일정하게 정해진 것
이 없는데 비록 열 명의 황제黃帝가 있어도 다스릴 수 없다. 그러므로
인仁과 의義를 행하는 자는 칭찬받아서는 안 되며, 그들을 칭찬하면 공
적을 해치고, 고전학문을 익힌 자는 등용되어서는 안 되며, 그들을 등
용하면 법을 어지럽힌다.

　초楚나라에 직궁直躬이란 인물이 있었는데, 그 아버지가 양을 훔치
자 관리에게 그 사실을 고발하였다. 법을 집행하는 관리令尹가 "그를
죽이라!"고 하였다. 군주에 대해서는 충직하지만 아버지에 대해서는
도리어 옳지 않다고 판결문을 작성하여 벌을 주었다. 이로써 보건대
무릇 군주의 정직한 신하는 아버지의 포악한 자식이다.
　노魯나라 사람이 군주를 따라 전쟁에 나갔는데 세 번 참전해서 세
번 모두 도망쳤다. 중니仲尼가 그 까닭을 물으니, "나에게는 연로하신
아버지가 있는데 내가 죽으면 봉양하지 못한다."고 대답하였다. 중니
는 효성스럽다고 하여 그를 군주에게 천거해서 윗자리로 올렸다. 이
것으로써 보건대 대저 아버지에 대한 효자는 군주에 대한 역신이다.

그러므로 법을 집행하는 관리胥尹가 처벌하자 초나라에서 간악한 일이 위에 들리지 않게 되고, 중니가 상을 주자 노나라의 백성은 쉽게 항복하고 달아나게 되었다. 위와 아래의 이익이 이처럼 다른데도 군주는 필부의 행동까지 함께 들어서 사직社稷의 복을 구하여 이루려고 한다면 반드시 기약할 수 없다.

儒以文亂法,[1] 俠以武犯禁, 而人主兼禮之, 此所以亂也. 夫離法者罪,[2] 而諸先生以文學取,[3] 犯禁者誅, 而群俠以私劍養. 故法之所非, 君之所取, 吏之所誅, 上之所養也. 法·趣·上·下,[4] 四相反也, 而無所定, 雖有十黃帝,[5] 不能治也. 故行仁義者非所譽, 譽之則害功, 文學者非所用,[6] 用之則亂法. 楚之有直躬,[7] 其父竊羊, 而謁之吏.[8] 令尹曰,[9] "殺之!" 以爲直於君而曲於父, 報而罪之.[10] 以是觀之, 夫君之直臣, 父之暴子也. 魯人從君戰, 三戰三北. 仲尼問其故,[11] 對曰, "吾有老父, 身死莫之養也." 仲尼以爲孝, 擧而上之. 以是觀之, 夫父之孝子, 君之背臣也. 故令尹誅而楚姦不上聞, 仲尼賞而魯民易降北. 上下之利, 若是其異也, 而人主兼擧匹夫之行, 而求致社稷之福, 必不幾矣.[12]

---

1 儒以文亂法(유이문난법): '문文'은 고전문헌 내지 학문.

2 夫離法者罪(부리법자죄): '리離'는 '위違'.(梁啓雄) '리법離法'은 법을 어김.

3 而諸先生以文學取(이제선생이문학취): '선생先生'은 학자의 통칭. '문학文學'은 위의 '문文'과 마찬가지로 고전문헌 내지 학문. '취取'는 선택 또는 등용함.

4 法·趣·上·下(법취상하): '취趣'는 위에 나온 '취取'가 되어야 함. 곧 '법法'은 법이 그르다고 하는 것法之所非, '취取'는 군주가 취하는 것君之所取, '상上'은 '군

주가 부양하는 것上之所養', '하下'는 '관리가 처벌하는 것吏之所誅'을 말함.(太田方)

5 雖有十黃帝(수유십황제): '황제黃帝'는 소전少典의 아들로 성은 공손公孫, 이름은 헌원軒轅으로 염제炎帝와 치우蚩尤를 물리치고 중국을 최초로 통일한 건국신화 속의 제왕. 헌원軒轅은 수레와 수레끌채라는 의미로 문명의 발명과 관련된 이름. 『사기』 「오제본기(五帝本紀)」 참조.

6 文學者非所用(문학자비소용): '문文' 앞에 '공工'자를 보완해야 함.(王先愼) 앞의 '행인의行仁義'와 대구되어 '공문학工文學'은 곧 고전문헌 내지 학문을 공부함.

7 楚之有直躬(초지유직궁): '직궁直躬'은 고유인명으로 해석. '정직한 궁窮' 내지 『논어』에 나오는 새벽에 성문을 열어주는 일을 하는 '신문晨門'의 유형처럼 이름을 통해 의미를 상징하는 조어造語로 보는 설도 있음.

8 而謁之吏(이알지리): '알謁'은 고발함.

9 令尹曰(영윤왈): '영윤令尹'은 제후국의 재상을 지칭하며 초楚나라에서는 '영윤'이라 칭함.(陳奇猷).

10 報而罪之(보이죄지): '보報'는 죄상에 대한 판결문을 작성하는 것.

11 仲尼聞其故(중니문기고): '중니仲尼'는 공자의 자.

12 必不幾矣(필불기의): '불기不幾'는 바랄 수 없음.

옛날에 창힐蒼頡이 글자를 만들면서 스스로 동그라미를 그린 것을 가리켜 사私라 말하고 사를 등지는 것을 가리켜 공公이라 말하였는데, 공과 사가 서로 등짐은 바로 창힐이 본래부터 알고 있었던 것이다. 지금 (공과 사의) 이익이 같다고 하는 것은 살피지 못한 잘못이다. 그런즉 필부가 되어 계산하는 것이란 의義를 닦아 실행하고 고전문헌을 익히는 것만 같지 못하다. 의를 행하는 것을 닦게 되면 (군주의) 신임을 받게 되고, 신임을 받게 되면 일을 맡게 되며, 문학을 익히게 되면 유명한 스승이 되고, 유명한 스승이 되면 영예를 드러내는데, 이것이 필부가 찬미하는 것이다. 그런즉 공도 없이 일을 맡고 작위도 없이 영예를 드러내는데, 만일 정치가 이와 같다면 나라는 반드시 혼란해지고 군주는 반드시 위태롭게 된다. 그러므로 서로 용납되지 않는 일은 양립할 수가 없다.

적의 목을 벤 자가 상을 받으면서도 자혜로운 행위를 높이며, 성을 함락시킨 자가 작위와 녹봉을 받으면서도 겸애兼愛의 학설을 신봉하며, 갑옷을 견고하게 하고 무기를 날카롭게 함으로써 어려움에 대비하면서도 버슬아치의 화려한 옷차림을 찬미하며, 나라를 부유하게는 농민으로써 하고 적을 막는 데는 병졸에 의지하면서도 문학을 익힌 선비를 귀하게 여기며, 위를 공경하고 법을 두려워하는 백성을 쓰지 않고 유협이나 검객의 무리들을 양성한다. (군주가) 받들고 행동하는 것이 이와 같다면 다스리거나 강해질 수가 없다. 나라가 태평하면 유자나 협객을 기르고 어려움이 이르면 병사를 동원한다. 이익이 되는 것은 쓰이질 않고 쓰이는 것은 이득이 되질 않는다. 이런 까닭으로 일

에 종사하는 자가 본업을 소홀히 하고 유협이나 학자는 날로 많아지
는데, 이것이 세상이 어지러워지는 까닭이다.

古者蒼頡之作書也,[1] 自環者謂之私,[2] 背私謂之公, 公·私之
相背也, 乃蒼頡固以知之矣.[3] 今以爲同利者, 不察之患也. 然則
爲匹夫計者, 莫如修行義而習文學. 行義修則見信,[4] 見信則受
事, 文學習則爲明師,[5] 爲明師則顯榮, 此匹夫之美也. 然則無功
而受事, 無爵而顯榮, 爲有政如此,[6] 則國必亂, 主必危矣. 故不
相容之事, 不兩立也. 斬敵者受賞, 而高慈惠之行,[7] 拔城者受爵
祿, 而信廉愛之說,[8] 堅甲厲兵以備難,[9] 而美薦紳之飾,[10] 富國以
農, 距敵恃卒,[11] 而貴文學之士, 廢敬上畏法之民, 而養遊俠私劍
之屬. 擧行如此, 治强不可得也. 國平養儒俠, 難至用介士,[12] 所
利非所用, 所用非所利. 是故服事者簡其業, 而遊·學者日衆, 是
世之所以亂也.

---

1 古者蒼頡之作書也(고자창힐지작서야): 창힐蒼頡은 중국 고대 황제黃帝의 사관
史官으로서, 모래 위에 남겨진 새와 짐승의 발자취를 본떠서 처음으로 문자를
만들었다는 전설傳說 속의 인물.

2 自環者謂之私(자환자위지사): '자환自環'은 제멋대로 동그라미를 그림.

3 乃蒼頡固以知之矣(내창힐고이지지의): '이以'는 '이已'와 같음.(陳啓天)

4 行義修則見信(행의수즉견신): '행의수行義修'는 앞선 문장의 '의를 수행하는修行
義' 것과 같은 의미로 해석. '신信'은 군주의 신임.

5 文學習則爲明師(문학습즉위명사): '문학습文學習'은 앞선 문장의 '문학을 익히는
習文學' 것과 같은 의미로 해석.

6 爲有政如此(위유정여차): '위爲'는 '여如'와 같아서(王念孫, 張覺) '~한다면'의 가

정을 의미.

7 而高慈惠之行(이고자혜지행): '자혜지행慈惠之行'은 유가에서 강조하는 인의仁義의 실천.

8 而信廉愛之說(이신염애지설): '염廉'은 '겸兼'(太田方), '염애지설廉愛之說'은 묵가가 주장하는 겸애兼愛의 설.

9 堅甲厲兵以備難(견갑려병이비난): '려厲'는 날카롭게 간다는 의미의 '려礪'.(津田鳳卿) '견갑려병堅甲厲兵'은 갑옷을 견고하게 하고 병기를 날카롭게 간다는 의미.

10 而美薦紳之飾(이미진신지식): '진薦'은 '진搢', '신紳'은 고대 중국 관리의 예복禮服에서 허리에 매고서 그 나머지를 드리워 장식하는 폭이 넓고 큰 띠. 즉, 벼슬아치가 임금을 만날 때에 조복朝服에 갖추어 손에 쥐던 물건인 홀笏을 꽂는 큰 띠. '진신지식搢紳之飾'은 벼슬아치의 화려한 복식.

11 距敵恃卒(거적시졸): '거距'는 '거拒'와 통함.(唐敬杲)

12 難至用介士(난지용개사): '개사介士'는 중무장한 갑병甲兵.

또한 세상에서 말하는 현명함賢이란 것은 지조가 곧고 신의가 있는 행위이며, 이른바 지식智이란 것은 뚜렷하지 않아서 이해하기 힘든 말이다. 뚜렷하지 않아서 이해하기 힘든 미묘한 말은 가장 지혜로운 사람上智도 알기 어려운 것이다. 지금 많은 사람을 위한 법을 만들면서 가장 지혜로운 사람도 알기 어려운 것으로 한다면 백성이 그것을 따라서 할 수 없는 것이다. 그러므로 술지게미와 겨밥 같은 거친 음식도 배부르게 먹지 못하는 자는 쌀밥과 고기를 먹으려고 힘쓰지 않으며, 기장이 짧은 베옷도 완전하게 갖춰 입지 못한 자는 화려한 무늬를 놓은 비단옷을 기대하지 않는다. 무릇 세상을 다스리는 일은 급한 일을 해결할 수도 없으면서 느긋한 일에 힘쓰는 것이 아니다.

지금 다스리는 정치가 민간의 일과 일반의 남녀가 분명히 아는 것을 쓰지 않고, 가장 지혜로운 사람이 하는 논의를 받든다면 정치가 거꾸로 나아가는 것이다. 그러므로 이해하기 힘든 미묘한 말은 백성에게 힘쓸 것이 아니다. 이에 무릇 지조가 곧고 신의가 있는 행위를 어질다고 하는 것은 반드시 속이지 않는 사람을 존중하려는 것이며, (군주가) 속이지 않는 사람을 존중하는 것은 속임을 당하지 않는 술術이 없기 때문이다. 일반 백성들이 서로 사귐에 재부가 넉넉해서 서로 이롭게 할 게 없고 위세로써 서로를 두려워할 게 없으므로 속이지 않는 사람을 찾는다. 지금 군주는 사람을 제압하는 권세의 자리에 있고 온 나라의 부를 가지고 있으며, 상을 두텁게 하고 처벌을 엄격하게 하는 권력의 자루柄를 잡을 수 있어서 술術이 비추는 것을 정돈하여 투명하게 밝힌다면, 비록 전상田常이나 자한子罕과 같은 신하가 있더라도 감히 속이지 못할 것인데, 어찌하여 속이지 않는 사람을 기대하겠는가? 지금 지조가 곧고 신의가 있는 사람은 열도 차지 않지만 나라 안의 관직은 백을 헤아린다. 반드시 지조가 곧고 신의가 있는 사람을 임용한다면 사람이 관직에 부족하다. 사람이 관직에 부족하면 다스려지는 일이 적고 어지러워지는 일이 많게 된다. 그러므로 현명한 군주의 길은 법法을 한결같게 하여 지혜로움을 구하지 않고 술術을 굳게 지켜 신의를 받들지 않기 때문에, 법이 허물어지지 않고 모든 관리들이 간악할 일이 없고 속이는 일이 없게 된다.

　　且世之所謂賢者, 貞信之行也, 所謂智者, 微妙之言也.[1] 微妙之言, 上智之所難知也.[2] 今爲衆人法, 而以上智之所難知, 則民無從識之矣. 故糟糠不飽者不務粱肉,[3] 短褐不完者不待文繡.[4] 夫治世之事, 急者不得, 則緩者非所務也. 今所治之政, 民間之事, 夫婦所明知者不用,[5] 而慕上知之論,[6] 則其於治反矣.[7] 故微妙之言, 非民務也.[8] 若夫賢良貞信之行者,[9] 必將貴不欺之士, 貴不欺之士者, 亦無不欺之術也. 布衣相與交,[10] 無富厚以相利,[11] 無威勢以相懼也, 故求不欺之士. 今人主處制人之勢, 有一國之厚,[12] 重賞嚴誅, 得操其柄,[13] 以修明術之所燭,[14] 雖有田常 · 子罕之臣,[15] 不敢欺也, 奚待於不欺之士? 今貞信之士不盈於十, 而境內之官以百數, 必任貞信之士, 則人不足官.[16] 人不足官, 則治者寡而亂者衆矣, 故明主之道, 一法而不求智, 固術而不慕信, 故法不敗, 而群官無姦詐矣.

1 微妙之言也(미묘지언야): '미묘지언微妙之言'은 어떤 현상現象이나 내용內容이 뚜렷하게 드러나지 않아서 이해하기 힘든 묘한 말.

2 上智之所難知也(상지지소난지야): '상지上智'는 '하우下愚'와 대비되어 매우 지혜로운 사람.

3 故糟糠不飽者不務粱肉(고조강불포자불무양육): '조강糟糠'은 술 찌꺼기인 지게미와 쌀겨라는 뜻으로 가난한 사람이 먹는 변변하지 못한 음식, '양육粱肉'은 쌀밥과 고기반찬으로 사치스러운 음식.

4 短褐不完者不待文繡(단갈불완자부대문수): '단갈短褐'은 기장마저 짧은 거친 베옷으로 가난한 사람이 입는 초라한 복식. '문수文繡'는 화려한 무늬를 수놓은 비단옷으로 부귀한 사람이 입는 화려한 복식을 의미.

5 夫婦所明知者不用(부부소명지자불용): '부부夫婦'는 평범한 부부, 일반의 남자와 여자를 가리킴.

6 而慕上知之論(이모상지지론): '상지上知'는 앞서 나온 '상지上智'.(陳啓天)

7 則其於治反矣(즉기어치반의): '반反'은 다스림의 방향이 거꾸로 되는 것.

8 非民務也(비민무야): '민무民務'는 백성에 대한 정사.

9 若夫賢良貞信之行者(약부현량정신지행자): '약若'은 '이에及', '량良'은 빠져야 함 (顧廣圻).

10 布衣相與交(포의상여교): '포의布衣'는 벼슬이 없는 사람, 곧 일반 백성을 가리킴.

11 無富厚以相利(무부후이상리): '후厚'는 재화의 넉넉함. '후厚'를 '부富'와 같은 뜻으로 보아 '부후富厚'는 재부財富로도 해석함.

12 有一國之厚(유일국지후): '후厚'는 '부富'와 같은 뜻.

13 得操其柄(득조기병): '병柄'은 상벌을 행사하는 권력의 자루權柄를 말함.

14 以修明術之所燭(이수명술지소촉): '수명修明'은 정돈하여 투명하게 밝힌다는 의미.

15 雖有田常 · 子罕之臣(수유전상자한지신): '전상田常'은 춘추시대 진陳나라의 공자 진환陳恒으로 제齊나라로 건너가 성을 전田씨로 바꾸고 제齊 간공簡公의 권력을 빼앗았으며, 자한子罕은 송宋나라 대신으로 이름은 황희皇喜이며 송宋의 환후桓侯의 정권을 탈취함. 두 사람 모두 역신의 대표적인 인물.

16 則人不足官(즉인부족관): 인원이 관직 수에 부족하다는 의미.

오두
49-11

　지금 군주는 신하가 하는 말에 대해서는 그 변설을 좋아하고 그 마땅함을 구하지 않으며, 신하를 부리는 행위에 대해서는 그 평판을 기리고 그 공적을 따지지 않는다. 이 때문에 천하의 많은 사람들 중에 담론을 말하는 자가 변설을 하기 위해 힘쓰고 쓰임에 두루 미치지 못하므로, 선왕을 들어 인의仁義를 말하는 자가 조정에 가득하지만 정치는 혼란한 데서 면하지 못하고, 몸가짐을 단정하게 수양하는 자는 고상하기 위해 겨루고 공적에 부합하지 못하므로, 지혜가 있는 자가 바위굴에 물러나 거처하면서 봉록을 내려도 받지 않아서 병력이 약해지는 데서 면하지 못한다. 정치가 혼란한 데서 면하지 못하는데, 그 까닭이 무엇인가? 백성이 칭찬하는 것과 군주가 존중하는 것이 나라를 혼란하게 하는 방법이 된다. 지금 나라 안의 백성들이 모두 정치를 말하고 상앙商鞅이나 관중管仲의 법을 소장한 자들의 집이 많지만, 나라가 점점 더 가난해지는 것은 농사를 말하는 자가 많아도 쟁기를 손에 드는 자는 적기 때문이다. 나라 안의 모든 백성들이 군사를 말하고 손무孫武나 오기吳起의 병서를 소장하는 자들의 집이 많지만 군대가 점점 약해지는 것은 전쟁을 말하는 자가 많아도 갑옷을 입는 자는 적기 때문이다. 그러므로 현명한 군주는 그 역량을 활용하더라도 쓸모없는 말은 듣지 않으며, 그 공적에 대해 상을 주고 쓸모없는 말은 반드시 금하기 때문에 백성은 사력을 다해 위를 따른다.

　무릇 농사를 짓는 데 힘쓰는 일은 수고로운 일이나 백성이 그 일을 하는 것은 부유하게 될 수 있기 때문이라고 말한다. 전쟁터에 나가는 것은 위험하지만 백성이 그 일을 하는 것은 귀함을 얻을 수 있기 때문이라고 말한다. 지금 학문을 닦고 말재주를 익혀 농사짓는 수고로움이 없이도 부유하게 되는 실리가 있고, 전쟁터에 나가는 위험이 없이도 귀하게 되는 존귀함이 있다면 어느 누가 하지 않겠는가? 이런 까닭으로 백 사람이 지혜를 일삼고 한 사람이 힘을 쓴다. 지혜를 일삼는 자가 많으면 법은 무너지고 힘을 써 일하는 자가 적으면 나라가 가난해지는데, 이것이 세상이 어지러워지는 이유이다.

그러므로 현명한 군주의 나라에는 책에 쓰인 글이 없고 법을 가르침으로 삼으며, 선왕의 말이 없고 관리를 스승으로 삼으며, 사적인 칼의 사나움이 없고 적의 목을 베는 것을 용맹으로 삼는다. 나라 안 백성들 가운데 담론하는 자는 반드시 그것을 법에 따르게 하고, 일하는 자는 그것이 공적에 돌아가게 하며, 용맹을 부리는 자는 군대에서 그것을 다하게 한다. 그러므로 일이 없으면 나라가 부유하고 일이 있으면 군대가 강한데, 이것을 일러 왕의 기반王資이라 한다. 미리 왕의 기반을 길러 적국의 틈새를 타고 오제五帝를 능가하며, 삼왕三王과 어깨를 나란히 하려면 반드시 법이 있어야 한다.

今人主之於言也, 說其辯而不求其當焉,[1] 其用於行也,[2] 美其聲而不責其功焉. 是以天下之衆, 其談言者務爲辯而不周於用, 故擧先王言仁義者盈廷, 而政不免於亂, 行身者競於爲高而不合於功,[3] 故智士退處巖穴, 歸祿不受,[4] 而兵不免於弱. 政不免於亂, 此其故何也? 民之所譽, 上之所禮, 亂國之術也. 今境內之民皆言治, 藏商·管之法者家有之,[5] 而國愈貧, 言耕者衆, 執耒者寡也. 境內皆言兵, 藏孫·吳之書者家有之,[6] 而兵愈弱, 言戰者多, 被甲者少也. 故明主用其力, 不聽其言, 賞其功, 必禁無用, 故民盡死力以從其上. 夫耕之用力也勞, 而民爲之者, 曰, 可得以富也. 戰之爲事也危, 而民爲之者, 曰, 可得以貴也. 今修文學, 習言談, 則無耕之勞而有富之實, 無戰之危而有貴之尊, 則人孰不爲也? 是以百人事智而一人用力.[7] 事智者衆, 則法敗, 用力者寡, 則國貧, 此世之所以亂也. 故明主之國, 無書簡之文, 以法爲敎, 無先王之語, 以吏爲師, 無私劍之捍,[8] 以斬首爲勇. 是境內之民, 其言談者必軌於法,[9] 動作者歸之於功, 爲勇者盡之於軍. 是故無事則國富, 有事則兵强, 此之謂王資.[10] 旣畜王資而承敵國之釁,[11] 超五帝侔三王者,[12] 必此法也.

---

1 說其辯而不求其當焉(열기변이불구기당언): '열說'은 '열悅'. '당當'은 '정확正確'(梁啓雄), 별 탈 없이 일이 순조롭게 끝난다는 의미의 '타첩妥貼'.(王煥鑣) '공이 일에 부합하고 일이 그 말에 부합한다(功當其事, 事當其言).'('주도)는 의미로 사실과 서로 상부하는 '부합符合'.(張覺)

2 其用於行也(기용어행야): '용用'은 군주가 신하를 부리는 것, '행行'은 신하가 군주의 지시에 의해 한 행동.

3 行身者競於爲高而不合於功(행신자경어위고이불합어공): '행신行身'은 몸가짐을 단정하게 수양함.

4 歸祿不受(귀록불수): '귀록歸祿'은 봉록을 보내주는 것.

5 藏商·管之法者家有之(장상관지법자가유지): '상관지법商管之法'의 '상商'은 상앙商鞅, '관管'은 관중管仲으로『상군서商君書』와『관자管子』를 가리킴. '유有'는 많음. 상앙商鞅과 관중管仲은 「남면」 참조.

6 藏孫·吳之書者家有之(장손오지서자가유지): '손오지서孫吳之書'의 손孫은 손무孫武, 오오는 오기吳起로『손자병법孫子兵法』과『오자병법吳子兵法』을 가리킴. 손무(기원전 미상)는 춘추시대 제齊나라 낙안樂安 사람으로 전완田完의 후예인데 선조가 손씨의 성을 하사받음. 그는 초楚나라를 공격해 다섯 번 싸워 다섯 번 승리를 거두었고, 제나라와 진晉나라 등을 굴복시켜 오왕吳王 합려闔廬를 패자霸

眷로 만듦. 오기(기원전?~381?)는 춘추시대 위衛나라 좌씨左氏 사람. 노나라 증자曾子에게 배웠다고 전해짐. 제齊나라가 노나라를 침략할 때 제나라 사람을 아내를 둔 그를 노나라에서 의심하자 자신의 아내를 죽여 충성을 보이고 장수가 되어 제나라 군대를 물리쳤지만 노나라에서 아내를 죽인 일에 대한 여론이 나쁘게 형성되자 위魏나라로 건너가 전공을 세워 서하수西河守가 되었고, 위魏나라 문후文侯가 죽은 뒤 대신들의 모함을 받자 초楚나라로 달아남. 초楚나라 도왕悼王에 의해 재상으로 발탁되어 법치를 확립하여 남으로 백월百越, 북으로 진陳과 채蔡나라를 병합하고 삼진三晉을 물리쳤으며, 서로 진秦을 정벌함. 그는 종기를 앓는 병사의 고름을 입으로 빨아낸 '연저지인吮疽之仁'이라는 고사를 남김. 도왕이 죽자 종실宗室과 대신들에게 살해당함.

7 是以百人事智而一人用力(시이백인사지이일인용력): '사지事智'는 지혜를 짜내 일하는 정신노동. '용력用力'은 힘을 써서 하는 육체노동.

8 無私劍之埻(무사검지한): '사검私劍'은 사적인 이익을 위해 휘두르는 칼, '한埻'은 '사나울 한釬'과 통함.(津田鳳卿) 곧, 사적인 이익을 위해 칼을 휘두르는 횡포.

9 其言談者必軌於法(기언담자필궤어법): '궤軌'는 준수의 의미(張覺), '궤軌' 다음에 '지之'자가 마땅히 있어야 함.(藤澤南岳)

10 此之謂王資(차지위왕자): '왕자王資'는 천하의 패왕이 되는 기반 내지 밑천.

11 旣畜王資而承敵國之釁(기축왕자이승적국지흔): '승承'은 '승乘'으로 기회를 이용하는 것. '흔釁'은 틈새.

12 超五帝侔三王者(초오제모삼왕자): '오제五帝'는 상고시대의 다섯 왕으로 황제皇帝, 전욱顓頊, 제곡帝嚳, 요堯, 순舜 또는 소호少昊, 전욱顓頊, 제곡帝嚳, 요堯, 순舜이라고도 함. '삼왕三王'은 대체로 삼대三代의 개국 왕으로 하夏의 우왕禹王, 은殷의 탕왕湯王, 주周의 문왕文王 혹은 무왕武王을 가리키지만 일정한 정의는 없음.

백성의 통산적인 계산은 모두 안정되고 유리한 것을 따르고, 위험하고 궁핍한 것을 피한다. 지금 그들을 전쟁터에 보내 공격하고 싸우게 하여 나아가면 적에게 죽고 물러서면 처벌로 죽게 된다면 위험한 것이다. 자신의 집안일을 버리고 전쟁의 공로를 이루려 하여, 집안이 곤궁한데도 상부에서 전쟁의 공로를 논의하지 않는다면 궁핍한 것이다. 궁핍과 위험이 있는 것을 백성이 어찌 피하려 하지 않겠는가? 그러므로 사문에 종사하여 병역의 면제를 완전히 해결하고, 병역의 면제가 완전히 해결되면 전쟁을 회피하고, 전쟁을 회피하면 안정된다. 뇌물을 써서 요로에 있는 인물에게 의지하면 구하는 것을 얻고, 구하는 것을 얻으면 개인이 안정되고, 개인이 안정되면 이익이 있게 되는데, 어찌 따르지 않겠는가? 그러므로 공인公民은 적어지고 사인私人이 많아진다.

무릇 현명한 왕이 다스리는 나라의 정치란, 상商·공工업이나 놀고먹는 백성을 줄이고, 이름을 낮추도록 해서 근본의 일을 버리고 말단의 일로 나아가는 수를 줄이도록 한다. 지금 세상은 측근들이 청탁을 행하면 관작을 살 수 있고, 관작을 사면 상공들도 비천하지 않게 된다. 간악한 재화와 상품이 시장에서 매매되면 상인 수도 늘어난다. 거두어들임이 농사일의 갑절이 되고 존중함을 이룸이 농사짓고 전쟁에 참가하는 사람들을 능가한다면, 곧은 사람은 적어지고 장사하는 백성은 많아질 것이다.

民之政計,¹ 皆就安利如辟危窮.² 今爲之攻戰,³ 進則死於敵,
退則死於誅, 則危矣. 棄私家之事而必汗馬之勞,⁴ 家困而上弗
論,⁵ 則窮矣. 窮危之所在也, 民安得勿避? 故事私門而完解舍,⁶
解舍完則遠戰,⁷ 遠戰則安. 行貨賂而襲當塗者則求得,⁸ 求得則
私安, 私安則利之所在, 安得勿就? 是以公民少而私人衆矣.⁹ 夫
明王治國之政, 使其商工遊食之民少而名卑, 以寡趣本務而趨末
作.¹⁰ 今世近習之請行, 則官爵可買, 官爵可買, 則商工不卑也
矣. 姦財貨賈得用於市,¹¹ 則商人不少矣. 聚斂倍農而致尊過耕戰
之士,¹² 則耿介之士寡而商賈之民多矣.¹³

---

1 民之政計(민지정계): '정政'은 '정正'(尹桐陽), '정계政計'는 곧 정상적인 내지 통
상적인 이해관계를 따지는 계산.

2 皆就安利如辟危窮(개취안리여벽위궁): '여如'는 '이而'(陳奇猷), '벽辟'은 '피避'와
같음.(陳啓天)

3 今爲之攻戰(금위지공전): '위爲'는 '사使'.(尹桐陽)

4 棄私家之事而必汗馬之勞(기사가지사이필한마지로): '한마지로汗馬之勞'는 말이
달려 땀투성이가 되는 노고勞苦라는 뜻으로, 매우 고단한 전쟁이나 전쟁에서
거둔 전공戰功을 말함. '필必'은 반드시 이루어지길 바란다는 '기필期必하다'의
의미.

5 家困而上弗論(가곤이상불론): '상불론上弗論'은 상부 곧 조정에서 전쟁의 공로
를 논의하지 않는 것을 말함.

6 故事私門而完解舍(고사사문이완해사): '사문私門'은 권세가 있거나 농업이 아닌
상업 등의 무역을 통해 부를 축적한 가문. '해사解舍'는 병역의 면제를 의미,
'완해사完解舍'는 병역의 면제를 완전히 해결한 것. '해사解舍'의 또 다른 해석으
로 '말을 마구간에 넣어두고 수레(전차)를 내버려 두는 것馬廄車舍.'(陳啓天), '병
역을 회피한 자들의 사적인 거처私房.'(陳奇猷) 등이 있음.

7 解舍完則遠戰(해사완즉원전): '원전遠戰'은 전쟁을 회피하는 것.

8 行貨賂而襲當塗者則求得(항화뇌이습당도자즉구득): '화뢰貨賂'는 뇌물, '습襲'은 '인因', '당도當塗'는 '당로當路'와 같아 정권을 잡거나 요로에 있는 것. '습당로襲當塗'는 권세가나 요로에 있는 인물에게 의지하는 것을 말함.

9 是以公民少而私人衆矣(시이공민소이사인중의): '공민公民'은 국가의 공적인 이익을 위해 복무하는 백성, '사인私人'은 병역 등 공적인 의무를 피하고자 권세가 등에 의지하여 사적인 이익을 추구하는 사람.

10 以寡趣本務而趨末作(이과취본무이추말작): '본무本務'는 농사, '말작末作'은 상공업. '취趣'는 멀리 달아나는 것. '추趨'는 재빠르게 추구함.

11 姦財貨賈得用於市(간재화고득용어시): '고賈'는 상품, '득용得用'은 사고파는 매매.

12 聚斂倍農而致尊過耕戰之士(취렴배농이치존과경전지사): '취렴聚斂'은 '말작末作' 에 종사하여 많은 이윤을 거두는 것. '경전지사耕戰之士'는 농사를 짓다가 전쟁이 일어나면 군사가 되어 전쟁터에 나아가는 백성.

13 則耿介之士寡而商賈之民多矣(즉경개지사과이상고지민다의): '경개지사耿介之士'는 말작末作에 영합하지 않고 지조를 굳게 지키는 사람. '상고商賈'는 장사꾼.

이런 까닭으로 어지러운 나라의 습속으로, 학자儒家들은 선왕의
도를 칭송하면서 인의仁義를 구실삼아 용모와 옷차림을 화려하게 갖
추고 변설을 꾸며댐으로써 지금 시대의 법을 의혹스럽게 하고 군주의
마음을 혼란스럽게 한다. 유세객言談者들은 거짓 가설을 늘어놓거나
주장하며 외부의 힘外力을 빌려 그 사적인 이익을 성취하고 사직의 이
익을 잊어버린다. 허리띠에 칼을 차고 다니는 검객들은 무리를 모으
고 절조를 내세워 자신의 명성을 드러내면서 관청이 금하는 것을 어
긴다. 측근에 있는 자들은 사문私門을 가까이해서 뇌물을 바치고 권력
자의 청탁을 이용함으로써 땀 흘리는 말과 같은 노고의 병역을 벗어
난다. 상공업에 종사하는 백성은 좋지 못한 상품을 수리해서 옳지 못
한 호사스러운 재물을 모으고, 모아 놓은 재물을 때를 기다려 팔아 농
부의 이익을 탐낸다. 이 다섯 가지가 나라의 좀벌레이다. 군주가 이
다섯 가지 좀벌레에 해당하는 백성을 제거하지 않고 성실한 사람을
길러내지 못하면, 천하에 비록 깨지고 망하는 나라와 깎이고 없어지
는 조정이 있더라도 이를 괴이하게 여기지 말아야 한다.

　　是故亂國之俗, 其學者,[1] 則稱先王之道以籍仁義,[2] 盛容服而
節辯說,[3] 以疑當世之法, 而貳人主之心.[4] 其言古者,[5] 爲設詐稱,[6]
借於外力, 以成其私, 而遺社稷之利. 其帶劍者,[7] 聚徒屬,[8] 立節
操, 以顯其名, 而犯五官之禁.[9] 其患御者,[10] 積於私門,[11] 盡貨賂,
而用重人之謁,[12] 退汗馬之勞.[13] 其商工之民, 修治苦窳之器,[14]
聚弗靡之財,[15] 蓄積待時, 而侔農夫之利.[16] 此五者, 邦之蠹也.

人主不除此五蠹之民, 不養耿介之士,¹⁷ 則海內雖有破亡之國 ·
削滅之朝, 亦勿怪矣.

---

1 其學者(기학자): '학자學者'는 유가.

2 則稱先王之道以籍仁義(즉칭선왕지도이적인의): '적籍'은 기대다, 구실삼다는 의미의 '차藉'와 같음.(物雙松)

3 盛容服而飾辯說(성용복이식변설): '성용복盛容服'은 용모와 복장을 위엄있게 보이도록 화려하게 갖추는 것. '식변설飾辯說'은 말이나 주장을 솜씨 있고 교묘하게 꾸미는 것.

4 而貳人主之心(이이인주지심): '이貳'는 군주의 마음이 전일한 상태를 유지하지 못하도록 거듭 흔드는 것.

5 其言古者(기언고자): '고古'는 '담談'.(顧廣圻) '언담자言談者'는 합종이나 연횡을 주장하는 유세객.

6 爲設詐稱(위설사칭): '위爲'는 거짓 '위僞'.(津田鳳卿) '위설爲設'은 거짓 가설을 늘어놓는 것. '사칭詐稱'은 거짓을 주장하는 것.

7 其帶劍者(기대검자): '대검자帶劍者'는 허리띠에 칼을 차고 다니는 검객, 협객을 말함.(陳奇猷)

8 聚徒屬(취도속): '도속徒屬'은 도당徒黨, 무리.

9 而犯五官之禁(이범오관지금): '오관五官'은 다섯 가지 관직으로 사도司徒 · 사마司馬 · 사공司空 · 사사司士 · 사구司寇.(王先愼) '오관五官'은 『예기』「곡례하曲禮下」에서 전하는 은殷나라 제도의 위의 다섯 가지 관직으로 여기서는 모든 관직을 말함.(張覺)

10 其患御者(기환어자): '환患'은 '관串'.(盧文弨) '관串'은 허물없이 매우 친한 사이인 근습近習, 근신近臣. '어御'는 가까이에서 시중 드는 측근.

11 積於私門(적어사문): '적積'은 '습習'.(陳奇猷)

12 而用重人之謁(이용중인지알): '중인重人'은 권세가 높은 중신. '알謁'은 청탁.

13 退汗馬之勞(퇴한마지로): '한마지로汗馬之勞'는 말이 달려 땀투성이가 되는 노고勞苦.

14 修治苦窳之器(수치고유지기): '고유苦窳'는 모양새가 바르지 못하고 뒤틀리거

나 찌그러진 구워 만든 도자기나 부어서 만든 주물 그릇.

15 聚弗靡之財(취불미지재): '불미弗靡'는 아름답지 못하다는不佳 의미.(陳啓天) 착취한 돈(梁啓雄). '불弗'은 '비費'의 뜻(尹桐陽), '불미지재弗靡之財'는 낭비하는 재화를 의미.(張覺) '불미지재弗靡之財'를 옳지 못한弗 호사스러운靡 재물로 해석.

16 而侔農夫之利(이모농부지리): '모侔'는 탐내다는 뜻을 지닌 '모牟'와 같은 글자.(顧廣圻)

17 不養耿介之士(부양경개지사): '경개지사耿介之士'는 위의 다섯 가지 유형의 일에 종사하지 않고 지조를 굳게 하고, 성실히 자신의 일을 지키는 사람

邪之者而
枉士认加
臣所武之

제26장 | 현학

顯學

세상에 유행하는
유가와 묵가 학파의
학설을 비판함

'현학顯學'이란 편명은 '세상에 드러난 유명한 학파'라는 의미이다. 여기서 '현학'은 '유가'와 '묵가' 학파를 가리키는데, 한비자는 두 학파 사이에 존재하는 학설의 모순을 지적하는 한편, 그들이 국가의 이익을 해치는 실상을 고발하고 경계한다. 특히 유가의 덕치주의와 문식文飾주의의 허구성을 신랄하게 비판하는 가운데 법치주의의 당위성을 논증한다. 또한 신분에 상관없이 공적에 따라 관리를 진급시켜야 한다는 주장은 당시 계급 사회의 신분적 한계를 뛰어넘는 한비자의 의식을 엿볼 수 있게 한다.

현학
50-1

세상에 드러나 유명한 학파는 유가儒家와 묵가墨家이다. 유가의 시조는 공구孔丘이고, 묵가의 시조는 묵적墨翟이다. 공자가 죽은 후로 자장子張의 유가, 자사子思의 유가, 안씨顏氏의 유가, 맹씨孟氏의 유가, 칠조씨漆雕氏의 유가, 중량씨仲良氏의 유가, 손씨孫氏의 유가, 악정씨樂正氏의 유가가 있다. 묵자가 죽은 후로 상리씨相里氏의 묵가, 상부씨相夫氏의 묵가, 등릉씨鄧陵氏의 묵가가 있다. 그러므로 공자와 묵자 이후에 유가는 갈라져 여덟 파가 되고 묵가가 헤어져 세 파로 되었는데, (그) 취하고 버리는 내용이 서로 상반되고 같지 않으나 모두가 스스로를 정통 공자이고 정통 묵자라고 주장한다. 공자와 묵자가 다시 살아날 수 없는데 장차 누구로 하여금 후세의 학설을 (정통이라고) 판정하게 할 것인가?

공자와 묵자가 모두 요堯와 순舜을 칭송하지만 취하고 버리는 것이 같지 않으나 모두가 스스로를 정통으로 요와 순을 계승했다고 말한다. 요와 순이 다시 살아나지 않거늘 장차 누구로 하여금 유가와 묵가의 진실을 판정하게 할 것인가? 은殷나라와 주周나라는 칠백여 년이 지났고 우虞나라와 하夏나라는 이천 년이나 지나서 유가와 묵가의 정통을 판정할 수 없는데, 지금 삼천 년 전에 있던 요와 순의 도를 살펴보려고 하지만 그것은 불가능한 것이 아닌가? 참고하고 검증할 만한 것이 없는데 반드시 그렇다고 단정하는 것은 어리석은 일이고, 그렇다고 확증할 수 없는데도 그것을 근거로 하는 것은 속이는 일이다. 그러므로 앞선 왕들을 근거로 밝히면서 반드시 요와 순을 단정하는 자는 어리석지 않으면 속이는 자이다. 현명한 군주는 어리석고 속이는 학설과 잡박하여 상반되는 행동을 받아들이지 않는다.

世之顯學, 儒·墨也. 儒之所至,[1] 孔丘也.[2] 墨之所至, 墨翟
也.[3] 自孔子之死也, 有子張之儒,[4] 有子思之儒,[5] 有顔氏之儒,[6]
有孟氏之儒,[7] 有漆雕氏之儒,[8] 有仲良氏之儒,[9] 有孫氏之儒,[10] 有
樂正氏之儒.[11] 自墨子之死也, 有相里氏之墨,[12] 有相夫氏之墨,[13]
有鄧陵氏之墨.[14] 故孔·墨之後, 儒分爲八, 墨離爲三, 取舍相反
不同,[15] 而皆自謂眞孔·墨, 孔·墨不可復生, 將誰使定後世之
學乎? 孔子·墨子俱道堯·舜, 而取舍不同, 皆自謂眞堯·舜,
堯·舜不復生, 將誰使定儒·墨之誠乎? 殷·周七百餘歲, 虞·
夏二千餘歲, 而不能定儒·墨之眞, 今乃欲審堯·舜之道於三千
歲之前, 意者其不可必乎?[16] 無參驗而必之者,[17] 愚也, 弗能必而
據之者, 誣也. 故明據先王, 必定堯·舜者, 非愚則誣也. 愚·誣
之學, 雜反之行,[18] 明主弗受也.

---

1 儒之所至(유지소지): '소지所至'는 이르게 되는 최초의 곳. 곧 개조, 시조.

2 孔丘也(공구야): '공구孔丘'는 공자(기원전 551~479)의 이름, 자는 중니仲尼, 노魯
나라 창평향昌平鄉 추읍(鄒邑, 山東省 曲阜의 남동) 출신. 「오두」참조.

3 墨翟也(묵적야): '묵적墨翟'은 묵자(기원전 468~376)의 이름, 묵가墨家 사상의 창
시자. 춘추시대 말엽부터 전국시대 초기까지 활동한 인물로 송宋 또는 노魯나
라 사람. 그의 사상 전반은 유가사상을 비판하는 데 초점을 두고 있음. 중심
사상은 '겸애兼愛'와 '교리交利', 즉 보편적 사랑과 소유권의 상호 존중에 있음.

4 有子張之儒(유자장지유): '자장子張'은 성이 '전손顓孫', 이름이 '사師', 공자의 제
자로 춘추시대 진陳나라 사람.

5 有子思之儒(유자사지유): '자사子思'는 이름이 '급伋', 공자의 손자로 전국시대
노魯나라 사람.

6 有顔氏之儒(유안씨지유): '안씨顔氏'는 이름이 '회回', 자는 '자연子淵', 공자의 제
자로 춘추시대 노魯나라 사람.

7 有孟氏之儒(유맹씨지유): '맹씨孟氏'는 이름이 '가軻', 자는 '자여子輿' 또는 '자거
子車', 전국시대 추鄒나라 사람.

8 有漆雕氏之儒(유칠조씨지유): '칠조씨漆雕氏'는 이름이 '계啓', 자는 '자개子開',
공자의 제자로 춘추시대 채蔡나라 사람.

9 有仲良氏之儒(유중량씨지유): '량良'은 '양梁'.(唐敬杲) '중양씨仲梁氏'는 이름이
'회懷', 전국시대 노魯나라 사람.

10 有孫氏之儒(유손씨지유): '손씨孫氏' 앞에 '공公'이 빠져 공자의 72제자 중의 한
명인 '공손니자公孫尼子'를 말함.(津田鳳卿) 전국시대 초기 사람. 혹은 자가 '손
경孫卿인 순자荀子 '황況'으로도 봄.

11 有樂正氏之儒(유악정씨지유): '악정씨樂正氏'는 증자曾子의 제자로 '악정자춘樂正
子春'이 있고 맹자의 제자로 '악정극樂正克'이 있는데, 여기서는 '악정자춘樂正子
春'을 말함.(梁啓超)

12 有相里氏之墨(유상리씨지묵): '상리씨相里氏'는 '상리자相里子'로 이름이 '근勤',
남방 묵가의 스승을 가리킴.(孫詒讓) 『장자』 「천하天下」에 '등릉자鄧陵子'와 함께
나옴.

13 有相夫氏之墨(유상부씨지묵): '상부씨相夫氏'는 『한자』에 나오는 묵가의 유파인
'백부씨伯夫氏'를 말함.(孫詒讓)

14 有鄧陵氏之墨(유등릉씨지묵): 『장자』 「천하天下」에 묵가의 유파로 나오는 '등릉
자鄧陵子'임.

15 取舍相反不同(취사상반부동): '취사取舍'는 옳다고 취하고 그르다고 버리는 내용.

16 意者其不可必乎(의자기부가필호): '의意'는 '혹或'으로 의문이나 회의를 나타냄.

17 無參驗而必之者(무참험이필지자): '참參'은 비교하며 살피는 것, '험驗'은 살핀
내용을 검증함.

18 雜反之行(잡반지행): '잡雜'은 유가와 묵가가 취사取舍한 내용이 다른 것, '반反'
은 취사取舍한 내용이 서로 모순됨.

　담대자우澹臺子羽는 공자가, 추한 용모를 지닌 자우가 군자인지를 살펴보려고 취하였는데 함께 오래 지내 보니 행동이 (그의 추한) 용모와 맞지 않았다. 재여宰予의 말은 우아하고 아름다워 공자가 그를 살펴보려고 취하였는데 함께 오래 지내 보니 지혜가 언변에 미치지 못하였다. 그러므로 공자가 말하길, "용모로 사람을 취하였다면 자우를 잃었을 것이고, 말로 사람을 취하였다면 재여를 잘못 판단했을 것이다."라고 하였다. 그러므로 공자의 지혜로도 실제를 오인하였다는 소리가 존재한다. 지금의 새 변설은 재여보다 넘치며 세상 군주가 듣는 것은 공자의 경우보다 더 현혹하는데, 그 말을 기뻐하여 그로 인해 그를 임용한다면 어찌 실수가 없겠는가? 그러므로 위魏나라가 맹묘孟卯의 변설을 따라서 화하華下의 환난이 있었으며, 조趙나라가 마복馬服의 변설을 따라서 장평長平의 재앙이 있었다. 이 두 가지는 변설을 따른 실수이다.

　대저 합금한 주석을 보며 청황색의 빛깔만을 살피고서는 구야區冶라도 검의 상태를 판정할 수 없지만, 물에서 고니와 기러기를 치고 뭍에서 망아지와 말을 자른다면 노예라도 둔하고 예리함을 의혹하지 않는다. 이와 입술의 생긴 모양만을 살피고서는 백락伯樂이라도 말을 판정할 수 없지만, 수레를 주어 멍에를 씌어 달리게 하여 그 종착점을 본다면 노예라도 둔한 말과 좋은 말을 의혹하지 않는다. 용모와 복장을 보고 말솜씨만을 듣고서는 공자라도 사람을 판정할 수 없지만, 관직으로 시험하고 공적을 매긴다면 평범한 사람이라도 어리석음과 지혜로움을 의혹하지 않는다. 그러므로 현명한 군주의 관리란 재상은 반드시 주부州部로부터 올라오고, 용맹한 장수는 반드시 졸오卒伍에서 발탁한다. 대저 공이 있는 자가 반드시 상을 받는다면 관작과 봉록이 두터워질수록 더욱 힘을 쓰고, 관직을 옮겨 벼슬의 등급이 잇따라 올라가면 관직이 커질수록 더욱 더 다스려진다. 대저 관작과 봉록이 커질수록 관직이 다스려지는 것은 왕의 길이다.

澹臺子羽,¹ 君子之容也, 仲尼幾而取之,² 與處久而行不稱其貌. 宰子之辭,³ 雅而文也, 仲尼幾而取之, 與處而智不充其辯. 故孔子曰, "以容取人乎, 失之子羽, 以言取人乎, 失之宰子". 故以仲尼之智而有失實之聲.⁴ 今之新辯濫乎宰子, 而世主之聽眩乎仲尼, 爲悅其言, 因任其身, 則焉得無失乎? 是以魏任孟卯之辯,⁵ 而有華下之患,⁶ 趙任馬服之辯,⁷ 而有長平之禍.⁸ 此二者, 任辯之失也. 夫視鍛錫而察靑黃,⁹ 區冶不能以必劍,¹⁰ 水擊鵠雁, 陸斷駒馬, 則臧獲不疑鈍利.¹¹ 發齒吻形容,¹² 伯樂不能以必馬,¹³ 授車就駕,¹⁴ 而觀其末塗,¹⁵ 則臧獲不疑駑良. 觀容服, 聽辭言, 仲尼不能以必士, 試之官職, 課其功伐, 則庸人不疑於愚智. 故明主之吏, 宰相必起於州部, 猛將必發於卒伍.¹⁶ 夫有功者必賞, 則爵祿厚而愈勸, 遷官襲級,¹⁷ 則官職大而愈治. 夫爵祿大而官職治, 王之道也.

---

1 澹臺子羽(담대자우): '담대자우澹臺子羽'의 '담대澹臺'는 성이고 '자우子羽'는 자이며, 이름은 멸명滅明인 공자의 제자. 『사기』 「중니제자열전仲尼弟子列傳」에 의하면, 그는 용모가 매우 추하여 공자가 가르침을 청하러 온 그를 보고 재주가 박薄할 것이라 생각했는데 공자의 가르침을 받고 난 뒤로 덕행에 힘쓰고 길을

갈 때도 지름길로 절대 가지 않았으며 공적인 일이 아니면 집정자를 만나지 않았다고 함. 그가 남쪽으로 노닐어 장강長江에 이르렀을 때 그를 따르는 제자가 3백이나 되었고 남에게서 물건을 취하고 주는 것이나 벼슬에 나아가고 물러남이 완벽하여 제후들 사이에 널리 이름을 떨쳤다고 전함.

2 仲尼幾而取之(중니기이취지): '기幾'는 살펴본다는 의미로 '기譏', '찰察'과 통함.(張覺)

3 宰子之辭(재여지사): '재여宰子'는 노魯나라 사람으로 자가 자아子我로 변설에 능한 공자의 제자. 「중니제자열전仲尼弟子列傳」에 의하면, 공자는 자아가 삼년상이 너무 길다고 하자 그가 불인不仁하다고 말하고, 자아가 오제五帝의 덕을 묻자 공자는 자아에게 그것을 물을 적격자가 아니라고 면박을 줌. 그와 관련하여 『논어』 「공양장公冶長」에 재여宰子가 낮잠을 자는 것을 보고 공자가 화가 나서 썩은 나무는 조각할 수 없고 거름흙으로 쌓은 담장은 흙손질 할 수 없듯이, 지기志氣가 썩은 사람은 가르칠 수 없거나 처치가 곤란하다고 하며 '후목분장朽木糞牆'이라고 꾸짖은 내용(朽木不可雕也, 糞土之牆不可杇也, 於子與何誅)이 나옴.

4 故以仲尼之智而有失實之聲(고이중니지지이유실실지성): '실성지성失實之聲'은 실제로 군자의 행동을 실천한 담대자우澹臺子羽에 대하여 처음에 그의 추한 용모만을 보고 재주가 박할 것이라고 평가한 것과, 실제로 불인不仁한 재여宰子에 대해 처음에 그의 우아한 말솜씨만을 보고 실제의 모습도 좋을 거라 생각한 것.

5 是以魏任孟卯之辯(시이위임맹묘지변): '맹묘孟卯'는 전국시대 제齊나라 사람으로 '망묘芒卯', '소묘昭卯'라고도 함. 훌륭한 말솜씨로 위魏나라 안리왕安釐王의 장수가 됨.

6 而有華下之患(이유화하지환): '화하지환華下之患'은, 기원전 273년 위나라가 맹묘를 임용하여 한韓나라를 공격했는데 진秦나라 장군 백기白起가 한나라를 구원하여 화양華陽에서 위나라 군대를 대파시키자 맹묘는 도주하였다. 이 전쟁에서 위나라 군사 15만 명이 죽었으며 위나라는 결국 재물을 바치고 남양南陽에서 화친을 구함.

7 趙任馬服之辯(조임마복지변): 여기서 '마복馬服'은 전국시대 조趙나라의 명장인 조사趙奢의 아들 조괄趙括을 말함. 조사趙奢는 진秦나라와의 전쟁에서 이긴 공로로 조의 혜문왕惠文王은 그를 마복군馬服君으로 봉함. 조괄은 어려서부터 병법을 배워 군사문제에 대해 자신보다 뛰어난 사람이 없었다고 생각하였는데, 그의 아버지인 조사도 병법에 대해 토론할 때 그를 반박할 수 없었지만 그의 아들이 뛰어나다 생각하지 않았다고 함. 부인이 그 까닭을 묻자, 아들이 사람

이 죽는 전쟁을 너무 쉽게 말하므로 그를 장수로 삼았다가는 조나라 군대가 망할 것이라고 대답했다고 전함.

8 而有長平之禍(이유장평지화): '장평지화長平之禍'는 조괄이 진나라 장수 백기의 계략에 빠져 대패하고 약 45만 명의 군사를 잃고 조나라를 큰 위험에 처하게 만든 사건을 말함. 『사기』「염파인상여열전廉頗藺相如列傳」에 의하면, 조나라 효성왕孝成王 즉위 7년인 기원전 260년에 진秦나라 장군 백기白起가 조나라를 공격하여 두 나라 군대가 장평長平에서 대치함. 당시 조나라 장군인 염파廉頗가 응전하지 않자 진나라 간첩은, 진나라가 걱정하는 것은 마복군 조사의 아들인 조괄이 장수가 되는 것뿐이라는 거짓 소문을 퍼뜨렸는데, 효성왕이 이 소문을 듣고 염파를 대신해 조괄을 장수로 삼음. 조괄은 진나라 장수 백기의 계략에 빠져 대패하여 큰 위험에 처하게 되었고, 초나라와 위나라의 구원으로 가까스로 위기에서 벗어남.

9 夫視鍛錫而察青黃(부시단석이찰청황): '단석鍛錫'은 철기시대 이전 검을 만들 때 동銅과 주석錫이 합금된 청동을 단련하는 것. '찰청황察青黃'은 풀무질을 하면서 합금의 상태를 빛깔로 살피는 것. 『주례周禮』「고공기考工記」에 의하면 합금의 상태는 풀무 시에 흑색黑色, 황백색黃白色, 청백색青白色, 청색青色 등을 띠며 변화하는데 청색青色의 빛깔을 띤 이후에야 합금을 단련할 수 있다고 함.(張覺)

10 區冶不能以必劍(구야불능이필검): '구야區冶'는 구야자歐冶子라고도 함. 춘추시대 월越나라 명장明匠으로 칼을 잘 만들었는데, 월왕越王 구천句踐의 명령으로 거궐巨闕, 담로湛盧, 순구純鉤, 승사勝邪, 어장魚腸 등 다섯 자루의 명검名劍을 만들었고, 오왕吳王 합려闔閭는 어장검을 얻어 전제專諸가 오왕吳王 료僚를 죽일 때 사용했다고 함. 후에 간장干將과 더불어 초楚나라 소왕昭王을 위해서 용연龍淵, 태아泰阿, 공포工布 등의 명검을 만들었다고 전함.

11 則臧獲不疑鈍利(즉장획불의둔리): 장획臧獲은 노비를 말함.(『순자荀子』「왕패王霸」: 臧獲, 奴婢也.) '불의不疑'는 의혹하지 않고 명확하게 구분함.

12 發齒吻形容(발치문형용): '발發'은 '찰察'.(浦田鳳卿) '형形'자 앞에 '상相'(浦阪圓)이나 '찰察'(津田鳳卿)이 탈락했다고 보기도 함.

13 伯樂不能以必馬(백락불능이필마): '백락伯樂'은 전국시대 진秦나라 목공穆公 때의 말 감정의 명인名人으로 말의 병도 잘 고쳤다고 함. 『장자음의莊子音義』에 백락伯樂의 성은 손孫, 이름은 양陽이라고 함. 원래 백락伯樂은 별의 이름으로 천마天馬를 주관하는데 손양孫陽이 말을 잘 다루어 백락伯樂이라 함. 종종 백락은 인재를 잘 보는 현명한 군주에 비유되곤 함.

14 授車就駕(수거취가): 말에게 수레를 주고 멍에를 씌워 가게 함.

15 而觀其末塗(이관기말도): '도塗'는 '도途'와 통하며, 말도末塗는 종착점.

16 猛將必發於卒伍(맹장필발어졸오): '졸卒'과 '오伍'는 고대 군대의 기층 단위로 1백인은 '졸', 5십 인은 '오'로 삼음.

17 遷官襲級(천관습급): '습襲'은 중첩의 의미. (梁啓雄) '천관遷官'은 관직이 높아짐, '습급襲級'은 등급이 거듭 올라감.

대적할 만한 나라의 군주가 비록 내 뜻을 좋아해도 나로 하여금 조공 들게 해서 신하로 삼지 못하지만, 관내의 제후는 비록 내 행동을 비난하더라도 나로 하여금 예물의 조수鳥獸를 가지고 입조하게 한다. 이와 같이 힘이 강하면 남이 입조하고 힘이 약하면 남에게 입조하게 되므로, 현명한 군주는 힘을 기르는 데 힘쓴다. 무릇 엄한 집안에는 사나운 노복이 없지만 자혜로운 어머니에게는 못된 자식이 있는데, 이것으로 위세威勢가 포악함을 금지할 수 있고 덕의 후함德厚이 혼란을 그치기에 부족함을 안다.

故敵國之君王雖說吾義,¹ 吾弗入貢而臣,² 關內之侯,³ 雖非吾行, 吾必使執禽而朝.⁴ 是故力多則人朝, 力寡則朝於人, 故明君務力. 夫嚴家無悍虜, 而慈母有敗子, 吾以此知威勢之可以禁暴, 而德厚之不足以止亂也.

---

1 故敵國之君王雖說吾義(고적국지군왕수열오의): '적국지군왕敵國之君王'은 세가 대등한 나라의 군주. '열說'은 '열悅'.

2 吾弗入貢而臣(오불입공이신): '입공入貢'은 조공을 들게 함.

3 關內之侯(관내지후): 전국시대에 설치한 작위, 곧 진秦·한漢 대의 관내후關內侯로 봉호封號만 받고 봉지가 없는 제후를 이른다는 설(陳奇猷)은 잘못으로, 전국시대 에는 일종의 작위명이 아니라 『사기』 「춘신군열전春申君列傳」, 『전국책』 「위책일魏策一」에 의하면 나라 안 봉후封侯에 대한 범칭임.(張覺)

4 吾必使執禽而朝(오필사집금이조): '금禽'은 조수鳥獸의 총칭으로 '집금執禽'은 과거 신하가 군주를 또는 소국이 지배국인 대국을 처음 배알할 때 날짐승을 잡아 공물을 바치는 예(폐백)를 행함.

무릇 성인이 나라를 다스리는 데에는 사람들이 나를 위해 선할 것을 바라지 않고 잘못될 수 없는 수단을 쓴다. 사람들이 나를 위하여 선하기를 바란다면 나라 안에 열 사람도 세지 못하지만 잘못될 수 없는 수단을 쓴다면 온 나라를 가지런할 수 있게 한다. 정치를 하는 사람들은 많은 사람을 상대로 하는 수단을 쓰고, 소수를 상대로 하는 수단을 버리기 때문에 덕화德化에 힘쓰지 않고 법치法治에 힘쓴다.

    무릇 저절로 곧은 화살대를 기대한다면 백 년이 되어도 화살이 없고, 저절로 둥근 나무를 기대한다면 천 년이 되어도 바퀴가 없을 것이다. 저절로 곧은 화살대나 저절로 둥근 나무란 백 년에 하나도 나오지 않는데 세상이 모두 수레를 타고 짐승을 쏘는 것은 무엇 때문에 그러한가? 굽은 나무를 바로잡는 도구를 사용하는 방법隱栝之道을 쓰기 때문이다. 비록 나무를 바로잡는 도구를 기대하지 않는 저절로 곧은 화살대나 저절로 둥근 나무가 있다 하더라도 훌륭한 공인工人은 귀하게 여기지 않는다. 무엇 때문인가? 타는 자가 한 사람이 아니고 쏘는 것이 한 발이 아니기 때문이다. 상벌에 기대지 않고 저절로 선량해지는 백성을 기대하는데, 현명한 군주는 이를 귀하게 여기지 않는다. 무엇 때문인가? 국법은 잃을 수 없는데 다스리는 대상이 한 사람이 아니기 때문이다. 그러므로 정치방법術을 터득한 군주는 우연한 선을 쫓지 않고 반드시 그렇게 되는 방법을 실행한다.

    夫聖人之治國, 不恃人之爲吾善也, 而用其不得爲非也. 恃人之爲吾善也, 境內不什數,[1] 用人不得爲非, 一國可使齊.[2] 爲治者用衆而舍寡, 故不務德而務法.³ 夫必恃自直之箭,⁴ 百世無矢, 恃自圜之木, 千世無輪矣. 自直之箭, 自圜之木, 百世無有一, 然而世皆乘車射禽者何也? 隱栝之道用也.⁵ 雖有不恃隱栝而有自直之箭 · 自圜之木, 良工弗貴也. 何則? 乘者非一人, 射者非一發也. 不恃賞罰而恃自善之民, 明主弗貴也. 何則? 國法不可失, 而所治非一人也. 故有術之君, 不隨適然之善,⁶ 而行必然之道.⁷

---

1 境內不什數(경내부십수): '십什'은 '십十'을 하나의 단위로 삼음.

2 一國可使齊(일국가사제): '사제使齊'는 나라의 질서를 다스리게 하는 것.

3 故不務德而務法(고불무덕이무법): '덕德'은 유가에서 주장하는 것으로 교화하는 덕화德化, '법法'은 법치法治.

4 夫必恃自直之箭(부필시자직지전): '전箭'은 화살을 만드는 데 사용되는 작은 대나무, 곧 화살대.

5 隱栝之道用也(은괄지도용야): '은괄隱栝'은 활이나 휜 물건을 바로잡는 틀인 도지개. '은괄지도隱栝之道'는 곧 도지개에 기대어 휜 물건을 바로잡는 방법을 말함.

6 不隨適然之善(불수적연지선): '적연適然'은 우연偶然, '적연지선適然之善'은 곧 위에 나온 다른 사람들이 나를 위하여 베푸는 선행.

7 而行必然之道(이행필연지도): '필연지도必然之道'는 잘못될 수 없는 수단으로 은괄지도隱栝之道, 곧 법치.

현학
50-9

지금 어떤 사람이 다른 사람에게 일러 말하길 '자네가 반드시 지혜롭고 오래 살 수 있게끔 하겠다.'고 한다면, 세상은 반드시 기만하는 말이라 여길 것이다. 무릇 지혜智란 천성性이고 수명壽이란 명운命이다. 천성과 명운이란 남에게 배우는 것이 아니며, 사람이 할 수 없는 것을 다른 사람에게 설교하는데, 세상이 그것을 일러 기만하는 말이라고 하는 이유이다. 그것을 말하면서 할 수 없다면 이것은 비위를 맞추는 말이다. 대저 비위를 맞추는 말은 천성이 아니다. 인의仁義로써 사람을 가르침은 바로 지혜와 수명으로 말하는 것으로 법도를 지닌 군주는 받아들이지 않는다.

그러므로 모장毛嬙과 서시西施의 아름다움을 좋아해도 나의 얼굴에는 도움이 안 되지만, 입술연지脂, 머릿기름澤, 얼굴 분粉, 눈썹연필黛을 사용하면 처음보다 두 배는 아름다워진다. 선왕의 인의를 말함은 다스림에 도움이 되지 않으며, 나의 법도를 밝히고 나의 상벌을 기필하는 것이 또한 나라의 지脂·택澤·분粉·대黛이다. 그러므로 현명한 군주는 그 도움이 되는 것을 급하게 하고 그 칭송되는 것을 늦추게 하므로 인의를 말하지 않는다.

今或謂人曰, '使子必智而壽', 則世必以爲狂.[1] 夫智, 性也,[2] 壽, 命也.[3] 性命者, 非所學於人也, 而以人之所不能爲說人, 此世之所以謂之爲狂也. 謂之不能, 然則是諭也.[4] 夫諭(非)性也.[5] 以仁義敎人, 是以智與壽說人也, 有度之主弗受也. 故善毛嗇·西施之美,[6] 無益吾面, 用脂·澤·粉·黛,[7] 則倍其初. 言先王之

仁義, 無益於治, 明吾法度, 必吾賞罰者, 亦國之脂·澤·粉·黛
也. 故明主急其助而緩其頌, 故不道仁義.

---

1 則世必以爲狂(즉세필이위광): '광狂'은 속이거나 기만하는 의미의 '광誑'.(張榜)

2 夫智, 性也(부지성야): '성性'은 본성 내지 천성.

3 壽, 命也(수명야): '명命'은 명운命運 곧 운명運命.

4 謂之不能, 然則是諭也(위지부능연칙시유야): '위謂'는 '설說'(王逸), '유諭'는 비위를 맞추는 아첨하는 말인 '유諛'로, 옛 음에서 '유諭'와 '유諛'가 통함.(高亨) '위謂'는 '설說'이고 '유諭'는 '고告'.(陳奇猷)

5 夫論性也(부유성야): '부유夫論' 뒤에 '비非'자가 탈락함.(陳奇猷)

6 故善毛嗇·西施之美(고선모장서시지미): '장嗇'은 '장牆', 『장자』「제물론齊物論」에서는 '장嬙'으로 되어 있음. 모장毛嬙은 월왕越王의 미색이 뛰어난 애첩.(『석문釋文』) 전설에 의하면 서시西施는 춘추시대 월越의 범려范蠡가 오왕吳王 부차夫差에게 화친을 청하기 위해 보낸 절세의 미녀로 나중에 월이 오를 멸망시키자 서시는 범려에게 돌아와 둘이서 태호太湖에 숨어 살았다고 함.

7 用脂·澤粉·黛(용지택분대): '지脂'는 입술에 바르는 연지, '택澤'은 머리에 윤이 나게 하는 기름, '분粉'은 얼굴에 바르는 가루분, '대黛'는 눈썹을 그리는 화장 연필로, 모두 화장품의 일종.

지금 남녀 무당이 사람을 위해 축원하며, '너를 천년만년 살 수 있도록 하겠다.'라고 한다. 천년만년 소리가 귀를 따갑게 하지만 사람에게 하루의 수명도 더 살게 할 증험이 없는데, 이것이 사람들이 무당을 대수롭지 않게 여기는 이유이다. 지금 세상의 유자들은 군주에게 진술하면서 지금 세상을 다스리는 방법을 좋다 하지 않고 이미 지나간 다스려진 공적만을 말하고, 관청이나 법에 관한 일을 살피지 않고 간사한 실정을 살피지도 않고, 모두가 상고시대의 전설과 선왕의 성공만을 말한다. 유자들이 말을 꾸미면서 '내 말을 들으면 패왕이 될 수 있다.'고 말한다. 이것은 말하는 자들 가운데의 무당이니 법도가 있는 군주는 받아들이지 않는다. 그러므로 현명한 군주는 실제적인 일을 들고 쓸모없는 일을 버리며, 인의仁義에 관한 일을 말하지 않고 학자들의 말을 듣지 않는다.

今巫祝之祝人曰,[1] '使若千秋萬歲'.[2] 千秋萬歲之聲聒耳,[3] 而一日之壽無徵於人, 此人所以簡巫祝也.[4] 今世儒者之說人主, 不言今之所以爲治, 而語已治之功, 不審官法之事, 不察姦邪之情, 而皆道上古之傳譽 · 先王之成功. 儒者飾辭曰, '聽吾言, 則可以霸王'. 此說者之巫祝,[5] 有度之主不受也. 故明主擧實事, 去無用, 不道仁義者故,[6] 不聽學者之言.

---

1 今巫祝之祝人曰(금무축지축인왈): '무巫'는 여자 무당, '축祝'은 사내 무당인 박수.

2 使若千秋萬歲(사약천추만세): '약若'은 2인칭대명사 '여汝'. '천추만세千秋萬歲'는

매우 오랜 세월.

3 千秋萬歲之聲聒耳(천추만세지성괄이): '괄이聒耳'는 듣기에 귀가 아프도록 떠드는 것을 말함.

4 此人所以簡巫祝也(차인소이간무축야): '간簡'은 소홀히 보고 경시하는 것.

5 此說者之巫祝(차세자지무축): '세자說者'는 유세가遊說家.

6 不道仁義者故(부도인의자고): '자者'는 '지之'(『廣雅』「釋言」, 張覺), '고故'는 '사事'.(太田方) 곧 '인의자고仁義者故'는 '인의지사仁義之事'.

고전의 향기 ❶

한비자 정독

초　판 1쇄 발행　2014년 7월 10일
개정판 1쇄 발행　2018년 6월 15일

저　　　자 │ 한비자
역　　　자 │ 김예호
발 행 인 │ 신재석
발 행 처 │ (주)삼양미디어
등록번호 │ 제 10-2285호
주　　　소 │ 서울시 마포구 양화로 6길 9-28
전　　　화 │ 02 335 3030
팩　　　스 │ 02 335 2070
홈페이지 │ www.samyang𝑀.com

I S B N │ 978-89-5897-354-6 (03150)